U0495751

崤函遗珍品鉴

三门峡市博物馆 编

李书谦 崔松林 主编

中原出版传媒集团
中原传媒股份公司

大象出版社
·郑州·

图书在版编目（CIP）数据

崤函遗珍品鉴／三门峡市博物馆编. — 郑州：大
象出版社，2022. 12
ISBN 978-7-5711-1647-7

Ⅰ. ①崤… Ⅱ. ①三… Ⅲ. ①文物-介绍-三门峡
Ⅳ. ①K872. 613

中国版本图书馆 CIP 数据核字（2022）第 223076 号

崤函遗珍品鉴

三门峡市博物馆　编

李书谦　崔松林　主编

出 版 人　汪林中
责任编辑　郑强胜
责任校对　牛志远　赵　芝
书籍设计　王　敏

出版发行　大象出版社（郑州市郑东新区祥盛街 27 号　邮政编码 450016）
　　　　　发行科　0371-63863551　总编室　0371-65597936
网　　址　www. daxiang. cn
印　　刷　洛阳和众印刷有限公司
经　　销　各地新华书店经销
开　　本　890 mm×1240 mm　1/16
印　　张　27
字　　数　397 千字
版　　次　2022 年 12 月第 1 版　2022 年 12 月第 1 次印刷
定　　价　380.00 元
若发现印、装质量问题,影响阅读,请与承印厂联系调换。
印厂地址　洛阳市高新区丰华路三号
邮政编码　471003　　　　　电话　0379-64606268

《崤函遗珍品鉴》
编辑委员会

主　任　毋慧芳
副主任　赵旭阳
委　员　李书谦　田双印　张帅峰　崔松林
　　　　郭　婷　贾　鹏　周　曼　金　勇
　　　　张　峰　贾　丽　白小辉

主　编　李书谦　崔松林
副主编　张　峰　贾　鹏　郭　婷　贾　丽
撰稿人（按姓氏笔画顺序排列）：
　　　　田双印　刘　恒　齐　晖　李书谦
　　　　李辛蔚　狄欣怡　张　峰　贾　丽
　　　　贾　鹏　郭　婷　崔松林　崔晓楠
　　　　葛庆贤
统　稿　李书谦
校　稿　郭　婷

序

　　《崤函遗珍品鉴》的编辑和出版，是家乡的三门峡市博物馆馆藏珍品的又一次呈现，相信可以对大家比较全面地了解三门峡的历史及其文物品类、特色等起到很好的引导和点睛作用。

　　近年来我国的博物馆事业发展很快，全国博物馆总数已经超过6000家，平均约24万人拥有一座博物馆，已经达到世界中位水平。博物馆每年举办展览超过3万次，2019年观众数量已达12亿人次，两者均居世界前列。这说明改革开放和经济的快速发展，不仅为博物馆事业提供了强大的经费和物质支撑，公众对博物馆展览和传播教育这样的精神文化产品的需求也迈上了新的台阶。在实现中华民族伟大复兴过程中，一个通过博物馆真切、深入地了解自己的乡土国情，传承优秀的历史文化遗产，从中汲取历史科学审美养分的中国式文艺复兴正渐渐到来，并成为古老的中华文明从传统走向现代的强有力的支撑点。

　　三门峡的文博事业也迎来良好的发展机遇。不仅三门峡市博物馆近年不断对基本陈列进行优化，大力举办各种临时性展览，还开展了一系列深合国情民意的宣教、出版、传播等业务活动。同时，借中国考古学诞生百年大庆之机，对渑池县的仰韶文化博物馆进行升级改造，在灵宝西坡、北阳平等遗址进行仰韶文化考古成果大型现场展示，尤其是配合庙底沟考古遗址公园建设庙底沟博物馆，集全国之力推出"花开中国"大型展览，全面系统地展示仰韶文化尤其是以庙底沟遗址发现和命名的其鼎盛阶段庙底沟时期的文化成就及其在早期华夏族群、文化和文明形成过程中奠基者的角色与地位，成功入选2022年全国博物馆陈列展览十大精品，再加上之前依托西周时期虢国考古发现建设的早已蜚声海内外的虢国博物馆，三门峡已经形成了一批独具特色并跻身于国家级博物馆强馆和优秀展陈之列的文博工作品牌。

博物馆是现代国家、地方或者城市的记忆器官，起着激活历史资源、激发可持续发展动能的重要作用，是重要性与日俱增的公共文化设施。作为一个中等的地级城市，三门峡的博物馆与文博工作成绩辉煌夺目。不过，在这样的背景和形势下，也特别需要认真思考一下三门峡的博物馆事业进一步发展、博物馆及其展陈体系优化完善、乘势迈上新时代新台阶等重大问题。借助重大考古新发现等的遗址博物馆、特色博物馆固然可以在较短时间内跃居同行前列，吸引众多关注，但在现有体制机制之下，综合馆的藏品体系和展览等业务能力也势必受到一定的局限，后续如何持续吸引观众尤其是外来游客等问题也值得注意。因此，系统调查和分析区域内的文博资源，谋划和完善博物馆及其展陈体系建设，逐步形成体现三门峡的总体形象品牌和文博工作的集群效应，对内系统支撑公民素质教育和文化、社会建设，对外吸引游客，产生旅游、宣传等经济效益，既需要突出特色馆和特色展陈，也需要着力打造区域性的综合馆、窗口馆；既需要加强国有馆建设，也需要扶持民办馆来拾遗补阙；既需要充分挖掘历史文化资源及其底蕴，大力发展和完善历史、民俗类博物馆，也需要关注自然环境和科技类、专题类博物馆及其陈列展示的建设，并不断优化文博工作体制机制，强化文博人才培养储备和效益发挥等基础工作。

三门峡位于黄土高原与黄河中下游平原过渡地带，中国历史上的西安与洛阳两京之间以及黄河大拐弯的枢纽部位，地理区位优势明显，文化与自然遗产资源得天独厚。博物馆体系和具体的博物馆都应该充分考虑自己的合理定位，在发挥优势、突出特色的前提下，逐步形成三门峡博物馆事业的整体品牌效应和具体的示范窗口，尤其是应该打造好涵盖区域性的自然、人文、历史、民俗等方面内容的中心馆、龙头馆，并成为发挥城市会客厅作用的综合性、引导性窗口。为此，应该系统规划全域内的自然和文化遗产资源、馆舍体系定位，谋划新发展格局，完善馆际交流合作机制，以点线面结合的方式，以文化和自然遗产为载体，共同讲好三门峡故事，讲好黄河文化乃至中华文化、中华文明发展壮大的故事以及其中的三门峡贡献和三门峡力量、三门峡精神，充分挖掘博物馆潜力，开展乡土乡情教育，促进旅游和经济发展，以及公共文化建设，涵养公众素质，提升可持续发展能力。

希望更多更好的介绍三门峡文物古迹和文博工作成果的作品能够面世，期待三门峡的博物馆和文博事业更上一层楼。

中国文化遗产研究院原总工程师

中国文物报社原总编辑

曹兵武

2022年9月

目　录

郭　婷

月牙纹彩陶罐

仰韶文化时期（距今6800—4800年）

这件月牙纹彩陶罐1981年出土于三门峡渑池县仰韶村遗址，是仰韶文化中期的代表性器物。口径14.2厘米，腹径15.1厘米，底径7厘米，高11.5厘米。侈口、宽沿、圆唇、束颈、折腹、平底，细泥红陶，表面打磨光滑。罐体唇部饰黑彩，腹部绘制一周白衣黑彩月牙纹样，折腹处饰一周黑彩带状纹，黑彩多已脱落。（图一）

1981年渑池县仰韶村遗址出土
三门峡市博物馆　藏

图一　月牙纹彩陶罐

　　仰韶文化是黄河中下游地区重要的新石器时代文化，以发达的制陶工艺为人所熟知，三门峡市博物馆藏的这件月牙纹彩陶罐就是最好的例证。仰韶文化早期的陶器，制坯还停留在手制阶段。到了中期以后，人们开始利用转轮拉坯，出现了磨光工艺。据研究人员分析，这种宽沿罐子，在装水或倒水时，水会顺着沿宽流下来，极大地降低了水洒出的概率，这说明古人在制作陶器时，已经开始总结生活中的经验，这也是人类智慧的佐证。

　　陶器上绘制的月牙纹样十分罕见，这也许是古人最原始的天文学观念的体现。仰韶先民们在农业生产过程中，经过长期观察，发现了月亮的周期运动，并把他们的认识想象成形象的图案绘制到使用的陶器上，反映出原始人类已有对于四季变化、天文地理的关注，萌发了将自己与周围自然现象联系的意识。罐体腹部的14枚月牙纹连续排列，但月牙形状的线条显得较为生涩，像是初学的孩童，拿着画笔小心翼翼地描绘出工整的图案。造型既整齐规则，又有天真稚拙的趣味。月牙纹彩陶罐本身承载着十分珍贵的文物价值，同时，它还是仰韶村遗址第三次考古发掘出土的唯一一件完整的彩陶器皿，在一定程度上具有难得的唯一性。

一、仰韶村遗址概况

图二 河南渑池仰韶村遗址位置示意图（《河南渑池仰韶村遗址第四次考古发掘2020年度简报》）

仰韶村遗址，位于河南省渑池县城北约5千米的仰韶村，中心遗址区位于东经34°48′37.9″，北纬111°46′38.4″，分布于仰韶村村南的台地上。遗址北依韶山，东西两侧分别为东沟（饮牛河）和西沟，两沟现深达50余米，汇入南部的刘果水库后向南流入涧河。地势北高南低，南北最大落差近50米，三面环水，土地肥沃。遗址从东北到西南长900余米，从西北到东南宽300余米，面积30余万平方米。（图二）1961年该遗址被国务院公布为全国第一批重点文物保护单位。

仰韶村遗址是1920年北洋政府农商部地质调查所刘长山在采集化石标本时发现的，到目前为止，共经历了四次田野考古发掘。1921年，瑞典地质学家安特生和中国地质学家袁复礼等人对仰韶村遗址进行了首次发掘，并命名为仰韶文化。1951年，中国科学院考古研究所夏鼐等对该遗址进行了第二次小规模考古发掘。1980年10月—1981年6月，河南省文物研究所对仰韶村遗址进行了第三次考古发掘，发掘面积200余平方米，基本搞清了遗址的文化序列。月牙纹彩陶罐就是在此次考古发掘中出土的。2019年3—5月，河南省文物考古研究院等单位对仰韶村遗址进行了系统性的考古勘探工作。2020年7月，河南省文物考古研究院对仰韶村遗址寺沟组拆迁区域进行了考古勘探，探明区域内地下遗存分布的情况。2020年8月，仰韶村遗址第四次考古发掘工作正式启动。

二、仰韶村遗址的发现与首次发掘

1920年秋，农商部地质调查所采集员刘长山到豫西一带收集古生物化石。

当他来到渑池县仰韶村后，在村民家里发现了一些陶片和史前石器，后来他又根据村民的指引在村边发现了一些残碎的陶片和史前石器，这些磨制的石器约600件。此后，他将这批东西带到北京，引起了安特生的注意。1921年春，安特生对仰韶村进行了调查，发现了一条深沟，在冲沟断面上发现了灰层、灰坑和陶片的堆积，在堆积面下发现了彩陶片和石器共存。在征得农商部和地质调查所同意后，于1921年10月27日—12月1日对仰韶村遗址进行发掘。参与工作的有安特生和刚从美国留学归来的地质学者袁复礼（1893—1987），以及地质调查所采集员刘（长山）、姚、张、陈（德广）、白（万玉）五人。**（图三）** 师丹斯基（O.Zdansky）和步达生（D.Black）也参加了短暂的发掘工作。仰韶村遗址的首次发掘，借鉴了法国考

图三　仰韶村遗址首次发掘照片

古学家莫尔蒂耶依照地质学上地史分析的命名方法，用第一次发现的典型遗迹的地名来命名的例子[1]，将仰韶村遗址命名为"仰韶文化"。

　　由于当地环境的限制，对仰韶村遗址的文化层无法有直观、直接的判断，所以他们采用了探沟法进行发掘。在暴露灰层及遗物较多的东西沟和路沟断崖处开发掘点，沿着这些冲沟发掘了17个地点，按水平层发掘，发现了大量的文化堆灰层和袋形灰坑，获得了一批磨制石器、骨器、蚌器和大量陶器，其中还有一些彩色陶器和完整器物，还在探沟的断面上发现了史前人类曾经居住过的房基等遗存。这在我国考古工作中尚属首次。此后，探沟法也成为田野考古发掘中对地层进行全面了解的必要手段。

　　发掘人员还按地层的特定深度进行了记录和研究，把出土的陶片分为泥沙陶和彩陶两类，又按颜色分为红、灰、黑三类。但由于他们是按照水平深度进行发掘，所以在每一层都发现了这三种陶片，从而得出了仰韶村遗址的不同层位均属同一种文化的错误结论。

　　在仰韶村发掘期间，学者袁复礼功不可没。他不仅对遗址进行全面测量，还绘制了我国第一张田野考古地形图。**（图四）** 同时，他还担负着和地方政府的协调工作。正像安特生所讲："在整个发掘期间，北京地质调查所的地质学家

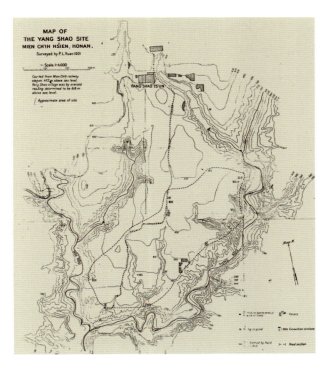

图四　袁复礼绘制的仰韶村地形图（《仰韶文化研究》）

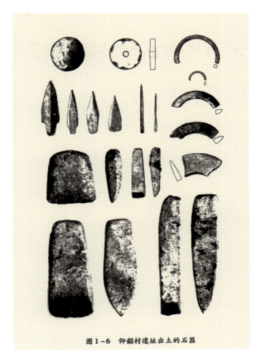

图五　仰韶村首次发掘的石器（《仰韶文化研究》）

袁复礼先生一直帮我进行工作，他不仅进行遗址的全面测量，还承担同地方人士和当局的交涉。由于为人机智，并善于待人接物，我们的发掘从未遇到任何阻难。"[2]仰韶村的发掘简报也是由袁复礼译成中文发表的。[3]

仰韶村第一次发掘出土的遗物主要有石器（**图五**）、骨器和陶器（**图六**）三类。所获得的石器不仅数量多，而且类型丰富，他们对每一件标本都进行了照相、测量和详细的描述。按形状将石器分为石斧、石锛、石锄、石刀、石镰、石环、石纺轮、石球和石圆盘等。骨器包括骨锥、骨针、骨镞、新月形骨器等。陶器分为单色陶和彩色陶，但完整器极少。单色陶主要有灰陶、红陶

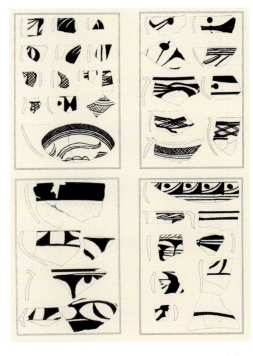

图六　仰韶村首次发掘的陶器（《仰韶文化研究》）

和黑陶,器型包括鬲、鼎、罐、豆、钵、杯、碗、盆、尖底瓶、平底器等。彩陶多为碗和盆。除此之外,还有一些陶制工具,如陶纺轮、陶刀等。

仰韶村遗址的第一次发掘标志着中国现代考古学的诞生,仰韶文化也成为中国考古史上出现的第一个考古学文化名称。在国家积贫积弱背景下开始的仰韶村遗址首次发掘,证实了中国存在着非常发达的远古文化,对"中华文明西来说"产生了强烈冲击。

三、第二次考古发掘

仰韶村遗址发掘之后,中国的史前文化研究有了重大进步。1931年,梁思永在后冈遗址的发掘中发现了"三叠层"现象,确定了仰韶文化、龙山文化和殷商的时代关系。中华人民共和国成立后,我国的考古学受到苏联方面的影响。夏鼐等人总结出地层的规律,认为同一时代的地层并不一定都在一个平面上,所以发掘时应按照自然堆积的层次往下挖。而安特生的发掘并不是按照原始堆积的顺序,所以仰韶村的考古发掘方法其实存在水平发掘和文化层堆积的不平衡性问题。1933年,著名地质学家、古生物学家和旧石器时代考古学家杨钟健、裴文中到仰韶村遗址考察。1951年,中国科学院考古研究所河南省调查团在仰韶村遗址进行了第二次考古调查和试掘工作,由夏鼐先生主持完成。

此次试掘工作,调查团首先在仰韶村遗址中心区开了一条探沟,与第一次发掘时依照大路的走势不同,此次采取正南正北的方向,此次开挖探沟跨着第一次发掘探沟5的东北角**(图七)**,由于探沟所在的地表倾斜度较大,文化层出现了南厚北薄的现象,地层叠压、打破关系明显。出土文物有仰韶时期的红底黑彩、深红彩陶罐、陶钵、小口尖底瓶、灰褐夹砂陶鼎等,同时还发现龙山时期的磨光黑陶、方格纹灰陶等。此外还有磨光小石锛,有孔石刀打制石器,泥制弹丸等。在探沟北段发现了9座墓葬。工作人员根据土质、

图七 第二次发掘场景(《河南渑池的史前遗址》)

土色、包含物划分出不同的地层，然后按照一定比例绘测墓葬平面图，且依据不同的地层记录出土物情况，从地层关系分析出这几座墓葬是在遗址废弃以后才使用的，所包含的陶片中有明显的冲刷痕迹，但墓葬没有随葬品，不能确定其时代归属。这次还在路旁断崖上发掘了半个灰坑，除地表被犁耕扰乱过，其余的填土都保持着原来的状态，呈灰绿色，有草类茎叶的痕迹。近底部有1厘米厚的红土层，下面是一层草泥。灰坑的坑壁和底部都比较平整，未曾涂石灰或泥浆。灰坑里发现的陶片有仰韶文化的彩陶特点，但器物的形制又接近龙山文化，报告说"这可代表一种混合文化中产生的陶器"[4]。

此外，发掘的同时对周边地区的相关遗址进行了简单的调查，并择其重要的遗址进行了报道。第二次发掘虽然时间短、面积小，但通过这次发掘，基本明确了仰韶文化的性质和面貌，对研究我国新石器时代文化有着重要的指导意义。

四、第三次考古发掘

改革开放以后，中国考古学也迎来了蓬勃发展时期。除了传统意义上的地层学、类型学等方法的完善，新的科学技术也运用到考古学中。

1980—1981年期间，为了配合当地群众的基建活动，河南省文物研究所和渑池县文管会联合对仰韶村遗址进行了第三次发掘。（图八）发掘探方4个，探沟4条，面积共200多平方米。发现房基4处、窖穴41个，出土器物613件（片）。[5]此次发掘不仅对遗迹遗物进行分别描述，还将出土遗物按不同用途进行分类，再用质地分类法分出石器、陶器、骨器等，且以罗马数字对器物进行类型划分。

根据探方中的地层堆积、遗迹的叠压和各层所出器物的特征，将仰韶村遗址分为四期。

第一期文化遗存发现灰坑1个，出土物有饰线纹、弦纹、画纹、压印纹和彩绘的罐、釜、盆、钵、小口瓶

图八　第三次发掘场景（《仰韶文化研究》）

残片。遗物主要是生产工具，包括石器、骨器、陶器三类。石器有斧、铲、刀、镞、饼、弹丸、刮削器和砍砸器等。生活用具主要是陶器，以红陶为主，表面纹饰主要为线纹，其次是弦纹和画纹。彩绘以黑彩为主，常见纹饰有圆点纹、三角纹、月亮纹、花瓣纹、网状纹、线纹、弧边三角纹和宽带纹，彩绘的纹饰多饰于钵、盆和罐的腹部及口沿。陶器大多只施一色。制法多为手制，少数口沿经慢轮修整。器物的种类有小口扁体釜、折腹釜、盆形灶、大口罐、深腹罐、小口尖底瓶、平底瓶、敛口钵、敞口碗、折腹碗、折腹盆等，属于仰韶文化的庙底沟类型，即豫西、晋南和关中东部地区仰韶文化的中期发展阶段。前文所提到的月牙纹彩陶罐即为这一时期的文化遗存。

第二期文化遗存发现的遗迹不多，遗物也不算丰富，多是一些碎陶片。主要发现灰坑1个，出土有饰弦纹、线纹、绳纹和篮纹的罐、盆、釜、小口瓶以及石斧、石刀、陶铲。生产工具分为石器、骨器、陶器三类。石器主要有斧、铲、弹丸、纺轮、石饼和刮削器，和第一期文化遗存相比，通体磨制的石器数量增多。生活用具多为陶器，陶器多为残片，但与第一期文化相比，文化面貌明显不同。红陶减少，灰陶增多。纹饰以线纹为主，但篮纹和绳纹已较常见。彩绘以红彩为主，花纹简单。陶器的罐、盆、杯、小口尖底瓶与第一期文化遗存同类型器型相比有明显变化，出现了鼎、豆、小口高领罐等器型。陶器的制法除个别小型器物为轮制，大的器形仍以手制为主，但器表多经刮抹，口沿轮修已相当普遍，属于仰韶文化的西王村类型，是豫西、晋南和关中东部地区仰韶文化的晚期遗存。

第三期文化遗存分布较普遍，遗迹多，遗物丰富。发现的遗迹有房基3座，窖穴27个。出土遗物有生产工具和生活用具。生产工具分为石器、骨器、陶器。石器多为磨制，器型有斧、铲、刀、锛、箭头、砍砸器、刮削器、尖状器、弹丸、纺轮、研磨器等；骨器多为箭头、骨针、骨锥；陶器以灰陶为主，篮纹成为主要纹饰，彩绘陶器几乎绝迹。陶鼎成为人们日常生活中的主要炊具。另外，具有代表性的器物还有通身饰篮纹和附加堆纹的小口高领尖底罐、大口罐、敞口盆、高圈足镂孔豆、敞口碗、圈足碗、单耳罐、倒置形似圈足碗的器盖等。陶器多数是陶坯制成后用慢轮修整口沿。文化性质属于河南龙山文化的庙底沟类型。

第四期文化遗存位于遗址的最上部，破坏严重，遗迹不多，遗物也不丰富。遗迹有房基1座，平面呈方形，南北长3.48米，东西宽3.44米，西北和西南角各有1个柱洞，窖穴13个。出土的石器多为磨制，器型有斧、刀、锛、箭头、锤、饼、弹丸和研磨器等。陶器主要为砂质灰陶，其次为泥质灰陶和黑陶；陶器整体造型规整，陶胎较薄，火候高，普遍运用轮制技术。表面纹饰多为绳纹，其次为篮纹和方格纹。陶鼎的数量减少，出现了陶鬲、深腹镂孔盆等新器型。文化性质属于豫西、晋南和关中东部地区龙山文化的晚期发展阶段，即河南龙山文化的三里桥类型。

仰韶村的第三次考古发掘，基本弄清了仰韶村遗址的文化内涵，"取得了仰韶和龙山两个考古学文化、四个不同发展阶段的地层叠压关系"[6]，为仰韶文化的深入研究提供了新资料。

五、第四次考古发掘

为配合渑池县仰韶村国家考古遗址公园的建设和推动大遗址保护工作，进一步了解仰韶村遗址的分布范围、文化内涵、聚落布局、功能分区等，河南省文物考古研究院、三门峡市文物考古研究所、渑池县文化广电和旅游局于2019年3—5月，对渑池仰韶村遗址进行了系统性的考古勘探。

经过考古勘探，确认了仰韶村遗址分布范围东以饮牛河为界，西至西沟，南至刘果水库北部，北至龙山文化时期环壕外侧，面积近30万平方米。遗址文化堆积分布很不均匀，南部较厚，向北渐薄，包含有仰韶文化和龙山文化两大时期的聚落，两大聚落的空间分布和规模均有所不同。

这次勘探在遗址的北、东、西部发现一条呈倒"U"形的环壕，现存长度约700米，宽10—16米，向下内收，普遍深度为3.5—4.5米。根据沟内勘探出的陶片的整体特征，环壕的形状结构、走向及其他遗迹的位置关系，考古人员判断

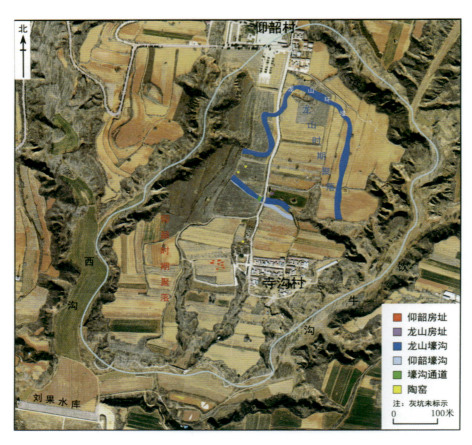

图九　仰韶村遗址考古勘探重要遗迹分布图（《河南渑池县仰韶村遗址考古勘探报告》）

出环壕属于仰韶村遗址龙山文化时期聚落。（图九）

在遗址的中部发现2条壕沟。壕沟1呈东南—西北向，现存长度200米，宽10—20米，向下内收，深度4—5.5米，横向将遗址截断为南北两大部分。其东端现为小冲沟，直通饮牛河，西端通至遗址西侧小冲沟。在壕沟1中部还有一处宽约10米的"缺口"，深约1.8米，考古人员推测这可能为穿行壕沟1的通道。依据壕沟1的位置、整体走向、年代及东西两端基本能与北部环壕相连接等特征，判断壕沟1应为仰韶村遗址龙山文化时期聚落的南壕沟。壕沟2位于壕沟1的南侧，略呈东南—西北向，大致东西横向截断遗址，现存长度近200米，宽约6米。壕沟2东端为小冲沟，直通饮牛河，与壕沟1之间有3至4米的间隔分开，深2.5—3.5米，其中部与壕沟1有部分重合，西部几乎完全与壕沟1重合。考古人员判断壕沟2为该遗址仰韶时期聚落的北壕沟。除此之外，还发现仰韶文化房址7座，龙山文化房址5座，仰韶文化陶窑1个，龙山文化陶窑2个，龙山时期墓葬3座，以及大量的陶片。

通过此次系统性考古勘探工作，对遗址的范围、重要遗迹分布、聚落布局、功能分区和发展演变等有了较为全面的了解和全新的认识。基本上明确了仰韶村遗址文化遗存内涵分为仰韶文化早期、中期、晚期和龙山文化时期，前后延续时间达数千年之久。遗址内部包含有仰韶文化和龙山文化两大不同时期聚落。仰韶文化时期是该遗址的繁盛时期，聚落主体主要位于遗址的中南部，由壕沟2和东部的饮牛河、西部的西沟共同合围而成，整体形状呈东北—西南向的近长方形，现存面积近20万平方米。龙山时期聚落主体移至遗址的中北部，由龙山文化环壕和壕沟1合围成环壕聚落，面积近7万平方米。[7]

2020年8月开始，河南省文物考古研究院等单位对河南渑池仰韶村遗址南部生活居住区和中部壕沟进行了考古发掘。（图十）发现了房址、壕沟、墓葬、灰坑葬、窖穴、灰坑、灰沟、道路和柱洞等遗迹，出土了陶器、玉器、石器、骨器和蚌器等遗物，以及房屋建筑遗存。

出土遗物的年代包含仰韶文化早期、中期和晚期。早期遗物数量较少，主要有钵、窄沿罐等，其陶质、陶色、纹饰、器物形制等特征与三门峡南交口、南家庄、灵宝北麻庄等遗址同期遗物基本相同。中期的文化遗存发现数量明显较多，分布区域较广，与早期相比有了较大的发展，文化面貌相对繁盛。出土器物主要有小口瓶、罐、钵和盆等，其陶质、陶色、器物形制、纹饰及彩陶图案与三门峡庙底沟、南交口、灵宝西坡等遗址基本相同。晚期遗物发现数量最多，是此次发掘的主体文化遗存。出土遗物以陶器为主，另有玉器、石器、骨器和蚌器等。出土陶片主要为泥质陶，夹砂陶次之。陶色以灰陶为主，黑陶次之，红陶、褐陶、彩陶较少。器表主要为素面，表面纹饰主要为篮纹和附加堆纹。器型主要为夹砂罐（侈口罐、敛口罐）、泥质罐、彩陶罐、小口尖底瓶、高领瓮、敛口瓮、钵、盆、器盖、豆、鼎、缸和碗等，其特征与芮城西王村、古城东关、灵宝涧口、渑池笃

图十　第四次考古发掘现场

忠、三门峡南交口等遗址以及仰韶村遗址第一次、第三次发掘所见遗物特征基本相同。这一时期遗存最为丰富，聚落面貌有了更高程度的发展，是仰韶村遗址的鼎盛期。[8]

此次勘探出了仰韶时期的大型壕沟，壕沟人工开挖特征明显。南部为聚落内部，应是聚落的北壕沟，不但具备防御功能，还兼具排水作用。从壕沟的地层堆积情况及出土遗物特征来看，其主要使用和逐渐废弃时期应为仰韶文化晚期，至庙底沟二期文化时期已被完全填平并废弃。这条大型人工壕沟的发现反映出仰韶村遗址防御设施的完备、聚落发展繁盛的状况。

此次发掘还发现了红褐色草茎泥墙壁标本和青灰色的地坪标本。通过对青灰色地坪标本的检测发现，它的组分结构特征及结合形式同现代混凝土基本相同。专家们据此推测，仰韶时期的先民已经开始使用以烧料姜石加黏土为胶凝材料，以烧制的陶质颗粒为骨料，具备一定水凝性的材料作为建筑材料，距今约5000年，是目前国内所见年代最早的较为成熟的房屋建筑材料之一。青灰色地坪和涂朱红褐色草茎泥等房屋建筑遗存在仰韶村遗址属首次发现，为研究该遗址及豫西地区仰韶文化时期房屋建筑的类别、形制、技术等提供了新材料。（图十一）

此次发掘还新发现了交错平行线纹彩陶罐（图十二）、象牙镯形器（图十三）、玉环（图十四）、玉钺（图十五）、玉璜等高等级遗物，其中有一件略残的玉环，中国社会科学院考古研究所研究员刘国祥认为这是典型的东北红山文化玉器的制作风格，外侧边缘磨薄起刃，向内渐厚，非常珍贵。仰韶彩陶曾深深影响了红山文化彩陶，红山文化风格玉器在仰韶村遗址的现身，说明5000多年前中原与东北两地之间就有了较为密切的文

图十一　青灰色地坪（《河南渑池仰韶村遗址第四次考古发掘2020年度简报》）

图十二 仰韶村第四次考古发掘发现的唯一一件比较完整的交错平行线纹彩陶罐

图十四 玉环 （《河南渑池仰韶村遗址第四次考古发掘2020年度简报》）

图十三 象牙镯形器

图十五 玉钺 （《河南渑池仰韶村遗址第四次考古发掘2020年度简报》）

化交流和互动。

　　仰韶文化的典型器物小口尖底瓶通常认为是汲水器，此次经过与美国斯坦福大学等机构合作进行多学科综合分析研究，考古人员在仰韶文化中期、晚期小口尖底瓶样品中检测出谷物发酵酒残留，很可能是以黍、粟、水稻等为原料制作的发酵酒，采用发芽谷物和曲发酵两种酿酒技术。甲骨文中记录了两类酒，即"酒"和"醴"，前者是用发霉的谷物进行发酵的酒，后者则是用发芽的谷物酿造而成，酒精度相对较低。这两种酿造工艺在仰韶村遗址的尖底瓶残留物中均有发现。这项研究为新石器仰韶文化中心区域粮食酒的酿造和消费提供了直接的考古证据，仰韶村遗址尖底瓶与周边地区同类仰韶陶器功能一致，如河南渑池丁村遗址等，其酿酒方法很可能代表了仰韶文化核心地区的技术和发展。

这次发掘所获得的各类样品和标本，为多学科、多技术研究工作的开展提供了宝贵材料，填补了仰韶村遗址近百年来多学科研究的空白，极大地丰富了人们对仰韶村遗址仰韶和龙山时期人类生存状况、人地关系等多方面的了解，对进一步认识仰韶村遗址的文化内涵、各期遗存的分期及年代，完善聚落布局、功能分区、聚落形态发展演变，以及深入挖掘黄河文化的内涵和价值，探究豫西地区史前社会的复杂化和文明化进程等具有重要的意义。

六、仰韶时期的社会生活

仰韶时代是中国新石器时代文化的鼎盛时期，年代跨度从距今6800年至4800年，长达2000年左右。它上承前仰韶文化，下启龙山文化，奠定了中华民族文明史的基础，长期以来，仰韶文化成为认识、定位周边其他史前文化的年代标尺。

"生产以及随生产而来的产品交换是一切社会制度的基础。"[9]因此，要了解三门峡地区仰韶时期的社会生活，则需要从它的生产开始。

仰韶文化时期，正处于气候上的"仰韶温暖期"，温暖湿润的气候有利于农作物的生长。仰韶人通过辛勤的劳动，产生了一套适合黄土地农作物种植的农具与种植方式。

仰韶时期的农业经营，在淮河以北主要为粟，淮河以南主要为稻。粟是仰韶时代三门峡的先民们种植的主要旱作农作物。粟的遗存在仰韶时期的遗址中经常发现，1991—1999年，在对渑池班村遗址进行考古发掘时，在庙底沟二期文化的灰坑中发现了不少已被脱壳的粟粒，以及少量的黍米。在三门峡南交口遗址中也发现了粟和黍。除此之外，仰韶人还可能种植有水稻作物。在三门峡市的南交口遗址已发现人工栽培的稻米遗存。这些稻米为扁椭圆形，质脆，呈黑色，在米粒的每面都有两条凸起的纵棱和旁边的浅沟，基部显示出缺口状。经专家鉴定，这些稻谷的品种属于脱壳后的粳稻。除此之外，在对仰韶村遗址晚期土壤样品的分析鉴定中，发现了较多的水稻植硅体[10]，灵宝底董北遗址也发现了稻粒遗存，在对西坡遗址采集的土样进行水选时，也发现了少量稻的农作物籽粒遗存，说明这一时期水稻种植在三门峡地区已不再是孤例。此时，仰韶先民们因地制宜，在距水源较远的黄土台塬、边坡或河流阶地上种植粟、黍等耐旱作物，在适宜的滨水湿地上栽培水稻，由单一的旱地作物种植模式发展为宜旱则旱，宜水则水，旱水作物并重的粟、稻混作区[11]，不仅改变了单一的旱地农作物种植结构，丰富了农作物的品种，而且也提高了农作物的产量，降低了单一作物种植的风险系数，标志着农业经济的发展。[12]稻、粟、黍的完整组合，也表明了这一时期人们有着较为稳定的植物类食物资源。

与农业生产相适应，农业生产工具也得到了不断的发展。在仰韶时期遗址中发掘出了大量的石铲、石斧、石锛、石凿、石刀、陶刀等。石斧、石锛用于砍伐树木和垦荒。石斧的形状与现在的斧头形状类似，顶部平滑，适用于手握，刃部呈圆弧形，并且很薄。石铲用于翻地耕种，有的石铲在端部有凹口，便于安装木柄，提高翻土效率。石刀用于收获。石刀中出现了一种中间穿孔、两侧不见内凹口的刀。穿孔更加便于把刀握于手中，利于收割。除了形制发生变化，生产工具的数量也大大增加。这些生产工具的改进与发展，应是当时农作物收割需求增大的结果，反映了当时的播种面积在增大，从事收获的成员在增多，农业有了长足发展。

随着农业的发展，出现了可供储藏的粮食。在三门峡地区的仰韶文化遗址中发现了大量的灰坑和窖穴，这时期的灰坑和窖穴，其用途之一就是储藏粮食，形状多为圆形或椭圆形，口小底大形如口袋，底部与周壁光滑平整。

农业之外，仰韶人还饲养家畜，主要是猪、狗等。在庙底沟、三里桥等遗址中发现了家猪、狗的骨骼。但此时的家畜饲养仍然是一种副业，人们获得的肉食主要还是来源于渔猎。因为从考古资料发掘的生产工具来看，还有大量的渔猎生产工具，如骨镞、石镞、石球、陶球、石网坠等，彩陶花纹中也有网状纹，说明此时渔猎生产也在仰韶人的生活中占据着不小的地位。到了庙底沟二期文化时期，农业生产继续发展和进步，生产工具有了显著的进步，石铲被双齿木耒所取代。农业的发展又促进了家畜饲养业的发展，牛、羊也开始出现，家畜已成为人们肉食的主要来源。稳定的农业生产，是仰韶人在此长期生存的物质基础，也是此时仰韶聚落形态形成的重要基础。

仰韶村遗址内部包含有仰韶文化和龙山文化两大不同时期的聚落。仰韶文化时期是该遗址的繁盛时期，聚落主体主要位于遗址的中南部，由北壕沟和东部的饮牛河、西部的西沟共同合围而成，整体形状呈东北—西南向的近长方形，现存面积近20万平方米。聚落内设施齐全，有壕沟、房址、灰坑、墓葬、陶窑等。圆形或方形的半地穴式房屋之间，分布着大量的灰坑和窖穴，主要用于储藏粮食和其他物品，也是房址的附属建筑物。陶窑则分布在居住区的东北部。为了保护自己的聚落，仰韶时期的先民们利用东沟、西沟和北壕沟对聚落形成了合围，不但具备了防御功能，还兼具排水作用。到了龙山文化时期，聚落则北移，主要分布在遗址中部偏北的方向，此时仰韶人在遗址的北部、东部和西部筑起了环壕，形成了以环壕为特点的大型聚落。这种环壕在庙底沟遗址中也有发现，被学术界普遍认为是聚落向城邑过渡的中间环节。仰韶人共同生活在一个合理布局和统一管理，周围壕沟环绕的聚落空间内，已经具备了城邑的雏形。

从仰韶村已发现的仰韶文化房址来看，房屋面积基本较小，多为椭圆形或圆形的半地穴式建筑。仰韶先民们烧料姜石加黏土为胶凝材料，以烧制的陶质颗粒为骨料，具备一定水凝性的材料作为建筑材料来铺地面，周围四壁用草拌泥挂敷，有效地提高了墙壁抵抗雨雪风霜的能力，也增强了居住房址的舒适和美观。

农业的发展，不但保障了仰韶先民们的生活，还让人们有时间、有精力从事其他手工劳动，纺织、工具加工、制陶等手工业都得到了发展。仰韶村遗址出土了陶纺轮、石纺轮、骨针、骨锥等纺织工具。在庙底沟遗址出土的纺轮和陶器上还发现了清楚的布纹，和现代的粗麻布相似，说明当时已经有了纺织业，织出麻布，改变了穿树叶披兽皮的原始衣着。在仰韶村遗址第四次考古发掘时，考古人员还在墓葬的土壤样品中发现了丝蛋白残留物，说明当时的仰韶人可能已经能够制成丝织品。结束头发用的骨笄的发现，说明当时的仰韶人已不再披头散发。石坠、石珠、陶坠、象牙镯形器、玉环、玉璜等装饰品的发现，与大量陶环、石环一起，显示出了仰韶先民的审美。

制陶是仰韶时期发展较快、水平较高的一项手工业。仰韶人的陶器制作主要采用横穴窑烧制，由窑室、火口、火膛、火道及窑箅等构成。从出土的陶器来看，早期和中期以红陶为主，晚期则以灰陶为主。大多数陶器都为手制，主要采取泥条盘筑法，先将陶坯泥搓成长的泥条，再圈起来，自下而上层层盘叠成型，然后将里外涂抹泥浆，抹平泥条的缝隙，因此在出土的部分陶器内部能够明显看到盘筑的痕迹。陶坯成型后，还要对表面进行打磨，口沿大部分还需要进行慢轮修整，因此不少陶器胎壁厚薄均匀，表面打磨光滑，器型美观。仰韶人使用的陶器数量众多，种类丰富。炊器有罐、鼎、釜、甑和灶等，食器主要有碗、钵、盆、罐、杯等，贮藏器有罐、瓶、瓮等。除此之外还有器物的附件，如器盖、圈足座等。仰韶人的食器种类明显增多，新出现了釜、灶、甑等器型，说明他们的烹饪方式和饮食日益多样化。由于居住条件的改善，放置器物的居住面平整光滑，因此平底的盆、钵、罐等器型明显增多，器腹较大，腹壁也较圆缓，有些器物还有流、鸡冠耳或竖耳。遗址中众多的陶器显示了陶制品不仅是人们日常生活必不可少的器物，而且制陶业也成为一项发达的手工业。

仰韶文化最主要的特征是绚丽的彩陶，因此早年的一些研究者也直接将仰韶文化称为"彩陶文化"。彩陶是入窑前绘成图案，由于烧制过程中产生的化学作用，图案永久地附着在器物表面。庙底沟的彩陶是其中的杰出代表。"在中国发现的史前彩陶中，论技法之精与影响之大，当首推庙底沟文化彩陶。"[13]

庙底沟的彩陶基本上为泥质红陶，泥质细腻，多为红色或橙黄色。彩陶花纹没有固定的制作模式，为一器一绘。彩陶花纹多位于钵、盆等器物的口沿外侧、上腹外表部分，这是因为当时人们席地而坐，口沿和上腹外表是人们视线最先投射的地方，对这些部位装饰效果的重视不但是对其实用功能的肯定，也可以达到视觉效果上的满足。花纹除了少量鸟纹、蛙纹等象形纹饰，大量的是以黑色的原点、勾叶、弧边三角及曲线等构成繁复的带状纹饰，有的还带有红、白底色，彩绘纹样之间的空白区域则与圆点、线条等配合构成了一枝枝争相绽放的绚丽花朵。这些绚丽的花朵最终以其极具活力的姿态使庙底沟彩陶这朵"华夏之花"绽放了大半个中国，照亮了中华文明的第一缕曙光，促成了早期中国文化圈的形成，奠定了先秦中国的空间基础。

彩陶最能体现仰韶时代的艺术成就，由此形成的独特艺术观念，是中华传统文化的重要组成部分。庙底沟文化彩陶集实用、雕塑、绘画、烧制的各种艺术和工艺为一体，不但是最早的工艺美术杰作，更是一种成熟的象征艺术。彩陶的制作者善于把生活中感受到的平衡、对称、统一、重复、节奏、运动、韵律等用线、点、面组成优美而抽象的形象，并用反复出现的艺术手法，给人生动活泼、自由舒畅、开放流动的审美享受，达到了很高的艺术造诣。"彩陶应当是那个时代最时尚的艺术品，它装点了史前居民多彩的生活，也焕发了世代蕴积的艺术精神。彩陶的出现，可以看作是人类历史上的一个重大的艺术事件，开启了一个普世参与的艺术时代，第一次将艺术的种子深播广种在人类的大脑里。随着绘画技巧的提高，一代一代传承的技能不断发展，也随着认知能力的一步步提升，彩陶纹饰的构图与内涵不断丰富，彩陶很自然地成了体现史前时代艺术最高水准的载体。可以认为，彩陶是史前时代最卓越的艺术成就之一，是人类艺术史上的一座丰碑。中国史前彩陶奠基的艺术传统，影响了古代艺术的发展，它的余绪甚至一直影响到我们当代装饰艺术中的思想传统与基本框架。"[14]彩陶不仅是一件艺术品，丰富多彩的纹饰也不是陶工们随心所欲的作品，而是那个时代精神的表露，是人们情感、信仰的真情流露。彩陶上的纹饰显示了仰韶人对自然物象的崇拜和观物取象的方法，是仰韶文化的精神密码，也是仰韶人习俗、信仰的记载，记录了他们对自然的认识和生产、生活习俗的情况。如月牙纹彩陶罐上的月牙纹，反映了古人最原始的天文学观念，他们开始将自身与周围自然现象联系。而庙底沟的花瓣纹一方面反映了人们对自然的认识和理解，另一方面也许反映了他们的意识观念、宇宙观与华夏民族的形成联系在了一起。这些纹饰的产生，说明当时的人们开始深入探究自然、人生、信仰的不解之惑，并且有所发现和感悟，还创造性地用纹饰表现出来。

从距今6800年到距今4800年，仰韶人在这里生活了2000年左右，其间发生了许多具有深远意义的变化。人们在这里开始定居，房屋由地穴、半地穴的建筑逐渐转变为地面建筑；种植业得到了发展，人们开始种植粟、黍、稻，饲养家畜，有了稳定可靠的食物来源；磨光石器、穿孔石器出现并占据主要地位。母系氏族社会从繁盛到衰落并被父系氏族社会代替；族外婚、对偶婚逐渐让位于一夫一妻制；娱乐活动也日趋丰富，出现了原始的宗教；社会阶层的分化也在仰韶文化中晚期出现，从此开启了早期中华文明的进程。

注释：

[1] 夏鼐.关于考古学上文化的定名问题[J].考古，1959（4）.

[2] 安特生著，袁复礼译.中国远古之文化[A].三门峡仰韶文化研究[C].郑州：河南科学技术出版社，2011.

[3] 安志敏.袁复礼教授在中国史前考古学的贡献[J].考古，1998（7）.

[4] 夏鼐.河南渑池的史前遗址[J].科学通报，1951（9）.

[5][6] 河南省文物研究所，渑池县文化馆.渑池仰韶遗址1980—1981年发掘报告[J].史前研究，1985（7）.

[7] 河南省文物考古研究院，三门峡市文物考古研究所，渑池县文化广电和旅游局.河南渑池县仰韶村遗址考古勘探报告[J].华夏考古，2020（2）.

[8] 河南省文物考古研究院，三门峡市文物考古研究所，渑池县文化广电和旅游局.河南渑池县仰韶村遗址第四次考古报告[J].华夏考古，2021（4）.

[9] 恩格斯.反杜林论[M].北京：人民出版社，1961.

[10] 杜凯闯、王文静、吴克宁等.河南仰韶村遗址原始农业活动研究[J].土壤，2018（8）.

[11] 魏兴涛、孔昭宸、刘长江.三门峡南交口遗址仰韶文化稻作遗存的发现及意义[A].李久昌主编.三门峡地区考古集成[C].郑州：大象出版社，2011.

[12] 赵志军、方燕明.登封王城岗遗址浮选结果及分析[J].华夏考古，2007（2）.

[13] 王仁湘.中国史前的艺术浪潮：庙底沟文化彩陶的艺术的解读[J].文物，2010（3）.

[14] 王仁湘.史前中国的艺术浪潮——庙底沟文化彩陶研究[M].北京：文物出版社，2011.

贾　鹏

彩陶钵

仰韶文化时期（距今6800—4800年）

通高11.5厘米，口径25.6厘米，底径8.5厘米。

泥质红陶。敛口，鼓腹，腹下部斜收为小平底。口沿至腹上部饰黑彩弧边三角、凸弧纹和圆点组成的复合图案。（图一）

1957年三门峡庙底沟遗址出土

三门峡市博物馆　藏

图一　彩陶钵

　　庙底沟遗址位于河南省三门峡市湖滨区西南部的韩庄村，处于青龙涧河和苍龙涧河之间的黄土塬上，即青龙涧河下游南岸二级阶地，西北仅距黄河1千米。（图二）遗址总面积约36.2万平方米，北至青龙涧河，南至老310国道，东至火烧阳沟，西至庙底沟。地理坐标为北纬34°45′，东经111°10′，海拔约342—352米。（图三）这一带分布着多处文化遗址，如窑头—人马寨遗址、三里桥遗址、李家窑遗址、陕州故城等。（图四）2001年6月被国务院公布为全国重点文物保护单位。2021年10月，入选全国"百年百大考古发现"。

　　所谓"庙底"或"庙底沟"是指遗址西部的村落而言，为了方便起见，将整个遗址的所在地统称为庙底沟。"庙底"之名与后土祠有一定关系。据后土祠明成化十八年（1482年）碑文记载："州治南里许有庙曰后土，稽诸郡志，乃大定二年郡人高大建，俗因呼为高家庙。迨我朝洪武二十五年弘农卫指挥周鉴重修。庙之下有数姓，曰高姓者迨三之二。自始至今高族世奉其庙之香火。"另外该遗址第一次考古发掘时曾出土一块明弘治十六年（1503年）朱书买地券："河南陕州西樊二里人氏，现在庙底居住。"可知庙底的名称，至迟在明代便已经存在了。[1]

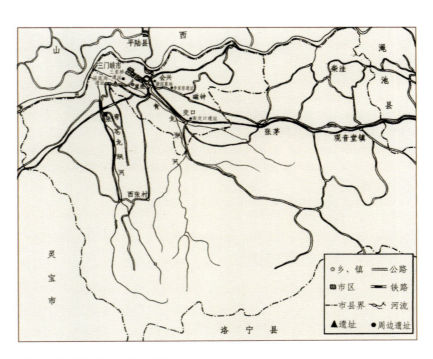

图二　庙底沟遗址位置示意图

一、庙底沟遗址的两次考古发掘

1953年，中国科学院考古研究所河南考古调查队为配合黄河三门峡水利

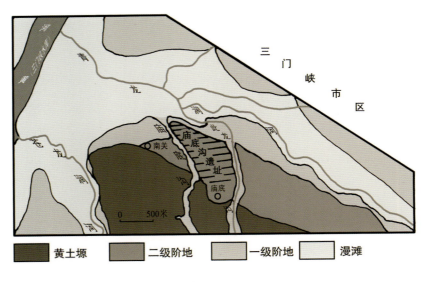

图三　三门峡市庙底沟遗址环境考古图

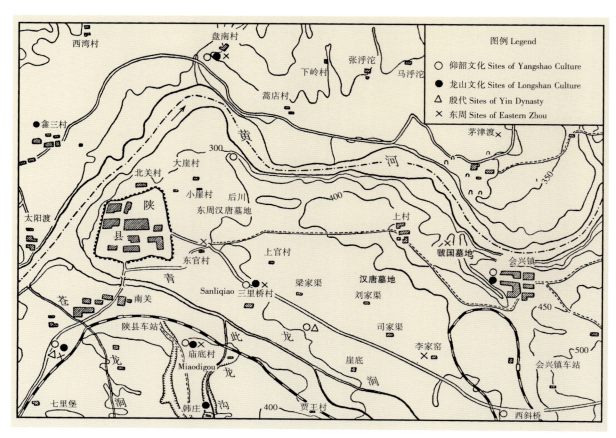

图四　陕州故城及周边古代遗址分布图

建设调查发现了庙底沟遗址。1955年10月，文化部和中国科学院联合组成黄河水库考古工作队，任命夏鼐先生为队长，安志敏先生为副队长，对该遗址进行了重点勘察。1956年9月—1957年7月，黄河水库考古工作队抽调当时各省精英近80人对庙底沟遗址展开大规模发掘，遗址工地的负责人为安志敏先生。经过近一年的工作，共开探方280个（**图五**），揭露面积4480平方米，发现了仰韶文化时期灰坑168个、房基2座，龙山文化早期灰坑26个、房基1座、窑址1座及墓葬156座（绝大部分为龙山文化）。另外还发现有较薄的东周文化层及少数汉唐墓葬。

由于遗址上仰韶文化和龙山文化时期的文化内涵丰富、具有代表性且属首次发现而分别被学术界命名为仰韶文化庙底沟类型和庙底沟二期文化。1959年出版《庙底沟与三里桥》，成为新中国成立后第一部新石器时代考古发掘报告。（**图六**）

图五　1956年庙底沟T1区工作情况

　　三门峡市博物馆就收藏有一批庙底沟遗址第一次发掘出土的彩陶器，具有重要的历史文化价值，现将几件典型器物简介如下：

　　SB00003彩陶钵　　通高7.6厘米，口径20厘米，底径7.5厘米。泥质红陶。敛口，腹微鼓，腹下部斜收为小平底。口部外壁饰一周黑彩垂弧纹，其下对应饰一周由圆点和双弧线组成的复合图案。（图七）

　　SB00027彩陶钵　　通高7.5厘米，口径14.5厘米，底径5厘米。泥质红陶。直口，深腹，腹中部内收为小平底。口部外壁饰一周黑彩垂弧纹，其下对应饰一周由圆点和三道弧线组成的复合图案。（图八）

　　SB00001彩陶钵　　通高7.7厘米，口径13.1厘米，底径5厘米。泥质红陶。敛口，近直腹，腹下部内收为小平底。口沿至腹上部饰黑彩网格纹。（图九）

　　SB00006彩陶钵　　通高7.5厘米，口径14.8厘米，底径4.9厘米。泥质红陶。敛口，微鼓腹，下腹斜收为小平底。口沿至腹上

图六　《庙底沟与三里桥》书影

图七　彩陶钵（SB00003）

图八　彩陶钵（SB00027）

图九　彩陶钵（SB00001）

部饰黑彩弧边三角、凸弧纹和圆点组成的复合图案。**（图十）**

SB00019彩陶钵　通高7厘米，口径13厘米，底径6厘米。泥质红陶。敛口，腹微鼓，腹下部斜收为小平底。口部外壁饰一周黑彩垂弧纹，腹下部饰一周细条带纹，其间饰由凸弧纹、双弧线和圆点组成的复合图案。**（图十一）**

2002年6月，由于国道310线三门峡市城区段急需拓宽，在报请国家文物局批准后，河南省文物考古研究所会同三门峡市文物考古研究所、郑州大学文博学院等单位，对庙底沟遗址进行了第二次大规模的抢救性发掘，发掘面积18000平方米**（图十二）**，发现了仰韶文化庙底沟类型、西王村类型及庙底沟二期文化时期保存较为完好的房基10余座、灰坑和窖穴800多座、陶窑20座、壕沟3条等遗迹，同时还发掘清理了200余座唐宋元明时期的墓葬，出土了大量珍贵的文物。这次发掘，新发现了仰韶文化晚期的西王村类型和仰韶文化末期的西王村三期遗存，填补了从庙底沟类型到庙底沟二期文化之间的空白。

庙底沟遗址的发掘和研究在中国考古学史上具有十分重要的意义。庙底沟遗址的发掘，确立了仰韶文化庙底沟类型。首次辨认出从仰韶文化向龙山文化过渡的"庙底沟二期文化"，从地层证据和器物类型演变上，彻底厘清了仰韶文化与龙山文化的早晚关系，大大促进了我国仰韶文化与龙山文化的研究水平。庙底沟遗址出土的大量彩陶在全国史前彩陶中占有突出地位。所有这些，使得庙底沟遗址

图十　彩陶钵（SB00006）

图十一　彩陶钵（SB00019）

图十二　庙底沟遗址第二次发掘现场航拍图

的考古发掘和庙底沟彩陶的研究在中国考古学史上占有重要地位。为了保护、利用和展示好庙底沟文化，有关部门筹建了三门峡庙底沟博物馆，并于2021年10月17日对外开放。

二、庙底沟遗址诸时期的文化面貌

庙底沟遗址是一处以仰韶文化庙底沟类型、西王村类型以及庙底沟二期文化为主要内涵的文化遗存，其中最丰富的当数庙底沟类型。从距今5900年到距今4800年长达1100年左右的时间段内，古人类的活动相当频繁，因而遗留了大量的遗物和遗迹。

（一）仰韶文化庙底沟类型

这是庙底沟遗址堆积最为丰富的文化遗存，遗迹主要有壕沟、房基、陶窑、窖穴、灰坑等。

壕沟　　遗址东、西部均有发现。东部壕沟是20世纪50年代发掘时在T200区内发现的，当时被编为大灰沟（HG201）。西部壕沟是2002年发掘时清理出来的，呈东南—西北走向，口宽底窄，口部最宽处达12米，深5—8米，沟底不平，局部铺有鹅卵石块，清理长度100余米。从清理的情况看，壕沟的深浅程度依地势而变，从东南向西北渐次增深，由此推断除了防御外界的侵袭，防洪排水也是当时壕沟的一大功能。从两次发掘的遗迹分布和勘探情况观察，这几段壕沟有可能连接成一周围壕。

房基　　主要分布在遗址西北部，多为南北向的圆形半地穴和方形浅地穴式建筑。方形房址在南面的正中有一条窄长斜坡式的门道，屋内距门不远有一个圆形火塘，屋基中部有四个带石柱础的柱洞，四周有排列整齐的设有石柱础的柱洞，底部居住面及四周坑壁上修饰平整并敷有一层草泥土。圆形房址的直径一般在4—5米，墙壁及底部修饰得平整光滑，灶多设在中部，柱洞多分布在四周，数量不等。还有个别房子带有壁龛。第一次考古发掘的301号房子，东西宽约6米，南北长约7.86米。经古建专家研究，可复原为一座四面坡式的木架结构

茅屋，其居住面和墙基经火烧处理以防潮[2]。（**图十三、图十四、图十五**）

窑穴和灰坑　　多呈圆形口小底大的袋状，部分面积较大，且坑壁及坑底均经明显加工。在袋状窑穴的底部，一般还会向下掘出一个口径较小的袋状小窑穴，有的多至三四个，这是此时期该遗址的一个特点，可增加窑穴的储量。窑穴内常发现有完好的动物骨架。（**图十六**）另外，在个别灰坑内还发现有随意弃

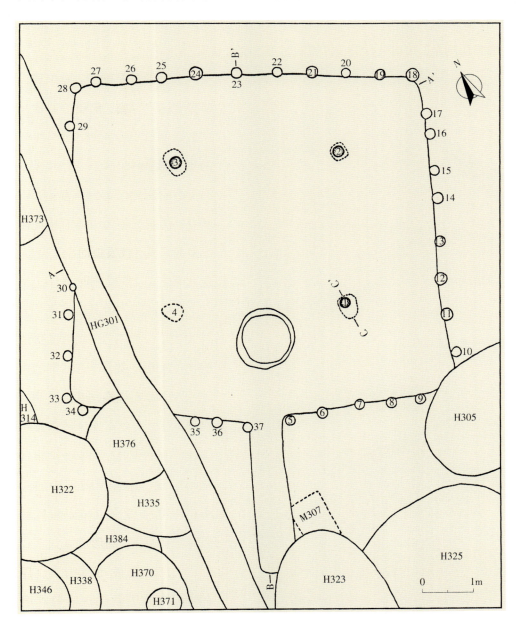

图十三　1957年庙底沟文化301号房子平面图

尸的现象。

陶窑　集中分布在遗址西部，窑体一般较小，直径多在1.5米以内。窑的构造一般由窑室、火口、火膛、火道及窑箅等构成，此时的陶窑均为环形火道。

这个时期的生活用具主要是陶器，器型规整，种类齐全。陶器以细泥红陶和夹砂粗红陶为主，器物均手制，主要以泥条盘筑法制成，口沿多经慢轮修整。器表纹饰以线纹为主。主要器型有双唇小口尖底和平底瓶、曲腹彩陶钵、曲腹彩陶盆、侈口夹砂罐、折腹圜底釜、盆形灶等。

图十四　庙底沟文化301号房子复原图

该时期是彩陶的鼎盛时期，彩绘颜色主要是黑彩，也有一定数量的红彩和赭彩，另有少量的复合彩。彩绘多饰于器腹及口沿上。彩陶的图案纷繁复杂，以圆点、弧线三角为母体而构成色泽鲜艳、变化多端的图案，给人以充满生命力的动感之美。

彩陶的图案就其内容可分为两大类：一类是装饰性很强的植物花卉形图案，这占图案的主流；另一类则是动物花纹，这类图案不多，主要是变体的鸟纹和鱼纹。另外还有个别动物和鸟首的塑像。这些精美绝伦的彩陶艺术充分体现了庙底沟先民们对于美好生活的追求。

生产工具以石器为主，还有骨、陶质工具。石器包括磨制的大型石铲、穿孔石刀、石

图十五　庙底沟文化301号房子复原半剖图

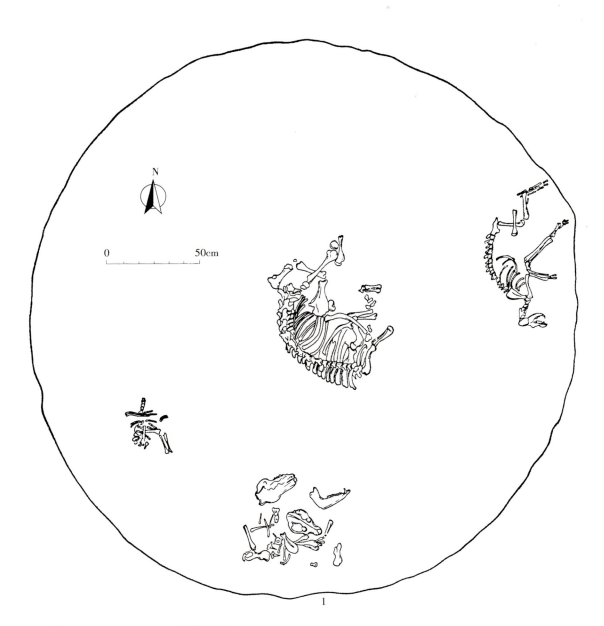

图十六　庙底沟文化灰坑H22兽骨平面图

斧等，其中以与农业相关的工具为主。另外，出土了数量众多的石圆饼形器（**图十七**），有大小、厚薄之分，这种特殊器物的用途多年来一直有不同认识。近年，樊温泉等研究认为其功能为谷物脱粒工具或战争武器的可能性较大。[3]

图十七　庙底沟遗址出土石圆饼形器

（二）仰韶文化西王村类型

这一时期的遗存主要是灰坑等遗迹。陶器以夹砂灰陶为主，泥质灰陶、夹砂褐陶次之，泥质灰胎黑皮陶最少。器表纹饰以篮纹为主，另有附加堆纹、线纹、弦纹等。器类以鼓腹罐为主，豆、器盖、罐形鼎次之，喇叭口尖底瓶、杯和刻槽盆等较少。这一时期彩陶数量大大减少，且纹样简单，主要是平行线纹和斜网格纹。[4]

（三）庙底沟二期文化

庙底沟遗址中庙底沟二期文化的遗迹和遗物占了相当大的比例。

遗迹主要有房址、陶窑和窖穴、灰坑等。此时的房址多为圆形半地穴式，房内布置考究。陶窑个体仍然很小，直径约1米，由窑室、火口、火膛、窑箅、火眼、火道等组成。窑顶多为半球状，较庙底沟类型进步的是火道由原来的环形改进为"北"字形和"非"字形，窑底设有窑箅，箅上有火眼与火道相通，从而使窑室内火的燃烧更加充分和均匀，大大加强了陶器的硬度，提高了陶器的质量。

20世纪50年代发掘中共清理出庙底沟二期文化墓葬145座，均为单人土坑竖穴墓，墓葬的方向一致，头南脚北，基本上为仰身直肢葬。只有2座墓葬有随葬品，也仅为一泥质红陶小杯。

庙底沟二期文化的陶器以夹砂灰陶和泥质灰陶为主；器表纹饰以篮纹为主，次为磨光陶、附加堆纹，有极少量的彩绘陶；陶器的陶胎略显厚重，制法粗朴。主要器型有夹砂折沿罐、大口罐、小口平底罐、鼎、灶、刻槽盆等。

石器以磨制为主，打制石器的数量已开始减少，主要种类有石刀、斧、锛、凿等，另有一定数量的骨器和蚌器。

（四）其他时期的文化遗存

庙底沟遗址的个别单位中还发现了少量龙山文化时期、二里头文化时期以及两周时期的文化遗物。但这些都只是零星的发现，不过也从一个侧面说明了庙底沟遗址的延续性。

植物考古和动物考古研究表明，庙底沟时期是以粟作种植和家畜饲养为主的生业形态。粟和黍是当时最主要的农作物。当时先民的肉食资源获取方式应以饲养家猪为主，偶尔狩猎野猪、鹿科动物、鸟类以及捕捞软体动物和鱼类，属于"开发型"的肉食资源获取方式。[5]

庙底沟文化时期的生活用具主要是陶器，这一时期的陶器器型规整，种类齐全。器物均手制，主要以泥条盘筑法制成，口沿多经慢轮修整。这个时期是彩陶的鼎盛时期，据初步统计，出土陶器中彩陶比例高达16%以上。这一时期的彩陶可分成早晚两期，陶器变化趋势整体相对一致，均为由矮胖变为瘦高。

庙底沟的彩陶制作采用泥条盘筑法，制作过程分为陶土选择、陶坯处理和彩陶绘制等工序。彩陶图案细长流畅的线条和出露的笔锋（**图十八**），表明绘制可能使用近似"毛笔"的工具，可能用狼、鹿类的毛制成长锋硬笔，对于颜料，有较好凝聚性。[6]另外，部分陶器裂缝两侧有成对钻孔（**图十九**），推测铜陶修复工艺可能已经出现。[7]

图十八 彩陶图案笔锋痕迹（H787：20）

庙底沟时期彩陶数量众多，器类有钵、盆、罐等。彩陶以黄地黑彩为主，构图元素有圆点、条带纹、垂弧纹、弧边三角、凸弧纹、弧边直角、勾连纹、双连弧纹等。构图方式以二方连续为主，以四分比较常见。彩陶钵通常为垂弧纹、圆点弧线纹、弧边三角纹组成的复合图案。彩陶盆通常饰弧边三角、圆点、凸弧纹、勾叶纹等组成的复合纹饰。彩陶图案纷繁复杂，变化多端，给人以充满生命力的动感之美。

图十九 彩陶修补痕迹（H5：4）

三、庙底沟彩陶纹饰分类与文化内涵

三门峡市博物馆收藏的庙底沟彩陶依纹饰可大致分为四类：

（一）网格纹　　例如标本SB00001网格纹彩陶钵。网格纹在庙底沟文化彩陶中运用并不多，这类纹饰是用网格构成二方连续图案，以四分式构图为多，网格之间留出窄长的空白作间隔带。王仁湘先生将此类纹饰归为直线几何纹饰。[8]若干直线相互交错，形成菱形的网状结构，这是网格纹的基本构图方案，看起来很像渔网。一般来说，类似这样的网格纹都作为填充元素使用，如在方

图二十　重叠连弧纹彩陶（王仁湘《史前中国的艺术浪潮——庙底沟文化彩陶研究》）

框、圆圈等图案内部进行填充，该图器物中网格纹就是在方框中进行填充的。

（二）眼目纹　例如标本SB01032方框眼纹彩陶钵。这类纹饰一般器物下腹部饰一周细条带纹，其上区域用弧边三角分成若干单元，其内饰凸弧纹和圆点。因纹饰看起来似人的双目，河南省文物考古研究院编著的《华夏之花——庙底沟彩陶选粹》中，将此类纹饰统称为方框眼纹。[9]王仁湘先生则将此类纹饰归为连弧纹的一种，称为重叠连弧纹（图二十），并认为这种纹饰多出现于庙底沟文化中心区域，其所表达的意义值得关注。[10]

（三）西阴纹　例如标本SB00019西阴纹彩陶钵。这类纹饰一般在钵的口部外壁饰一周垂弧纹，腹部饰一周细条带纹，其间区域用凸弧纹分成若干单元，其内饰双连弧线和圆点组成的复合图案。这种纹饰因其较早发现于山西夏县西阴村遗址，被李济先生称为"西阴纹"，这是庙底沟文化彩陶中唯一一种以地名命名的彩陶纹饰。王仁湘先生认为"西阴纹"是典型的地纹彩陶，是一种特别的弯角状纹饰。它一般是周围以黑彩作衬地，空出中间的弯角作主体纹饰，且弯角形几乎全是宽头在左，尖头在右，中间有时点缀弧线与圆点，按逆时针方向排列。并通过对不同地区出土的庙底沟时期"西阴纹"彩陶进行比对和分类，将其分为六种形式，这对此类纹饰的研究提供了更加翔实和系统的资料。[11]（图二十一）这类纹饰构图均衡洗练，图与器结合贴切，时空特征都非常明确，是中国史前彩陶中很值得研究的一类纹饰。

这种形状特别的几何纹饰，有可能来自某类象形图案。以前张朋川先生论证认为它是鸟纹几何化的结果，遗憾的是这种推测缺乏考古地层依据。近来，王仁湘先生研究认为"西阴纹"特别是弯角状纹饰，是鱼纹几何化的结果。而且这种几何化在半坡文化时期就已经完成，完成的地点是在陇原。[12]当然，对于这种纹饰的研究，李济、梁思永、严文明等考古界前辈也都有涉足，足见其独特魅力。二方连续构图的"西阴纹"多固定装饰于小型直口或敛口的陶钵外壁，这种陶钵应是一种日常使用的食器。作为一种食器装饰使用的"西阴纹"，其内在含义仍然值得深入探究。

（四）简体鸟纹　例如标本SB00003简体鸟纹彩陶钵。这类纹饰一般在钵的

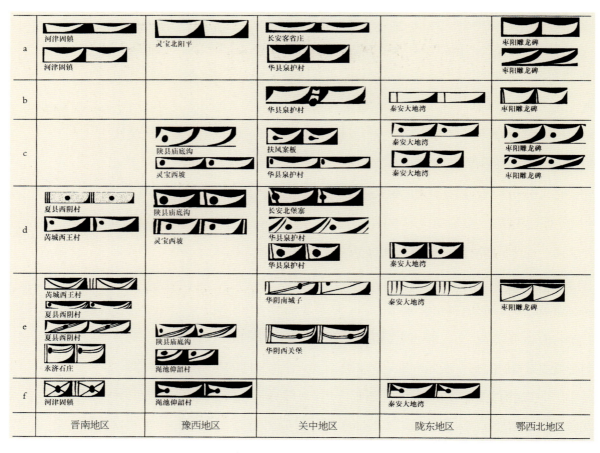

	晋南地区	豫西地区	关中地区	陇东地区	鄂西北地区
a	河津固镇 / 河津固镇	灵宝北阳平	长安客省庄 / 华县泉护村		枣阳雕龙碑 / 枣阳雕龙碑
b			华县泉护村	秦安大地湾	枣阳雕龙碑
c		陕县庙底沟 / 灵宝西坡	扶风案板 / 华县泉护村	秦安大地湾 / 秦安大地湾	枣阳雕龙碑 / 枣阳雕龙碑
d	夏县西阴村 / 芮城西王村	陕县庙底沟 / 灵宝西坡	长安北堡寨 / 华县泉护村 / 华县泉护村	秦安大地湾	
e	芮城西王村 / 夏县西阴村 / 夏县西阴村 / 永济石庄	陕县庙底沟 / 渑池仰韶村	华阴南城子 / 华阴西关堡	秦安大地湾	枣阳雕龙碑
f	河津固镇	渑池仰韶村		秦安大地湾	

图二十一　"西阴纹"彩陶分类分区域比较示意图（王仁湘《史前中国的艺术浪潮——庙底沟文化彩陶研究》）

口部外壁饰一周垂弧纹，其下对应饰若干组由圆点和两道或三道弧线组成的复合图案。典型的鸟纹一般头眼足尾俱全，或站立，或飞翔，比较具象。随着时间的推移，鸟纹逐渐简化为由圆点与细长弧线组成的抽象图案，庙底沟遗址出土的鸟纹彩陶基本都是这类图案。石兴邦先生最先注意到彩陶中的鸟纹，并发表了第一张鸟纹演变图式，勾画出鸟纹由具象象生形向抽象几何纹的演变趋势，成为鸟纹研究的重要切入点。[13]（图二十二）苏秉琦先生在《关于仰韶文化的若干问题》一文中，也对庙底沟文化彩陶中鸟纹的演变进行了研究，并将其变化序列归纳为五式，也反映了鸟纹由写实逐渐转向抽象的发展脉络。[14]（图二十三）

　　关于鸟纹的象征意义，不能认为庙底沟人只是因为喜爱飞鸟，所以就在陶盆上画出鸟形来装饰，许多研究者都认为鸟纹应当还有它作为纹饰之外的含义。很多研究者从历史时期传说入手，再向前追溯到史前时期。首先我们会想到商人崇拜玄鸟，所谓"天命玄鸟，降而生商，宅殷土芒芒"（《诗·商颂·玄鸟》）。同样是鸟崇拜传说，有学者将它归结为男性生殖崇拜，也有人认为是出于图腾崇拜。不过对于鸟崇拜更流行的解释，是太阳鸟之说，鸟崇拜即是太阳崇拜。"三足鸟"是神鸟，它便是太阳鸟。太阳崇拜是一种天体崇拜，有研究者认为庙底沟文化时期的天体崇拜已有了明确的标志物，彩陶上的鸟纹和蟾蜍纹，很可能就是日与月的标志，象征太阳神和月亮神。[15]庙底沟文化彩陶上出现的太阳鸟图像，在大汶口文化和良渚文化陶器上也能见到，可能说明当时的太阳神观念普遍存在，传播范围很广。[16]

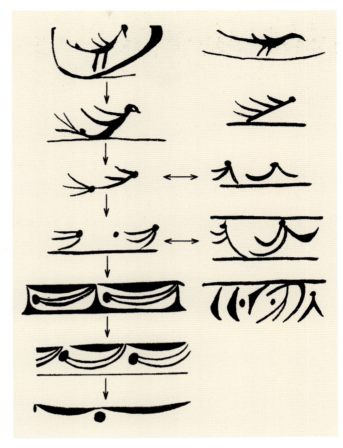

图二十二 彩陶上鸟纹变化的脉络（华县泉护村与陕县庙底沟出土，据石兴邦《有关马家窑文化的一些问题》）

庙底沟文化彩陶最具代表性的当数花卉纹图案，其影响范围极广，可谓遍及大半个中国。其实这些花卉纹图案可分成两种：一种是相对具象的花瓣纹（图二十四），一种是较为抽象的花卉纹。（图二十五）考古学家苏秉琦先生经过研究又将抽象的花卉纹图案分为两种：第一种，类似由蔷薇科的覆瓦状花冠、蕾、叶、茎蔓结合成图，可称为蔷薇图案彩陶盆；其演变趋势是从比较简单朴拙到比较繁复严密，再到松散、简化、分解。第二种，类似由菊科的合瓣花冠构成的盘状花序，可称为菊科图案彩陶盆。（图二十六）前者构图比后者大，传布也较广，差不多到达所有仰韶文化直接影响所及的地方。[17]（图二十七、图二十八）在庙底沟遗址中，有时把两种花冠结合成图。简而言之，这些花卉纹应主要是以菊科和蔷薇科两种花卉的花瓣为母体变化而来。他指出："庙底沟类

图二十三　庙底沟文化彩陶上鸟纹的演变（据苏秉琦《关于仰韶文化的若干问题》）

型的主要特征之一的花卉纹图案彩陶可能就是华族得名的由来，华山则是可能由于华族最初所居之地而得名；这种花卉图案彩陶是土生土长的，在一切原始文化中是独一无二的，华族及其文化也无疑是土生土长的。庙底沟类型的人们成为最初华族的核心，并对远方邻境地区发生很大影响。"[18]苏先生这些观点发人深省，至今仍盛行不衰。

　　王仁湘先生将庙底沟文化几类典型纹饰彩陶的分布范围叠加起来，得到一张庙底沟文化彩陶典型纹饰整体分布图。这张分布图覆盖的范围，向东临近海滨，往南过了长江，向西到达青海东部，往北则抵达塞北。[19]（图二十九）庙底沟文化彩陶播散到这么大的一个区域，很值得注意，这基本上是后来中国历史演进的最核心的区域。

　　庙底沟文化彩陶有一种巨大的扩散力，它让我们清楚地感受到了中国史前

图二十四　花瓣纹彩陶盆（三门峡庙底沟遗址出土）

图二十五　花卉纹彩陶盆（三门峡庙底沟遗址出土）

时期出现的一次规模强大的艺术浪潮。庙底沟文化彩陶浪潮播散的结果，不仅仅是将这种艺术形式与若干艺术主题传播到了这样广大的区域，更重要的是彩陶所携带和包纳的文化传统，将这广大区域的居民的精神聚集到了一起，在同一文化背景下历练提升，为历史时代的大一统局面的出现奠定了深厚的根基。[20]

庙底沟文化是史前最强势的文化，它从豫西、晋南和关中东部核心地区，不断向周围进行辐射和扩张，学术界基本上肯定这一文化现象和早期华夏族群的形成与扩张有密切关系。庙底沟文化的形成与扩张是早期华夏族形成过程中一次非常重要的整合与布局。庙底沟类型的强力扩张，不仅使庙底沟文化分布的

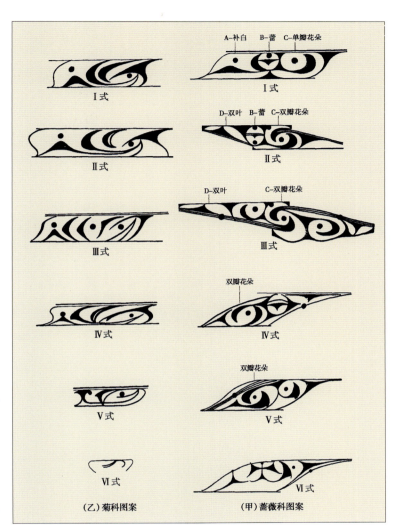

图二十六　庙底沟类型彩陶植物图案型式序列（标本均为华县泉护村出土，据苏秉琦《关于仰韶文化的若干问题》）

地区形成空前一致的文化面貌，更使包括边缘区在内的广大地区的诸考古学文化交融联系，形成一个稳定的文化共同体。[21]因此，韩建业先生认为庙底沟时代的到来标志着"早期中国文化圈"或文化上"早期中国"的形成。（**图三十**）

分析庙底沟文化的强盛之谜，学者们指出，其对外的巨大影响力和辐射力，正缘于它发达的经济实力和文化魅力，以及社会结构的变化。[22]三门峡盆地是庙底沟文化的中心分布区，是最早创造了发达的彩陶艺术，在玉（石）器制作技术方面取得突破性进步的地区，也是最早启动社会文明进程的地区之一。对大

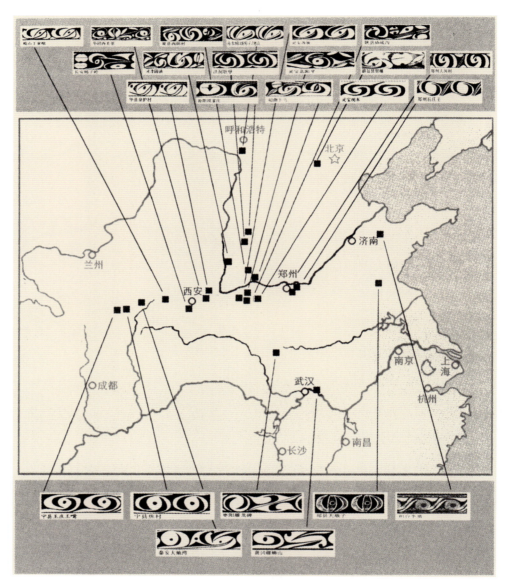

图二十七　庙底沟类型花卉纹彩陶分布范围图（据王仁湘《史前中国的艺术浪潮——庙底沟文化彩陶研究》）

型公共建筑的重视、对公共事务的关注以及注重实际和世俗生活的文化取向等
要素，成为中原地区文明化进程最重要的内核，也是其对中国文明化进程最重
要的贡献。在公元前4000—公元前3300年的时间里，庙底沟人在农业、制陶和
聚落发展等方面创造的成就，是中国史前的原生文明，体现了中华民族伟大的
创造力，代表了那一时代社会文明和技术及经济所达到的最高水平。以庙底沟

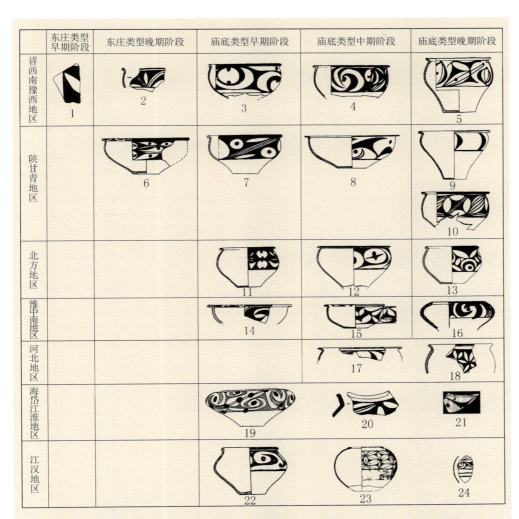

	东庄类型早期阶段	东庄类型晚期阶段	庙底类型早期阶段	庙底类型中期阶段	庙底类型晚期阶段
晋西南豫西地区	1	2	3	4	5
陕甘青地区		6	7	8	9, 10
北方地区			11	12	13
豫中南地区			14	15	16
河北地区				17	18
海岱江淮地区			19	20	21
江汉地区			22	23	24

1、2.仰韶文化东庄类型（北橄H38：11、东庄H104：1：01）3—5.仰韶文化庙底沟类型（北橄T8⑨：1、西阴H33：7、H30：63）6.仰韶文化史家类型（原子头H42：1）7—10.仰韶文化泉护类型（大地湾T700③：19，泉护H5：192、H1127：871，胡李家H14：2）11—13.仰韶文化白泥窑子类型（章毛勿素F1：4、段家庄H3：07、白泥窑子A点F2：2）14—16.仰韶文化阎村类型（大河村T1⑥D：113、点军台F3：7、大河村T11⑤A：83）17、18.仰韶文化钓鱼台类型（南杨庄H108：1、钓鱼台T4②）19.大汶口文化（刘林M72：1）20、21.崧泽文化（青墩下文化层、草鞋山T304：6）22—24.大溪文化（螺蛳山1号墓、关庙山T37④：9、T4③：9）

图二十八　各地区庙底沟类型花卉纹彩陶盆比较（韩建业《早期中国——中国文化圈的形成和发展》）

遗址一期文化命名的庙底沟文化（庙底沟类型文化）因此成为中国史前文化最辉煌时期的最绚丽、最具代表性的文化符号，堪称"早期中国文明的第一缕曙光"。[23]

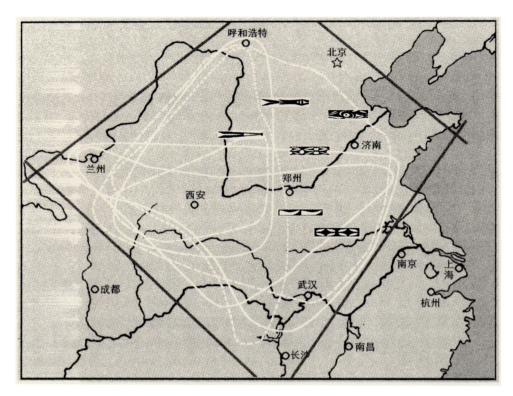

图二十九 几类彩陶纹饰分布范围叠加图（据王仁湘《史前中国的艺术浪潮——庙底沟文化彩
陶研究》）

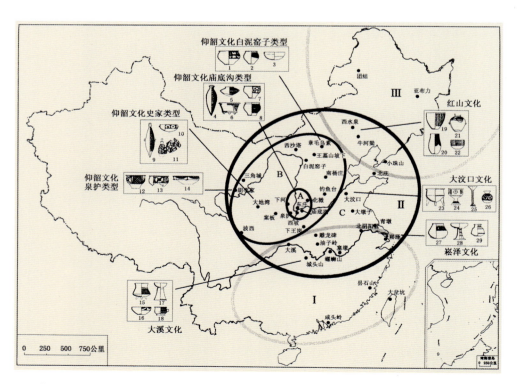

图三十 庙底沟时代文化意义上的早期中国（公元前4200—前3500，据韩建业《早期中国——
中国文化圈的形成和发展》）

注释:

[1] [2] 中国科学院考古研究所.庙底沟与三里桥[M].北京:科学出版社,1959.

[3] 樊温泉,贺存定,郑立超.庙底沟遗址出土石制品的初步研究[J].华夏考古,2021 (4).

[4] 河南省文物考古研究院,三门峡市文物考古研究所,武汉大学历史学院.河南三门峡庙底沟遗址西王村文化遗存发掘简报[J].华夏考古,2021 (4).

[5] 刘一婷,李婷,樊温泉.庙底沟遗址动物遗存的鉴定与研究[J].华夏考古,2021 (5).

[6] [7] 苏明辰,宋海超,董祖权等.庙底沟遗址陶器制作研究[J].华夏考古,2021 (5).

[8] [10] [11] [16] [19] [20] 王仁湘.史前中国的艺术浪潮——庙底沟文化彩陶研究[M].北京:文物出版社,2011.

[9] 河南省文物考古研究院.华夏之花——庙底沟彩陶选粹[M].上海:上海古籍出版社,2013.

[12] 王仁湘."西阴纹"起源补说[OL]."纪念中国考古100周年暨西阴遗址考古发掘95周年学术研讨会"上的发言,王仁湘个人微信公众号(器晤),2021-09-23.

[13] 石兴邦.有关马家窑文化的一些问题[J].考古,1962 (6).

[14] [17] [18] 苏秉琦.关于仰韶文化的若干问题[J].考古学报,1965 (1).

[15] 严文明.甘肃彩陶的源流[J].文物,1978 (10).

[21] 韩建业.庙底沟时代与"早期中国"[J].考古,2012 (3).

[22] 戴向明.庙底沟文化的聚落与社会[C]//古代文明(第3卷).北京:文物出版社,2004.

[23] 陈星灿.庙底沟时代:早期中国文明的第一缕曙光[N].中国文物报,2013-06-21.

狄欣怡

彩陶盆

仰韶文化时期（距今6800—4800年）

通高17.5厘米，口径37.7厘米，底径11.1厘米。泥质红陶。敛口，宽沿外侈，腹下部内收为小平底。口沿饰黑彩圆弧、三角及圆点纹，腹上部对称分布两个黑彩弧线三角纹，其间饰两组黑彩旋纹，与下部弦纹相连。为仰韶文化庙底沟一期遗存。（**图一**）

三门峡灵宝市西坡遗址出土
三门峡市博物馆　藏

图一 彩陶盆

西坡遗址发现的这件彩陶盆，工艺先进，制作精良，使用痕迹明显，应是一件实用器具。其陶质细腻，器形构思巧妙，设计合理，科学实用；腹部的彩绘图案，线条流畅，布局严谨，给人以自然新颖之美感。即使是拥有专业制陶技术和高超绘画技能的现代人，也很难制作出这样精美的彩陶。这件彩陶盆以及西坡遗址众多彩陶的发现表明，在西坡遗址所处的仰韶文化时期，人类社会已经拥有高水平的手工业生产人员，这是人类社会发展和进步的重要标志。对仰韶文化西坡遗址的考古发掘和研究，以及铸鼎原周围仰韶文化遗址的大规模考古调查，为中华文明探源点北阳平聚落遗址群和黄帝文化研究增添了新的实物资料。

一、器物的发现

（一）发现背景

灵宝市地处河南省最西部，豫晋陕三省交界处，北临黄河与山西芮城相望，

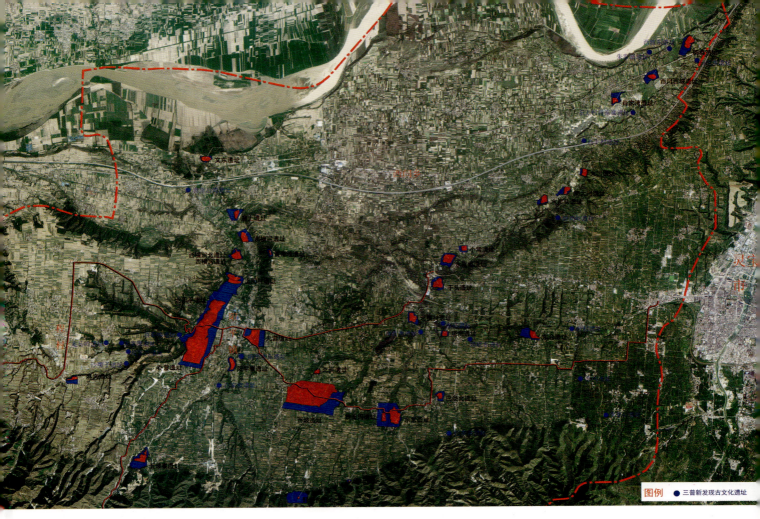

图二　北阳平遗址群遗址分布图（灵宝市文物保护管理所提供）

西面与陕西潼关接壤。该地区是中国早期人类活动的中心，是中华文明的重要发祥地之一。这里气候温和，四季分明，物产丰富，生存环境良好，是人类繁衍生息的一方热土。考古学者在灵宝境内发现了大量的旧石器时代石器和古脊椎动物化石，并在1987年发现了距今约15.6万年的古人类头骨化石——"豫灵人"。

灵宝地区处于丘陵山带，地势南高北低，发源于秦岭的七条河流自南向北将这片古老神奇的黄土地分割成六道东西并列的黄土塬，铸鼎原便是其中之一。铸鼎原南依荆山、夸父山，北临黄河，黄河支流沙河和阳平河分别从东西流过。这里不仅流传着众多关于黄帝的传说，还有很多跟黄帝时期相关的地名，新石器时代文化遗址更是遍布阳平河、沙河及弘农涧河沿岸。

据第三次全国文物普查统计，河南省发现仰韶文化遗址多达3000余处，豫西三门峡地区，尤其是灵宝市，仰韶文化遗址分布最为密集。在灵宝盆地1000多平方千米范围内发现新石器时代遗址193处，仅在铸鼎原遗址周围4.36平方千米范围内，就已发现53处仰韶时期文化遗址。由此可见，灵宝地区是仰韶文化的核心分布区，其遗址面积之大，聚落分布之密，全国罕见。（图二）

为探索黄土塬地区新石器文化的聚落形态，推动中原地区中华文明起源研究进程，1999年2月上旬和3月中下旬，河南省文物研究所、中国社会科学院考古研究所河南一队联合三门峡市文物工作队、灵宝市文物管理委员会和阳平镇文物管理所，对灵宝铸鼎原东西沙河和阳平河沿岸的新石器时代文化遗址开展了两次调查。[1]这件彩陶盆便是在考古调查中采集于西坡遗址。

（二）调查结果

1999年铸鼎原及其周围的这两次考古调查，共发现新石器时代文化遗址29处，其中阳平河流域10处、沙河流域19处，发现了很多房屋、灰坑遗迹，采集了大量石器和陶器，初步搞清了遗址的分布范围及不同时期遗存的分布规律。

考古学者在对这29处遗址的位置、规模、遗迹以及采集遗物的质地、器形、纹饰等信息进行综合整理研究后，对铸鼎原及其周围地区新石器时代遗址有了初步认识。在调查的29处遗址中，仰韶早期、仰韶中期、仰韶晚期、庙底沟二期、龙山时期的文化遗存均有发现，表明该地区从仰韶早期到龙山时代的文化序列是存在的。同时也发现了早于仰韶文化的遗存，其与仰韶时期很可能具有一定的传承关系。各文化阶段遗址的数量和规模不相平衡。仰韶文化中期遗存最繁盛，有19处，规模较大的北阳平、西坡、东常等遗址均以该阶段遗存为主。仰韶早期文化遗存和庙底沟二期文化遗存次之，仰韶晚期文化遗存较少，龙山时期到商周时期古文化遗址很少。仰韶文化居民对生存环境的选择受气候、水文等自然环境的影响很大，仰韶早期遗址多分布于阳平河和沙河的下游台地和上游地势较低的支流旁，仰韶中期遗址却分布于地势较高的塬或台地上。随着铸鼎原地区考古发掘与研究的不断深入，将对探索中华民族文明起源，以及研究仰韶文化聚落形态、仰韶时期青铜冶铸技术存在的可能性及深入研究黄帝文化，起到一定的推动作用。[2]

（三）西坡遗址调查情况

西坡遗址位于灵宝市阳平镇西坡村西北的黄土塬上，北距黄河约11千米，距铸鼎原约4千米，南距秦岭北坡约4千米。发源于秦岭的夫夫河与灵湖河自南向北分别流经遗址东西两侧，在遗址东北处交汇并流入黄河支流沙河。遗址地势西南高、东北低，海拔约460—475米，呈方形，四周多为断崖；南北长1000米，东西宽650米，面积大约40万平方米。灵阳城乡公路从遗址中部东西穿过，将遗址分为两半，对遗址破坏很大。在公路两旁断面上，文化层非常明显，厚达1—4米，文化遗迹十分丰富，暴露出大量灰坑和房基面。遗物主要有泥质红陶、夹砂褐陶、泥质灰陶。中国科学院、北京大学、河南大学、河南省文物考古研究所等学术机构的专家根据该遗址包含物和房基等遗迹，认为该处应为仰韶时期的政治、经济、文化较为集中的中心之一。（图三）

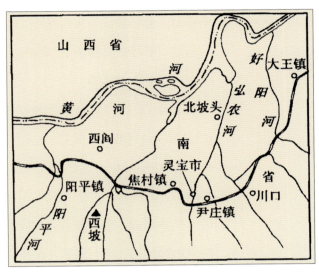

图三　西坡遗址位置示意图（出自《河南灵宝市西坡遗址墓地2005年发掘简报》）

1.房址

灵阳公路南侧断崖上发现有较大房基2座，相距约30米，房基面均层次分明，平整坚实。东边的一座残长12.5米，居住面距地表约1.5米。房基面厚27厘米，下部为10厘米的夯土，中为15厘米的草拌泥，上为2厘米夹砂红烧土。两端置有柱石，屋面中部有一个大型火膛，表面直径近1米，深0.85米。西边的一座残长约8米，居住面距地表约1.2米。房基面厚20厘米，最下为夯土，夯土上有5厘米草拌泥，草拌泥上为1厘米料姜石面，姜石面上为5厘米细泥，再上是3厘米夹砂红烧土。

2.灰坑

在公路两旁断崖上发现了大量袋形灰坑，灰坑大且深，排列有序，且部分坑壁一侧有台阶。

在F1东北10米处一座废弃窑洞顶部的断崖上，发现一个被破坏的灰坑，坑口距地表约3.5米，口径1.2米，底径1.6米，深1.5米。在灰坑底部发现一块近似正方体的不规则铜矿石，矿石边长约4厘米，有明显人为敲砸痕迹，推断是人为开采的。断崖下部另一座灰坑距地表约0.3米，口径2.75米，底径2.4米，深1.2米，在填土中也采集到一块较小的铜矿石。

3.遗物

采集的标本大多为陶片，仅个别器形较完整。陶片以泥质红陶为主，有少量夹砂褐陶，灰陶仅见一夹砂灰陶罐；纹饰有弦纹、线纹和绳纹；彩陶多见黑彩，还有白彩、白衣黑彩，纹饰有弧线三角纹、圆点纹、弧形纹和直线纹等；器型有钵、盆、罐、小口尖底瓶。当地村民在之前平整土地时还发现许多较完整的器物，如石斧、石铲、打砸器、刮削器、石球、石刀等，陶器有泥质彩陶钵、红陶杯、夹砂陶杯等。

编号LX：012彩陶盆即为三门峡市博物馆馆藏的这一件。采集的陶盆共有6件，LX：011和LX：012基本完整，其余均为陶片；其中彩陶盆有4件，红陶盆2件。这6件彩陶盆器形都较大，直径都在24厘米以上，最大的即为编号LX：012彩陶盆，直径为38厘米。泥质红陶，敛口，宽沿外侈，腹下部内收为小平底。口沿饰黑彩圆弧、三角及圆点纹，腹上部对称分布两个黑彩弧线三角纹，其间饰两组黑彩旋纹，与下部弦纹相连。**（图四）**

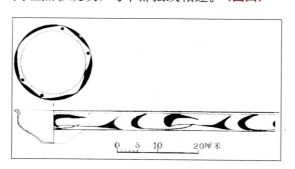

图四　LX：012彩陶盆线图（出自《河南灵宝铸鼎原及其周围考古调查报告》）

这件彩陶盆是庙底沟文化中最具特点的曲腹盆，就目前出土情况来看，精美的彩陶盆一般都是这种矮体曲腹盆。彩绘部位一般位于上腹部，还有一些在口沿部位。彩陶盆上的彩绘图案，线条流畅，绘画精致，布局严谨，且富于变化，给人以自然灵动之美感。曲腹盆彩绘纹样多为圆弧类，也有少量直线构成的网格纹、矩形纹、角纹等。彩绘纹饰构成以二方连续形式为主，以花瓣纹和旋纹最具特色。[3]

二、西坡遗址历次发掘成果

灵宝地区是仰韶文化中期的文化中心，聚集了众多仰韶文化中期大型中心性聚落遗址，西坡遗址是保存最为完好者之一，面积近40万平方米，仅次于北阳平遗址。西坡遗址于1958年第一次全国文物普查时发现，1979年公布为县级文物保护单位。2001年，它和北阳平遗址、乔营遗址、东常遗址等33处仰韶文化遗址，以"北阳平遗址群"的名称，被公布为第五批全国重点文物保护单位。2005年，灵宝西坡遗址的第五次发掘发现了仰韶时期墓地，这是在仰韶文化中期核心区首次发现。同年，灵宝西坡遗址被列入"中华文明探源工程"六大首选遗址之一。2006年，灵宝西坡新石器时代大型墓地考古发掘被评为该年度全国十大考古新发现之一。

"中华文明探源工程"是国家"十五"重点科技攻关项目，全称为"中华文明起源与早期发展综合研究"，它以考古调查发掘为主要手段，以现代科学技术为支撑，采取多学科交叉研究的方式，揭示中华民族五千年文明起源与早期发展。2001年至2003年，该项目首先进行了为期三年的预研究，2004年正式启动，经历了四个阶段，于2016年结项。

"中华文明探源工程"秉持"多学科、多角度、全方位"的理念，围绕公元前3500年到公元前1500年期间的浙江余杭良渚、山西襄汾陶寺、陕西神木石峁、河南偃师二里头等四处都邑性遗址和黄河流域、长江流域、辽河流域的其他中心性遗址实施重点发掘，并对这些遗址周边的聚落群开展大规模考古调查。

西坡遗址作为黄河流域大型中心性遗址，从2000年开始，中国社会科学院考古研究所与河南省文物考古研究所等多家单位组成联合考古队，对其共进行了8次重大考古发掘和1次考古勘探，历经十余年，发掘面积近8000平方米，取得了丰硕成果。

（一）第一次考古发掘

2000年10月—12月，联合考古队对西坡遗址进行了试掘。发掘地位于遗址中部偏南灵阳城乡公路南侧，发掘面积400平方米，揭露小型半地穴房址1座、蓄水池1座和多处灰坑等人类活动遗迹，出土大量陶器、石器、骨器和动物遗骨等遗物，此次发掘为研究该遗址内涵提供了第一手资料。[4]

（二）第二次考古发掘

2001年3月—5月，联合考古队对西坡遗址进行了第二次考古发掘，发掘地位于灵阳城乡公路北侧偏西，并对公路以南做小面积发掘，发掘面积550平方米。发现房基、灰坑和灰沟等遗迹。揭露长方形半地穴式房基3座，分别为：F102，位于北发掘区东北部，占地面积约98平方米；F104，位于北发掘区南部，占地面积约106平方米；F3，位于南发掘区，房基北部不存，复原面积约75平方米以上。出土大量陶器、石器、骨器和动物遗骨等遗物。此外，探明该遗址内类似的房基至少还有7处。此次发掘初步揭示出该遗址的文化面貌，为研究该遗址的文化内涵提供了丰富实物资料，尤其是揭露出的房基不仅面积大，且结构复杂、布局清晰，为全面了解仰韶文化中期中心聚落整体面貌提供了翔实资料。[5]

（三）第三次考古发掘

2001年10月—2002年1月，联合考古队对西坡遗址进行了第三次考古发掘，发掘地位于灵阳公路以北的遗址北区，发掘面积约650平方米。发现仰韶文化特大型房址1座（F105）、蓄水池2个和大量灰坑，以及西周时期灰坑、墓葬等。出土遗物有陶器、石器、玉器、骨器、蚌器等。F105主室为半地穴式，四周有回廊与地面相平，东侧有一斜坡式门道，整体占地面积516平方米，房基面积约372平方米，室内面积204平方米。规模宏大，结构复杂，是当时发现的最大的仰韶文化房屋遗迹。F105的形式和结构与F102、F104相似，但F104叠压在F105上，其年代应早于F104。根据F105的规模与结构推断，它绝不是普通居住用房，很可能是当时重要的公共活动场所。[6]（图五、图六）

图五　西坡遗址105号仰韶文化房址（出自《河南灵宝西坡遗址105号仰韶文化房址》）

图六　西坡遗址105号房址复原图

（四）第四次考古发掘

2004年4月—7月，联合考古队对西坡遗址进行了第四次考古发掘，发掘地位于灵阳公路以北的遗址北区，发掘面积大约800平方米。这次发掘揭露房址一座（F106），位于F105南约50米，这是继F105之后，仰韶文化中期又一座特大半地穴式房址。F106大致呈五边形，占地面积约296平方米，居住面积达240平方米。根据房基内晚期墓葬M6剖面分析推测出F106建造程序十分复杂，仅地基就有七层，且装饰讲究，地面、墙壁、柱子均涂抹红色天然矿物颜料。F106的发现为研究仰韶文化中期的房屋建筑提供了新资料。结合第三次发掘发现的F105的资料，可以认识到当时的半地穴式房屋建造过程十分复杂，不仅需要大量人力、物力，更需要高超的技术。进一步证明仰韶文化中期的社会结构已经趋于复杂化。F105和F106的相继发现，进一步凸显了西坡遗址在仰韶文化中期聚落群中的重要地位，同时两座房址的位置、规模以及朝向，引发了在聚落中心有向心性布局的猜想。在聚落中心位置很可能存在一个广场，广场的四角各有一座大型半地穴式房屋。[7]

图七　M8清理后全景（出自《灵宝西坡墓地》）

图八　M8脚坑内陶器出土情况（出自《灵宝西坡墓地》）

（五）第五次考古发掘

2004年秋冬，联合考古队对整个遗址进行了全面钻探，初步掌握了遗址内壕沟、墓地、房址等遗迹的大致分布情况，并于2005年4月至7月对西坡遗址进行了第五次考古发掘。该次发掘主要针对遗址的壕沟和墓葬区，发掘面积约1360平方米。墓葬区位于已探明但未发掘的南壕沟以南约150米处，共发掘1240平方米，揭露22座仰韶文化中期墓葬，出土随葬玉器10余件。揭露的墓葬中，M8长3.95米，宽3.09米，深2.35米，出土随葬器物11件，有骨箍、玉钺、彩绘陶大口缸等。壕沟发掘点在遗址东北部，发掘面积约120平方米，此次发掘确认了北壕沟的走向和

图九　M8出土的大口缸（出自《灵宝西坡墓地》）　　　　　　　　M8出土的大口缸

结构。壕沟基本为东西走向，壕沟内仰韶文化晚期堆积最丰厚，其次是仰韶文化中期堆积。壕沟及墓地的发掘展现出聚落的布局和规模，为研究西坡遗址的文化内涵、规模及聚落形态提供了新的资料，对进一步研究仰韶文化中期的聚落形态和西坡遗址在同时期聚落群中的地位具有重要意义。本次发掘最重大的收获是墓地的确认，这是第一次在仰韶文化中期核心地带发现该时期墓地，在当时备受学术界关注。墓室二层台及墓室封泥的发现、大口彩绘陶缸及随葬玉器的出土，成为认识和研究仰韶文化中期埋葬习俗、社会制度等十分珍贵的新资料。[8]（图七、图八、图九）

（六）第六次考古发掘

2006年3月—5月，联合考古队对西坡遗址进行了第六次考古发掘，发掘地位于2005年发掘区的西侧和北侧，发掘面积大约1600平方米，共揭露12座仰韶文化中期墓葬，其中大型墓葬2座，中、小型墓10座，出土随葬品有陶器、骨器、石器、玉器等。大型墓葬M27和M29因其规模、结构和特殊的葬俗再次使西坡成为学界关注的焦点。墓室和脚坑之上以木板封盖墓室并覆盖编织物，M27整体以草拌泥封填及填泥中的朱砂等新发现在同时期墓葬中实属罕见，该

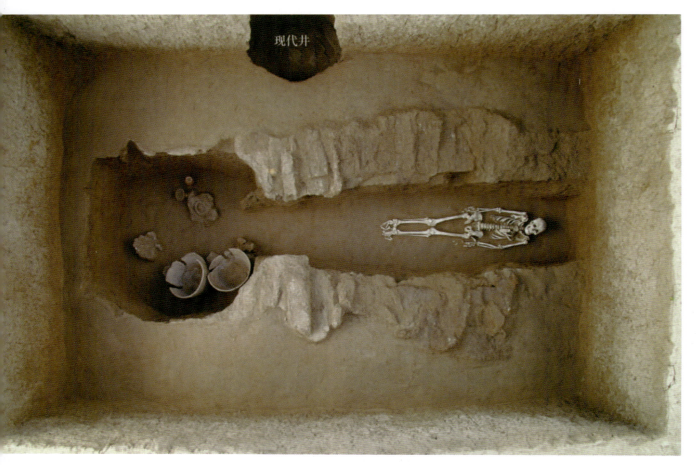

现代井

图十　M27清理后全景（出自《灵宝西坡墓地》）

次发掘发现的新现象为研究当时居民的丧葬礼仪提供了翔实资料，也是仰韶文化中期社会复杂化的重要例证。（图十）封泥中的大量植物茎、叶也为研究仰韶时期的植物种类提供了重要实物资料。西坡墓地整体随葬品数量少且简朴，高等级墓葬随葬有标志社会身份的彩绘大口缸，与随葬品数量相比，墓葬规模才是社会身份与墓葬等级的重要标志。[9]（图十一、图十二、图十三）

（七）第七次考古发掘

2011年9月—12月，联合考古队对西坡遗址进行了第七次考古发掘，发掘地位于中心广场东南部，发掘面积1566平方米，揭露仰韶文化庙底沟类型半地穴式房基2座、灰坑27个，清理西周早期墓葬12座、灰坑2个。该次发掘清理的房基编号为F107和F108，F107将F108完全叠压。F107室内面积达169平方米，其将F108的半地穴坑体进行清理修整，并新开挖了门道，出土有少量陶器、石器和兽骨。F107和F108的清理为深入研究仰韶文化中期大型半地穴式房屋的建筑方式和功能提供了新资料。

随着F107和F108的发现，西坡遗址揭露出的特大型和大型房基已有7座。根据房址的相对年代和改建历程可以大致得出聚落中心的布局演变过程。F105、F106和F108是目前发掘和钻探所知聚落中规模最大的建筑，使用时间相对较早，它们的门道均指向聚落中心广场，显示出当时中心广场的重要地位。根据房屋的位置和规模，以及F105带有回廊，F106地面墙壁涂朱，F108屋内空间规划这些显著特点，推测出这些大型房屋是具有一定特殊功能的，很可能是当时处理公共事务和举行公共活动的场所。在时代略晚的F102、F3、F104和F107使用时期，聚落布局发生了变化。F104和F107都是在大型房基基础上改建而成，且这些房址门道朝向不再朝向中心广场，而是朝向东南或西南，这很可能是考虑到采光、避风等生活需要。[10]

图十一　M27脚坑陶器出土情况（出自《灵宝西坡墓地》）

图十二　M27第4和第5盖板北端的麻布印痕（出自《灵宝西坡墓地》）

图十三　M27填泥中的朱砂痕迹（出自《灵宝西坡墓地》）

（八）第八次考古发掘

2013年，联合考古队对西坡遗址进行了第八次考古发掘，发掘地位于南壕沟中部偏东，发掘面积220平方米，清理出一段南壕沟和5个仰韶文化灰坑等遗迹，还在南壕沟内发现3座灰坑和2具完整猪骨，出土大量陶片、石器、骨骼等遗物。壕沟大致呈西北—东南走向，口部较宽，宽约12米，两侧斜收，外侧（南侧）近底部折收为小平台，底部为锅底状沟底。根据出土遗物推断，壕沟内堆积的年代应始于西坡遗址庙底沟遗存早、中期，直至晚期。且南壕沟的修建最晚应在西坡遗址庙底沟遗存早期，应该是当时人工开挖的用于防御的屏障，它的修建、使用、废弃直到被填满经历了复杂的过程，跟聚落的发展和演变有着密切关系。壕沟的修建和正常使用应该是在西坡聚落的鼎盛时期，也就是F105、F106和F108存在的时期。在F102、F3、F104和F107使用时期，聚落中心广场已失去其地位，南壕沟也逐渐失去其功能直至被废弃。[11]（图十四）

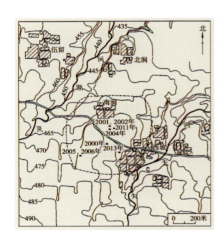

图十四　西坡遗址历次发掘位置图（出自《河南灵宝市西坡遗址南壕沟发掘简报》）

经多次发掘，西坡遗址共发现并揭露7座大型房屋基址，清理灰坑百余座，墓葬34座，解剖了遗址南侧、北侧两段壕沟，出土大量陶器、石器、玉器、骨器等遗物。证实了西坡是以仰韶文化中期（庙底沟期）遗存为主的新石器时代仰韶文化遗址，是仰韶文化中期中心聚落的典型代表，为中华文明探源工程提供了大量重要的实物资料。

通过对考古发掘资料的研究，我们可以还原仰韶时期西坡遗址的大致状况：那时的西坡是一座结构合理、区划明晰的城池，东西两侧被河流自然切割的断崖，和南北两侧人工挖凿的隔离壕沟，形成抵御猛兽和外来部落侵袭的屏障，在聚落中心区域聚集着众多大型公共建筑设施，周围是居住区，南侧则是墓葬区和制陶作坊区。西坡先民就是在这样的场景中创造出黄土地上的文化根脉，演绎着中原地区的古代文明。

三、北阳平遗址

（一）北阳平遗址简介

北阳平遗址与西坡遗址一样，是以仰韶文化中期遗存为主的大型聚落。与周围遗址相比，北阳平遗址面积最大，是目前豫西地区面积最大的仰韶文化遗址之一，具有中心聚落性质，是探索中原文明起源的重要地区。北阳平遗址发现于1956年，1987年被公布为第二批省级重点文物保护单位，2001年被公布为第五批全国重点文物保护单位。**（图十五）**

北阳平遗址位于灵宝市阳平镇北阳平村西的黄土塬上，东临阳平河与铸鼎原相望，西有关子沟与程村原相隔。南北长约2000米，东西宽约350至500米，面积约90万平方米。台地四周水土流失严重，现存70余万平方

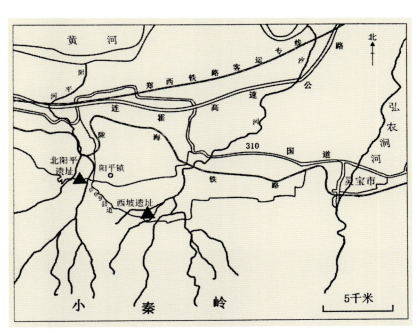

图十五　北阳平遗址位置示意图（出自《河南灵宝市北阳平遗址考古勘探报告》）

米，是"北阳平遗址群"中面积最大的新石器时代仰韶文化遗址。遗址地表海拔430米至470米，整体呈西南—东北走向，自西南向东北渐低，表面平坦。由阳平镇至程村镇的公路将遗址分成南、北两部分，自然断面上可见房址、灰坑等遗迹。

（二）北阳平遗址历次发掘成果

1.小规模试掘

1982年洛阳地区文物工作队为配合当地工业建设，对北阳平遗址进行了小

规模试掘，发掘面积约300平方米，但资料未发表。[12]

2.试掘

1999年3月，河南省文物考古研究所、中国社会科学院考古研究所河南一队等单位组成联合考古队，对铸鼎原周围新石器时代遗址做了两次全面调查，共调查新石器时代文化遗址29处，确定了这些遗址的分布范围，并对北阳平遗址进行了拉网式调查。随后，在上半年调查的基础上，联合考古队在1999年11月对北阳平遗址进行了试掘，发掘点位于遗址中部西侧，发掘面积约320平方米，揭露仰韶文化房基3座、灰坑22个、墓葬2座，出土陶片、石器、骨角器等遗物；揭露东周时期灰坑5个、墓葬3座，出土陶片、铜器、铁器、水晶和贝器等遗物。这次试掘取得了重要成果。首先，基本搞清了北阳平遗址的文化内涵，属于典型的庙底沟类型。其次，出土的大型器物令人震惊，如口径92.8厘米的大缸、68.4厘米的灰陶大瓮，在同时期其他遗址里是很少见的，发现的红陶人头像，在豫西考古史上实属罕见。[13]

3.系统勘探和发掘

2018年3月—5月，河南省文物考古研究院、三门峡市文物考古研究所、灵宝市铸鼎原文物保护管理所等单位，组成联合考古队，对北阳平遗址进行了第三次考古发掘。该次发掘旨在深入认识北阳平遗址聚落内部情况，是一次全面系统的考古勘探。勘探范围为整个北阳平遗址，经过系统钻探，发现遗迹有：房址35座，壕沟3条，冲积沟1条，古河

图十六　北阳平遗址F2西北角炭化木斜梁及橡木（来自河南省文物考古研究院官网）

道1条，陶窑9座，道路3条，窖穴1座，灰坑众多；35座房址中，仰韶文化时期32座，龙山文化时期3座，房址面积大小不一，大中型房址数量最多。通过这次大范围系统性的勘探，更加全面地了解了北阳平遗址的遗迹种类及其分布、功能分区、聚落布局及发展演变，对其面貌有了整体的、全新的认识。数量众多且分布密集的房址，充分反映出北阳平遗址的核心聚落性质。[14]

4.第四次考古发掘

2021年9月25日，北阳平遗址第四次考古发掘工作正式启动。截至2021年年底，共发现仰韶时期房址3座，揭露出2座（F1、F2），清理仰韶时期灰坑10余座，灰沟3条，东周时期墓葬1座。F2保存较好，为半地穴式，建筑面积约185平方米。室内面积约120平方米。值得关注的是F2中发现的炭化木构件，有可能是房屋的斜梁及椽木，这在史前建筑遗存中首次发现，对仰韶中晚期房屋建筑的研究具有重要价值。[15] **（图十六）**

四、灵宝地区仰韶文化遗址最新发掘成果——城烟遗址

城烟遗址位于灵宝市川口乡南朝村城烟村南，现存面积3万余平方米。1958年由原灵宝县人民委员会公布为县级文物保护单位。为配合蒙华铁路的建设，河南省文物考古研究院联合三门峡市文物考古研究所和灵宝市文物保护管理所，于2019年4月启动了城烟遗址的考古发掘工作。发掘表明，城烟遗址是新石器时代仰韶文化早期遗存，属仰韶文化早期东庄类型，仰韶早期聚落保存较好，还发现有仰韶中晚期、庙底沟二期遗存及二里头文化遗存。

城烟遗址的发掘，在近年来仰韶早期遗址

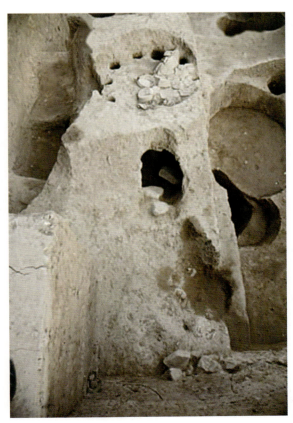

图十七　仰韶早期陶窑

的考古发掘中规模最大，取得了丰硕成果，为豫西地区仰韶早期东庄类型的深入研究提供了丰富的新资料，入选"2019年度河南省五大考古新发现"。

城烟遗址发现了大量陶窑、经加工的细泥块以及大量的草木灰和烧土堆积等遗迹，其中1座陶窑（Y30）保存较好，能清晰看出火门、火膛、窑室、窑箅等部位，为竖穴式升焰窑，是迄今发现的保存最好的且最为先进的仰韶早期陶窑。(图十七)

窑箅普遍发现于龙山文化和商周时期，战国时期有了容量更大的窑床式陶窑，具有窑箅的仰韶早期陶窑十分少见。较多陶窑遗迹、大量烧土及草木灰堆积等遗迹的发现，表明城烟可能是仰韶早期一处以陶器生产为主的聚落，反映出当时的聚落间可能已经有了分工，为研究仰韶早期小遗址的聚落功能提供了重要依据。

截至2021年年底，城烟遗址共发现灰沟10多条，在遗址中北部两条壕沟（G7、G9）之间，发现有两道平行的夯筑墙基（Q1、Q2），墙基两侧分布着密集的柱洞，这种组合在同时期遗址中首次发现，推测应为最早的墙、壕并存

图十八　城烟遗址壕沟、墙

的防御设施，可能是早期城的雏形，对研究城市的起源和发展具有重要意义。

（图十八）

城烟遗址仰韶早期房址以圆形、椭圆形半地穴式为主，偶见方形半地穴式，另有少量面积较大且带有墙基的地面式房址。在发掘区南部发现的一处大型地面式房址，面积约153平方米，周围分布着一圈大型柱洞，推测应为回廊遗迹，是迄今为止发现的最早的带回廊建筑。

遗址内发现少量由6至8个柱洞或柱础围成的区域，面积约1平方米，特征鲜明，筑造讲究，专家推测这种柱列式遗迹可能是存储粮食等物品所用的高仓。

仰韶早期墓葬分为一次葬和二次葬。在城烟遗址中，长方形竖穴土坑一次葬最常见，葬式多为单人仰身直肢，大多没有葬具和随葬品，仅个别墓葬中有穿孔蚌饰或石珠随葬。发现5座多人二次合葬墓，埋葬个体数最少5人，最多19人，仅个别有葬具。此外，城烟遗址还发现了大量瓮棺葬，基本为单独埋葬，有少量合葬的现象。

城烟遗址发现仰韶早期陶窑、城壕一体防御体系、带回廊式建筑及存粮高仓等遗迹，且房址、灰坑、墓葬、陶窑等聚落基本要素齐备，表明豫西地区在仰韶文化早期已经有一定的社会发展水平，但聚落内未见明显的居住区、墓葬区、生产区，没有公共墓地，也很少有葬具和随葬品。这些发现为进一步研究早期社会底层小聚落和仰韶早期文化特征提供了新的考古资料。

五、探索中原地区文明起源

2022年5月27日，中共中央政治局就深化中华文明探源工程进行第三十九次集体学习。习近平总书记充分肯定了探源工程所取得的重要成果，他强调，中华文明探源工程对中华文明的起源、形成、发展的历史脉络，对中华文明多元一体格局的形成和发展过程，对中华文明的特点及其形成原因等，都有了较为清晰的认识。习近平总书记还强调，中华文明探源工程提出文明定义和认定进入文明社会的中国方案，为世界文明起源研究做出了原创性贡献。

中华文明探源工程以大量考古资料明确了中华文明起源、形成和早期发展的过程，实证了5000多年文明史。以西坡遗址、北阳平遗址为代表的"北阳平遗址群"，作为探源工程第一阶段重点发掘和研究的六大中心性遗址之一，其发掘为研究中国古代文明的起源做出了巨大贡献。专家们在其他五处中心性遗址中发现的大量夏、商时期的遗迹遗物，年代上大致在公元前2500年到公元前1500年之间，这与探源工程追寻的中华文明5000年的历史源头相差甚远。而属仰韶文化中期的西坡遗址，距今约5500年至4500年，能够与中华文明的源头相衔接，是中华文明起源的一个重要源头，对研究中华文明起源的确切年代有着重要作用。西坡遗址也是综合显示社会复杂化最早的一个遗址，次次发掘都有惊人的重大发现。数次发掘基本呈现出西坡遗址的整体聚落布局和发展演变过程，并为研究仰韶文化中期聚落的文化面貌、社会结构、埋葬习俗、社会制度等提供了宝贵资料，对探索中原地区文明起源与早期发展综合研究具有重大意义。

李新伟在《灵宝西坡遗址的发现与思考》一文中对西坡遗址做出了高度总结："大聚落、大型公共建筑、缺少奢侈品的大墓，构成了庙底沟社会复杂化过程的显著特点。这些与中国其他主要史前文化区迥异的特点，对中原地区的文明化进程、对中国第一个王朝最终在中原的建立产生了重要影响。"[16]

（一）大型中心性聚落

以西坡遗址为中心的灵宝铸鼎原地区是仰韶文化庙底沟类型的核心地带。这里仰韶文化聚落遗址数量众多，且聚落呈现明显的等级化。其中北阳平遗址规模最大，面积近百万平方米，西坡遗址次之，面积达40多万平方米，还有少数中型聚落，面积约为90万平方米，如乔营遗址、东常遗址，其余均为仅有几万平方米的小型聚落。

此外，对西坡遗址核心部位的发掘以及对整个遗址的系统勘探显示，遗迹稀少的遗址中心很可能是这个聚落的中心广场，在广场四角还发现了四座门道朝向中心广场的大型半地穴房屋。中心广场同大型房屋构成了这个大型中心性聚落最为重要的空间格局和建筑景观。[17]西坡遗址发现的中心广场、大房子和大墓葬，连同周围环绕的众多面积较小的遗址，充分显示出西坡和北阳平中心聚落的性质。

以北阳平遗址和西坡遗址为代表的大型聚落的形成，以及西坡遗址向心式中心性聚落形态的出现，可以判定出当时社会发生了巨大变革，人口急剧增长，并由分散走向聚合，形成了大型中心性聚落，并衍生出了新的社会秩序。

（二）特大公共性房址

西坡遗址的发掘共揭露大型房基7座，其中位于中心广场西北角的F106室内面积最大，达240平方米，结构复杂且装饰讲究，是具有特殊功能的房屋；西南角的F105规模最大，其室内面积约204平方米，外有回廊，占地516平方米，是目前所见仰韶文化时期占地面积最大、结构最复杂的房屋基址，也是我国最早的回廊式建筑。

这些分布在聚落中心的规模宏大的房屋，肯定不是普通人居住的，很可能是部落的首领和重要人物的居室，也可能是商议重要事务、举行重要仪式的地方。特大公共性房址的出现表明当时的社会已经拥有较高的社会发展水平，为中原地区的文明起源奠定了基础。

（三）缺少奢侈品的大墓

西坡墓地为仰韶文化庙底沟类型的典型墓地，揭露的34座墓葬等级差异明显，墓葬呈现出的丧葬礼仪反映出当时社会的复杂化特征：西坡墓地整体随葬品数量少且简朴，高等级墓葬随葬有标志社会身份的彩绘大口缸、玉钺，与随葬品数量相比，墓葬规模才是社会身份与墓葬等级的重要标志。[18]

西坡墓葬中缺少奢侈品的大墓折射出的是西坡先民"生死有度、重贵轻富、井然有礼、朴实执中"的文明特质。他们注重内部团结，协调稳定内部秩序，重视修建大型房屋、墓葬、壕沟，讲究气派却不追求奢华，他们秉承"务实进取"的作风，强调军权和王权，走的是军权、王权结合基础上突出王权、发展王权的发展模式。[19]

（四）开创中国古代文明"中原模式"

西坡的文明发展道路被学者称为"中原模式"，这种模式跟同时期东北地区的红山文化、长江下游的凌家滩文化和良渚文化的文明发展之路相比，显得十分简朴，甚至有些落后。红山文化、凌家滩文化和良渚文化都非常注重神权，红山文化大肆修建坛、庙、冢等祭祀建筑，良渚文化也修建大型城址、大型祭坛等，并随葬大量的玉器。这两种发展模式过分消耗了大量社会资源，把创造出的社会财富都进献给了神灵，从而难以进行社会再生产，无法维持社会正常运转，最终在盛极一时后逐渐走向消亡。

反观西坡的发展模式，其质朴执中、重视集体事务的发展道路，避免了社会财富的浪费，使社会得以持续发展并为后继者所传承。这一发展道路如黄土般厚重，积蓄了中国式文明型国家构建的重要底蕴。"中原模式"形成了燎原之势，并向更高级的文明社会发展，为中国第一个王朝最终在中原地区的建立奠定了深厚的基础。

仰韶文化庙底沟类型是中国境内分布范围最广、影响最为深远的史前考古学文化，学者们称为"最早的中国""最初的中国"或"中国相互作用圈"。以三门峡为核心的豫西区域是河南地区在仰韶文化庙底沟期社会复杂化进程的引领者，灵宝西坡等中心聚落从出现到聚落布局发生根本性变化，见证了这一时期社会关系的聚合与分化。[20]著名考古学家刘庆柱在考察三门峡地区庙底沟文化后，提出了最早的"中国"是从三门峡地区走出的这一论断。[21]作为庙底沟文化核心地带的灵宝地区，无疑是最耀眼的地方，在这里不仅有大量关于黄帝的历史传说，还有星罗棋布的仰韶文化遗址，更造就了大型中心性聚落、特大公共性房子和大型墓地、墓葬，借助"中原模式"深厚影响，最终形成了燎原之势，"最早的中国"由这里走向各地。

注释：

[1] [2] 河南省文物考古研究所，中国社科院考古研究所河南一队，三门峡市文物工作队，灵宝市文物管理委员会.河南灵宝铸鼎原及其周围考古调查报告[J].华夏考古，1999 (3) .

[3] 王仁湘.彩陶：庙底沟与半坡文化的渊源[C]//徐苹芳先生纪念文集.上海：上海古籍出版社，2012.

[4] 中国社会科学院考古研究所河南一队，河南省文物考古研究所等.河南灵宝西坡遗址试掘简报[J].考古，2001 (11) .

[5] 河南省文物考古研究所，中国社会科学院考古研究所河南一队等.河南灵宝市西坡遗址2001年春发掘简报[J].华夏考古，2002 (2).

[6] 河南省文物考古研究所，中国社会科学院考古研究所河南一队等.河南灵宝西坡遗址105号仰韶文化房址[J].文物，2003 (8).

[7] 中国社会科学院考古研究所河南一队，河南省文物考古研究所等.河南灵宝市西坡遗址仰韶文化中期特大型房址[J].考古，2005 (3).

[8] 河南省文物考古研究所，中国社会科学院考古研究所河南一队等.河南灵宝市西坡遗址墓地2005年发掘简报[J].考古，2008 (1).

[9] 中国社会科学院考古研究所河南一队，河南省文物考古研究所等.河南灵宝市西坡遗址2006年发现的仰韶文化中期大型墓葬[J].考古，2007 (2).

[10] 中国社会科学院考古研究所河南一队，河南省文物考古研究所等.河南灵宝市西坡遗址庙底沟类型两座大型房址的发掘[J].考古，2015 (5).

[11] 中国社会科学院考古研究所河南一队，河南省文物考古研究所等.河南灵宝市西坡遗址南壕沟发掘简报[J].考古，2016 (5).

[12] [13] 中国社会科学院考古研究所河南第一工作队，河南省文物考古研究所等.河南灵宝市北阳平遗址试掘简报[J].考古，2001 (7).

[14] 河南省文物考古研究院，三门峡市文物考古研究所等.河南灵宝市北阳平遗址考古勘探报告[J].华夏考古，2020 (2).

[15] 李晓燕.灵宝城烟遗址和北阳平遗址考古发掘与保护成果[J].河南南阳，2021-12-17.

[16] 李新伟.灵宝西坡遗址的发现与思考[N].中国社会科学报，2012-1-19.

[17] 马萧林.仰韶文化中期的聚落与社会——灵宝西坡遗址微观分析[J].中原文物，2020 (6).

[18] 中国社会科学院考古研究所，河南省文物考古研究所.灵宝西坡墓地[M].文物出版社，2010：297.

[19] 韩建业.西坡墓葬与"中原模式"先秦考古研究——聚落形态、人地关系与早期中国[M].北京：文物出版社，2013：84-97.

[20] 马萧林.河南地区仰韶文化庙底沟期遗存的发现与研究[J].中原文物，2021 (5).

[21] 刘庆柱.三门峡地区考古集成·序[M].//三门峡地区考古集成.郑州：大象出版社，2011：1.

崔晓楠

红陶鬶

龙山文化时期（距今4800—4000年）

通高24.2厘米，口径9.6厘米×6.5厘米，足距15厘米，鋬宽4.8厘米，流口径2.6厘米。泥质红陶。造型生动，似鸮状。短流，椭圆口，口沿近流处有一尖状凸出，直颈，三袋足连裆，附宽鋬。颈上部饰一周凹点纹，流下两袋足间施一附加圆形堆纹，两侧各饰一组弦纹，与袋足接合部饰三个凹点纹。（**图一**）

1987年出土于三门峡卢氏县石龙头遗址

三门峡市博物馆　藏

图一　红陶鬹

石龙头遗址位于三门峡卢氏县东3千米的城郊乡石龙头村，1963年6月20日被公布为省级文物保护单位，重点保护范围在党家河与洛河大渠交汇处，东距党家河60米，南距洛河大渠60米。该遗址南北长约400米，东西宽约200米；文化层厚3—4米，文化遗迹遗物丰富。出土的陶器有红陶鬶、小巧玲珑的乳白色薄胎鬶、旋纹圆唇平底盆、刻画纹尖底瓶、红陶加砂鼎、黑陶磨光高领罐、浅腹盘、镂孔豆、鬲和大量红、黑、灰、彩陶片等；出土的石器有打制的大型青石砍砸器、碾磨器、刮削器、石斧、石杵、石刀、石钵、石渔网坠、石球、扁形石镞、三棱石镞头，还有钻孔的单刃石刀、双孔石刀、磨光石斧、小石凿等；骨器有三棱磨光骨箭头、虎牙、猪牛羊的牙齿和角，以及成堆的螺壳、蚌壳等。三门峡卢氏县石龙头遗址是一处研究仰韶文化、龙山文化以及夏代文化的重要文化遗址，红陶鬶为1987年出土于该遗址的珍贵遗物之一。

一、陶鬶概述

陶鬶这种新石器时代晚期的陶器造型优美，在黄河下游的龙山文化中，是一种具有文化特征的典型器物代表，也是日常生活用具之一。陶鬶最早被发现于1930—1932年发掘的山东龙山镇的城子崖遗址，据1934年中央研究院历史语言研究所发表的《城子崖》发掘报告称："此类初出土时，同人皆呼为斝，及细检视，殆不尽合；斝无流此有流，一也；斝有柱此无柱，二也；斝饮器不可炊，此有灼痕，三也。"《说文·鬲部》："鬶，三足釜也，有柄，喙。'喙即流，柄即鋬，此类具三足，有流有鋬，与此正合，故改之为鬶。然名者实之宾，彼石器时代之民，究竟叫鬶呼斝，抑非鬶非斝，不能起古人而问之，为便于称谓计，故名为鬶而已。"[1]自此，这类原始陶器始被定名。此后，此类遗存物的考古发现逐渐增多，并成为研究史前文化以及夏、商文化的重要实物。

从目前的考古发现来看，陶鬶分布很广。在我国各地，东起海滨，西至陕西，北自辽东，南达岭南，已有上百处遗址出土了各式陶鬶。这些遗址早的可上溯至公元前3500年，晚的约在公元前1500年左右。在这样广阔的地域和如此长久的时间里，陶鬶的形制因时因地而有所不同。从造型来看，目前出土的陶鬶虽变化丰富，但共性特征明显，即：圆口，有流，有颈，三袋足，有鋬，且鋬和流在一条直线上，而陶鬶千变万化的造型就是这些主要构成元素的不同排列组合。[2]

二、陶鬶的造型

陶鬶采用的是仿生造型，这已经是现在诸多研究者的共识。《礼记·明堂位》记载："灌尊，夏后氏以鸡夷（彝），殷以斝，周以黄目。"著名考古学家邹衡先生指出：鸡彝就是夏文化中的封口盉，也是龙山文化中常见的陶鬶。[3]而山东龙山文化中常见的陶鬶，就像伸颈昂首、伫立将鸣的红色雄鸡。不仅仅是鬶，夏文化中常见的封口盉就像一只黑色或灰色的雄鸡。他认为这类器物可能都是由共同的祖先——大汶口文化的鸡彝发展来的。邹衡先生将鸡彝、封口盉与原始陶鬶联系起来，认为这三者的造型都是"雄鸡"的仿生造型，因为在上述三者的造型中都能找到与"雄鸡"相似的地方，自上而下，分别对应：流—喙；颈—颈；腹—腹；足—足；鋬—尾。[4] (图二)

陶鬶不仅在造型上具有仿生的形态，在装饰上也体现出一定的鸟形特征。在龙山文化出土的陶鬶流根处，经常发现一种圆形泥饼状的装饰，这种泥饼有时还

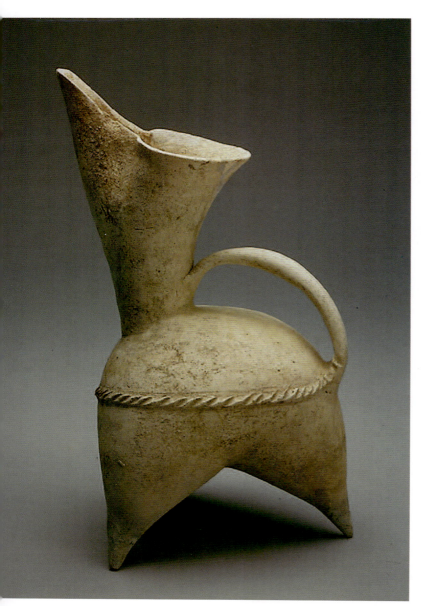

图二　山东泰安大汶口出土的白陶鬶（来源：《中国国家博物馆馆藏文物研究丛书》）

出现在陶鬶的前腹部和鋬的上下连接处。对此，安立华在《陶鬶象形初论》中认为，龙山文化时期有一种圆形泥饼常被装饰在陶鬶各个部位，特别是在口沿与流交界处的圆形泥饼装饰已形成固定形式。对比一些仿生造型的器物，原始陶鬶的仿生形态已然不是那么明显，只能说它的造型酷似鸟或雄鸡，它的流似喙，鋬似尾，足、腹、颈也源于鸟形，但它的造型已经基本脱离了鸟形的原貌，是一个能够体现设计意识的独立"产品"和生活"用品"。[5]因此，陶鬶的仿生造型已经不是一种具象的仿生，而是凝聚了原始先民智慧并体现其创造力和造型能力的器物。它盛行于新石器时代晚期，这一时期是一个历史过渡时期，而原始陶鬶本身也是中国器物造型史上的一个过渡造型。

三、陶鬶的功能

在众多的原始陶器中，陶鬶的造型可谓独树一帜，这也引发了众人对其功能的诸多猜想。陶鬶的造型似鸟，于是有些学者分析了它的象形意义，认为它是以鸟为图腾的部落祭祀器皿，具有崇高的精神功能；也有学者分析认为，陶鬶是商代流行的酒器——爵或斝的原始形态。台湾学者吕琪昌先生在对史前陶鬶进行多年研究之后，得出爵、斝皆源自陶鬶的观点。[6]在号称"礼仪之邦"的古代中国，酒文化源远流长，所谓"礼以酒成"，无酒不成礼。古代的社交礼仪中一定要伴有饮酒礼，所以有学者把肇始于龙山时代、兴盛于夏商时代的礼制概括为"酒"礼。有酒则必有酒器，酒器是酒文化背后的礼仪制度的重要载体。在二里头文化中，陶制酒器有温酒和注酒用的盉、鬶、爵，以及饮酒用的觚等。这些酒器用于神圣的祭祀仪式，因此都是用淘洗的黏土精心制作而成，它们很少出土于日常生活的场所，大多随葬于墓中。通过成套酒器入葬来表现墓主人身份地位的随葬习俗，最早见于黄河下游的大汶口—龙山文化。[7]二里头文化中盉、鬶、爵、斝都可以溯源至这一文化系统中盛行的陶酒器——鬶。其中爵和斝都是商代典型的酒器，从造型上看，都可能具备饮酒和温酒的双重功能，爵多数用于饮酒，而斝的温酒功能更突出。此外，还有一种饮酒器——

角，造型也和爵类似，同样属于陶鬶的衍生器物。然而，拿商前期的青铜斝和陶鬶来比较，两者在造型上颇为相似，而且正如吕琪昌先生所分析的，青铜斝上的双柱似乎就是由陶鬶上的双层口或"鸡冠形装饰"演变而来。[8]两者在造型上的相似，不仅可以说明这两种器物在中国器物发展历史上有亲缘关系，而且表明它们在实用功能上具有一致性。**（图三、图四、图五、图六）**

图三—图六　各式陶酒器。在二里头文化中,陶制酒器有温酒和注酒的鬶、盉、爵以及饮酒用的觚等（来源：《最早的中国二里头文明的崛起》）

虽然爵和角的造型与斝相似，也和陶鬶一脉相承，但鬶与爵，斝与爵、角有一个最大的差别，就是鬶和斝在与鋬相对的口沿上有平口捏流，而并非像爵、角一样流和鋬成直角分布。这个造型上的差异应该源于它们各自功能的需要，因此，从造型出发可以推测出它们不同的用途：爵和角是饮酒器皿，爵的口沿一端是长流，另一端是尾，右手持爵，饮酒时流自然对准嘴部，正如我们今天拿带把手的杯子饮水，虽然杯口没有流，但喝水的位置与把手成90°角。而角的口沿两端是对称的尾，任何一端的尾都可以充当流，左右手都可使用，比爵使用的姿势更加自由。陶鬶的流与鋬处于一条直线上，双柱之间的口沿应该是液体流出的位置，这个位置与鋬相对，这说明陶鬶和斝都非自饮之器物，其使用方式应和现代的壶一致。鬶和斝又都是三袋足，下部可以迅速加热，因此，斝应是温酒器皿，将酒加热后倒入其它饮酒器中饮用，这应该是对斝的使用方式的最好解释，陶鬶的使用方式也应与此相似。此外，分析陶鬶的实用功能还应该考虑到其采用的材质和器形的大小。从现在的出土物看，陶鬶多为夹砂陶所制，但也有部分陶鬶使用的材质是泥质陶，它们的实用功能应该也有所不同。如果陶鬶作为水加热的器物的推论成立，那么，人们会发现陶鬶的造型与现代流行的电热水壶造型出奇地相似。[9]观察水壶的造型，可以发现它和原始陶鬶有诸多设计上的共同之处：腹部承装液体，底部用来加热，上部有流供液体流出，和流相对的后部有把手用来提拎。二者除了使用的材料不同、加热所用的能源不同，其功能和造型几乎完全一致。（图七）

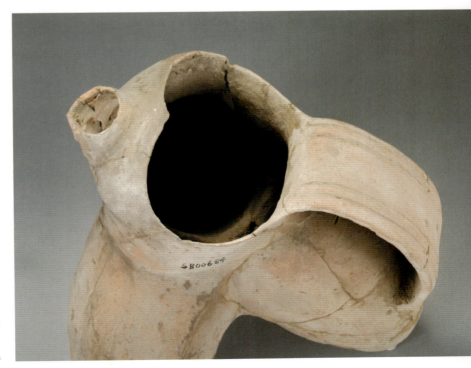

图七 红陶鬶（三门峡市博物馆藏）

四、陶鬶的字形

　　从目前普遍的认识看，远古时期还没有出现真正意义上的文字，只有一些简单的记事符号和图画。而中国的文字由图而产生，这一点已经被现存的甲骨文所证实。从原始社会晚期到商代，陶质器物的造型有一个连续的发展过程，即各种器形或者被继承，或者有演进，因此，在缺乏更早的文献资料时，只能在已发现的甲骨文中找寻与陶鬶造型相关的象形文字来确定陶鬶的字形。甲骨文中有几个与陶鬶器型有关的字，如斝、爵等，这二字是从造型图画而来。有字即有形，只是在传承了几千年之后，字和器物的"形"逐渐分离了，因而现在人们只能从图像学的角度去重新认识其对应关系。

　　"鬶"作为一个复合字出现较晚，用其命名原始器物完全是现代人的行为。[10]在甲骨文中，"鬶"字的下半部分（即部首"鬲"字）的写法有多种形式，其中之一为"山"。显然，这个字形就是一个三足器物的侧视图，而且三个足是中空的袋状足，这一点和鬲的足部形状一致。同时，"山"这个字形的上端没有封口，说明这是一个敞口的器物，正符合目前已经得到普遍认可的鬲的造型。在甲骨文中，大多数鬲部的字形都是以"山"为主要构成部分。在甲骨文中，还有一些目前也被释为"鬲"的字形，如"　"。吕琪昌先生在《也说"商"》一文中认为"其细长的颈部鬲形显然不类，很可能部分'鬲'字也是源自对陶鬶字形的假借，或也有误释的可能"[11]。在文章的注释中他做了更进一步的解释："从篆文、金文上推，'　'应确是'鬲'字。但是，若从与鬲形器物相对照，其颈部似乎过于细长，与其他鬲字如'　''　''山'等显然有别，反更近于现今所谓'陶鬶'的形式。"[12]吕先生的分析是有道理的，和"　"这个甲骨文字形和鬲字的字形相比，下部几乎相同——都是表示3个袋足，但是上部差别较大，颈部加长，有一横封口且两边出头，这显然不像目前公认的鬲的造型，而应该指代一个在鬲的基础上创造出来的、但比鬲的造型更为复杂的器物。

这个字形到底代表什么器物，目前来看，至少有3种可能：第一种可能是甗（即鬲和甑的组合型器物），第二种可能是鬲和釜的组合型，第三种可能就是鬶。从实物造型来看，甗和鬶这两种器物无疑都是由鬲发展出来的器型，但是，它们的实用功能和体量大小完全不同。徐中舒先生在《甲骨文字典》中所列"甗"字的甲骨文有" "、" "、" "三种写法，从字形上比较，如果没有新的器型被发现，吕琪昌先生提到的" "字应该更有可能代表的是甗或鬲和釜的组合型，而不是鬶。[13]

五、陶鬶的发展阶段

陶鬶的陶质陶色有夹砂红陶、夹砂灰陶和夹砂白陶之分，按其出土地层关系结合标型学加以探讨，陶鬶大致可分为形成期、发展期、兴盛期三个阶段。[14]

第一阶段，陶鬶的形成期。其基本特征为三角形扁实足，腹部如壶，由圆而扁；颈部由上腹逐渐移至前端；流口由颈口捏扁成流而演化为鸭嘴形、鸟喙形；腹部由素面到有明显的折棱或饰附加堆纹一周；鋬呈宽带或纽绳式，由腹背部到跨居颈腹。夹砂红陶居多，间有夹砂灰陶，其时代划分应归入大汶口文化中期。

第二阶段，陶鬶的发展期。其基本特征是空心足和乳形袋状足代替实足；颈下部显著收敛，流口鸟喙形上翘；口沿由外敞趋向平折；腹部由扁向圆发展，多锯齿附加堆纹；胸前一圆形饼饰。除夹砂红陶，又有夹砂白陶相继出现。其时代划分，应归入大汶口文化晚期。

第三阶段，陶鬶的兴盛期。其基本特征是颈部明显变粗，颈壁曲平直到下部扩出，逐渐发展为颈腹一体，消失颈腹间界线；空心足中橄榄式的足心出现，并朝向圆锥形实足演化；流口由鸟喙形朝向三角形斜上发展，腹部锯齿附加堆纹有的增至两周，也有的在腹部两侧增饰纽索状小把手，圆形饼饰数量增多，夹砂白陶居多，夹砂红陶则相应减少，有的则变为橙黄色，其时代划分应属于龙山文化时期。**（图八）**

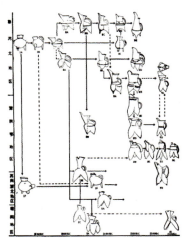

图八　陶鬶溯流关系示意图（来源：《史前陶鬶初论》）

六、三门峡龙山文化的发现

龙山文化阶段是陶鬶的鼎盛时期，龙山文化是黄河流域继仰韶文化而兴起的一种新石器时代文化，是1928年在山东历城县龙山镇城子崖最初发现的，那里有薄黑有光泽的黑陶与石器共存，它的文化性质与仰韶文化不同，因而定名为龙山文化。[15]龙山文化是黄河流域继仰韶文化而兴起的一种新石器时代文化，这在河南、山西、陕西等地都发现有地层上的证据。但所谓龙山文化遗址，由于地理分布的不同，在文化性质上也有显著的差别；曾被分为山东沿海区、豫北区和杭州湾区。也有把这种地区之间的不同认为是由于时代上的区别。[16]新中国成立以来，有关龙山文化的考古资料逐渐增多，所表现的地方性差异也更加显著。为了容易区别起见，曾把河南、陕西地区的龙山文化称为"河南龙山文化"和"陕西龙山文化"，以便和沿海地区的典型龙山文化相区别。尽管在名称方面还不够妥善，但不能否认它们在文化性质上是各有特征的。

黄河流域是我国古代文化的摇篮，三门峡市位于豫西边陲，地处陕、晋、豫交界地带，一向被视为考古学文化探索的重要地区。20世纪50年代河南发现了大量的龙山文化遗址，在发掘方面，三门峡陕县庙底沟的发掘最为重要。

图九　三门峡-灵宝盆地龙山文化发掘示意图　（来源：庙底沟博物馆）　（图九）

表一 三门峡–灵宝盆地龙山文化遗址概况一览表（部分）

序号	遗址名称	发掘地点	发掘时间
1	小交口遗址	湖滨区交口乡小交口村北	2021年
2	南交口遗址	湖滨区交口乡南交口村西	1984年
3	庙底沟遗址	陕县南关东南	1956年
4	三里桥遗址	陕县城东	1953年
5	杨河村遗址	陕县县城西北2.5千米	1921年
6	七里铺遗址	距陕县南关2千米	1958年
7	不召寨遗址	渑池县城西北约7.5千米	1921年
8	仰韶村遗址	渑池县仰韶村县城北7.5千米	1921年
9	阳河遗址	渑池县城西北2.5千米	1921年
10	笃忠遗址	渑池县城东南20余千米	1955年
11	祁村湾遗址	卢氏县城东7.5千米洛河北岸	1983年
12	涧口遗址	灵宝县城东南2千米伊庄乡涧口村西北	1987年
13	阳平寨遗址	灵宝阳平寨西南、阳平河东侧	1986年
14	乔营遗址	灵宝乔营村北、阳平河西	20世纪80年代
15	八楼北遗址	灵宝八楼村东北沙河支流北岸的黄土塬上	1976年
16	东仓遗址	灵宝东仓村西、沙河支流以西黄土塬	1976年
17	塔底遗址	灵宝塔底村西、沙河两条支流交汇处黄土塬	1976年
18	干头遗址	灵宝干头村东、沙河东岸黄土塬上	1975年
19	北阳平遗址	灵宝市阳平镇北阳平村以西	20世纪80年代初
20	成东寨遗址	灵宝盘豆车站西北2公里城东寨北村	1958年

　　根据表中龙山文化遗址的分布，可以发现遗址大多分布在河流旁台地上，其丰厚的黄土和丰富的山水资源为古代人类生存提供了良好的生活环境，如龙山文化遗址分布较为稠密的灵宝市。灵宝市位于河南省西部山地丘陵地带的边缘，市境之内多山，只有北临黄河的地方稍微平坦。由于灵宝处在豫、晋、陕接壤地区，其地势高峻，土地肥沃，雨量充足，适于农业，因此，自古以来为黄河

中游人类活动的一个集聚点。此地新石器时代遗址分布极为稠密，主要分布于弘农涧、好阳河、十二里河、青龙涧河旁台地上，以及其他支流与大河交汇处山地。再如阳平河及其支流旁黄土塬或阶地上分布有五坡寨、麻沟、乔营、北阳平、上河村、九营、阳平寨、西横涧、东横涧和东仓等10处新时期时代遗址。[17]庙底沟遗址位于陕县（今三门峡市陕州区）南关的东南底沟，青龙涧南岸、陕县车站的东边。在一块比较平坦的黄土塬上，被两条南北向的深沟所切断。西边的沟俗称庙底沟，深40多米。沟旁营造着许多窑洞，为庙底村的中心地区。东边的沟俗称此龙沟，深亦40多米。沟底有一条小河，它发源于20公里以外的窑头，由窑头至陈栋一段称为火烧阳沟，而陈栋以下则称为此龙沟。溪水由南向北流，经年不绝，注入青龙涧，疑即《水经注》上所说的"南出近溪，北流注橐"的渎谷水。[18]北边濒临青龙涧，因受河水侵蚀，形成高约40米的峭壁，而陇海铁路在涧河岸的附近东西穿过。庙底沟北临涧河，南傍韩庄，东西为两道深沟所夹住，形成了一个大体上是菱形的平原地带。新石器时代遗址主要分布在这块平原上，另外在此龙沟东岸靠近涧河的一角也有部分的遗址存在。在东西两条沟旁断崖以及陇海铁路路沟两侧，均曝露着灰层或灰坑的痕迹，遗址的总面积约为2400平方米。庙底沟遗址共进行了两次发掘，第二次发掘中在此龙沟东岸的三角地带发现了以龙山文化为主的遗存。庙底沟的龙山层分布范围比较广，在全部文化遗物中，以陶片为最多，共复原器物达60余件。陶器的质料以夹砂粗灰陶为最多，泥质灰陶次之，细泥红陶及细泥黑陶仅占极少数，特别是细泥黑陶不到1%。陶器的陶质坚硬，火候当和仰韶文化陶器相差不远，尤以细泥红陶和仰韶文化相同可以说明这个问题。器身表面的纹饰以篮纹为最多，表面磨光者次之，绳纹又次之，方格纹画纹最少见。此外尚有附加堆纹、镂孔和彩绘等装饰方法。彩绘仅限于细泥红陶，且可分为两种：一种是在小陶杯的表面涂抹紫红色陶衣，由于陶衣不匀，有着涂抹的痕迹，在龙山灰坑中曾有大量出土，仰韶灰坑中绝未发现，过去在仰韶村也曾发现过但误作仰韶遗物；另外一种是在敛口的深腹罐上，绘以黑色的菱形带纹，虽非正式发掘但确与龙山遗物共存。这个时期的生产仍以农业为主，在生产工具上有了更显著的

改进，虽没有仰韶文化所常见的石铲，但可能用木铲代替。此外发现了双齿木
耒的痕迹，同样的痕迹也见于三里桥龙山层中，直到殷周时期还是一种主要的
农具，和粗笨的石铲相比较，较多木制工具的出现是具有重大的进步意义的。
收割工具中除了打制石刀和长方形单孔石刀，还多出现了半月形石刀、蚌刀和
石镰。与仰韶文化相比，农业和家畜的进一步发展象征着龙山文化的生产经济
有了更大的提高。从生产的进步上也反映了社会组织的变化，农业的进一步发
展和家畜的大量出现，反映了由母系氏族社会向父系氏族社会的转化过程。至
于所发现的成群墓葬，有固定的方向及葬式，应当是氏族成员的共同墓地。以
上的事实证明，当时的经济基础已在变化，私有制逐渐萌芽，进而由母系氏族
向父系氏族过渡大约是以这个时期为转折点的，嗣后更向高度发展，而加速了
原始氏族公社的解体。在由仰韶文化到龙山文化的过渡中，由于生产力的进一
步提高，推动了社会组织的转化，进而所反映的物质文化也就起了根本性的变
化。[19]

　　三里桥遗址在陕县城东关外，位于青龙涧北岸，与庙底沟遗址相对，中间
仅隔着一条宽约1400米的河谷。从整个遗址看来，是一块大体上成长条形的
黄台地，中部被两条大沟所切断，东边与南家庄相邻，中间也隔着一条大沟，
西边是现代的村落，北边有一条通往城里的现代公路，南边即面临着青龙涧，
遗址总面积18万平方米。在全部文化遗物中以陶片为最多，共复原完整陶器69
件。无论质料、制法、纹饰和器型的比例都和庙底沟龙山层有很大的不同。陶
质以夹砂粗灰陶和泥质灰陶为最多，夹砂粗红陶和细泥黑陶次之，泥质红陶最
少见。这里的轮制陶器约占全部陶器的五分之一，也有少量的典型蛋壳陶，其
他是采用了泥条制法。至于纹饰以绳纹为最多，篮纹次之，格纹较少，素面或
磨光的陶器也大量出现，画纹和镂孔也比较常见。器型有碗、盆、杯、豆、鬲、
斝、鬶、器座等，绳纹带的陶鬲大量出现，斝很少见，并出现了鬶，也有盉的流
部残片。[20] （图十）

　　庙底沟、三里桥遗址的发掘和"庙底沟二期文化"的发现是20世纪50年代
泛龙山文化考古发现最重要的收获。发掘报告指出，庙底沟遗址的这次发掘很

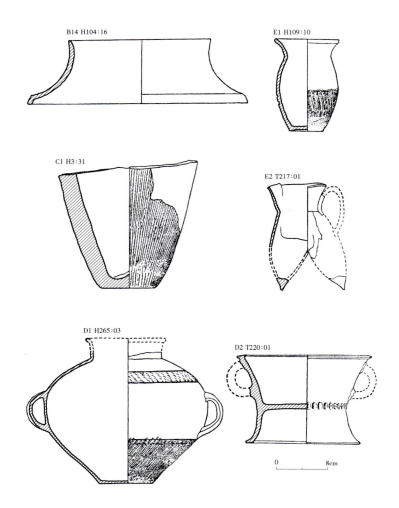

B14 H104:16   E1 H109:10

C1 H3:31   E2 T217:01

D1 H265:03   D2 T220:01

0   8cm

图十　三里桥龙山文化泥质灰陶器座，夹砂粗红陶罐，细泥黑陶罐、豆，泥质红陶罐、鬶（来源：《庙底沟与三里桥》）

可能为龙山早期或由仰韶到龙山的一种过渡性质的文化。虽仅发现1座房子，但也搞清了它的结构。其他如灰坑比较整齐，窑址构造完善，都是比较进步的现象。木末痕迹的发现，说明最晚在龙山文化时期已开始使用它，其象征着一种进步的生产工具。成群的墓葬除阐明葬俗以外，其中大批的人骨将是人类学研究的宝贵资料。陶器依旧采用手制，还没有出现轮制的方法。除大量的灰陶，也有少量的细泥红陶和个别的彩陶。从陶器的形制以及纹饰等若干因素来看，它上承仰韶文化，下启龙山文化，过渡的性质是相当明显的。石器中打制者减少，骨器增多，蚌器开始出现，都说明了它们的进步性质。生产工具上的进步表现了农业生产技术的发展，而家畜种类与数量的增多，则表现了财富的不断积累，生产力的大大提高，更推进了社会的进一步发展。三里桥发掘的龙山文化层属于典型的"河南龙山文化"的范畴，所发现的陶窑形制稍大，而结构也比庙底沟龙山窑进步，窑壁上有和庙底沟同样的木末痕迹。有较多的轮制陶器，并有典型的黑陶，但不见彩陶的痕迹。开始出现陶鬲及龙山文化的典型陶器。从许多迹象来看，它可能是承袭庙底沟第二期文化而发展的。[21]庙底沟二期文化的发现，首次为仰韶文化、龙山文化的性质与分界提供了一个重要线索，证明了两者的传承关系，说明河南与陕西地区的龙山文化是由仰韶文化经庙底沟二期文化发展而来的，这为中原地区文化发展的连续性做出了重要证明，也在解决中国文明起源的问题上前进了一大步。我们的祖先从远古时代起经过仰韶、龙山，直到殷周，在黄河流域不断地发展而创造了高度文明，这次发掘对证明中国古代文化发展的连续性具有重大意义。

注释：

[1] [3] [4] [5] [6] [8] [9] [10] [11] [12] [13] 张北霞.原始陶鬶考释[J].包装学报，2014 (4)．

[2] 高广仁，邵望平．史前陶鬶初论[J].考古学报，1981 (4)．

[7] 许宏.最早的中国二里头文明的崛起[M].北京：生活·读书·新知三联书店，2021.

[14] 刘心健，范华.从陶鬶谈起[J].故宫博物院院刊，1979 (2)．

[15] 张学海.龙山文化[M].北京：文物出版社，2006.

[16] [18] [19] [20] [21]中国社会科学院考古研究所.庙底沟与三里桥[M].北京：文物出版社，2011.

[17] 李久昌.三门峡地区考古集成[M].郑州：大象出版社，2011.

李幸蔚

饕餮纹铜觚

商代（前1600—前1046年）

通高28.2厘米，口径16.1厘米，底径8.6厘米。喇叭形口，颈、腹部修长，高足外撇，下承圆座。颈部饰蕉叶纹，其下饰夔纹。腰部、圈足上部各有四道扉棱，并饰雷纹地的变形饕餮纹。（图一）

1973年1月三门峡市灵宝涧口公社王家湾出土

三门峡市博物馆　藏

图一　饕餮纹铜觚

三门峡市博物馆馆藏一件商代饕餮纹铜瓿，器型规整，纹饰繁缛华丽，具有非常鲜明的时代特征，是中国青铜器发展史上不可多得的艺术珍品。

一、出土情况

1973年1月—1974年4月，河南省三门峡市灵宝县（现灵宝市）的涧口公社、文底公社、川口公社先后出土了一批商代青铜器。这批青铜器种类丰富，铸造精美，不仅有容器，还有工具和兵器，三门峡市博物馆收藏的这件饕餮纹铜瓿就是其中的一件。（图二）

图二 铜器出土位置图（《三门峡地区考古集成》上）

（一）出土器物介绍

1.涧口公社王家湾出土器物

1973年1月，三门峡市灵宝县涧口公社王家湾共出土4件青铜器，分别为饕餮纹铜瓿、饕餮纹铜爵、铜锛和铜刀，其中饕餮纹铜瓿被三门峡市博物馆收藏。

饕餮纹铜瓿：敞口，颈部饰蕉叶纹，其下饰夔纹。腰部有四个扉棱和变形的饕餮纹。圈足亦有四个扉棱，并饰有雷纹作地的变形饕餮纹。通高28.2厘米，口径16.1厘米，底径8.6厘米。

饕餮纹铜爵：宽流、尖尾，流根立二伞状柱，柱顶饰涡纹。腹部饰雷纹作地的饕餮纹。底圆鼓，下附三个三棱形足。通高20.3厘米，流尾长16.8厘米，口宽8.2厘米。

铜锛：形状类似空心斧。一侧有二小洞，其下有"十"字。另一侧为素面，弧形刃。通长10.6厘米，宽3.5厘米，厚1.1厘米。

铜刀：凹背凸刃，柄部有环。通长22.2厘米。

2.文底公社东桥出土器物

1974年2月，三门峡市灵宝县文底公社东桥出土6件青铜器，分别为弦纹铜鬲、目雷纹斝、饕餮云雷纹爵、饕餮纹铜罍、兽首饕餮纹铜尊、雷纹铜钺。

3.川口公社赵家沟出土器物

1974年4月，三门峡市灵宝县川口公社赵家沟出土7件青铜器，饕餮纹铜鼎2件、云雷纹铜鼎1件、雷纹铜觯1件、铜斝2件、铜爵1件。

灵宝出土的这批青铜器，年代最早的是文底公社东桥村出土的6件器物，其年代晚于郑州商代二里岗期，早于安阳殷墟。

川口公社赵家沟出土的7件青铜器，其年代有早有晚，上下有连珠纹的铜鼎、云雷纹铜鼎，圆锥状足的铜斝、铜爵，其年代相当于郑州商代二里岗期和安阳殷墟之间。雷纹铜觯和颈部饰以雷纹作地的饕餮纹、下附三柱足的铜鼎，其年代则相当于安阳殷墟早期。

至于涧口公社王家湾出土的这4件青铜器，年代则更晚一些。三门峡市博物馆馆藏的这件饕餮纹铜瓿与安阳大司空村商代M267：2和安阳殷墟M5：63所出铜瓿的器形和纹饰相近。据此推断，这批青铜器的年代约为武丁时期（前1250—前1192年）或稍晚一些。[1]

（二）三门峡地区商代遗址

《史记·货殖列传》载："昔唐人都河东，殷人都河内，周人都河南。夫三河在天下之中，若鼎足，王者所更居也，建国各数百千岁。""三河"，即现在的河南中西部、山西南部和陕西东部，是夏王朝与商代早期的王朝腹地，也称京畿要地。而三门峡地区就位于"三河"地区的接合部、交会点，始终处于夏商王朝的中心区域。夏代，三门峡地区属《禹贡》豫州之域，夏代第十五代王夏后皋的墓就在三门峡市陕州区菜园乡的雁翎关。商汤伐夏，三门峡地区仍处于王朝统治的重要地带，这里有着众多商代文化遗存。三门峡地区的商代代表性遗址有陕州区七里铺遗址和渑池县鹿寺遗址。

七里铺遗址位于陕州区七里铺村旁，分为三区：村旁陡起的黄土台地，为仰韶遗址，定为七里铺一区；往南为河南龙山文化辛村期遗存堆积的范围，定为七里铺二区；稍微高出二区遗址西面的台地，定为七里铺三区。**(图三)** 七里铺三区的文化性质属于商代早期，稍早于郑州二里岗下层，略晚于郑州洛达庙和洛阳东干沟。三区遗址南北长480米，东西宽窄不等，最宽约225米。出土的文化遗物有陶器、石器和骨器，陶器以绳纹泥质灰陶为主，另出土各种式样的鼎足和完整的鼎，这在河南地区的商代早期遗址中甚为少见；出土的生产工具多为钻孔的磨制石器和磨刮精细

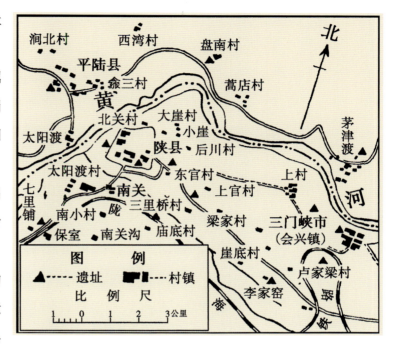

图三 陕州区七里铺遗址位置图（《三门峡地区考古集成上》）

的骨器。值得注意的是，七里铺商代早期遗址中未出土任何铜器。据专家推断，可能是当时的青铜尚属贵重金属，虽然已经用来制造工具和武器，但是由于青铜来源不易，再加上青铜可以从事冶炼，可能保藏不多，所以遗址中无留存。[2]

鹿寺遗址位于渑池县南约13公里的西凡河西岸的台地上，其文化性质属于商代早期，与郑州洛达庙和洛阳东干沟的时代基本接近。遗址面积约2.6万平方米，包含上下两层不同时期的文化层堆积，发掘出窖穴19个，墓葬5座，其中商代墓1座（M5）、战国墓3座、近代墓1座。遗址出土的文化遗物有以绳纹泥质灰陶为主的陶器，并有少量的石器和骨器，未出土任何铜器。[3]

在灵宝市出土的这批青铜器发现之前，三门峡地区从未出土过铸造如此精美的青铜器。这表明在河南境内，除郑州、安阳殷墟这些商代大型都邑出土过大量的青铜器，地处豫西的三门峡地区也出土了类似的青铜器，印证了三门峡地区处于夏商王朝的中心地带。[4]

二、觚的发展演变

觚的出现，最早可以追溯到新石器时代，商周时期为鼎盛期。觚的材质很多，有陶觚、漆觚、铜觚和瓷质觚等。新石器时代中期开始出现了陶觚和漆觚；商代早期开始出现青铜觚，并盛行于商周时期；宋元及其后以瓷质觚为主流。[5] 本文重点介绍铜觚，其他材质不再多做叙述。

（一）觚的定名

王国维先生说："凡传世古礼器之名，皆宋人所定也。"如今青铜器的名称大部分为宋人所定，而宋人定青铜器的名称一般有两种途径：一是器物本身有自名，以器物自名为器名。二是器物本身无自名，则结合文献记载定名。

觚的名称，是由宋人根据文献内容的描述确定的，并且一直沿用到今天，已经约定俗成。《周礼·冬官·考工记》记载："一升曰爵，二升曰觚，三升曰觯，四升曰角，五升曰散。"东汉文字学家许慎所著的《说文解字》亦引《周礼》说法解释"觚"为："飨饮酒之爵也。一曰觯受三升者谓之觚。从角瓜声。古乎切。"

关于觚的定名，还有一种说法是依据觚为有棱器而定名。南宋朱熹注《周礼》曰："觚，棱也。或曰酒器，或曰木简，皆器之有棱者也。"这种称为觚的简牍多属于汉代，有三棱、四棱、六棱、八棱，其中四棱的简牍较多。推测宋人借鉴简牍而定名觚。

北宋吕大临的《考古图》是目前所见最早记录觚这类器物的书籍，书中将带棱的大酒杯之类的酒器称为"觚"，奠定了后来铜觚记载的基本形式。[6]

（二）觚的用途

清段玉裁《说文解字注》中写道："觚，飨饮酒之爵也。飨亦当作礼。"据此可知，觚是饮酒器。觚作为饮酒器盛行于商周时期，通常与爵成组随葬。斝也经常与二者同出，形成稳定的酒器组合。饮酒时，如果需要先温酒再饮用，就用爵；如果不需要温酒就饮用，则用觚。这一点可以从墓葬出土的铜爵常有明显的烟炱痕迹，而铜觚没有得以证明。因为铜爵的烟炱之痕明显是加热所留下的痕迹，并且铜爵的流根通常有两个蘑菇状伞柱，推测是加热所用。所以爵是温酒兼饮酒器，而觚则是单纯的饮酒器，就相当于现在的酒杯。

当然觚的用途并不是一成不变的，而是随着社会政治、经济、礼制的发展而不断地发生变化，这也同样影响着其器形的发展演变。

商代早期的铜觚，整体造型朴实厚重，适合饮酒。器身较为粗矮，高度多不到20厘米，口部外侈的程度不大。（图四）随着政治、经济的发展，觚逐渐演变为礼器，其形制也随之发生了一定的变化。到了商晚期，觚的器身变高，中腰更细，口沿和圈足外侈更甚，器壁相对比较厚，纹饰由朴实变为华丽。（图五）前文讲到，三门峡市博物馆藏的饕餮纹铜觚年代约为武丁时期，我们也可以结合商晚期青铜觚的器型特点加以印证。

这类长颈细腰高圈足的铜觚在商晚期占绝大多数，从其造型特征来看，明

图四　兽面纹觚　商早期（中国国家博物馆藏《中国青铜器全集1》）

图五　"亚鸟"觚　商晚期（信阳市文物管理委员会藏　《中国青铜器全集4》）

显不适合饮酒，很有可能作为斟酒器来使用或者用于祭祀。商人尚鬼神，祭祀在商代较为常见，商王用贵重的青铜礼器祭祀，显示其至高无上的尊严和地位，于是觚也逐渐作为礼器而使用，直到西周时期，觚仍是礼器组合的成员之一。当然觚的原始功能并没有丧失，即使高体细腰作为礼器的觚占主流，但还是有作为饮酒器的偏粗矮器型的觚存在，不过其数量较少。西周时期，随着新的饮酒器具——觯的出现以及觚的原始功能的逐渐弱化，铜觚慢慢走向了消亡。

之后直到宋元时期，古礼复兴，觚作为瓷器再一次出现在世人面前，一直延续至清代。其用途也发生了改变，用作插花的装饰品，人们称其为"花觚""美人觚"。[7]

三、纹饰赏析

商周时期，青铜器是国之重器，是庙堂祭祀的礼器，也是统治阶级权力地位的象征。商周青铜器的纹饰多达数十种，这些纹饰除了起到基础的装饰作用，更是对制造工艺、审美观念、宗教信仰、社会变革的重要反映。

商周青铜器的纹饰大致可以分为植物纹、动物纹、几何纹、人物画像纹四大类。植物纹分为叶纹、花纹两大类，叶纹主要是蕉叶纹，花纹包括四瓣目纹、莲瓣花纹等。动物纹分为幻想动物纹和写实动物纹两大类，幻想动物纹分为兽面纹、龙纹和鸟纹，写实动物纹则包括蛇纹、虎纹、牛纹、羊纹、鹿纹、象纹、兔纹、鱼纹、龟纹、蝉纹、蟾蜍纹等。此外还有一些变形动物纹，如鳞纹、窃曲纹、波曲纹等。几何纹多用作辅助纹饰，包括连珠纹、涡纹、云雷纹、带纹、重环纹、直棱纹、乳钉纹等。人物画像纹分为人物画和人物像两大类，多描绘当时贵族的社会生活和战争场面。[8]

三门峡市博物馆藏的这件饕餮纹铜觚，器物颈部饰蕉叶纹，其下饰夔纹。腰部、圈足上部各有四道扉棱，并饰雷纹地的变形饕餮纹。整体造型精美，犹如一朵盛开的喇叭花，纹饰繁缛华丽而又严肃神秘，给人以庄严凝重之感。

（一）蕉叶纹

在整个青铜时代，植物纹多用作辅助纹饰。蕉叶纹属于植物纹中的叶纹，多装饰于器物的口沿、颈部和腹部[9]，其形制近似三角形但腰线呈弧线内收，一端较宽，一端尖锐，形似芭蕉叶，蕉叶纹由此而得名。（**图六**）蕉叶纹萌芽于商代中期，流行于商代晚期至东周时期，存世较长，直至明清时期仍用于瓷器的表面装饰。

蕉叶纹在商周青铜器纹饰中占有重要地位，它的分布比较规律，通常大量出现在青铜酒器上。这一规律是建立在商晚期和西周早期青铜酒器发展鼎盛的基础之上的。商代的酒文化盛行，酒在社会生活乃至庙堂祭祀中有着极其

图六　御尊（湖北省博物馆藏《中国青铜器全集4》）

重要的地位，而酿造酒的主要原材料就是自然界的粟、黍等谷物和一些淀粉类植物，所以像蕉叶纹这类植物纹大量出现在青铜酒器上，可能象征着酿酒原料取材于自然，也象征着自然生物与神灵世界的沟通。

蕉叶纹多装饰在器物的口沿、颈部和腹部，根据器型的不同，其装饰的位置也有不同。觚、尊等器物，蕉叶纹多装饰在其颈部；爵、斝、角等器物，多装饰在其流、尾、口沿下等位置；鼎、罍等器物，则多装饰在其腹部。[10]

三门峡市博物馆藏饕餮纹铜觚将蕉叶纹装饰在颈部，把直线和曲线结合起来，用以呼应和对比，从其中寻找一种转换与变化，使纹饰看上去俊朗而不僵硬，优雅却不软弱。以蕉叶纹的弧度与口沿外侈相映衬，更加突出铜觚颈部的弧

形和美感，底部紧密依靠，越向上越疏离，与铜觚器形之美相映相成。环绕器身的蕉叶纹，不管从哪个角度看，都能欣赏到其强烈的艺术效果，达到协调平衡的视觉美感。无论是从纹饰整体造型还是器物的装饰来看，蕉叶纹都是画龙点睛之笔。既可以说是蕉叶纹装饰了铜觚，又可以说是铜觚突出了蕉叶纹的美。

另外，蕉叶纹装饰在铜觚的颈部与器型相结合，在视觉上营造出一种无限向上延伸的感觉。在祭祀活动中，借助酒气的升腾，使其成为人与神灵世界沟通的媒介，以此触及人们敬畏、憧憬的天地神灵，从而得到上天的庇佑，达到祭祀的目的。(图七)

（二）夔纹

夔纹属于动物纹中的龙纹，是商周青铜器上的主要纹饰之一，在商代中晚期至西周早期大量出现，通常装饰于器物口沿下、颈部和足部，有的作为饕餮纹的辅助纹饰使用，也有的单独构成连续排列的装饰带。其特征为张口、一角、一足、卷尾，蜿蜒的身躯类似龙形，通常以侧面示人，两两相对出现于器物之上。(图八) 此外还有一些不同的形式特征，例如卷唇、长翅等。

夔是一种传说中的动物，《山海经》记载："东海中有流波山，入海七千里。其上有兽，壮如牛，苍身而无角，一足，出入水则必风雨，其光如日月，其声如雷，其名曰夔。"《庄子·秋水》云："夔谓蚿曰：'吾以一足趻踔而行，予无如矣！今子之使万足，独奈何？'"《说文解字》亦载："夔，神魅也，如龙一足。"后人以此作为基础将"像龙的形态，有一角和一足"的动物纹样称为"夔纹"。

在商周奴隶制社会，任何工艺纹饰都反映了统

图七　饕餮纹铜觚局部蕉叶纹（三门峡市博物馆藏）

图八　夔纹（郑州市博物馆藏《中国青铜器全集1》）

治阶级的意志，夔纹亦是如此。《山海经》记载："黄帝得之，以其皮为鼓，橛以雷兽之骨，声闻五百里，以威天下。"唐代杨筠松所著《龙经》有云："夔龙为群龙之主，饮食有节，不游浊水，不饮浊泉。所谓饮于清、游于清者。"夔纹象征着王权和神权，代表着统治阶级至高无上的地位与权力。殷人尚鬼，宗教和巫术很大程度上影响了殷商时期夔纹的表现形式，这时的宗教就是王权的代表，宗教使得纹饰更加偏向于神秘，而王权则要求纹饰要恐怖且具有一定的威严。因此这一时期的夔纹多张开巨口，眼睛充满狞厉之感，仿佛一只无情的神兽要吞噬一切，使得夔纹整体带有一种神秘和狰狞的色彩，让人不由得感觉到恐惧和敬畏，仿佛是连接现实世界和上帝神灵的介质，在庙堂祭祀时可以让帝王通向神的世界。因此，夔纹从根本上来说，是为了王权而服务的。[11]

　　传说中夔的皮可以做鼓，《黄帝内经》记载了这样一个故事：黄帝伐蚩尤，玄女为帝制夔龙牛鼓八十面，一震五百里，连震三千八百里，最终大败蚩尤。这个故事赋予了"夔"神话色彩，使其成为战胜邪恶的正义象征，夔纹也相应地具有了辟邪驱魔的寓意。而将这种想象中的神兽描绘为纹饰，也体现了先民们丰富的想象力和智慧。

　　夔纹作为动物纹的一种，有着动物纹的共同特征，即表达了人们对自然的敬畏和追求。在生产力低下的奴隶制社会，自然天气对于粮食收成有着举足轻重的影响，人们仰仗自然而生存，对各种不可预知的自然现象油然而生敬畏之心。《山海经》中说夔"出入水则必风雨"，说明夔的出现就代表着风雨到来。因此，先民们把夔纹装饰在青铜器上，用于祭祀活动，以此来表达人们对于风调雨顺的祈求。[12]

三门峡市博物馆藏的饕餮纹铜瓿，装饰在器身颈部蕉叶纹之下的夔纹，既突出了主体纹饰，又符合铜瓿整体的形式美感，使得铜瓿整体看起来有线条的形式美。而夔纹本身特征简单且十分明显，兼具原始时期的朴素和殷商时期的神异威严，将浑厚朴素的纹样装饰于庄严厚重的青铜器之上，展现出殷商时期特有的美学风格。

（三）扉棱

扉棱是商周青铜器上常见的一种装饰元素，一般为凸出的条状，将器物上连续的图案分割开来。它可以使器型复杂化，也能调整器型轮廓，是实现青铜器繁复华丽效果的重要装饰手段。现有资料显示，扉棱装饰青铜器最早出现于二里岗时期，并逐渐普遍，最终成为商周青铜器的主要装饰之一。

扉棱的出现推测与早期青铜器铸造中的范线有关。由于早期的铸造模具并不规范，在合拢范块的交接处会出现细缝，导致铸成的青铜器会在合范处出现范线，这些范线就被先民们设计成装饰性的扉棱，体现了他们丰富的想象力。

夏代已经出现了制作扉棱的技术，但当时制作扉棱的工艺尚未成熟，与器身浑铸成形。（图九）二里岗时期的扉棱造型多为卷云形，中有透空。到了商代中期，扉棱造型转变为勾牙形，未全部透空。扉棱的造型变化集中在商代晚期，这是扉棱发展的鼎盛时期，工艺空前快速发展。扉棱首先变化为长方形竖棱，基本不透空。（图十）接着朴素的长方形竖棱很快被大气磅礴的F型扉棱所取代，后来甚至出现了写意的云纹扉棱。扉棱风格的快速发展变化，既体现了商代先民的美学追求，同时也体现了这一时期正是青铜发展的鼎盛期。（图十一）东周以后，堆塑等更加复杂的工艺技法开始出现并兴盛，扉棱也就渐渐淡出了人们的视野。[13]

商代晚期，青铜瓿上开始出现扉棱，位置主要位于腹部和足部。三门峡市博物馆藏的饕餮纹铜瓶，腰部、圈足上部各有四道矩形扉棱，将器壁均分为四个部分，打破了器表的平淡格局，增加了器表起伏的节奏感。而器表所呈现的这种几何形状的变化，成功地构合了造型上的多元因素，突出了庄严富丽的立体美感。而且扉棱的装饰在保持了铜瓶总体庄重气质的同时，给人一种丰富的多层面视觉感受，使得铜瓶在庄严中洋溢着活泼，展现出一种生动而优雅的美感，生动

图九　铃　夏晚期（中国社科院考古研究所藏《中国青铜器全集1》）

图十　戈鼎　商晚期（上海博物馆藏《中国青铜器全集4》）

图十一　兽面纹　商晚期（昭陵博物馆藏《中国青铜器全集4》）

地体现了商代先民在青铜器造型艺术上使刚、柔两种因素对立统一于同一器物的设计理念。（图十二）

（四）云雷纹

云雷纹属于几何纹的一种，是“云纹”和“雷纹”两种纹饰的统称，圆形螺旋状的为云纹（图十三），而方折角螺旋状的为雷纹（图十四），但是因为实际上圆形和方形的区别不是很明显，所以一般合称为云雷纹。云雷纹主要以地纹的形式出现，样式为连续不断的回旋式线条，起到丰富背景、烘托主纹的作用。东汉王充《论衡》有云：“云雷在天，神于百物。”云雷象征着自然神灵，云雷纹象征着古代先民对神灵的崇拜和对风调雨顺的祈盼。许慎的《说文解字》云：“云，山川气也。从雨，云象云回转形。”“雷，阴阳薄动，雷雨生物者也。从雨，雷象回转形。”从中我们可以看出许慎认为“回转形”是“云、雷”二字的重要构字元素，而云雷纹连续不断的回旋式线条正是对自然意象的

图十二　饕餮纹铜觚局部扉棱（三门峡市博物馆藏）

图十三　云纹鼎（山西省博物馆藏《中国青铜器全集4》）

模仿，表达了先民对于自然的无限崇拜与敬畏。宋人受到许慎相关字形学说的影响，就将此类纹饰命名为"云雷纹"。[14]

云雷纹是商周青铜器纹饰中使用频率最高的几何形纹饰，流行时间很长。早在良渚文化时期（前5300—前3300年），云雷纹就出现在玉器之上。殷商时期的云雷纹开始应用到青铜器装饰上来，商人敬鬼神，云雷纹呈现出严肃、神秘的风格。到了西周时期，周人崇礼，云雷纹不复殷商时期的诡秘华丽，整体呈现出柔美、舒朗的姿态。

殷商时期，云雷纹开始大量出现在青铜器上。商早期的云雷纹以浅浮雕的方式装饰在青铜器上，可以分为两种：一种是和兽头图案一起构成兽面纹，表现为密集的钩曲条纹；另一种是作为主纹装饰在青铜器的口沿或腹部，表现为左右对称的横向展开。商朝中期的云雷纹依旧以浅浮雕的形式作为装饰，面积增加，整体呈现出严肃神秘的风格。其装饰方式同样有两种：一种是作为辅助纹样，同其他纹饰一同构成兽面纹；另一种是作为主纹，装饰在器物的口沿或腹部。

商晚期和西周早期，云雷纹主要作为兽面纹、龙纹、鸟纹等的地纹而使用。西周中期，由于兽面纹的衰退，主要作为兽面纹的地纹而使用的云雷纹也随之迅速衰落。西周晚期，青铜器纹饰的整体风格走向简洁化，环带纹、窃曲纹等纹饰取代了兽面纹的主体地位，亦不再用云雷纹为底。云雷纹到了这时已经走向衰落，几近消失了。[15]

三门峡市博物馆藏饕餮纹铜

图十四　勾连雷纹瓿（辽宁省博物馆藏《中国青铜器全集4》）

图十五　饕餮纹铜觚局部雷纹地（三门峡市博物馆藏）

图十六　兽面纹爵局部（上海博物馆藏《中国青铜器全集1》）

觚上的雷纹正如商晚期云雷纹的常见风格，作为变形饕餮纹的地纹而使用。密集雷纹衬托下的饕餮纹神秘而威严，狰狞而极具威慑之感，展现了一幅可怕的未知神灵在云雾缭绕间出没的景象，烘托出神秘而让人敬畏的祭祀氛围，让人心中会油然而生恐惧、敬畏的情感。同时这种呈现出诡异之美的图案与铜觚本身的形状却形成了一种整体的和谐之美，成为沟通人类与那些正俯视人世却不被人们所知的神秘神灵的媒介。**（图十五）**

（五）饕餮纹

饕餮纹，又名兽面纹，是商周时期青铜器最主要的纹饰之一。其特点是以鼻梁为中线，左右对称，由眼、角、眉、耳、鼻组成一张兽面，有的附加獠牙、长舌等细节，有的还有身躯和兽爪等特征。**（图十六）**宋代的金石学家在研究青铜器的过程中发现这类纹饰与《山海经》中记载的贪食怪兽饕餮在形象上相似，因而将青铜器上表现兽的头部或以兽的头部为主的纹饰称为饕餮纹，并一直沿用至今。至于饕餮，据《山海经》记载，它是东海龙王的第九个儿子，是贪欲的象征。它是一种想象中的神秘怪兽，这种怪兽没有身体，只有一个大头和一张大嘴，十分贪吃，见到什么吃什么，由于吃得太多，最后被撑死。近代一些学者则认为饕餮纹出自鹰、虎、牛、羊等动物形象的变种。[16]

饕餮纹的出现，最早可以追溯到5000多年前的良渚文化玉器上。青铜器上开始装饰饕餮纹最早出现在二里头文化时期。夏代的饕餮纹比较简单，一般为单层装饰，没有底纹，呈条带状，多以回旋钩曲的线条构成，形似卷云纹，显得古朴而肃穆。

　　殷商时期是饕餮纹发展的鼎盛阶段，这一时期，祭祀是人们生活中不可缺少的一部分，大量的青铜器被用于祭祀。这时所流行的饕餮纹、夔纹、云雷纹等纹饰大多是被异化的动物形象，通过这些狰狞恐怖的夸张纹饰，体现对神鬼的崇拜，同时也象征着王权的神秘和威严。而饕餮纹作为这一时期青铜器最具代表性的纹饰之一，其突出的鼻梁、锋利的爪尖、睥睨的目光、凶神恶煞般的面容，给人一种威严的神秘感，所以人们把这种纹样与鬼神联系到了一起。这时的饕餮纹

图十七　兽面纹鬲（旧金山亚洲艺术博物馆藏　《中国青铜器全集1》）

常常占据一件青铜器全部装饰花纹的中心，周围则装饰着其他辅助纹饰，如云雷纹、三角纹等，呈现出层次分明、华丽诡秘的风格。

　　到了西周时期，统治者在治国策略上与商代截然不同。一扫商代浓厚的鬼怪神秘气氛，奉行"敬天保民"的治国思想。青铜器的纹饰向简洁朴实的方向发展，饕餮纹走下了神坛，渐渐消失在历史长河之中。[17]

　　饕餮纹在其鼎盛期一般出现在器物的颈下、腹部，到西周时期逐渐衰落，一般作为辅助纹饰出现在器物的耳部、足部。纹饰结合了鹰、虎、牛、羊等动物的特征，在饕餮纹正面的造型中体现出角、目、眉、耳、爪等细节。（**图十七**）由

于各器官来自不同的动物，它们之间以及与整体饕餮纹之间都没有关联，因此各器官表现出了极大的独立性和自由性。它们可组合，可分离，可移位，可增减，同类器官还可以相互置换。因此，与其把饕餮纹视为一个整体，不如将其看作一个思维运用各个具有独立性和自由性的器官创造、拼凑出的集合体。这个集合体中的每类器官均有若干种变化模式，这些变化无疑会引发饕餮纹整体形象的改变，这也正是饕餮纹多变性的根源。[18]

三门峡市博物馆藏饕餮纹铜觚所饰的变形饕餮纹，以鼻梁为中轴线，两边对称分布，这种方式稳重、整齐、匀称，呈现出一种庄严、肃穆的视觉体验，表达出王权和统治者的威严。用流畅的弧形简约线条形成神秘的宗教色彩图案，细密曲折的线条配合坚实的青铜觚，使得饕餮纹在散发着原始、拙朴、野蛮的美感的同时，让人感到一种幽远的情感意念，观之有种穿越时空以及沧桑厚重的历史感。（图十八）

中国有着5000多年的酒文化发展史，酒文化是我国传统文化的重要组成部分。商周时期是酒礼最复杂，酒礼与政治结合最为紧密的时期。而酒器作为酒礼中的必需品，备受重视，地位崇高。铜觚是这一时期酒器组合的核心成员之一，作为饮酒器在宴飨、祭祀等场合发挥着重要作用。三门峡市博物馆馆藏的这件饕餮纹铜觚具有鲜明的时代特征，在一定程度上反映了商代中原地区的政治、经济、文化的特征和人们的思想意识状况。

商人嗜酒，铜觚大量用于祭祀和贵族日常生活，是祭祀仪式中的重要祭器，是商代酒文化的重要象征物。商代的饮酒器包括爵、角、觚、觯、斝、杯、舟。其中爵、角、觚、觯、斝这五件器物出土较多，合称为"五爵"。

图十八　饕餮纹铜觚局部饕餮纹（三门峡市博物馆藏）

　　到了西周初年，铜觚数量锐减。很多学者认为是商人重酒而周人重食所影响的。周灭商后，以史为鉴，为了让臣民牢记殷商因酗酒而灭国的教训多次下令禁绝酗酒，并对酗酒者严惩，使得铜觚的数量大为减少。

　　西周以后铜觚逐渐演变为其他形制的酒具，造型、纹饰和前代完全不同。尤其是宋代以后，觚常作为插花器或摆件，逐渐演变成为宫室、贵族以及文人欣赏把玩的物品。觚的变化发展不仅承载着我国酒器文化的发展，也反映了不同时期人们的审美意趣。[19]

　　综上所述，三门峡市博物馆馆藏的饕餮纹铜觚，器形规整，纹饰精美，铸造工艺复杂，时代特征明显，充实了馆藏商代青铜器的收藏序列，实为一件具有深邃文化内涵和鲜明艺术美感的青铜珍品。

注释：

[1] [4] 杨育彬.河南灵宝出土一批商代青铜器[J].考古，1979 (1) .

[2] 黄河水库考古工作队河南分队.河南陕县七里铺商代遗址的发掘[J].考古学报，1960 (1) .

[3] 河南省文化局文物工作队.河南渑池鹿寺商代遗址试掘简报[J].考古，1964 (9) .

[5] 胡洪琼.略论酒器觚[J].殷都学刊，2018 (3) .

[6] 王文娟.商周青铜觚研究[D].西北大学.2005.

[7] 黄海波."觚"的起源及相关问题研究[D].吉林大学，2020.

[8] [9] 吴静.森严、神秘与诡丽——宝鸡青铜器博物院馆藏商周青铜器纹饰美学研究[D].西北大学.2015.

[10] 石亚卿.商周青铜器蕉叶纹初探[D].陕西师范大学.2018.

[11] 宋明.商代夔纹的象征意涵研究[J].湘南学院学报，2019 (2) .

[12] 钟蔡.青铜器的夔纹由何而来[J].艺术品鉴，2016 (3) .

[13] 张家境，周朋，刘宝月，等.商周青铜器扉棱形制及器类统计[J].知识文库，2015 (10) .

[14] 苏丰.商周云雷纹饰探究[J].艺术论坛，2013 (11) .

[15] 郁莉霞.基于艺术符号学下云雷纹的演变研究[D].西北大学.2019.

[16] 刘允东.浅谈商周青铜器饕餮纹饰[J].科教文汇，2008 (6) .

[17] 刘莹.不同时期饕餮纹的演变特点[J].广角视野，2009 (11) .

[18] 苟爱萍.论兽面纹与饕餮纹的艺术特点[J].艺术百家，2010 (8) .

[19] 丁薇.从酒器商觚浅谈夏商时期酒文化[J].文物天地，2019 (8) .

崔松林

"追夷"簋

西周（前1046—前771年）

通高25.6厘米，口径20.6厘米，腹径24.4厘米。口微敛，垂腹，圈足附三个兽面纹支足，两兽耳。有盖，盖表隆起，顶部有喇叭形握手。器盖、器身口沿部及圈足部各饰一周变形蝉纹，盖表和腹部饰瓦垅纹。盖内及器身内底部铸有内容相同的铭文。（图一）

1995年三门峡市李家窑遗址M44出土

三门峡市博物馆　藏

图一 "追夷"簋

　　"追夷"簋，1995年三门峡市李家窑遗址市交警支队工地M44出土。通高25.6厘米，口径20.6厘米，腹径24.4厘米。口微敛，垂腹，圈足附三个兽面纹支足，两兽耳。有盖，盖表隆起，顶部有喇叭形握手。器盖、器身口沿及圈足部各饰一周变形蝉纹，盖表和腹部饰瓦垄纹。盖内及器身内底部铸有内容相同的铭文，共6行52字。铭文为："唯正月初吉丁亥追尸不敢忒先人之显对扬乒厥且之遗宝用乍朕皇且冕中尊簋。追尸用祈易眉寿永命子子孙孙其万年永宝用。"

（图二）

　　李家窑遗址位于三门峡市区南部，南临青龙涧河，北依绵延的上村岭，地势平坦开阔。M44为口小底大的长方形竖穴土坑墓，单棺单椁。出土了一鼎二簋的铜礼器，四套仿铜陶礼器（鬲、豆、盂、罐），一件兵器（铜戈）。从出土器物特征及地层叠压关系，可知该墓的时代应略早于虢国，墓主人为士大夫一

图二　"追夷"簋铭文　　　　　　　　　　　　　"追夷"簋铭文拓片

级贵族，"追夷"簋是李家窑遗址重要发现之一。

一、寻常考古中的重要发现

1986年洛阳地区区划调整，三门峡市升格为地级市以后，为扩大城市规模，适应城市发展，兴起了第一轮城市建设的高潮。在这一轮大规模的城市建设中，配合基本建设的考古发掘工作成为文物部门的首要任务，考古工作者常年奋战在田野考古第一线，发掘了大量的古文化遗址和古墓葬。44号墓就是为配合三门峡市公安交警支队新址建设而进行的一次考古发掘。

市交警支队新址位于李家窑遗址区内，44号墓是此次发掘的重要成果之一。从考古发掘报告得知，该墓为口小底大的长方形竖穴土坑墓，墓口叠压于周代文化层之下，墓口距地表深1.9米，方向325°。墓口长3.1米，宽1.56米；墓底长3.42米，宽1.8米，墓深3.2米。墓圹四壁因受风雨侵蚀不甚规整，尤其西壁坍塌严重。葬具已完全腐朽，从残存的迹象可以看出为单棺单椁。其中椁长2.59米，宽1.45米，椁板厚0.08米，盖板为东西顺置；棺长2.08米，宽0.72—0.8米，棺板厚0.08米。棺椁表面髹朱漆黑彩。(图三)

墓葬共出土随葬品23件，分陶、铜、石三类，除铜戈置于墓底中部，其余均集中置于墓

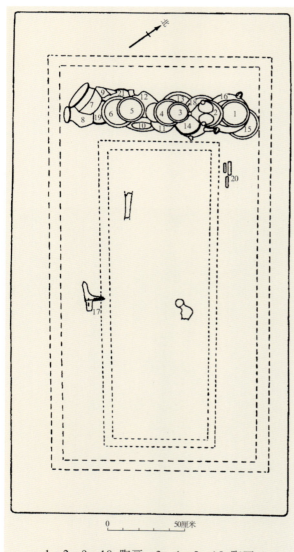

1、2、9、18.陶鬲　3、4、5、15.陶豆
6、7、13、21.陶盂　8、11、12、19.陶罐　10、16.铜簋　14.铜鼎　17.铜戈　20.石圭

图三　M44平面图

主头部棺椁之间。其中陶器16件，铜器4件，石器3件。陶器为鬲、豆、盂、罐组合，分别为鬲4件、豆4件、盂4件、罐4件；铜器为鼎和簋组合，分别为鼎1件、簋2件，另有铜戈1件；石器3件，均为石圭。从墓葬口部以上文化层叠压关系可知，该墓葬略早于虢国时期。从随葬的铜、陶器物组合及葬具为一棺一椁可知，墓主非一般庶人。值得注意的是，44号墓随葬的3枚石圭都放置在墓主人追夷的头部左侧，由此可见追夷对石圭的重视。圭在西周时是非常重要的礼器，圭的使用有严格的规定。如《诗·大雅·崧高》云："王遣申伯，路车乘马。我图尔居，莫如南土。锡尔介圭，以作尔宝。"《礼记·杂记下》云："圭，公九寸，侯伯七寸，子男五寸。"另外，在距44号墓大约13米的地方有1个和墓方向一致的车马坑，而40号墓又是该工地发现规格最高的一座墓葬，推测该车马坑当为"追夷"墓的陪葬坑。石圭与车马坑表明墓主人追夷的爵禄应为"子男"。

44号墓出土了两件"追夷"簋，其大小、形制、铭文均相同。标本为M44∶10。子口微敛，垂腹，圈足下附有三个兽面纹支足，两兽头耳下各附一垂珥，上有盖，盖表隆起，顶部有喇叭形握手。器口沿部、盖口沿外、圈足部各饰一周回纹与三角几何纹相间的纹带，器腹部和盖表饰瓦垅纹，口径20.6厘米，腹径24.4厘米，通高25.6厘米。底、盖同铭，6行，每行8—10字不等，总计52字。(图四)簋底铭文自右至左为：

唯正月初吉丁亥追尸（夷）

不敢杰（昧）先人之觐（显）对

扬卑（厥）觐（显）且（祖）之遗宝用

乍（作）朕皇且（祖）宽中（仲）尊簋追

尸（夷）用祈易（赐）眉寿永命

子子孙孙其万年永宝用

追夷簋的铭文显示出簋的主人"追夷"为焦国的先民，随葬品的组合表明追夷为焦国士大夫级贵族。追夷簋的出现填补了三门峡地区焦国遗存发现的空白，为焦国的相关研究提供了极为珍贵的考古实物资料。

图四 "追夷"簋铭文拓片

二、"追夷"簋铭文解读

追夷簋铭文共计52个字，分为三个部分，第一部分："唯正月初吉丁亥。"记述了铸造此簋的时间。第二部分："追夷不敢昧先人之显，对扬厥显祖之遗宝，用作朕皇祖宫仲尊簋。"记述作器缘由与祭祀对象。第三部分："追夷用祈赐眉寿永命，子子孙孙其万年永宝用。"记述祈福祝愿之辞。依据西周金文辞例，第二、三部分开头两字"追夷"当是作器者的自称，由上下文意看，"追夷"处于句子主语的位置，将二者结合起来，再参以西周墓葬制度，可知"追夷"系墓主人的名字。关于铭文中几个主要的字："尸"（夷）字，甲骨文、金文均像人躬身屈膝之形，为"夷"之初文。在甲骨文及西周早中期金文中"夷"字均作此形。到了西周晚期，始见"夷"字变侧面为正面，并添加表示弯曲的符号。实际上"尸"和"夷"是同源字，来自古代的屈肢葬，"尸"像侧面的屈肢葬形，"夷"像正面的屈肢葬形，因此，"追尸"就是"追夷"。"炑"字，从未从心，读作昧，意即昧了良心，违背了天命，"未"表昧心之义，加心旁会意。

态字金文中罕见，《殷周金文集成引得》仅收班簋一例，班簋铭文中有"彝态天令（命），故亡"。意思是说他们不听上天的命令，所以要灭亡。"覭"字，在虢季子白盘、作册麦方尊、史墙盘、史颂鼎、瘌簋、瘌钟、追簋等铜器铭文中都曾出现，但对其意义众说纷纭，尚无确释。"覭"字，徐中舒读"耿"，方睿益则读"顯"，李零认为"覭"字，疑是"炯"字，张亚初在《殷周金文集成引得》中释作"景"。王甲金先生通过分析字形认为，"覭"字要么用于先祖，要么用于周王，要么用于祈福。既然"扬"可以并举连用，那两字即使不是同义起码也是相合相和的。"覭"在簋铭中出现两次，第一次放在先人之后，应该做名词，有美德、成就、功德的意思。第二次放在祖先之前，应该做形容词，有伟大、英明、显赫的意思。"宽"字金文中常见，《殷周金文集成引得》收录数十例，但写法各异，其意思也各不相同，有的释作"宫"，如杨树达先生云："音宫，即宫字的繁体。"有的读作"宄"，但于省吾《甲骨文字释林》中认为"宄"字的初文是"宼"而非"宽"，意为驱除宅内疫鬼的一种礼仪祭祀。《说文》云："宄，姦也，外为盗，内为宄。"宄的本义为从内部作乱或窃夺。《国语》云"窃宝者为宄，用宄之财者为奸"，都是贬义，没有一点尊隆意义。"宽中（仲）"为追夷祖父的谥号，不可能如此大不敬，因此，"宽"字的真正含义还需深入考证。这篇铭文的大意是：正月初吉丁亥日，追夷不敢隐瞒先人的功绩，感谢祖先留下来珍宝，用来制作祭祀我的祖父仲的簋，追夷真诚地祈祷祖先赐予长寿，命运长久，子子孙孙万年宝藏享用。

三、追夷身份之谜

关于追夷的身份，目前有三种观点。河南省文物考古研究院研究员王龙正先生认为墓主人"追夷"来自姜姓焦国；郑州大学历史学博士张应桥在博士论文《河南地区西周墓葬研究》中认为"追夷"来自姬姓焦国；河北师范大学教授张怀通则认为"追夷"来自虢国。我们对此略作讨论。

（一）焦人虢人之争

张怀通在《试论李家窑M44墓主身份及西虢东迁问题》一文中认为，墓主"追夷"在申明祭祀对象时说："用作朕皇祖宫仲尊簋"表明该器是"追夷"为祭祀其祖"宫仲"而作。推断墓主名叫"追夷"，以"宫"为氏，子男一级贵族。结合其他铜器铭文可知，宫氏为姬姓，是西虢小宗。"追夷"大约在西周末年随其宗子由西虢迁居今三门峡一带。平王东迁，西虢随之东来，便以"宫"氏居地为基础建立了虢国。[1]董来运、梁宁森两位先生也认为："仲与西虢虢季公同族，追尸鼎和追尸簋的出土，证明这里是虢人的墓葬区。"王治国先生则认为张怀通把追夷簋与1974年陕西扶风强家村出土的窖藏青铜器联系起来是错误的。当时出土的师承钟铭文中有"公"这个人物，所以，他就将"追夷"的父亲"仲"和西虢公的"公"看作一个家族，从而得出从宝鸡迁移过来的结论。[2]这种"人名系联法"是早期人们研究铜器断代的一种方法，曾一度对研究古代历史起到了重要作用，但是它也存在着很多弊端。几位学者先后指出，金文中的人名称谓经常重复出现，因此，不能简单地将同一称谓认定为同一人，而应进行具体分析。比如以前有专家认为传世青铜器师望鼎铭文中师望的先父"公"与师承钟铭文中的"公"是同一人。但是彭裕商先生据师望鼎的器铭及语气风格，认为该器不早于厉王，器主师望不属于虢季家族，自然这两个"公"也就没有任何关系。韩巍博士也持这种观点，更提出该器最早能到宣王时期，甚至更晚，并认为师承钟铭中的"虢季公"不可分读，应为一人。[3]另外，"宽"用于人名这样的例子还有许多。除上述师承钟、师望鼎，如西周晚期器师酉簋铭文"用作朕文考乙伯姬尊簋"。铭文中的"姬"当为师酉的母亲。还有西周早期的刺艮鼎铭文云："刺艮肇作宝尊，其用盟肆妫日辛"。瑚生鬲铭云："瑚生乍文考宽仲尊鬲，瑚生其万年子子孙孙永宝用宫。"这里的仲是瑚生的父亲，难道"姬""妫"、"仲""叔"父亲，都与追夷的皇祖"中"有一定关系？如此联系和理解，显然是错误的。

另外，从考古地层学的角度看，追夷墓的时代早于三门峡虢国时期。曾参加M44发掘工作的宁会振先生说："由地层的叠压关系可知，该墓在年代上必然早于遗址中的虢国文化层和虢国墓地。在其国别问题上，首先要肯定的是M44非虢人之葬，因为该墓处于李家窑遗址区域内，并被遗址文化层叠压，不可能是虢国遗存。"[4]参加李家窑遗址发掘工作的王龙正先生说："城内发现一批数量可观的西周晚期的中小型墓葬和数座车马坑及马坑，年代早于上村岭虢国墓地。有些墓葬就在上阳城宫殿区内或宫殿区附近，表明与虢国墓地年代相同的上阳城建在一处早期的墓地上。"[5]由此可见，追夷墓的年代早于虢国，追夷不是虢国子民，他只能是被虢人所灭的古焦国先民。另外，追夷墓是李家窑遗址区发现的众多焦人墓葬的一座，只不过追夷的身份较高，追夷簋的铭文也为搞清他的身份提供了重要线索。

（二）姬姓焦国与姜姓焦国之辨

上面我们谈到追夷属于焦国，但三门峡曾出现过两个焦国，姜姓焦国和姬姓焦国，那么追夷属于哪个焦国呢？

王龙正认为追夷属于姜姓焦国，其主要观点为：1."追"字与"焦"字相通，"追夷"即"焦夷"，是姜姓焦国的后裔，追夷簋应为焦国铜器；2.姜姓焦国的始封地在今山东省嘉祥县南十五里焦城村。由于西周中晚期周王朝连年征伐东夷、南淮夷，这些被俘获的大批夷人迁到陕县（即三门峡）一带，从而有了"焦"这一地名；3.李家窑的这批墓葬并不属于姜姓焦国，仍然属于姬姓焦国，追夷只是姬姓焦国的外族臣民之一。[6]

王龙正认为："追""隹"二字古韵同在微部，音系为端照（章）准双声，故可相通。"焦"字，《说文》云："从火隹声。"依照古文字同声必同部的原则，精母宵韵的焦字与隹一样，古韵当在微部。"焦"字从火从隹会意，并不像《说文》所说从隹得声。然金文所见粮食作物"糕"字，伯公父瑚则作粀，不从火，而虢国墓地所出兽叔奂父盨铭文中，该字左旁从食，右旁从米于隹下。这似乎表明"焦"字下部从火，其实是米字的讹变。故知焦、隹读音相同，可见《说文》"焦"字"从火隹声"的解释并不错。再者，"隹"字与"鸟"字于甲骨文皆作鸟形，至《说文》方以短尾鸟、长尾鸟强生分别，各隶属于微部、幽部，何琳仪先生已指出其误。况且与隹本同字的"鸟"字古读如吊，是端母幽韵字，与追为端系音的情况相同。尤其是镳读若刁，更说明焦（镳从焦得声）与追、隹一样，可读端系音。总之，王龙正先生认为簋铭追夷亦即焦夷，原本是作器者私名。尽管这两簋出土于姬姓焦国的时空区域，但就器主的名称本身而言，它很可能与姜姓焦国的氏族名密切相关。也就是说他是姜姓焦国的后裔，却由于某种原因而成为新封姬姓焦国的臣民。[7]

王龙正还认为：簋铭追夷这里用作人名，可能原本是姜姓焦夷氏族的一位小首领，被人称作追（焦）夷，故以族名自称。依铭文看，其皇祖宄仲曾经是一位显赫人物。宄为谥号，金文习见。至于追夷簋何以出于上阳城内，可能与西周中晚期周王朝连年征伐东夷、南淮夷，俘获大批夷人北迁和西迁有关。[8]今三门峡西灵宝市的弘农涧河及汉代陕县所属的弘农郡的"弘农"二字，有人认为是"弘大神农之功绩"的意思。推测这些地名可能与内迁焦人后裔"追思先圣王"的思古情结有关。后来周王朝以此焦地焦人而封于同姓诸侯"召公之子谯侯"，故有姬姓焦国。追夷就是姬姓焦国的外族臣民之一。

对于王龙正先生以上观点，我们不太认同。单就字义来讲，"追"字在金文中常见。《说文》云："追，逐也。"本义是追赶，后又引申为追求、追取、追随、追寻、追念、回溯、送别等意思。在这里，仅仅是人名用字，无他意。"焦"字的金文字形，上面是"鸟"，下面是"火"。其本义是物经火烧而变黄或成炭。《说文》云："焦，火所伤也。"《玉篇》云："焦，火烧黑也。"《广雅》云："焦，臭也。"二者读音不同，字形上也不相近，意义上更相距甚远。因此，将"追夷"读作"焦夷"，显然不合适。

姜姓焦国是西周早期分封的诸侯国之一。《史记·周本纪》云："武王追思先圣王，乃褒封神农氏之后于焦，黄帝之后于祝，帝尧之后于蓟，帝舜之后于陈，大禹之后于杞。"郦道元在《水经注·河水》卷四也有"焦国，武王以封神农后于此"的记载。《史记正义》引《帝王世纪》云："神农氏，姜姓也。"西汉武帝元鼎三年（前114年）于秦函谷关故地设置弘农郡，治所在今灵宝市南20公里处。"弘农"二字本指发扬光大神农氏的功绩而言，当源于周初封焦国之事。山东的焦国应该是焦人东迁后所建。何光岳先生认为姜姓焦国就分封在灵宝焦村一代，后被迫东迁，从灵宝迁至河南中牟，东周初时迫于郑国而迁豫东商水县，再迁今安徽亳州。此二地又被陈国兼并，最终迁至山东嘉祥县东北的焦城，春秋中叶之前并入鲁国。[9]姜姓焦国周初武王时受封，初封地在西汉弘农郡，即今河南陕县、灵宝一带，山东嘉祥县之焦乃是后迁。[10]

张应桥先生认为追夷是姬姓焦国的后裔，具体是姬姓召公之后裔。他将追夷的皇族"仲"与琱生簋铭文中琱生的父亲"仲"联系起来，从而得出的结论。作器者"琱生"又见于五年琱生簋、六年琱生簋。六年琱生簋铭中有"用乍朕烈祖召公尝簋"之语，而知琱生又为召公之后，与召伯是同宗。张应桥认为，既然追夷簋与琱生簋同为西周晚期器，又同为"中"所作，铭文用语也相同，所以，二器铭中的宽中为同一人。中为琱生之父、追夷之祖，琱生与追夷为父子辈关系，追夷应生活在共和或宣王之世。周书灿先生也认为"姬姓焦国当为召公之子谯侯的封国，其地望在今河南陕县一带，其受封时间当在周初成、康之际"。[11]

王治国先生认为"宽"为赞美之词，多用于谥号，西周金文中常见，如宽公、宽伯、宽仲、姬等均是谥称。[12]金文中的谥称都是由具有尊隆意义的字与"王""公"或"伯""仲""叔""季"等行第字组成，所以有许多人名是相同的，不能望文生义。因为"异人同名"现象在西周非常普遍。目前没有确切的证据证明追夷属于召公家族，但是李家窑遗址中以追夷墓为代表的这批墓葬极有可能属于姬姓焦国的贵族墓葬。王龙正先生认为，"根据古人尊崇宗庙和祖坟的习俗和观念，推断这批墓葬不会是虢国人自己的祖坟，因而只能是被虢国人毁了宗庙社稷的焦国人的墓葬"[13]。张应桥先生认为，"居该遗址的最下部，有的遗迹被上阳城叠压或打破，文化遗物又同第二、三期及虢国墓地出土者有异的李家窑遗址第一期遗存，就有可能是姬姓焦国的物质文化遗存"[14]。

通过对几种观点的综合分析，我们认为李家窑遗址中以追夷墓为代表的这批墓葬属于姬姓焦国人的墓葬，追夷属于姬姓焦国人，但焦国的墓地应不止这一处，尤其是焦国贵族墓地可能另有其址，我们期待以后更多的考古发现和新的研究成果能揭开这个谜底。

四、李家窑遗址中的焦国遗存

（一）李家窑遗址的发现

　　李家窑遗址位于三门峡上村岭虢国墓地以南2千米处的李家窑村，是一处西周晚期至春秋早期的文化遗存，遗址文化层厚约3米。李家窑遗址的发现源于三门峡黄河大坝的建设，20世纪50年代初，为配合三门峡水库建设这一国家重点工程，中国科学院和文化部联合组成黄河水库考古队，在著名考古学家夏鼐和安志敏的率领下，分成若干小组，在豫、晋、陕、甘进行了一系列考古调查工作。1956年冬，考古队在三门峡上村岭发现一座大墓，墓中出土的两件铜戈上都有"虢太子元徒戈"铭文，推测这里可能是虢国的墓地。工作人员根据此线索在这座墓周围扩大发掘范围，找到并确认了虢国墓地。这次共发掘了234座墓葬、3座车马坑，出土各类珍贵文物9000余件，成为新中国成立后田野考古的重大收获之一。随着虢国墓地的发掘和认定，寻找"上阳城"成为学术界的一个重要课题。之后，考古专家开始依据文献资料调查寻找上阳城遗址。

　　关于上阳城的史料记载较多，但都不确切并互有矛盾之处。《左传·隐公元年》杜注："弘农陕县东南有虢城。"《左传·僖公五年》杜注："上阳，虢国都，在弘农陕县东南。"《汉书·地理志》："陕，古虢国，有焦城，故虢城。"《续汉书·郡国志》："虢都上阳在县东，有虢城。"《水经注·河水》："河南即陕城也。昔周召分伯，以此城为东西之别，东城即虢邑上阳也。"《舆地广记》："陕县，故虢国所谓上阳也，故城在今县东。"上述文献为寻找上阳城提供了可资参考的大致范围。1957—1958年，黄河水库考古队根据以上文献记载的大致方位，在三门峡和山西平陆县做了多次调查和试掘，发现了两处与三门峡虢国墓地年代相若的遗址。一处是山西平陆城北3.5千米处的盘南村遗址，一处是虢国墓地正南2.5千米的李家窑遗址。因盘南村过小，西周、春秋文化内涵贫乏，与历史文献记载的上阳城位置差距较大，因而排除了上阳城的可能性。而李家窑遗址不仅位于历史文献记载的方位和范围之内，而且有较丰富

的考古收获，初步认定此处就是虢国
的上阳城遗址。（图五）

（二）李家窑遗址的发掘

李家窑遗址的发掘大致可分为三
个阶段。第一阶段是1957—1958年黄
河水库考古队发现虢国墓地之后，为
寻找上阳城遗址位置而进行的调查
和试掘，由安志敏先生带领的黄河水
库考古队进行。这次发掘由于时间紧

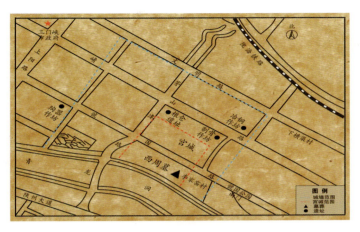

图五　李家窑遗址遗迹分布图（出自《上阳城遗址发现记》）

迫，发掘面积较小，仅在遗址南部开了3条探沟，并根据发掘的遗存和文化内
涵初步推定此处为虢都上阳城的所在地。因遗址位于李家窑村，之后被命名为
"李家窑遗址"，并于1963年公布为第一批省级文物保护单位。第二阶段是三
门峡升格为地级市后，大致为1986—1999年，主持这一阶段考古发掘的是三门
峡市文物工作队宁景通先生。这一时期的考古工作主要是配合城市基本建设项
目，没有条件进行有针对性的大面积发掘，但仍然对李家窑遗址及周围的考古
发掘格外留意，试图找到有关上阳城的蛛丝马迹。这一阶段发掘与之相关的工
地有十几个，主要有：1987年春，在配合崤山路建设时，在遗址的东北部发现了
铸铜作坊区。具体位置在崤山东路路基下及道路南北两侧，发现有炼
铜渣、炼炉烧土块、陶范及鼓风管。1989年秋，在遗址中部市粮食局
办公楼下，清理出储粮窖穴21个。1989年冬，310国道拓宽时，在遗址
西南部九孔桥北端，清理出5米长12节陶质排水管道。（图六、图七）
1992年春，在遗址西部崖底村学校的教学楼下，清理出陶窑6座。第
三阶段是2000年1月—2002年5月。从2000年1月开始，河南省文物考
古研究所和三门峡市文物工作队联合在李家窑遗址进行了规模较大
的考古发掘，这次发掘是在1987年以来考古发现的基础上带有针对
性的寻找"上阳城"的发掘。其特点是发掘规模大，持续时间长，
重要发现多。先是发现了残断城垣和护城壕，并在城内发现宫城遗

图六　1989年上阳城遗址西南
部发现的陶水管道（出自《上
阳城遗址发现记》）

址，之后又在宫城内发现大型宫殿基址。这次发掘搞清了城址的基本范围和大致布局，认定了上阳城遗址基本属性。

（三）李家窑遗址的考古成果

图七　2000年发现的上阳城东城墙局部（出自《上阳城遗址发现记》）

从配合城市建设过程中的零星发现，到城壕、城垣及宫殿遗址的大面积揭露，初步摸清了上阳城的基本轮廓和范围，大致掌握了城内布局的总体概况，为研究西周时期的城市布局、构筑特点、生产技术等提供了宝贵的实物例证。归结起来主要发现有以下几点：

一是冶铜作坊的发现。铸铜作坊位于城垣内东北隅，发现于1987年修建崤山路时，具体位置在崤山东路路基下、两侧及河南省探矿四队家属区。发现有大量炼铜渣、陶范残块及陶鼓风管。虽然这些发现不能算是完整的冶铜作坊，但都是其必备之物，结合虢国墓地两次发掘均出土大量青铜器，这些青铜器绝不会来自它处，说明此处必有完备的铸铜作坊。

二是制陶、制骨作坊的发现。制陶作坊位于城垣西墙南端外侧，即现在的市实验小学教学楼下。当初由于时间紧迫，在4900平方米的施工面积上仅发掘了224平方米，共发掘陶窑6座，还有一些已经探明位置但尚未清理的窑址。这里陶窑不仅数量多，分布集中，而且保存较为完好，还出土有陶器成品、半成品以及烧坏的废品，这些发现足以证明此处是一座制陶作坊。制骨作坊位于宫城外东北侧，出土有数以千计的骨器成品、半成品和骨料等，并发现有铜锯、砺石等制骨工具。制陶与制骨是西周、春秋时期手工业的主要内容，制陶和制骨作坊与制铜作坊共同构成了一个完整体系。西周、春秋时期，手工业者简称百工，王室乃至诸侯国的手工业作坊统一归属于专掌土木工程和手工业的司空掌管，政府为了管理上的便利，手工业作坊大多都设置在都城之中接近宫殿的地方。

三是储粮窖仓的发现。1989年发现于市粮食局办公楼下，共21座，它们大小不一，排列有序，密集分布在30平方米的范围内。每个窖穴的壁和底都经过防坍塌和防潮处理，是专门储藏粮食之用。根据西周、春秋时的"国野"制度，以国君为首的公室和贵族都居住在都城或都邑之内，再加上供养军队的需要，必须有专用的储粮之所。粮食窖穴在其他城址也有发现，如洛阳王城宫殿区以东，发现许多战国粮仓；郑国故城宫殿区内有储存大批粮食的窖藏遗址。

四是发现了城垣、城壕和宫城遗迹。2000年，河南省文物考古研究所会同三门峡市文物工作队及河南大学文博系共同对上阳城遗址进行了大规模的发掘，终于找到了考古学者孜孜以求的上阳城城址及宫城。发现的城垣大致呈长方形，东西长1000—1050米，南北宽560—600米，周长3200米以上，城墙采用大版筑的方法填土分层夯筑而成，城垣墙基宽4.5—6米。(图八)在城墙内外两侧分别环以城壕，内城壕宽13—17.5米，深6.4—10米；外城壕宽15—22米，深4.3—6米；宫城近长方形，东西长310—405米，南北宽约315米，周长1350米；在宫城墙基外侧也环绕一道与宫墙基本平行的壕沟，宽7—11米，深4.5—5.7米。此外，还发现有一道东西长160米的陶水管道横贯宫城中部，管道用子母口陶管依次套接而成，应是一种供水设施。这些重要发现使虢国都城"上阳城"得到了确认。

五是发现了大型宫殿基址。2001年在宫城遗址内发掘出大型宫殿基址，东西长24.6米，南北宽21米，总面积478平方米。(图九)该宫殿基址是上阳城遗址发现面积最大的建筑基址，也是西周考古中与城址及宫城结合一起发掘出的罕见的同类基址。横贯基址中部略偏北有一条窄浅规整的沟槽遗迹，长23.2

图八　上阳城遗址发现的排水管道（出自《上阳城遗址发现记》）

图九　2001年上阳城遗址发掘现场（出自《上阳城遗址发现记》）

米，斜壁近平底状，内部堆积极为纯净的黄灰色淤沙土，底部有明显的水浸痕迹。此遗迹与夯土基址层位相同，恰处于基址之上。《考工记》中有"匠人建国，水地以县（悬）"的记载，因此该沟槽当属为了抄平夯土基址表面继而营建上部建筑而特意挖筑的具有"水准仪"性质的遗迹。宫殿基址的发掘使"上阳城"得到进一步确认，"水准仪"遗迹的发现反映出周代建筑的科技水平。

如果把上述不同时期发现的各种手工业作坊、粮食窖穴同城垣、城壕、宫城与环壕以及宫殿基址等遗迹点纳入同一个平面空间，可以看出当时手工业作坊分布的基本情形和以城西南宫殿区为重心的布局形式，这些相对完备的配套设施已经完全具备了诸侯国都城的需要，是一个比较完整的诸侯国都城遗址。它的发现对研究和了解古代都城发展、演变的历史，具有十分重要的意义。

（四）李家窑遗址上的焦国遗存

2000—2001年，河南省文物考古研究所等单位为配合基本建设对该遗址展开了大规模的考古钻探和发掘，发现了现存面积达60万平方米的外郭城城垣，平面大致呈东西长方形，城垣外环绕两道城壕。宫城位于城西南部，面积约11万平方米，其外有一道壕沟。宫城内钻探并发掘出多处宫殿建筑基址、大量板瓦残片和纵横斜向多条陶水管道。城垣内外还发现有粮库及制骨、冶铜、制陶作坊，大批地面式、半地穴式房基，各种形状的窖穴、灰坑等遗迹，以及大量的陶器、石器和骨器等遗物，文化面貌表现出西周晚期到春秋时期的特征。

依据发掘所获地层关系与出土器物特征，发掘者将遗址的文化遗存分为三期：第一期包括④层和处于遗址层位最下部的一批墓葬、灰坑、小型半地穴式房基等，它们被③层、城墙、宫殿等叠压或打破；第二期包括③层、宫城、宫殿基址、城墙、大型房基、灰坑、窖穴等，并有冶铜、制骨、制陶遗迹，它们被②层叠压；第三期包括②层及其下的墓葬、瓮棺葬、灰坑等，打破或叠压第一、二期遗存，有的还打破城墙。[15]

第一期文化遗存不甚丰富，多被城墙、宫殿基址覆压或打破，应是虢人在此建都前的遗存；第二期文化遗存最为丰富，遗迹单位之间的叠压打破关系复杂，分布最广，不仅有城墙、宫殿、窖穴、冶铜、制陶、制骨等遗迹，更有大量的大、中、小型房基和灰坑等，但没有发现墓葬。二期还出土了大量精美的陶器、石器、骨器和少量铜器，显然是处于该遗址人类活动频繁、文化最为繁荣的时期，应为虢国都城时期的遗存。与第二期遗存相比，第三期遗存显得较为简单，分布范围也很有限，仅见一些墓葬、瓮棺葬、少量灰坑，而不见房基，且墓葬、瓮棺葬多打破城墙，昭示李家窑遗址作为虢国都城在第三期已经废弃，虢国业已灭亡。所以第三期遗存是虢国灭亡后的遗存。根据《左传·僖公五年》（公元前655年）记载："晋侯复假道于虞以伐虢……冬十二月丙子朔，晋灭虢，虢公且奔京师。"李家窑第三期遗存绝对年代当在公元前655年以后，应是虢国灭亡而都城被废弃的文化遗存。[16]

第一期遗迹主要是一批墓葬，还有少量灰坑、房基等，遗物有铜器、陶器、石器、骨器等，远不如第二、三期遗存丰富。已发掘的墓葬计有20余座，皆为小型竖穴土坑墓，无腰坑。东西向，墓主人头西足东，仰身直肢。葬具一般为单棺，个别单棺单椁，棺椁表面髹朱漆黑彩。随葬陶器组合为鬲、豆、盂、罐。

属于一期的墓葬M44出土了铜器4件，其中两件铜簋铸有铭文。簋的形制与纹饰均具有西周晚期特征，张迎桥认为追夷的皇祖为"冥中"，与琱生鬲铭中的"冥中"为同一人。琱生鬲铭曰："琱生乍文考究中尊鬲，琱生其万年子子孙孙永宝用亯。"作器者"琱生"又见于五年琱生簋、六年琱生簋。过去，学者一般认为此二器是宣王时之器，后来有的学者认为是厉王时之器，当以后者为是。琱生当生活在厉王之世。因为追夷簋与琱生鬲同为西周晚期器，又同为

"冥中"所作，铭文用语也相同，所以，二器铭中的"冥中"为同一人。"冥中"为琱生之父、追夷之祖，琱生与追夷为父子辈关系，追夷应生活在共和或宣王之世。故M44当为宣王时期，第一期遗存的绝对年代约为宣王之世。第二期的绝对年代可能为宣幽之际直至虢国灭亡的公元前655年，也就是说虢都上阳城的始建年代约在宣幽王之际。第三期约为虢国灭亡后的遗存。

由以上分析可以看出，上述三期文化中的第一期与第二、三期之间差别较大，而第二、三期之间差别较小。故我们推测它们分属于不同性质的文化遗存，第一期遗存为焦国的文化遗存，第二、三期遗存为虢国的文化遗存。[17]

五、觅踪焦国

焦国是三门峡历史上第一个诸侯封国。周武王灭商建立周朝后，封邦建国，分封天下，将神农氏之后分封到了焦地，即今陕州，焦国在三门峡存在了300多年，留下了不少文化遗存，对后来的虢国文化产生了一定的影响。焦国是陕州最早的封国，但焦国在史书中记载很少，又缺乏考古发掘的实物资料，加之存在姜姓焦国、姬姓焦国之分，所以长期以来笼罩着神秘面纱。焦国究竟始封在何处？姜姓焦国与姬姓焦国究竟是何种关系？这些问题至今还没在学界达成共识。在此，我们依据相关资料对焦国的相关问题略作讨论。

（一）焦国的始封

据文献记载，西周王朝历史上的焦国有两个，其一为神农之后的姜姓焦国，其二为姬姓焦国，我们认为姜姓焦国为始封之焦国。公元前1046年，牧野之战武王克商，建立了西周王朝。为巩固周王室的统治，周天子除在伊、洛、瀍、涧之滨营建洛邑，建立了西起陕西宝鸡、东到郑州荥阳的千里王畿外，同时进行了以军事占领为基础、以血缘关系为纽带的大分封，在全国战略要地授民授疆土，建立众多的诸侯国。《左传·昭公二十八年》记载："武王克商，光有天下，其兄弟之国者十有五人，姬姓之国者四十人。"《左传·僖公二十四年》记载富辰在谏周公时说："大上以抚民，其次亲亲，以相及也，故封建亲戚，以藩屏周。"西周初年的分封不仅仅局限于王畿之外，而且还特别留意王畿之内，在王畿之内封有焦、东虢、西虢、毛、华、原、胙、雍等国。《左传·襄公二十九年》载："虞、虢、焦、滑、霍、杨、韩、魏，皆姬姓也。"杜预注曰："八国皆晋所灭，焦在陕县。"由此可见，焦国封于王畿之内，成为周王室直接统辖对象，肩负着护卫王室、随王室征伐、协助周天子统治全国的重任。

周朝初年的分封诸侯，除分封有功之臣和王室贵族，还对前代圣贤之后裔进行了分封。《史记·周本纪》载，周灭商后，"武王追思先圣王，乃褒封神农之后于焦，黄帝之后于祝，帝尧之后于蓟，帝舜之后于陈，大禹之后于杞"。郦道元在《水经注·河水》中也有"焦国，武王以封神农之后于此"的记载。《史记正义》引《帝王世纪》云："神农氏，姜姓也。"秦嘉谟辑补《世本·氏姓》说："姜姓，炎帝神农之后。"由此看来，周初所封者应为姜姓焦国。

（二）姜姓焦国

姜姓焦国首见于《史记》卷四《周本纪》："武王追思先圣王，褒封神农之后于焦。"南朝宋裴骃《史记集解》引《汉书·地理志》说："弘农郡陕县有焦城，故焦国也。"以后北魏地理学家郦道元在《水经注》卷四《河水》中也宗此说："其州大城中有小城，故焦国也，武王以封神农之后于此。"神农氏为传说中的姜姓氏族首领。《史记正义》引《帝王世纪》说："神农氏，姜姓也。母曰任姒，有蟜氏女，登为少典妃，游华阳，有神龙首，感生炎帝。"既然焦国始封君为传说中的神农氏之后，则这个在今陕州的焦必为姜姓国，始封于武王之世。

史家多指姜姓焦国受封年代在武王之世，也就是周初第二次大分封时。周初曾经有三次大规模的分封。第一次在文王时期，文王伐崇之后。郑玄《诗谱》说："文王典治南国江汉、汝坟之诸侯。"由此今河南境内汝水至汉水之间的广大地区都成为周人的势力范围。第二次大分封在武王克殷之时。《史记·周本纪》记载：武王克殷之后，"封诸侯，班赐宗彝，作分殷之器物"。同书卷三五《管蔡世家》也说："武王已克殷，平天下，封功臣昆弟。"除功臣昆弟，武王还分封了一些传说中的先圣王之后。"武王追思先圣王，乃褒封神农之后于焦，黄帝之后于祝，帝尧之后于蓟，帝舜之后于陈，大禹之后于杞。"由于武王克殷后，周人的势力范围向东尚未越出今河南境内，所以这些封国均在今河南境内。因此，传说中的神农氏之后的姜姓焦国，受封年代当在武王之世，其受封地也当在今陕州境内。

（三）姬姓焦国

姬姓焦国首见于《左传》襄公二十九年的记载："虞、虢、焦、滑、霍、杨、韩、魏，皆姬姓也。"杜预在为《左传》作注时说："八国皆晋所灭，焦在陕县。"《急就章》注引《世本》也说："焦氏，姬姓小国，为晋灭，后称焦氏。"《括地志》中说："故焦城在陕县东北百步，因焦水为名，周同姓所封。"因而说西周时期焦为姬姓国，其封地也在今陕州，其受封年代绝不可能在武王之世。

伴随着周公东征的胜利，周王朝的疆土不断得到巩固和扩大，周人开始真正拥有东方的土地。为了进一步巩固这块辽阔的土地，周天子进行了第三次大分封。此次分封不仅规模大，而且是以建立姬姓为主的星罗棋布的统治网，扩至整个东方为目的。《荀子·儒效篇》说，周公"兼制天下立七十一国，姬姓独居五十三人焉。周之子孙苟不狂惑者，莫不为天下显诸侯"。今陕州地处进出中原的咽喉地带，是兵家必争之地。周初曾以陕为界，分陕而治，显示出周统治者对这一地区地险位要的认识。武王之世所封的姜姓焦国，代表的毕竟是当地旧有势力，并非周王室的亲嫡力量。因此，在武王褒封焦国前后，又封文王异母弟虢仲食采于与焦国毗邻的黄河南岸，起到监视和防范作用。随着周公东征的胜利，大约在成、康之际，周天子终于将姜姓焦国故地改封姬姓宗亲。这个姬姓焦国的始封之君，有学者认为是召公的后代谯侯。罗泌《路史·国名纪》记载：焦国"召公子谯侯之旧国。谯云焦，故城在陕州东北百步"。召公是成王时的太保，三公之一，其与陕地历史渊源颇深。成王分陕而治时，陕地即为召公的直辖领地。召公治陕，曾在甘棠树下听讼决狱，公正无私。召公死后，百姓保留此树，并作《甘棠》三章，称颂召公遗爱。所以，《路史·国名纪》所说姬姓焦国为召公后代的说法，是较为接近历史实际的。

（四）焦国都城及文化遗存

焦国都城在今陕州故城东北一带。《汉书·地理志》"弘农郡陕县"载："有焦城，故焦国也。"《括地志》引《史记·秦本纪》亦云："焦城在陕州城内东北百步，因焦水为名，周同姓所封。"《水经注·河水》："河南即陕城也。昔周、召分伯，以此城为东、西之别，东城即虢邑上阳也。虢仲之所都为南虢，三虢此其一焉。其大城中有小城，故焦国也。武王以封神农之后于此。"《元和郡县图志》亦谓："故焦城，在（陕）县东百步。""陕城"即今陕州故城，在今陕州公园，其残垣断壁尚存。焦国得名于焦水。焦水今称苍龙涧河，位于陕州故城西南，向北流入黄河。据此可知，焦城是一座位于陕州城东北角的小城。

近年来，考古工作者在陕州故城东北的抢救性考古发掘中，相继发现有西周时期的墓葬、灰坑、窖穴、城墙、城壕等遗迹。出土的文物以陶器和铜器为主，其中陶器的主要器型有鬲、尊、簋、罐，铜器的器型则包括爵、斝、镞、削刀等，两类文物的时代特征皆为西周早中期。发现的城壕、城墙及基槽等遗迹多掩埋于地下。经考古勘探和初步清理，城壕与城墙呈双环状均匀分布，平面为正方形，墙基边长400多米，正方向接近零度。通过清理出土的遗物，可以证明该城使用年代为西周时期。结合近年焦国考古发现和文献记载，研究者认为，新发现的这座西周故城遗址，基本上可以认定是焦国都城遗迹，出土器物的时代也与李家窑虢国上阳城前后相连。虽然目前尚没有发现器物铭文能够直接证明，但随着野外考古工作的进行和考古研究工作的不断深入，焦国都城位置将会变得越来越清晰。

（五）焦国墓地

20世纪90年代以来，考古学者还在李家窑遗址发掘了一批数量可观的西周时期中小型墓葬和数座车马坑及马坑。这批墓葬和车马坑、马坑的开口层位置均在虢国文化层之下，皆为口小底大的长方形竖穴土坑墓，随葬器物大部分为陶器，陶质粗糙，青灰色为主，表面不抹光，极少有锯齿纹出现，以鬲、豆、盂、罐为基本组合形式，只有个别墓葬中出土有青铜器。M44中发现了两件有铭铜器——追夷簋，多数学者认为，追夷为焦国的先民无疑。以M44为代表的这批墓葬除几座出土青铜器的为低级贵族墓外，大部分为贫民墓，有些墓葬就在上阳城宫殿区内或在宫殿区附近，表明与虢国墓地年代相同的上阳城建在一处早期的墓地上。从地层的叠压关系上看，这批墓葬明显要早于虢国文化层，研究者推断这批墓葬不是虢国人自己的祖茔，而应是被虢国人毁坏了宗庙社稷的焦国人的墓葬。这批墓葬年代的下限当在虢国灭焦之年。从武王时期焦国受封建国到公元前775年焦国灭亡，其间大约存在300年，由于目前考古发现的资料不多，详细的分析和研究还有待于全面系统的考古发掘成果。

（六）焦国的消亡

关于焦国灭亡，史书记载有二说：一说焦亡于晋。《左传·襄公二十九年》记载："虞、虢、焦、滑、霍、杨、韩、魏，皆姬姓也。"杜预注曰："八国皆晋所灭，焦在陕县。"二说焦亡于虢。今本《竹书纪年》记载，幽王"七年，虢人灭焦"。清代学者雷学淇进一步考证，焦国是被周幽王的卿士、西虢国之君虢石父所灭。西周时期，虢、焦毗邻，虢强焦弱，幽王之世，政治腐败，王室衰微，虢国乘机灭焦。焦城从一国之都，变成虢国的焦邑。鲁僖公五年（前655），虢被晋国所灭，虢国焦邑变成晋国焦邑。这种情况，同滑国相似，滑先被秦灭，后并于晋，滑城成为晋的滑邑。由此看来，焦亡于虢之说较为合理。焦国灭亡后，部分焦国遗民被迁至今灵宝市西塬上居住，并以国为姓，形成了焦村及焦姓。2001年，在灵宝西坡遗址的考古发掘中，考古工作者在一座仰韶灰坑内先清理出4座属于西周时期的墓葬，出土有陶鬲、陶簋、陶罐和石圭等，其时代与三门峡经济开发区发现的西周故城遗址相近。研究者推测，这当是焦国灭亡后，焦国遗民被迁居灵宝焦村原居住而留下的遗迹。

综上所述，焦国史脉大致是这样的：周武王时，封神农氏之后于陕县之焦地，建立姜姓焦国。大约在成、康之际，又将姜姓焦国故地改封姬姓宗亲召公之后，建立姬姓焦国。姜姓焦国人被迫东迁，经中牟、亳州，至春秋时迁至山东嘉祥南部。姬姓焦国被虢国所灭后，其部分焦国遗民迁至今天的灵宝西塬之上定居，成为虢民的一部分，焦国大约存在了300年。

注释：

[1] 张怀通.试论李家窑M44墓主身份及西虢东迁问题[J].齐鲁学刊，2004（4）.

[2] [3] [12] 王治国，刘社刚.上阳城M44墓主身份及焦国相关问题考[J].三门峡职业技术学院学报，2013（2）.

[4] 宁会振.上村岭虢国墓地年代刍议[J].华夏考古，2000（3）.

[5] [6] [7] [8] [13] 王龙正，乔斌.焦国略考——追夷簋铭文的启示，三门峡文物考古与研究[M].北京：北京燕山出版社，2003：182.

[9] 何光岳.炎黄源流史[M].南昌：江西教育出版社，1992：501.

[10] [14] [15] [16] [17] 张应桥.河南地区西周墓葬研究[D].郑州大学，2006.

[11] 周书灿.焦国始封考[J].洛阳师范专科学校学报，1993（3）.

田双印

"国子硕父"鬲

西周（前1046—前771年）

通高13厘米，口径17.7厘米，足距7厘米。直口，平折沿，方唇，短束颈，鼓腹，平裆，蹄形足。腹部饰三组凤鸟纹，每组间隔以竖向扉棱，造型优美。颈部内侧逆时针方向铭文为："虢中（仲）之嗣或（国）子硕父乍（作）季嬴羞鬲，其迈（万）年子子孙孙永宝用喜（享）。"**（图一）**

三门峡虢国墓地出土

三门峡市博物馆　藏

图一 "国子硕父"鬲

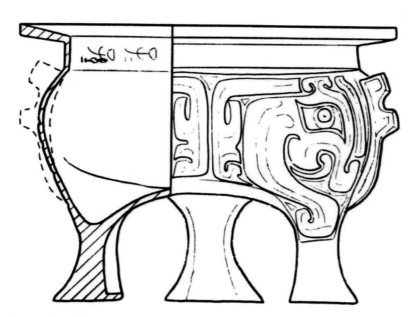

图二 "国子硕父"鬲线图

三门峡市博物馆收藏的"国子硕父"鬲，为20世纪90年代三门峡市公安部门移交，系上村岭虢国墓地出土。**（图二）**

一、开启尘封已久的虢国之门

虢国是西周时期分封在陕西地区的重要姬姓诸侯国，开国国君是周文王的弟弟、周武王的亲叔叔。西周晚期，虢国从陕西原封地区东迁到三门峡一带，定都于上阳（今湖滨区李家窑一带），**（图三）**公元前655年被晋国灭掉。"假虞灭虢、唇亡齿寒"成为其亡国的遗训，并成为我国古代著名的"三十六计"中的第二十四计——"假途伐虢"。

（一）虢国墓地两次重大考古发掘

20世纪50年代，新中国决定在黄河三门峡谷兴建万里黄河第一坝——三门峡水利枢纽工程。为了抢救即将淹没的地下文物及古迹，中国科学院和文化部联合组成了"黄河水库考古工作队"，任命著名的考古学家夏鼐先生为队长、安志敏为副队长，对黄河三门峡库区进行大规模的考古调查与发掘。1956年冬，黄河水库考古工作队在今三门峡市第一高中后门位置附近发掘了一座贵族大墓。1957年春，考古工作队又在该墓葬周围进行了大规模的考古钻探和发掘，找到了墓地的东、西、南边缘，发现了一个面积达56000平方米的大型墓地。共发掘古墓葬234座，车马坑3座，马坑1座，出土各种文物9179件。整个墓地排列有序，礼制严格。根据青铜器上的铭文，再结合对黄河北岸山西平陆盘南村和三门峡市区南青龙涧台地上李家窑村的调查和发掘，黄河考古工作队尽管未找到虢国高级贵族墓葬区，但确定这个墓地就是虢国墓地。[1]

这次上村岭考古发掘工作确认了虢国

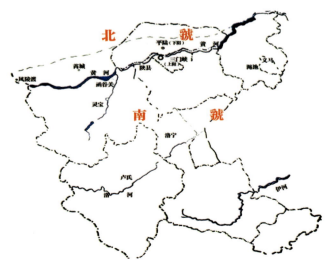

图三　虢国疆域分布图

墓地的确切位置，并为两周之际的考古及虢国的政治、经济、军事、文化等研究工作提供了较为全面的第一手资料，成为当时轰动国内外学术界的重大考古发现。在郭沫若先生的建议下，编号为1727的车马坑作为古文化遗迹被保留了下来。1963年6月20日，这座车马坑被公布为省级文物保护单位，后来建成三门峡虢国车马坑文物陈列馆对外开放。

20世纪80年代末，上村岭虢国墓地北区发生盗掘行为，河南省文物局决定由河南省文物研究所和三门峡市文物工作队联合对上村岭虢国墓地北区进行抢救性发掘。从1990年春至1999年，联合考古工作队在虢国墓地北区内共发掘墓葬18座，车马坑4座，马坑2座。这18座墓葬中，国君墓2座，国君夫人墓1座，太子墓1座，其余均为身份各不相同的贵族墓。从这些墓葬中出土各类文物2万余件。其中青铜器1万余件，玉器2000余件（组），有许多堪称稀世珍宝，证明虢国墓地北区就是虢国高级贵族墓葬区。加上20世纪50年代的发现区，整个虢国墓地墓葬总数近700座，总面积达32.45万平方米，是我国发现的规模宏大、等级齐全、排列有序、保存完好的西周晚期至春秋早期的大型邦国公墓。虢国墓地考古重大发现在国内外引起了巨大轰动，在1990年、1991年连续两年入选"全国十大考古新发现"，1996年虢国墓地被国务院公布为"全国重点文物保护单位"，2000年入选"20世纪河南10项考古大发现"，2001年入选"20世纪中国100项考古大发现"。依托虢国墓地遗址建造的三门峡市虢国博物馆于2001年4月正式对外开放。

（二）探秘虢都上阳城遗址

1956年，黄河水库考古工作队发现并发掘了虢国贵族墓葬，在国内外学术界引起了很大反响。专家们希望早日寻找到文献中记载的虢都上阳城。结合这些文献资料，黄河水库考古工作队在1957—1958年多次调查山西平陆、河南陕县一带，并做了许多试掘工作，初步认定李家窑遗址就是三门峡虢国的都城"上阳城"所在地。

李家窑遗址位于三门峡市区东南崖底乡李家窑村，这里地面开阔平坦，土地肥沃，北依上村岭，距虢国墓地2.5千米，南临青龙涧河。1963年，河南省人民政府把李家窑遗址公布为省级文物保护单位。重点保护范围，东西长1300米，南北宽280米。从20世纪50年代到80年代，因李家窑遗址考古钻探范围有限，李家窑遗址是虢都上阳城的证据一直没有大的突破。20世纪90年代，随着上村岭虢国墓地北区的重大考古发现，引起了学术界的高度重视。为了寻找上阳城的确切位置，从1999年1月开始，河南省文物考古研究所会同三门峡市文物工作队，对李家窑遗址进行了又一次较大规模的科学考古发掘。9月，在李家窑遗址东部的搬迁区内首次发现了数代考古学者苦苦寻求了近50年的虢国上阳城的东城墙及墙外城壕的所在。随后以此为线索，进一步展开了目的明确的大规模考古钻探与发掘，并对其城址内的有关区域予以尽可能的大面积考古学揭露。经过数月的辛苦工作，考古人员发现了城垣、城壕、建筑遗址等，基本查清了虢国国都上阳城的基本轮廓和城内的基本布局，取得了中国考古学史上的重大突破。**（图四）**

从目前考古资料可知，虢都上阳城呈东北—西南走向，分内外二城。外有城垣与城壕等防御设施，内有宫城与环壕，以及与宫殿区相配套的供水设施，城垣内外还分布有冶铜、制骨、制陶作坊和粮库等各类重要遗迹。其中，外城城垣东西长1000—1050米，南北城垣已被青龙涧河冲毁，残宽560—610米，现存城垣平面呈长方形，外城城垣周长约3200米；城垣墙基宽4.5—6米，残存高度0.5—1.8米。城墙墙体采用大版筑的方法分层夯筑而成，夯筑方法是集束棍夯，每层夯土厚度4—7厘米，夯窝直径3—5厘米。城垣外平行环绕两道城壕。其中，内城壕宽13—17.5米，深6.4—10米；外城壕宽15—22米，深4.3—6米。这种双城壕的设置在以往的古代城址发掘中是极为少见

图四　上阳城西城墙基内夯土层

的。内城（也可称宫城）位于城中西南部，平面近长方形，东西长310—405米，南北宽315米，周长约1350米。内城外也环绕一道平行的壕沟。壕宽7—11米不等，深4.5—5.7米不等。在内城内有大面积的夯土基础及多个直径达1米的柱洞（柱础）[2]，应是宫殿遗迹。在城内不同位置发现了数处分别为南北向、东西向的陶制供水管道系统。其中，横贯宫城中部，有一道东西向残长160多米的陶水管道，管道用子母口圆形陶管套接而成（图五），应是一种供水设施。[3]

从我国古代居民的居住地选址看，它大多位于河流岸边，两条河流之间。如二里头遗址、偃师商城，南依洛河；周原南依渭河；临淄东靠淄河，西有系水（今泥河）；鲁国故城在泗河和小沂河中间；晋国新田故城左依汾河；郑韩故城东依黄水，又有双洎河从城南部穿过；洛阳东周王城位于谷水（今涧河）两岸；雍城位于雍水北岸。虢国上阳城也是如此，紧傍青龙涧河北岸。这是我国古代居民点及城市设置发展史上的一个显著特点，它既便于生产生活用水，也便于废水排放。另外，这些居住地多位于河岸旁的台地上，利用地势高低便于自然降水、生产废水排入低地或河流中，以不影响居民的生产生活和生命安全。当然，当时主要以排水设施为主。截至目前，发现排水设施的城址有淮阳

图五　上阳城出土的陶排水管

平粮台、偃师二里头、偃师商城、安阳殷墟、陕西岐山凤雏村、扶风召陈、沣西马王村西周建筑基址、洛阳东周王城、山东临淄齐国故城、河北易县燕下都、三门峡虢国上阳城等，这些城址排水系统的发现，为我们研究陶管在先秦城市排水系统中的应用提供了大量的实物资料。

从排水设施的使用看，陶水管道的使用也是有一个过程的。最初的排水主要是从高到低沿着坡面或自然冲沟、人工沟渠来完成的，这种最原始的排水方法直到陶质排水管道的出现才有了改变，通过路面下或预埋于城墙下的排水管道、预建的排水道口，自然降水和生活污水流入城外的河流或护城壕沟中。

距今4300年的淮阳平粮台的南门路土下发现了迄今为止最早的排水管道。陶质排水管道形制各异，主要有圆形、五角形两种。圆形排水管道在平粮台城址、偃师二里头早商宫殿台基、安阳殷墟白家坟村、陕西岐山凤雏村西周晚期大型建筑东门房台基下、沣西马王村西周建筑墓址、河北易县燕下都老姆台等都有发现。

陶排水管道的连接，是在制作陶管时，对管头进行特殊加工，出现了子母口和平口两种形式接口，保证了管与管紧密联结。防止因污水的外漏、泥土的渗入而淤塞管道。排水管道的接口一般为一端粗、一端细的子母口形式，在母口处往往有榫口，这种陶管称为承插式，在淮阳平粮台南城门、岐山凤维村西周建筑墓址、易县燕下都、秦都咸阳1号宫殿及上阳城等处发现的都是这种形式。大小口相套、管与管紧密相接，接口处不留缝隙。可以说，排水管道的出现，是一种创举，它设计科学合理，一直被沿用至今。[4]

在李家窑遗址的宫城和城垣之间还分布着制骨、制陶、冶铜作坊和粮库。制骨作坊发现有数以千计的骨器成品、半成品、骨料等，并有制骨工具铜锯、砺石等。在冶铜作坊发现大量的炼渣和陶范；制陶作坊发现的陶窑保存较为完好，并出土有陶器成品和半成品等；在粮食窖藏区，发现排列整齐有序的窖穴，均经过加工处理，应是储藏粮食的粮库。

2002年3月，考古工作者在李家窑遗址的上阳城内发现了一处大型宫殿建筑基址。(图六)该基址北部紧临宫城北墙，基本保存完整。其坐北朝南，约

图六　考古人员发掘宫城遗址

略高出周围地表，总体为长方形，总面积约478平方米。其上有规律地密布着45个柱础，基址南边东、中、西部各向外凸出三个门阶。罕见的是，一条窄浅而规整的沟槽横贯宫殿基址，沟内堆积着黄灰色淤沙土，极为纯净，沟底有明显的水浸痕迹。专家对比史料记载认为，这是一条为了抄平夯土基址表面而特意挖筑的沟槽，具有"水准仪"性质。

考古人员在宫殿基址的夯土之下发现一座非同寻常的墓葬，墓主人是一个成年男性，人骨呈挣扎状，死者高大的躯体与窄小的墓室极不相称，显然是非正常死亡，推测是营造宫殿之前举行奠基仪式时的遗存。[5]

虢都上阳城的发现对研究和了解古代都城发展、演变的历史具有十分重要的意义。虢国都城城内布局轮廓清晰，加之丰富的其他实物资料出土，为更加全面、准确地了解虢国时期的重要方国提供了重要的考古资料，也为西周考古学研究树立了一个有明确纪年的断代标志。2001年，它与虢国墓地共同被评为中国20世纪100项考古大发现之一。

二、"国子硕父"鬲体现西周时期的礼仪典制

青铜是人类历史上一项伟大发明。在人类文明早期，由于手工业技术的不成熟，人们只能通过打磨石块的方式来获得工具。之后，随着火的成熟运用，人们在烧制陶器之外，也可以进行简单的金属冶炼。最早被人们冶炼并用于工具制造的金属就是铜，不过新石器时代的铜器多数是红铜制品，由于红铜的坚固程度十分有限，不适合用于生产工具。在之后的生产生活中，古人们发现在冶炼红铜的

时候，向其中加入富含其他金属的矿石便能够有效改变铜的性质，而青铜便在这段时间应运而生。青铜是红铜与锡、铅等的合金，因长时间产生锈蚀后变为青绿色，被称为青铜。与纯铜相比，其熔点更低，硬度更高，还十分耐磨，非常适合被用来制作工具。不过在青铜刚刚被发明出来的时候，社会正处于从部落联盟向奴隶制社会转型的关键阶段。此时人与人之间已经出现了身份差别，数量十分稀少、较为贵重的青铜器在此时都是部落统治者的专有财产。青铜的稀少和珍贵也让它具有了彰显身份的作用，除了日常使用，本着事死如生的理念，死后他们生前最常用的珍贵青铜器也被用来陪葬。不过，此时的陪葬青铜器，几乎都没有铭文和纹饰，但这成为青铜器被用作礼器的起源和发端。

随着社会生产力的进一步发展，原始部落联盟彻底被替代，中国大地上出现了夏王朝。在夏朝建立之后，统治者的地位更加尊崇，而青铜器此时也成为权力的象征，夏朝始祖大禹在涂山之会上铸造的九鼎便是最好的证据。在这一时期，青铜器的铸造工艺也出现了明显的进步，人们可以在上面铸造出精美的纹饰，这也让青铜器的观赏性上了一个台阶。而且不同的纹饰也可以表现主人不同的身份，这也让青铜器的适用性变得更广。由于夏朝时我国似乎还没有出现成熟的文字体系，因此还没有发现当时有铭文的青铜器。

到了殷商时期，青铜器的铸造工艺继续发展，人们可以铸造体积更大的青铜器，而且其上的花纹也更加丰富。这一时期的青铜器不仅十分精美，形制也更大，而且有些还铸有铭文。而作为陪葬品的青铜器也被用来表现墓主人的身份，从中我们可以看到中国古代丧葬文化和宗教的发展情况。在众多青铜器种类中，殷商人最喜欢用作体现身份和地位的青铜器是青铜酒器。这可能和当时殷商流行的酒文化有直接关系。

随着西周取代殷商王朝，青铜器的发展态势出现了极大的变化。周人是以农业生产为基本的部族，他们对于粮食十分看重。在当时，由于酿酒技术的不成熟，它会浪费较多的粮食，因此周人将饮酒视为失德之事，周公更是做《酒诰》来告诫年幼的康叔不要饮酒，酒文化在西周时期出现了明显衰落。西周初，周公姬旦制定了一套森严的"明尊卑、别上下"的礼仪典制，规定贵族们在祭祀、宴享、朝会、结盟、丧葬等重要活动时，根据其身份、地位高低使用不同数量的青铜器，超越级别多使用者就会被视为大逆不道而遭到惩处。一般而言，他们生前使用多少，死后也随葬多少。这些青铜器分为炊器、食器、酒器、水器、乐器和杂器等。它们被赋予特殊的意义，成为礼制的体现，这就是所谓的"藏礼于器"。这类器物叫作"青铜礼器"，简称为"礼器"，或称"彝器"。例如鼎原来是炊器，后来成为礼器中最重要的器种之一。按照礼制组合成的所谓"列鼎"，《公羊传·桓公二年》何休注："天子九鼎、诸侯七、大夫五、元士三也。"青铜礼器成为奴隶主统治权威的象征。礼器的这种功能，在奴隶制繁盛时期最为显著。而且西周人更加重视礼器上的铭文，他们不但会在上面记载主人的身份，还会加上其主要经历，这些带铭文的青铜器成为我们了解那段历史的重要依据。到了春秋战国时期，随着诸侯贵族的不断"僭越"，这套礼仪制度逐渐被破坏了，青铜礼器的作用逐渐消失。并且，由于铁制品的出现和广泛使用，青铜器在社会生活中的地位逐渐下降。到了东汉末期，陶瓷器得到较大发展，从而把日用青铜器皿进一步从生活中排挤出去。到了隋唐时期，铜器主要是各类精美的铜镜。

鬲，是炊粥器，在新石器时代使用的鬲是陶制品。青铜鬲最早出现在商代早期，到商代晚期多数青铜鬲演变为盛粥器。西周时期的青铜鬲，也是青铜礼器组合的一部分，它们多被成组使用，级别越高使用得越多。按照礼制组合的列鼎制度，天子是九鼎八簋八鬲，诸侯是七鼎六簋六鬲，大夫是五鼎四簋四鬲，元士是三鼎两簋两鬲等。每组铜器的形制、纹饰、铭文基本相同。作为食器的一种，青铜鬲在西周中期后很盛行，常成组出土。到了战国晚期，青铜鬲便从生活用器和祭祀用器的行列里消失了。[6]

三、"国子硕父"鬲做器者虢石父的功过是非

我们先了解一下"国子硕父"鬲的铭文。虢仲为虢国一代国君，虢子即国子，是周代太学里的贵族子弟，同时也是与太子相对称的词，意为庶子。"硕"

字从页石声，硕与石同音相近相通，故硕父即石父，也作石甫，它是古代男子常用的与名相应的字，此处应是指幽王卿士虢石父。季嬴为某嬴姓家族中排行最小的女子，此应为虢石父之妻。铜鬲铭文大意是：被立为虢国国君继承人的虢石父在其尚为贵族太学生时，为其妻季嬴作此铜鬲，并希望其子子孙孙世代用它来祭祀祖先。[7]

　　需要注意的是，在公安部门同时期追缴回来的虢国墓地被盗掘文物中还有一件带铭文的青铜器——虢硕父簠。（**图七**）铜簠也是食器的一种，这件虢硕父铜簠的盖与器身形制、大小及纹饰均相同，由两个长方形圈足盘扣合而成，通高19厘米，口部长30.6厘米，宽25.2厘米，腹深5.8厘米，腹壁两侧有一对龙首耳。器底部铸有3行17字（含重文2字）铭文，从左至右竖排为：虢硕父乍（作）旅匤（簠），其万禾（年）子=孙=永宝用享。盖底铭文的内容、款式、字数均与器底相同，只是"万"字后面的一字为"年"字。（**图八**）"旅"为祭名。铭文大意是（已任虢国国君的）虢石父自作祭器铜簠，希望其子孙世代用它来祭祀祖先。

　　根据铭文的意思，学者认为这两件铜鬲是虢石父还未当上虢国国君时为其妻季嬴做的铜器。而这件铜簠则是虢石父当上国君后铸造的。[8]由于这三件铜器盗自三门峡虢国墓地，我们有理由认为虢石父可能死后葬于此地，遗憾的是其墓可能已被盗掘。

图七　虢石父簠

图八　虢石父　盖铭和器铭

　　虢石父是谁？时任中国先秦史研究会副会长的洛阳学者蔡运章先生曾在《中国文物报》上发表文章，认为他是西周末期王室赫赫有名的政治人物虢石父。[9]在官方的史籍中，他被认定为虢国被西周灭亡的主要祸首，是虢国已知的国君当中名声最差、评价最不好的一位。根据近年来的研究，我们认为真实的虢石父不是这样的。

　　（一）史籍中有关虢石父的记载

　　这些记载主要集中在《国语》《吕氏春秋》《史记》及小说《东周列国志》中。《国语》成书于战国时期，是我国最早的一部国别体史书，记录了周王室和鲁、齐、晋、郑、楚、吴、越等诸侯国的历史。时间上自公元前990年周穆王西征犬戎，下迄公元前453年晋国贵族智伯被灭；内容上偏重于记述历史人物的言论。《吕氏春秋》是战国时期秦国相国吕不韦组织人员根据听到的传说编成的一部百科全书。

　　《国语·郑语》载："夫虢石父谗谄巧从之人也，而立以为卿士，与剥同也。"意思是说虢石父品行不好，善于阿谀奉承被重用为卿士。

《国语·晋语》载："……周幽王伐有褒，褒人以褒姒女焉。褒姒有宠，生伯服，于是乎与虢石父比，逐太子宜臼而立伯服，太子出奔申，申人、鄫人召西戎以伐周，周于是乎亡。""褒"，国名。褒国在现在的陕西汉中地区，夏代所封，周武王时，鄫参与灭商战争。西周晚期与周王朝关系恶化，战国时期灭国。"比"，勾结之意。意思是说虢石父与褒姒相勾结，赶走太子宜臼，立伯服为太子，太子宜臼逃到申国，与申国、鄫国联合西戎攻周，西周灭亡了。

《吕氏春秋·当染篇》载："……周厉王染于虢公长父、荣夷终，幽王染于虢公鼓、祭公敦。此四王者所染不当，故国残身死为天下谬。""染"字沾染、感染之意，"虢公鼓"指虢石父，"谬"字侮辱之意。意思是说幽王被坏人虢石父蛊惑，国破身亡，为天下人耻笑。

司马迁《史记·周本纪》载："幽王以虢石父为卿，用事，国人皆怨。石父为人佞巧，善谀好利，王用之。又废申后，去太子也。申侯怒，与曾、西夷犬戎攻幽王。幽王举烽火征兵，兵莫至。遂杀幽王骊山下，掳褒姒，尽取周赂而去。于是诸侯乃即申侯而共立故幽王太子宜臼，是为平王，以奉周祀。"由于《史记》的影响，后来的史书大都采用了司马迁的观点。

明代冯梦龙的小说《东周列国志》从《国语》《史记》中取材，以历史演义的形式，极尽描写虢石父的罪行，整整一个章节，达上万字。

从这些史料中归纳出虢石父所谓的罪状有三：第一，马屁精、贪婪，骗取幽王的重用；第二，与褒姒勾结，破坏王位继承制，支持废立王后、太子；第三，出"烽火戏诸侯"的亡国之计，使得幽王被杀，西周灭亡。一个亡国大奸贼虢石父的形象，被留在历史的长河中。

（二）关于虢石父史实的几点辨析

虢石父受幽王重用并不是因为他"善谀好利"，而是有着以下几方面的原因：第一，幽王即位之初，王位不稳固，需要大臣的辅佐。幽王掌权后的最初五年，王室里有一位叫皇父的卿士。卿士是官名，类似于后世的宰相。他是宣王晚期、幽王初期西周王室的一位核心人物。幽王五年，也就是公元前777年，周王室里出现了一个反常现象，卿士皇父带着一批官员及财产，离开周王室的统治中心——国都镐京，到现在河南济源附近的向修建城堡留驻。同一年，王位的正式继承人太子宜臼也离开都城，去申国避难。也在此年，虢石父填补空缺成为卿士，周宣王的弟弟、幽王的叔叔、郑国的始封君郑桓公被封为司徒，主管土地和教化民众。对这些现象，有学者分析认为，幽王即位的最初几年，西周王室中围绕着政策的控制权，曾经发生过激烈的政治争斗，斗争结果是王室的权力层经过重建，支持幽王的一派大臣开始在王室中扮演重要角色。那些失势的贵族心怀不满，说幽王远贤臣近小人，将虢石父等人说成是马屁精、贪婪势力的小人，并在一定范围内传播。第二，在周王室处于风雨飘摇的危急时刻，更离不开虢国国君虢石父的大力支持。据史料，虢国的开国之君是周文王的弟弟，在周族的雄起及灭商战争中立下了赫赫战功，先后被封于今陕西宝鸡一带（史称西虢）和河南荥阳一带（史称东虢）。自西周时期，西虢国君或贵族大都在王室兼任要职，历任卿士，世代称公。起初虢仲、虢叔为文王卿士，且虢叔曾为武王师；成、康、昭王时，虢国史事缺载；穆王时期有虢城公，位列三公，可能也是卿士；恭、懿、孝、夷王时期，先后有师虎、师望、即、师丞等人在周王朝历任师职；夷王时期有虢公，或称虢宣公，或称虢季；厉王时期有虢公长父，或称虢仲；共和及宣王时期有虢文公，或称虢季氏；幽王时期有虢石父。不仅如此，历史上的西虢国还是一个军事强国，加之虢国国君常统领周王朝的军队，更是如虎添翼。穆王时期的虢城公从接替其职务的毛公出征平乱的情况看，生前必为一军事首领。据文献记载，懿王时"虢公北伐犬戎"；夷王时"虢公率六师伐太原之戎"；厉王时虢季子白"博伐猃狁"，虢仲（即虢公长父）伐淮夷，并"与王南征"（虢仲盨铭）。而1990年、1991年连续两年入选全国十大考古新发现，并被评为20世纪中国100项考古大发现之一的三门峡虢国贵族墓地，发掘出西周晚期包括2座国君墓、1座太子墓、1座国君夫人墓在内的众多高级贵族墓葬。墓地里出土了大量国宝重器以及可用于作战的车辆、规模巨大的地下车马坑群。依照《孙子兵法》所述，各诸侯国之间的战争多以车战为主，所谓"万乘之国""千乘之国""百乘之国"的区别，就是以国家所拥有的战车数量为标准，并依此来衡量国家之间的经济和军事势力。由此，也可窥见虢国国君在周王室的受宠程度及其强大的经济、军事势力。可以说虢石父背后有着国力雄厚的虢国强有力的支持（这大概就是除虢石父本人能力之外受周幽王重用的真正原因）。第三，幽王后期的高级大臣中，并不都是像虢石父一样忠心侍奉幽王的。王室史官伯阳就是典型的反对派，他不仅看幽王的笑话，还给周宣王的弟弟、幽王的叔叔、王室司徒、郑国国君郑桓公献东迁安国大计（郑伯阳指点他设法逃往中原的"济、洛、河、颍"地区的虢国和郐国，虢国即东虢，在今河南荥阳东北，郐国在河南新密市东南）。幽王的司徒郑桓公，作为王畿之内郑国的始封之君，"甚得周众与东土之人"，竟然因为"王室多故"，向太史伯阳询问"其何所可以逃死"。他凭着周司徒的权势，"乃东寄帑与贿，虢、郐受之，十邑皆有寄地"。《史记·郑世家》也有相同的记载。郑国终因东迁，在镐京之乱后继续保存下来，新的国都称为新郑，即今河南新郑市。幽王的另一个卿士皇父，在政治斗争失败后竟带着一批同党脱离王室，借机到向建筑大城，以便把搜刮积储的财物从镐京运到中原保藏。并且肆意使用民力，摧毁百姓房屋，致使田地荒芜，民不聊生。对这种只顾及自己安危，贪图个人享乐，完全不考虑王朝的生死存亡，残害百姓的做法，他还振振有词地说自己是按礼制行事。第四，在王室危难之时，虢石父确实以自己的实际行动强有力地支持了周幽王，才在历史上落下骂名。

与褒姒勾结的史实。先了解一下褒姒的身世。褒姒的身世史籍中有两种说法。第一种说法比较客观，见《国语·晋语》："周幽王伐有褒，褒人以褒姒女焉。褒姒有宠，生伯服。"意思是说，她原是褒国人，在褒国与周幽王作战战败后，被褒国人作为赎罪的女奴进献给周王室，既而被幽王宠爱，并生子伯服。之后，为了博取褒姒的欢颜，周幽王废王后申氏和太子，把她扶为正宫，把其子扶为太子。第二种说法较为离奇，详见《国语·郑语》。从刘向的《汉书·列女传》和王逸注《楚辞》等典籍中，也可以读到那段奇异的传奇，它向世人揭示了褒姒的所谓"身世"。褒姒是一个苦大仇深的女人。她的孤儿身世如果属实，那么她就是一个没有父母的弃婴、褒国的奴隶和周王朝的宫廷性奴。这三重卑贱身份构成了她的全部苦难人生。周幽王废申氏和太子宜臼，立褒姒为正宫之举，无疑激怒了文官集团。在一个吏治逐渐完善的时代，文官的立场变得至关重要。[10]

关于破坏王位继承制，支持幽王废王后、太子不当行为的史实。这一史实反映的是王室内部围绕王位继承权发生的激烈政治斗争。公元前782年，周幽王即位后，立申侯之女为王后，即申后，立申后之子宜臼为太子。申侯之国，亦即"西申"。《史记正义》云："申侯之先，娶于骊山（今陕西临潼东南）。"殷周之际的申为小邦，娶于骊山之事表明其族居之地距骊山不远。申侯在孝王时，已在周王室有了举足轻重的影响。幽王时，申侯的势力有增无减。不仅申侯之女为幽王后，所生之子宜臼为太子，而且后来的王室卿士郑武公也娶于申。显然，申侯乃太子宜臼的坚强后盾。[11]然而，出身低贱的褒姒，在王室权臣、虢国国君虢石父的支持下，与太子宜臼一方展开了激烈的王位继承权争夺战。幽王八年（前774年），申后、宜臼被废，褒姒为后，褒姒之子伯服为太子。这说明在围绕王位继承权的王室内部斗争中，原太子一派是失败者，而褒姒一派成为胜利者。幽王立一个出身寒微、没有任何政治背景的弱女子为后，自然触犯了贵族集团的利益。而虢石父不顾贵族集团的反对，支持幽王打破门第观念，正说明他有胆有识。近来有人发表博客，认为褒姒应该为后。理由之一是褒姒所生"伯服"，应为长子。因为，"伯、仲、叔、季的命名方式，在周人的命名习惯中是非常严格的，周代几乎没有次子或幼子被命名为'伯'的例子出现。'伯'者，应为长子、老大"。理由之二是宜臼很难是幽王的长子。他东迁在位长达五十一年。而幽王之父宣王在位四十一年、幽王在位十一年。这样一算，不难得出结论：幽王在位时，宜臼肯定年幼，他很难是幽王的长子。由此两点推知，伯服大于宜臼，褒姒生子早于申后，可能是生男孩最早的王妃。按照当时"立嫡不立庶、立长不立贤""母以子贵"的规则，幽王封伯服为太子、立褒姒为王后并没有错。只不过出身"弃婴"的褒姒，没有像申后那样有强大的社会背景罢了！因刚继位，地位不稳，幽王不得不选择立有强有力靠山的申侯之女为后，所生之子宜臼为太子。随着地位的巩固，幽王才敢重振朝纲，立出身寒门的褒姒为后，伯服为太子。如果此说成立，那么幽王立褒姒为后、伯服为太子的做法可谓名正言顺，宜臼反倒是别子篡位。虢石父的支持反倒是对周代王位继承制的维护，而不是破坏。

关于"烽火戏诸侯"的史实。烽火台是周王朝的主要军事警报装置，它们按一定距离，分别建造在从京城到边境的交通要道附近，由专门的瞭望员把守。边境一旦有敌寇入侵，瞭望员便会在白昼立即点燃狼烟，夜晚点燃火焰。狼烟与火焰，像接力棒一样依次传到京城，反之也一样。《史记·周本纪》，尤其是《东周列国志》记载，说褒姒整日愁眉不展，幽王想尽各种办法都没使她笑一下，于是重金悬赏，虢石父献了烽火台点火之计。周幽王让人点燃了狼烟和烽火之后，各路诸侯误以为天子蒙难，派遣军队星夜兼程前往救驾，但到京城后才发现是个恶作剧。京城里外，兵马云集，一片混乱，这种狼狈滑稽的场面，被站在高台上的褒姒看见，禁不住哈哈大笑。幽王心花怒放，赏赐虢石父千两黄金（亦即"千金一笑"成语的来历）。之后幽王又数度重复这个荒谬的作法，以致无人再相信狼烟信号的意义。后来犬戎攻打镐京，当再次点燃烽火台上的狼烟信号时，各路诸侯救兵不至，导致幽王被杀，西周灭亡。

其实"烽火戏诸侯"的说法来源于《吕氏春秋》，它晚于《国语·郑语》。据《吕氏春秋》载："周宅丰、镐近戎人，与诸侯约，为高葆祷于王路，置鼓其上，远近相闻。即戎寇至，传鼓相告，诸侯之兵皆至救天子。戎寇当至，幽王击鼓，诸侯之兵皆至，褒姒大说而笑，喜之。幽王欲褒姒之笑也，因数击鼓，诸侯之兵数至而无寇。至于后，戎寇真至，幽王击鼓，诸侯兵不至。幽王之身乃死于丽山之下，为天下笑"。到司马迁时，他在《史记》中将击鼓改为烽火，"烽火"之说显然是司马迁的虚构。鉴于《史记》对后世历史著述的巨大影响，因此晋升为褒姒故事的主流，到10世纪，褒姒又被附加了另一个癖好：爱听丝绸撕裂之声。郑樵《通志》载："褒姒好闻裂缯之声，王发缯，裂之以适其意。"因此，"烽火戏诸侯"之说实难令人信服，导致西周王朝灭亡的是原太子宜臼及其舅父申侯的复仇行为。

关于幽王死亡及西周灭亡的真正原因。幽王废王后及太子后，废太子宜臼跑到母舅国西申，在申侯、曾侯、许文公等拥戴下自立为王，并密谋以镐京的财宝和人口诱使犬戎等族加入自己的阵营，以抵御幽王所代表的周王室军队的攻击。公元前771年，幽王和伯服俱战死于骊山附近的戏，虢石父也死于保卫幽王的战斗中。其后犬戎攻入镐京。在这种情况下，虢石父的儿子、继立为虢国国君的虢公翰，凭着虢国强有力的经济、军事实力及在王室和诸侯中的影响力，为伸张正义，拥立幽王的另一子余臣在携地称王，承接周嗣，以与宜臼的平王政权对抗。他们占据着河南、河东及河西部分土地，完全控制了宗周、骊戎通往东都洛邑的交通要道。当时周平王阵营的申、吕、许等姜姓国及依附申国的曾国和西夷犬戎，仅仅占有镐京至宗周的渭河以北狭小地带。在二王对立的过程中，原来拥立余臣的一些诸侯国——郑、晋、秦等在平王政权的利诱下反叛，加入平王阵营来攻打余臣势力。公元前770年，平王政权东迁洛邑。公元前750年，晋文侯等诸侯率军攻入携地杀死了余臣，平王政权最终获胜成为唯一的正统。《左传·昭公二十六年》《古本竹书纪年》《通鉴外纪》等均记载有此事。由此看来西周灭亡的主要原因是申侯为了替自己的外甥周平王篡位夺权而勾结同伙发动的一场惊天政变，其结果之一是镐京被破、周幽王被杀。之二是犬戎占领了宗周附近大部分土地、人口及财富。它是中国历史上的重大转折点之一，西周王朝以此结束，一个大国争霸、群雄逐鹿的东周时代就此到来。之三是虢公翰拥立余臣对抗平王虽说是维护周幽王正统的斗争，是虢国国君效忠周王室的又一例证，但也间接导致了虢国后来的亡国。并且，2012年初，清华大学在整理获赠的战国竹简（"清华简"）时，发现竹简上的记述与"烽火戏诸侯"相左。清华大学收藏的战国竹简记载，周幽王主动进攻原来的申后娘家申国，申侯联络戎族打败周王，西周因而灭亡。竹简上并没有"烽火戏诸侯"的故事。清华大学出土文献研究与保护中心刘国忠教授称，史学界就此可以断定"烽火戏诸侯"并非西周灭亡的原因，甚至可以断定这个故事根本就是编造。[12]

由这五个方面史实的质疑，我们不难看出，有关虢石父的所谓史实都是虚构的。虢石父或许不是有远见卓识的政治家，但是不应该否定他对王室的忠诚。特别是在西周王朝风雨飘摇、各个诸侯自作打算时，虢石父仍然如其虢国前辈国君一样，都是忠君之人，而不是什么亡国之人。如果说有过错的话，就是他策略失误，低估了以宜臼为代表的贵族集团敢于冒险、敢于弑君的疯狂本性。因此，我们应该为虢国第三任国君虢石父正名。

（三）虢石父被误识的原因

一是文献材料的限制。首先是自然、战乱及人为的损毁。中国现存的历史典籍可谓丰富，但这都是历经浩劫后留下的。除自然因素，一个是战乱，另一个是人为损毁。有人总结从秦始皇焚书到1937年日军全面侵华，我国的图书典籍先后经过十三次大的厄运，大量珍贵的书籍或化为灰烬或散失。研究虢石父最好的参考资料应该是虢国及西周王室的档案、典籍。可惜的是，公元前771年犬戎攻陷西周王都镐京，公元前655年晋人攻陷虢都上阳，这些珍贵材料都被毁弃。只好从东周王室和其他诸侯国档案、典籍中找旁证。但秦统一全国后除保留各地医药、占卜、种树之书及秦国史书外，将其余书籍，尤其是东周王室和各诸侯国的史籍，全部一把火烧毁。秦国的史书编写时，不写事情发生的时间，史料价值不大。致使司马迁写《史记》时，没有多少书可参考，只得到各处游历，实地采访。司马迁时的西汉距西周末期已达600多年，尽管他记录的史实准确率很高，但仍然有一些失误的地方。比如古本《竹书纪年》中关于西周末期的史事记载，有许多内容为司马迁的《史记》所没有。因为无准确资料参考，这就造成对虢石父的误识。其次是书写材料的限制。在人类历史发展的过程中，人们需要通过一种媒介继承祖先对世界的认识、经验以及各种发明。在没有文字的时代，只能靠口传心记。虽然人们也发明了结绳记事的方法，不过，由于无法辨认绳结所代表的事物，经常出现错误。文字发明之后，人类尝试了用各种天然物品来记录文字。据历史推测，大约6000年前中国出现了最早的文字记录。最初，人们将文字记录在兽骨、龟甲或石头上，后来为了书写与传递信息，从实际出发，用竹简或薄木板作书，创造了简策和木牍。简策是用细竹条或细木条编连而成，一根竹木条上通常写一行字叫简，一部书要用很多简，把这些编连起来就成为策（册）。今天我们把一部书叫册或分上下册，册就是这样来的。到战国以后又逐渐发展为使用丝绸的帛书及后来的纸张。中国最古老的书籍就是用竹简或木牍穿在一起制成的，不过这种材料的书籍分量重、体积大，阅读和携带起来都非常的不方便。据说，西汉的东方朔曾经向皇帝提交的奏折就是由3000个竹简组成的，它必须要由两个强壮的卫士抬到大殿上。当时所谓"学富五车"的大学者，只不过看过五车竹简、木牍而已。严格说来没读过多少书，它所含的信息量很难与现在的一本书相比。传说孔子修订《春秋》时，需要添字时就用刀直接在竹简上刻上字，需要去掉字时，就用刀在竹简上削去。由于秦统一全国之前，各地语言异声，文字异形，再加竹木简笨重易坏，文献难以集聚会通，故当时的史料零星简略，绝少系统。再次，文字简略的限制。秦统一六国前，史书文字极为简略，很容易让人产生歧义。比如《春秋》是中国现存的第一部编年体史书，按年记载了春秋时鲁国从隐公元年（前722年）到哀公十四年（前481年）共242年的历史大事。实际上反映了整个周王朝的大事。可它用字极为简略，每年记事最多不过二十来条，最少的只有两条；最长的条文不过四十余字，最短的仅一二字。传说子夏是研究《春秋》的高手，可对孔子修订的《春秋》，不能增添或删去一个字，可见《春秋》文字的精练。由于它叙事过简，所以用词很斟酌，一般人难以读懂。

二是著史者的歪曲。首先，为尊者讳的"春秋笔法"。作为记载历史的史官为商代首设，之后历代常设。由于史官的作用，我国的历史学逐渐走向独立，成为一门科学，它要求著史者要客观、规范而不带任何感情色彩。然而，孔子首创的"为尊者讳""为亲者讳""为贤者讳"，曲笔隐讳、任情褒贬的"春秋笔法"被采用，司马迁的《史记》继承了"春秋笔法"的精髓。其次，政治对手的诋毁。西周末期周王室内部激烈政治斗争的最终结果，为原太子宜臼一方成为胜利者，取得了大部分诸侯的拥戴获得正统。在斗争过程中，宜臼大逆不道的弑父之举是不争的事实，是为大不孝；勾结异族举兵破国，是为大不忠；背弃盟友，朝秦暮楚，是为大不义。此等不赦之罪该如何取得诸侯的拥戴？如何在青史上树立自己的良好形象？方式之一是加重周幽王本身的阴影。就是说，父亲越昏乱，自己弑父的合理性就越充分。于是，我们如今看到的周幽王，完全不脱末世昏君的经典形象。与此同时，他们也不会放过前政治对手褒姒、虢石父这些失败者,尽量地去丑化、弱化、矮化他们。方式之二是将勾引犬戎弑父这件事嫁祸于西戎。平王东迁时曾对秦襄公说过"戎无道,侵夺我岐丰之地"。而《史记·周本纪》载犬戎"遂杀幽王骊山下,虏褒姒,尽取周赂而去"的"赂"字,却露出了平王宜臼的马脚。方式之三是利诱主要诸侯国接受他的说法。晋、秦、郑等诸侯既然为了自己的私利改而拥戴平王,并因护送平王东迁获得了极大的封赏,在关于西周亡国的说法上,自然要和平王保持一致,否则无法解释自己做法的正义性。既然平王能勉强洗脱罪责,"犬戎杀幽王"之事出自平王口,再由各国史官记录下来,载入史册应是毋庸置疑的。[13]当然也不是所有诸侯都接受并采用这种说法,平王东迁后东方诸侯的态度就很能说明问题。平王死时,鲁国不去吊丧,东周王室向东方诸侯借粮食、借车子,他们都不借。平王政权得不到鲁国的承认,也就得不到其他东方诸侯的承认。

三是后世以正统自居的史家涂抹。周代以来,我国古代逐渐形成了男尊女卑,反对女人干政的传统偏见。正如《尚书·周书·牧誓》中武王誓师所引述的谚语:"牝鸡无晨,牝鸡之晨。惟家之索!"《诗经·瞻仰》中诗人断言:"乱匪降自天,生自妇人!"后来的儒家极力推崇、美化西周的礼制,后世的史学家和政治家们自然受其影响,因此,只有将出身卑贱的褒姒妖魔化,找到西周灭亡的替罪羊,才有理由继续使西周为模范王朝。虢石父因为对褒姒的同情和支持,自然也在极力丑化之列,使得他们在史籍中被越描越黑。而宜臼最终谥名"平",其实还算一个含糊的,看起来不好也不坏的评价。这不能不说与史籍中的削减和涂抹痕迹有关。[14]

对虢石父其人其事的认识,可以得出几点启示:其一,历史就是历史,不管它当时怎样被涂抹,随着时间的推移,不实之词,总会被雨打风吹去。最终仍然要还原其真实面目。其二,对历史人物的评价要站在当时的环境中去评判和分析,不能以今天的眼光去苛求古人,也不能拘泥于一些史料的记载而全盘接受,要用一分为二的观点去分析。其三,在现实生活中,我们识人、评判事物,要学会全面地看、辩证地看,既不能求全责备,一叶障目不见泰山,也不能一好百好见不到一丝缺点。无论如何,虢石父在虢国和西周末期王朝政治生活中的重要影响是无法否认的，而"国子硕父"鬲和虢硕父簠无疑是研究虢石父其人其事可信的实物资料。

注释：

[1] 中国科学院考古所.上村岭虢国墓地[M].北京：科学出版社，1959：48.

[2] 宁景通.晋假虞灭虢后的上阳城[C]//鹿鸣集.北京：科学出版社，2009；三门峡市文化局，文物局.三门峡·虢国文化探秘[M].北京：中国文史出版社，2005.

[3] 三门峡发现虢都城上阳城[N].中国文物报，2001-01-10.

[4] 田双印.浅谈上阳城遗址出土的陶排水管道[C]//三门峡市文化局，文物局.三门峡·虢国文化探秘[M].北京：中国文史出版社，2005.

[5] 魏兴涛，史智民等.三门峡虢都上阳城发现大型宫殿建筑基址[N].中国文物报，2002-01-25.

[6] 马承源主编.中国青铜器[M].上海：上海古籍出版社，1988.

[7] 王龙正，赵成玉.季嬴铜鬲与虢石父及虢国墓地年代[N].中国文物报，1998-11-04；王斌.虢国墓地的发现与研究[M].北京：社会科学文献出版社，2000.

[8] 王龙正.虢石父铜器的再发现与西虢国的历史地位[N].中国文物报，2000-09-27；王斌.虢国墓地的发现与研究[M].北京：社会科学文献出版社，2000.

[9] [10] [11] [12] [13] 蔡运章.虢硕父其人考辨[N].中国文物报，2007-03-23.

[14] 田双印.虢石父评议[C]//宝鸡市社科联，郑州市社科联，三门峡市社科联编.虢文化论集，2018.

张　峰

蟠虺纹铜扁壶

战国（前475—前221年）

通高31厘米，口径11.1厘米，底径16.7厘米×9.2厘米。平沿，直口，短颈，弧腹，圆底，平圈足。两肩有一对兽面铺首衔环，整体呈扁圆形。口沿下饰锯齿状纹饰，器身有方格隔带，带上镶嵌红铜装饰条，方格内饰蟠虺纹。（**图一**）

1985年三门峡市区上村岭出土

三门峡市博物馆　藏

图一　蟠虺纹铜扁壶

图二　兽面铺首衔环

图三　铜扁壶腹前纹饰

　　在我们现在的日常生活中，壶是非常典型且常见的容器，主要作用是盛水或盛酒等，如水壶、酒壶、茶壶等。《现代汉语字典》对"壶"的解释为："陶瓷或金属制成的容器，有嘴儿，有把儿或提梁，用来盛液体，从嘴儿往外倒。"[1]《现代汉语辞海》对"壶"的解释为："壶，一种盛装液体的器皿，一般有盖，有嘴，还有柄或提梁。"[2]而在《辞海》中对壶的定义则较为全面，共有四条解释，其中有一条是这样解释的："古器名。深腹，敛口，用以盛酒浆或粮食。新时器时代已有陶壶。商、周时代青铜壶往往有盖，多为圆形，也有方形或椭圆形的。到汉代，方形的叫'钫'，圆形的叫'钟'。后为盛液体的敛口深腹器的统称，如茶壶、酒壶。亦指某些固体物质的容器，如药壶、鼻烟壶。"[3]《说文解字》中对壶的解释为："昆吾，圜器也。象形。从大，象其盖也。凡壶之属皆从壶。户吴切。"[4]意思是说：壶也叫"昆吾"，是一种圆球状的盛器。字形像圆形盛器的样子。字形采用"大"作偏旁，"大"像盛器的盖子。所有与壶相关的字都采用"壶"作偏旁。从以上四部较为权威的工具书中，能基本断定古人和现代人对"壶"的认知与定义，其总体认知存在比较明显的差异，但器物本身均为日常生活中必不可少的器皿。

　　根据文献资料和考古资料，壶的产生可以追溯到新石器时代，材质主要为陶，形制与今天差别较大。进入历史时期，壶的材质和形制均有较大发展，青铜壶也在"青铜时代"应时而生，商代较少，而盛行于春秋战国，成为先秦时期重要的青铜礼器之一，并贯穿了青铜礼器流行的整个时期，成为今天我们研究青铜文化不可或缺的重要器物。

　　在众多的先秦器物及考古文献中，对于青铜壶的载述及研究均有较大篇幅，主要形制特征为"长颈或较长颈，直口或微侈，深鼓腹，下附圈足"[5]。根据腹部特征，大致可将其分为圆腹壶、方腹壶、扁腹壶、瓠壶四类，其中最为常见的是方腹壶和圆腹壶，扁腹壶和瓠壶较为少见。而本文所述的这件铜扁壶

图四　铜扁壶腹前方格内饰蟠虺纹

是典型的扁腹壶，因其数量稀少且极具地域特色，具有很高的研究价值，是不可多得的研究先秦时期青铜壶的重要实物例证。它通高31厘米，口径11.1厘米，底径16.7厘米×9.2厘米。盘口，束颈，扁鼓形腹，长方形圈足。肩上有对称兽面铺首衔环（**图二**），颈部饰一周锯齿状纹饰，腹前后各饰五道横栏，并以交错的直线栏成19个规整的几何形方格，以长方形居多，上腹和下腹也有三角形和倒梯形

图五　铜扁壶底部"➤"符号

（**图三**），其边缘与壶的轮廓浑然一体，其方格内饰蟠虺纹（**图四**），所以称其为蟠虺纹铜扁壶，口沿下和方格栏上均镶嵌有红铜装饰条，精巧美观，底部有"➤"符号。（**图五**）

一、器物的发现和命名

（一）器物发现

这件蟠虺纹铜扁壶，"1985年在三门峡市统建办工地M1发掘出土"[6]。（**图六**）出土该器物的墓葬其他情况不详。据当时参与考古发掘的工作人员回忆，该器物出土于一座秦人墓中，具体出土地点从地理位置来讲属三门峡上村岭西部，对照现在的位置图，应为甘棠路与黄河路交叉口东北部。（**图七**）从器物类型来讲，与1975年在上村岭发现的五号墓中随葬的一件铜扁壶（M5∶5）极其相似，"五号墓位于上村岭西北，为长方形土坑竖穴墓……从棺椁遗迹推断为一椁一棺的单人葬"[7]，墓中随葬品主要为陶器与青铜器。这件铜扁壶就是其中一件，现藏于河南博物院。（**图八**）

图六　蟠虺纹铜扁壶（来源：《三门峡考古文集图录》）

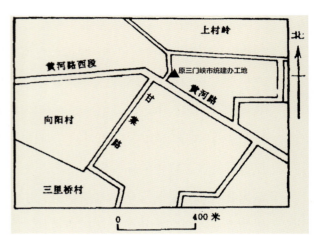

图七 原三门峡市统建办工地大体位置

图八 羽纹铜扁壶（河南博物院藏）

图九 庥炅區（来源：容庚《商周彝器通考》下编附图881页）

图十 错银羽人纹铜扁壶（来源：《论古越阁所藏三件青铜器》）

经对比，两者的器形及纹饰相同，出土位置也较为接近，均位于三门峡上村岭，应是同一时期器物，系战国中期。据考古资料，这种扁壶多出土于陕西及豫西一带，"是战国时代秦国贵族墓葬随葬器物中具有特征的器物之一，通常把它当作秦器看待"[8]，后人也称为秦式扁壶，它与茧形壶、蒜头壶被公认为是最具秦文化特征的典型代表器物。

对于典型的秦式扁壶出现和流行的时代应为战国秦汉时期，根据目前的考古发现，战国中晚期主要集中在关中及临近四川的这个区域，这与秦人当时的统治范围一致。自秦统一六国后，其分布范围得到了极大扩展，这主要"与秦汉王朝疆域的拓展应该说是同步的"[9]。

（二）关于扁壶的命名

古人对该器物的命名有不同说法，在容庚先生的《商周彝器通考》中载录有一件形制相同的器物。该书下册图九一五所录的"庚冥匜"（**图九**），器物被命名为"匜（区）"，"庚冥"为其铭文，"腹四面届以长方格，中饰蟠虺纹，铭二子，在足外"[10]。而该器型在宋人编著的《博古图录》中被称为"匜壶"，并沿用至今，现多称为"扁壶"，"扁壶虽非其本名，但与其形状及功用相合，当从俗称之为扁壶"[11]。

李学勤先生的《论古越阁所藏三件青铜器》一文中，载录有一件西汉初期"错银羽人纹铜扁壶"（**图十**），这件铜扁壶和秦式扁壶虽有区别，但形制类同。他在对此类扁壶名称的讨论时指出，古扁壶自铭有"钾""榼""柙"，而这三个字为通假字，扁壶就是文献中所记载的"榼"[12]。而在李陈奇先生所写的《蒜头壶考略》中，记录有一件铜扁蒜头壶（**图十一**），其形制也类同，其出土地位于湖北省云梦县大汶头。由当时的考古发掘简报可知，该墓发掘于1972年，被称为大汶头一号西汉墓，年代为西汉早期[13]。在这座汉墓中，"出土有一件木牍，记载随葬器物的名称，其中有'二斗鈚一'和'一斗铫一'，分别指的是一件铜扁蒜头壶和一件铜长颈蒜头壶，经实测，其容量与木牍所记相符"[14]。由此可见云梦大汶头一号西汉墓出土的铜扁蒜头壶，在当时应被称为"鈚"，"'鈚'，即錍，为扁壶专名，是一种酒器"[15]。而"鈚"还可以解释为"一种较宽较薄的箭头"，在这件蟠虺纹铜扁壶的底部正好刻有"➤"符号，这个类似箭头的标志是否是铸造者为了书写方便而以此符号代替其名称，这些都需要进一步考证。

以上所列两种扁壶，虽与本文所写扁壶有所不同，但由于年代接近，在探讨该器物古代命名时也有很大参考意义，或许古名对于现代人来说陌生且复杂，用于学术探讨尚可，而用于通用的名称则显得很生分。因此"'扁壶'一词通俗易解，现在我们也没必要改用古名"[16]，这种观点也得到了很多研究古代器物专家的认可。

（三）关于扁壶的体积容量

作为实用器，此类青铜扁壶盛行于当时秦人生活区域，被贵族阶层普遍使

图十一　铜蒜头扁壶（来源：《湖北云梦西汉墓发掘简报》）

用，主要用于盛酒。完整的青铜扁壶应该有盖，但盖的制作材质并不固定。今天存世的铜扁壶大多无盖，笔者推测为防止所盛液体外流，大多用木质或者其他软性材料制作壶塞，由于年代久远，壶塞已腐蚀不见。但也有带盖的青铜扁壶出土，如陕西眉县博物馆藏带盖"战国青铜扁壶"（图十二）。而作为同一时期古人所使用的一种容器，其形制一致，那么该容器是否有统一的计量？下面就这一问题进行简要分析。

图十二　战国青铜扁壶（来源：2019年5月《西安晚报》客户端）

目前关于该器物容积具有参考价值的主要为两件带铭文的青铜扁壶，一为"屌氏扁壶"（图十三），现存上海博物馆。该扁壶"肩刻铭文十八字，记载作器人为屌氏，此壶的容量合当时制度为三斗少半，后又刻铭为'三斗二升少半升'"[17]。另一件为"魏公扁壶"（图十四），现存故宫博物院。在该器物足外侧刻有铭文8字（图十五）。而在故宫博物院官网上仅见到其中7个字，即："魏公□三斗二升取"。由以上两个扁壶的计量铭文可以判断其容积接近。

而中间未做识读的"𣪊"字，笔者认为可能是人名或是

图十三　屌氏扁壶（来源：《中国青铜器词典》）

图十四　魏公扁壶（来源：故宫博物院官方网站）

器物名，左右结构，根据其字形，参考陈建胜编著的《说文部首源流》中"比"字的部首源流（**图十六**），可断定右边应为"比"。而左边识读有争议，根据对比《说文部首源流》"囟"字的部首源流（**图十七**），该字的左边应为"囟"（xìn），而对比《说文部首源流》"西"字的部首源流（**图十八**），可推测该字的左边可能为"西"（xī）。由以上推定该字可能为"毗"（bǐ）和"毗"（pī），但

图十五　魏公扁壶铭文拓片（来源：故宫博物院官方网站）

目前在很多普遍使用的查词工具书中未能找到这两个字的原型，仅在《字海》中能找到，但解释较为简单："毗，见于台湾人名，大陆户政用字，疑同'毗'（bǐ）。""毗"，同"毗"（pī），与该器物的一种古名"鈹"同音。以上为笔者针对"魏公扁壶"铭文中"毗"字的简单释读。

从这两件有计量铭文的铜扁壶可以判定，这种形制的铜扁壶在当时是有固定容量的，可能是官方统一的，抑或是铸造时工人的习惯操作。单就目前存世

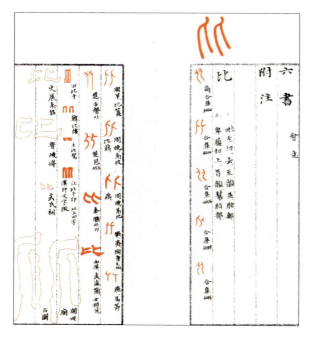

图十六　"比"字的部首源流（来源：《说文部首源流》）

的此类铜扁壶来说，由于其形制纹饰类同，所以其容积大多相近，无太大差别。在容庚先生所著的《商周彝器通考》中，将该类器物归为"區（区）"（古代青铜容器的一种），而"区"本就是一种古代计量单位。作为计量时，其读音为"ou"（平声），"四升为豆，四豆为区"[18]。在《左传·昭公三年》有"齐旧四量，豆区釜钟：四升为豆，各自其四以登于釜"。

当然以上均为古代社会所用的计量单位，现在理解起来较为复杂，也不容易考证。关于该器物最直观的参考则是上海博物馆所藏的青铜扁壶的实际测量结果，"今实测此壶容量为6.4公升"[19]。

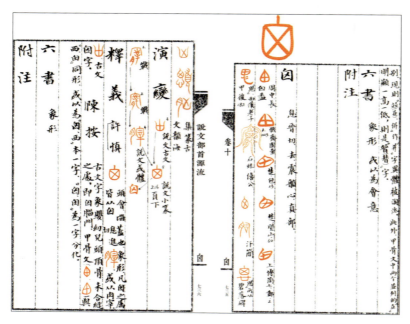

图十七　"囚"字的部首源流（来源：《说文部首源流》）

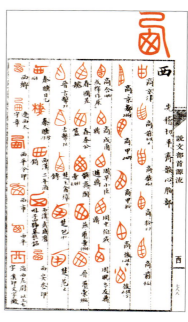

图十八　"西"字的部首源流（来源：《说文部首源流》）

二、器物赏析及铸造工艺

（一）器物赏析

这件青铜扁壶整体制作精美，造型典雅，极具代表性，受到收藏单位的重视及社会公众的关注。目前除三门峡市博物馆馆藏这件青铜扁壶，与其造型纹饰相似且有据可查的还有多件。除了上文中提到的两件带铭文的扁壶，还有河南博物院藏的"羽纹铜扁壶"、陕西眉县博物馆藏带盖"战国青铜扁壶"等。除此之外，在世界各大艺术品拍卖会上也能见到它的身形，如佳士得1999年伦敦春拍的"战国嵌金青铜扁壶"，2015年日本东京中央5周年拍卖会的"战国羽状兽纹地错银扁壶"，2021年12月8日佳士得巴黎亚洲艺术品拍卖会上的"战国青铜嵌铜条羽纹扁壶"等，从其成交价格及关注度来看，广受青睐。

从以上所罗列的藏品及拍品来看，纹饰及器形具有较高相似度，其年代均定在战国时期，其命名方式略有不同，器身有铭文的以铭文命名，无铭文的则以纹饰及铸造工艺方式命名，但"扁壶"这一名称被普遍公认。至于纹饰的命名则存在差异，主要有"羽翅纹""蟠虺纹""蟠螭纹""蟠蛇纹"等叫法。笔者倾向于"蟠虺纹"，这样的纹饰也是商周时期青铜器所用的主要纹饰之一，是变体龙纹的一种。在古代，人们崇尚龙，龙被普遍视为神的象征，"它有多种称谓，如夔、螭、虺、虬、蚪等"[20]，以上在《说文解字》中均能证明。而自然界并不存在真正意义上的龙，它是多种动物的集合体。龙纹最早出现在青铜器上可追溯到商代早期，形式抽象，后经历了长时间的发展，演变出品种繁多的变体龙纹。"到了东周时代主要是交体龙纹，是用两条或多条龙的体躯用竖向或横向交缠在一起，由于当时制作技术高超，纹饰可使用母模反复印制，在模上只要刻一组纹饰，就能拼凑成整器的图案。"[21]

（二）铸造工艺

这件青铜扁壶另一个让人赏心悦目的地方就是通体呈现出十分规整的几何纹图案，这些几何纹饰将壶身分为若干区域，蟠螭纹均匀分布其中。仔细比较我们发现，每个几何单元内纹饰并非整体划一，而有较大细节差别，如纹饰的方向、大小等，但从整体来看却显得极为规整，给人以视觉享受。在青铜扁壶的口沿及几何图案的隔带上，镶嵌有红铜装饰条。目前尚未对这件青铜扁壶进行过透视扫描，故其制造工艺也仅限肉眼观察及积累的常识进行大致描述。但这些并不影响对这件青铜扁壶在铸造时运用了"镶嵌"工艺的判断，这也是这件青铜扁壶制造技术精湛的具体体现。所谓的镶嵌工艺，就是在青铜器上镶嵌其他材质的物品作为青铜器的点缀，使其更加美观，如金、银、红铜以及各种宝石等均是镶嵌的材质。据考古资料，在青铜器上镶嵌纹饰，历史悠久，"早在二里头文化时期，就发现嵌有绿松石的青铜器。从二里头文化时期直到春秋战国，青铜镶嵌工艺才发展到高峰，而到汉代以后又开始衰落"[22]。

对比现存且有据可查的这几件青铜扁壶，其铸造工艺技法相同，镶嵌装饰条纹材质均为红铜，可见这类扁壶的制作在当时应该是有一定的标准，从审美角度来说应被广泛认可和接受的。从镶嵌工艺的运用来看，能证实三点信息：一是审美观念的改变。随着社会经济的发展，人们在追求实用性的同时，也讲究美观，青铜器的造型及纹饰逐渐变得灵巧精致、繁缛富丽；二是新兴地主阶级的崛起，这些同类的青铜扁壶"多见于关中地区的秦国贵族墓，但在齐、韩、赵、魏诸国也有出土"[23]，可见当时周王室的衰败和各诸侯国的崛起；三是战国时期青铜铸造及镶嵌工艺的发达，也是迎合当时社会上层人士的需求，用今天的话说就是市场的需要。

下面我们简单了解一下这件青铜扁壶镶嵌工艺的大致操作流程：

1.器型铸造：主要分为制作模型—刻绘纹饰—翻模—冶铜—铸造—后期修整。

2.嵌件选材：主要是根据纹饰镶嵌的需要，准备好所需要镶嵌的红铜原料。红铜熔点低，具有较好的延展性，容易加工。

3.纹饰镶嵌：将备好的红铜嵌件按照纹饰边缘留好的线槽，随形嵌入，然后小心捶打使其与铜壶牢固地结合在一起。

4.整体磨错：这也是最后一道工序，主要是修复镶嵌后嵌件与器物表面因捶打而形成的凹凸不平处。先是用质地较粗的错石磨平，达到光滑平整、严丝合缝；最后用质地较细的木炭或皮革，往返摩擦，达到平整光亮的效果。可以说与现代人们的打磨相比，除了所用工具不同，其流程和想要达到的效果并无区别。

由以上可知，镶嵌工艺流程的烦琐与复杂，今天我们看来，制作这样的青铜扁壶或许并不是一件难事，但在战国时期，这绝对是一件"奢侈品"。由于年代久远，现在呈现在我们眼前的这件青铜扁壶，受到了不同程度的锈蚀，但我们依然能感受到它刚铸造完成时通体蕴含的简洁庄重而又灵动的生命力。

三、三门峡地区秦人墓

这件蟠虺纹青铜扁壶虽缺少考古发掘报告的详细记录，但其出土于战国时期秦人墓的判断是可以确定的。查阅三门峡地区的考古发掘资料，三门峡地区的秦人墓也备受专家学者的重视与青睐。"从20世纪70年代到2012年5月，在三门峡市区、陕县和灵宝等地，发现的战国至秦汉时期的墓地十几处，发掘清理墓葬3000余座，出土陶、铜、铁、玉及骨器类等随葬品4300多件。"[24]由此可见三门峡地区的秦人墓的规模之大，数量之多，这也是秦人在三门峡地区生活的重要例证。

（一）主要分布位置

就目前来说，三门峡地区集中出土秦人墓较多的地方主要分布在湖滨区、陕州区与灵宝市，其中湖滨区的秦人墓主要分布在今六峰路以西、黄河路以北，至老甘棠路西400米的范围内。（图十九）在这个范围内考古发掘出的秦人墓葬群比较集中，笔者查阅相关发掘报告，按发掘时间罗列如下：1979年发

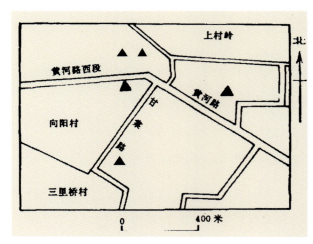

图十九　三门峡市市区秦人墓葬群分布示意图

图二十　三门峡市火电厂秦人墓位置示意图（来源：《三门峡市火电厂秦人墓发掘简报》）

掘的水工机械厂秦人墓，共发掘秦人墓81座[25]；1984年发掘的三门峡573干休所秦人墓，共发掘秦人墓62座[26]；1985年发掘的三门峡市司法局秦人墓，共发掘秦人墓54座[27]；1988年发掘的河南第二纺织器材厂秦人墓，共发掘秦人墓67座[28]；1993年发掘的电熔刚玉厂及市司法局秦人墓，共发掘秦人墓22座[29]。除此之外，在这个范围内还有其他地方秦人墓葬的发掘，其年代均为战国晚期，在此不再一一罗列。

除湖滨区，陕州区大营乡黄村和南曲村之间，是另一个秦人墓葬群集中区域。（图二十）1992年为配合三门峡市火电厂建设，三门峡市文物工作队对这一区域进行勘探发掘，发现秦人墓葬近800座，当时仅对其中8座形制较大的墓进行了考古发掘，"这8座墓葬分布相对集中，周围还分布有形制较小的竖穴土坑墓和洞室墓"[30]。2003年夏季又在该区域发现400多座同时期墓葬，截至2013年，"在三门峡市火电厂共发掘秦人墓葬约1000座"[31]。此外，1999年在灵宝市阳平镇阌乡村王家岭，为配合连霍高速三门峡至灵宝段建设，当地文物部门发现一处大型秦汉墓地，总面积为125万平方米，仅在5万余平方米的发掘范围内，"发现古墓葬965座，其中战国墓763座"[32]。出土的随葬器物中，陶茧形壶、陶釜、陶罐居多，可判定多为战国晚期秦人墓葬。

（二）墓葬形制与葬具

在这些众多的秦人墓葬中，其主要墓葬形制大体可分为三类：第一类是竖穴土坑墓（**图二十一**），主要见于战国中晚期，可分两种类型，即有围沟的大型墓和无围沟的小型墓。其中大型墓随葬品丰富，墓主人身份地位较高，有棺有椁，多为单人仰身屈肢葬，少数可见单人仰身直肢或侧身屈肢葬。无围沟小型墓则随葬品贫瘠，下葬时身体严重蜷曲，有相当一部分无葬具和随葬品。

第二类是竖穴土坑墓道侧室墓（**图二十二**），见于战国晚期至西汉初期，主要由竖穴土坑墓道和位于长墓道壁下部的洞室两部分组成。墓主人多为仰身屈肢葬，此外还有侧身、俯身屈肢葬。随葬品多为陶器，如陶茧形壶、陶盆、陶罐等；青铜器较少，多为铜箭镞的兵器。也有很大一部分无葬具和陪葬品。

第三类是竖穴土坑墓道洞室墓（**图二十三**），这种类型的墓葬时代为西汉早期，墓道为口大底小的竖穴土坑，保留有椁室遗风。多数有葬具，多为单人屈肢葬，与之前相比，随葬物品增多，主要为陶器，如陶鼎、陶瓿等。

以上墓葬形式清晰地展现了秦人墓从战国中晚期到西汉初期的发展演变过程，而随着西汉王朝的建立，在中原汉文化的影响

图二十一　竖穴土坑墓

图二十二　竖穴土坑墓道侧室墓

图二十三　竖穴土坑墓道洞室墓

下，秦人墓的葬俗习惯也随之发生变化。在三门峡地区，发现如此之多的秦人墓葬绝非偶然，这些墓葬群给我们最直观的感受就是在战国中晚期三门峡地区已经是秦人重要的生活区域，这对深入研究秦人当时在三门峡的经略有着重要意义。

四、秦人在三门峡的经略

我们对三门峡地区秦人墓的具体情况有了一个总体了解，这些葬俗反映了秦人的生活习俗，也印证了秦人曾经在三门峡地区的经营与生活。

目前大家熟知的秦人聚集地是关中地区，也就是现在的陕西省的关中平原，这里得天独厚的地理条件，孕育了秦人的不屈与强大，灭六国，统一天下，建立了中国历史上第一个大一统的封建王朝。而在秦统一六国的进程中，三门峡地区则是秦人东出荡灭六国的战略要地。

春秋时期，随着周王室的衰落，各诸侯国势力崛起，相继称霸，以关中地区为根据地的秦国也开启了争霸之路，积累了较强的经济和军事实力，并且有了矢志东出称霸中原的雄心。公元前655年，晋献公起兵"假虞灭虢"，占领桃林崤山（即今三门峡地区），东出道路为晋所阻。公元前627年，爆发了著名的"秦晋崤之战"，这在一定程度上延缓了秦国东出的步伐，但并未使其丧失斗志。经过战略调整，进一步巩固扩大了秦国的后方基地，为战国时期秦的东进和统一奠定了坚实基础。

经过春秋时期旷日持久的争霸战争，周王朝域内的诸侯国数量大大减少，其共主地位已名存实亡。诸侯国之间互相攻伐，战国七雄的格局正式形成，秦国一跃为七雄之首。而韩、赵、魏三家分晋后，三门峡地区归魏，属魏河西郡管辖。从此，秦国与魏国展开了长达百年的河西之争。《史记·六国年表》载，秦惠公十年（前390年），秦军东进，"与晋战武城。县陕"。这里的"晋"指魏国。这也是史料中有关秦国首次占领陕地的记载，但此次"县陕"仅是短暂占领，魏国很快便重新夺回。至此之后，秦魏两国围绕该地，进行了长达66年的拉锯战，终于在秦惠文王后元年（前324年），"相张仪将兵取陕"，陕城终归秦土。秦惠文王后十一年（前314年），又夺取曲沃（今陕州区大营镇窑阳河东，黄村和南曲沃一带）、焦（在今三门峡市区），自此陕地尽归秦国疆域，成为秦国东进中原的战略基地。"是时秦已占有河西、上郡，并在河东占有汾阴、皮氏等邑，更在河南占有陕，从此黄河天险全为秦所掌握，对东方六国压力甚大。"[33]为巩固和发展这一战略要地，秦人大量迁入，这也正是在三门峡地区发现大量秦人墓的原因。"如果从公元前325年秦攻占陕算起，到公元前207年秦国灭亡止，秦在陕统治了118年之久。"[34]在此期间陕州社会经济得到了很大程度的发展，这在其墓葬形制及随葬品中也能体现。特别是在战国晚期的秦墓中，随葬品更加丰富，陶器、青铜器种类更加多样，制作工艺更加精美，就像本文所述这件蟠虺纹青铜扁壶，充分证明了战国晚期"三门峡地区不再只是可怜的士兵掩埋尸骨之地，一些中小地主也在三门峡地区驻足生存"[35]。

时至今日，除了考古发现的众多秦人墓葬群，三门峡地区还保存着数量较多的秦人遗存，在三门峡市博物馆基本陈列"函谷雄关""烽火秦烟"两个单元，陈列着众多与秦相关的遗物，记载着众多与秦人相关的重要战争及成语典故等。从中我们能直观感受到秦人在此地经略时的艰辛困苦与沧桑巨变，"茧形壶""蒜头壶""铜扁壶"这些具有鲜明秦文化特色的器物也随着秦人的征战和迁移而扩散到其他地域。如这件形成于战国中晚期的秦式扁壶，最先出现在陕西关中地区，其后随着秦人东进开启统一六国的征伐中，以秦式扁壶为代表的秦文化开始向周边扩散，"秦统一六国的战争中征战最为激烈的地区，即是关中以外最多见到秦式扁壶的地区，如河南三门峡及湖北云梦、江陵等地"[36]。秦式扁壶的样式与形制不仅在当时的地理维度上广泛传播，在时间维度上也得到了传承，它并未因朝代的更迭而彻底消失，后世的器皿中我们依稀能感受到它的身影存在。

这件陈列在展线上的蟠虺纹青铜扁壶，安静优雅，粗犷而不失大气，美观而不落俗套，这既是秦人精湛技艺的再现，也是秦人尚武精神的最好表白，那种坚贞不屈、慷慨激昂、锐意进取的精神早已融入中华民族的血脉之中。可以说古人所遗留下来的每件文物都蕴含着丰富的故事，我们不能任由其安静地陈列在展柜中，沉睡在库房里，而是要深入地研究挖掘，认知其价值，汲取其精华，进一步提升文化自信，传承文化血脉。

注释：

[1] 现代汉语词典[M].北京：商务印书馆，2002：532.

[2] 现代汉语辞海[M].北京：光明日报出版社，2002：465.

[3] 夏征农，陈至立主编.辞海[M].上海：上海辞书出版社，2009：917.

[4] （汉）许慎.说文解字[M].上海：上海古籍出版社，2021：337.

[5] 朱凤瀚.文物鉴定指南[M].西安：陕西人民出版社，1995：149.

[6] 许海星，杨海青主编.三门峡文物考古文集[M].北京：中国档案出版社，2001.

[7] [8] 河南省博物馆.河南三门峡市上村岭出土的几件战国铜器[J].文物，1976（03）.

[9] [36] 谢崇安.试论秦式扁壶及其相关问题[J].考古，2007（10）.

[10] 容庚.商周彝器通考[M].上海：上海人民出版社，2008：363.

[11] 朱凤瀚.古代中国青铜器[M].天津：南开大学出版社，1995：116-118.

[12] [16] 李学勤.论古越阁所藏三件青铜器[J].文物，1994（04）.

[13] 陈振裕.湖北云梦西汉墓发掘简报[J].文物，1973（09）.

[14] [15] 李陈奇.蒜头壶考略[J].文物，1985（04）.

[17] [19] 陈佩芬.中国青铜器词典（第四册）[M].上海：上海辞书出版社，2013：1020.

[18] 新编古汉语词典[M].长春：时代文艺出版社，2002：786.

[20] [21] 陈佩芬.中国青铜器词典（第一册）[M].上海：上海辞书出版社，2013：88.

[22] 王海文.青铜镶嵌工艺概述[J].故宫博物院院刊，1983（01）.

[23] 许俊臣，刘得祯.战国铜扁壶[J].文物，1987（06）.

[24] [32] [34] 李书谦.试论三门峡秦人墓[J].中原文物，2013（02）.

[25] 刘曙光.三门峡上村岭秦人墓的初步研究[J].中原文物，1985（04）.

[26] 宁文阁等.三门峡573干休所秦人墓发掘简报[C]//三门峡文物考古与研究[M].北京：北京燕山出版社，2003：19-31.

[27] [29] 三门峡市文物工作队.三门峡市司法局、刚玉砂厂秦人墓发掘简报[J].华夏考古，1993（04）.

[28] 汤立明等.三门峡市三里桥秦人墓发掘简报[J].华夏考古，1993（04）.

[30] [31] 三门峡市文物工作队.三门峡市火电厂秦人墓发掘简报[J].华夏考古, 1993 (04).

[33] 杨宽.战国史料编年辑正[M].上海: 上海人民出版社, 2001: 437.

[35] 赵成玉.三门峡秦人墓的发现与研究[J].三门峡职业技术学院学报, 2008 (01).

张　峰

彩绘跽坐陶俑

西汉（前206—公元25年）

通高37厘米，通长34.5厘米，通宽24厘米。泥质
红陶，呈跽坐状，通体施白衣，黑发，额前隆起盘圆
髻。五官端正，眉清目秀，口唇涂朱，细腰，两腕搭
于膝上，上着宽袖长衣，手与身体分制，现已不存。

（图一）

1996年三门峡市滨湖路7号墓出土

三门峡市博物馆　藏

图一　彩绘踞坐陶俑

图二　彩绘踞坐陶俑

"俑是我国古代墓葬中随葬的人形冥器，它是由古代的人殉演化发展而来的"[1]，它的产生和发展是一个漫长的过程。随着奴隶社会的消失和封建制度的确立，商代和西周奴隶主贵族用奴隶陪葬的习俗到东周时期发生了变化，进而产生了代替活人殉葬的替代品——俑。它的产生是代替活人去另一个世界陪伴侍奉主人的，是我国古代丧葬制度进步改良的表现。俑的塑造也是当时社会经济发展状况和人们生活习俗的真实写照，因此俑也就成了我们了解古代社会生活的重要参考依据。

这尊彩绘跽坐陶俑（图二），泥质红胎，通高37厘米。呈跽坐式，面部五官清晰可辨，宽衣大袖，细束腰，通体施白衣，头部施黑彩，发髻清晰可辨，眼、眉用黑线描出，涂红唇，手为外接，现已不存，部分彩绘及外部白衣有脱落。该俑是目前三门峡地区出土最为完整的彩绘跽坐俑，它的形象、服饰大都是以当时社会中的人物为原型的，真实地承载了古代社会的各种信息，因此对研究西汉时期人们的衣着服饰、生活习俗等有重要的意义。

一、彩绘跽坐陶俑的发现

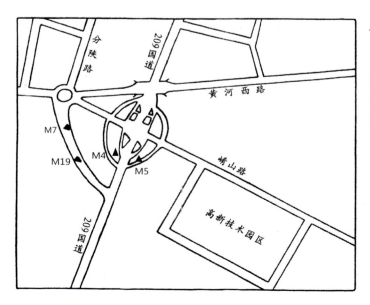

图三　M7、M19位置示意图

这尊彩绘跽坐陶俑于1996年6月出土于三门峡市开发区滨湖路一座西汉墓葬中。据考古发掘简报记载，为配合基建工程，原三门峡市文物工作队在市开发区滨湖路工地发掘清理了一批古代墓葬，其中有两座西汉墓葬，分别为M7、M19（图三）。这件彩绘跽坐俑出土于M7，编号M7：4（以下简称M7俑），该墓"为单室土洞

墓，方向10°，由墓道、墓门和墓室三部分组成"[2]。（**图四**）

　　墓道在墓室北面中部，为长方形竖穴土坑式，四面陡直，底部平坦。墓道南北长2.74米，东西宽0.8米，墓道口距地面深1.2米，墓门用26厘米×16厘米×7厘米青砖错缝平切封堵，封门高1.2米。墓室内呈长方形，南北长3.06米，东西宽1.6米～1.64米，高1.2米，墓顶为弧形。墓主人头向南，其骨架已腐朽成粉末状，但根据朽痕可知为单人葬。共计出土随葬物品16件，陶器15件（陶俑1件、陶鼎1件、陶灶1件、陶仓3件、陶壶4件、陶罐5件），铜器1件（铜镜1面），入葬年代为西汉晚期。[3]

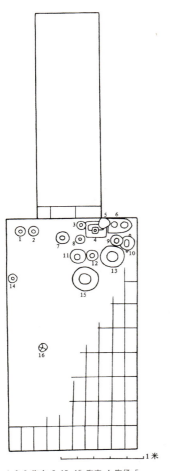

1、2、8.陶仓 3、13—15.陶壶 4.陶俑 5、7、9、11、12陶罐 6.陶灶 10.陶鼎 16.铜镜

图四　M7平面图（来源：《三门峡市滨湖路汉墓发掘简报》）

图五　M4出土跽坐陶俑

　　1992年9月，为配合修建209国道与崤山路交叉口立交桥，原三门峡市文物工作队在一座汉墓（编号M4）中又发现了一尊同时期的踞坐陶俑，编号M4：3（以下简称M4俑）（图五）。通高36厘米，踞坐式，黑发红唇，面部五官较为清晰，宽衣大袖，细束腰，通体施白衣，额部沿发际线有一凹线，眼、眉用黑线描出，其头、手、身体分制，中空，可插接，手已不存，大多彩绘及外部白衣脱落，泥质红胎。

　　这两座墓葬的形制及随葬品，具有很大的相似之处。"M4为小砖单室墓，由墓道、墓门、墓室几部分组成。墓向90°。"[4]（图六）该墓墓道位于墓室东侧，长2.4米，宽0.9米，深1.2米。墓门位于墓道西端，为拱形门，宽0.9米，高1.2米。墓室呈长方形，长4.2米，宽1.12米，高1.34米。墓室西、南、北壁均为平砖错缝顺砌，墓主人位于墓室西部北侧，骨架已腐朽成粉末。随葬品较为丰富，多位于墓室西南部，陶器居多，达24件（陶俑2件、陶鼎1件、陶釜2件、陶灶1件、陶罐2件、陶壶4件、陶奁1件、陶仓5件、陶鸥鹈壶1件、陶博山炉1件、陶狗1件、陶鸡2件），另有铜带钩1件、"五铢"铜钱10余枚。

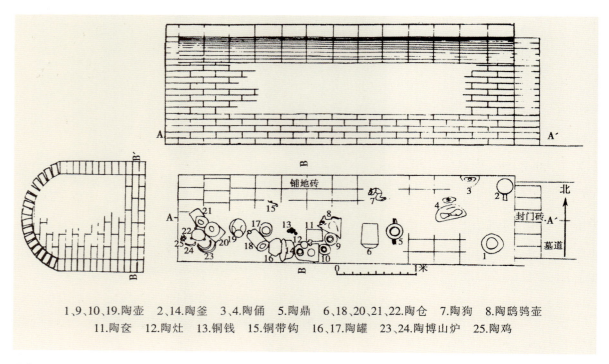

1、9、10、19.陶壶　2、14.陶釜　3、4.陶俑　5.陶鼎　6、18、20、21、22.陶仓　7.陶狗　8.陶鸥鹈壶
11.陶奁　12.陶灶　13.铜钱　15.铜带钩　16、17.陶罐　23、24.陶博山炉　25.陶鸡

图六　M4平面、剖视图（来源：《三门峡市立交桥西汉墓发掘简报》）

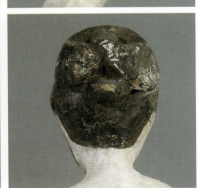

这两尊彩绘跽坐陶俑虽出土于不同的墓葬，出土位置直线距离在500米以内，其造型极为相似，属同时期的遗物。

二、彩绘跽坐陶俑赏析

两尊彩绘跽坐陶俑的出土地点、墓葬形制等有着密切的关联性，其造型及神态也有极强的相似风格，无疑为乐舞俑，残缺的双手似乎在抚琴或演奏某种乐器。也正因为这样的残缺美，引起了人们的无限遐想，恬淡优雅的仪态，俊美文静的面庞，打动着每一个面对它的人，那通体散发出的汉风遗韵，值得我们细细品味。

（一）引人注目的发髻

先看这两尊陶俑的发髻，它们的头发向上梳拢，但发髻有明显的不同，可以部分反映出当时人们不同的发髻特征。M7俑的发髻样式较为复杂，且有隆起，正面看头部前端有明显的隆起，有一绺头发绾起，背面发式则绾成数个包状造型盘于后脑（**图七**）。根据文献记载，"汉代女子重视对头发的润饰，通过对发髻盘结修饰，展现出妩媚、柔情、娇羞等不同情态的美，进而增加仪容的俊美"[5]，当然这在很大程度上也与其身份地位有关。因为汉代女性的发型、服饰有着较为严格的等级区分，身份等级高的一般发髻较高，

图七　M7俑不同位置的发髻样式

图八　M4俑不同位置的发髻样式

这与当时上层社会风气息息相关。当时的贵妇们喜欢用不同的发髻样式来彰显自己的身份，到了西汉晚期，"高髻逐渐在上层贵族妇女中流行开来"[6]。《后汉书·马援列传》中记载其子马廖上疏长乐宫以劝行德政，说"城中好高髻，四方高一尺；城中好广眉，四方且半额；城中好大袖，四方全匹帛"[7]。

M4俑的发髻样式简单，未有隆起发髻，正面背面都较为平整且紧贴头皮，无特殊造型（图八）。额头和头发交界处可见一明显凹槽延至双耳后，头顶有一圆形孔洞，说明该俑在陪葬时头部有其他装饰，由于年久腐化，现已不得见，笔者推测应为冠帽，"汉代男子束发，用冠帽固定发髻，王莽之后开始用巾帻裹发"[8]。结合其面部特征，可断定其为男性陶俑。

（二）清秀俊美的脸庞

接下来我们再来看这两尊陶俑的面部，撇开其他元素，单从面部总体轮廓来看，M7俑的面部轮廓线条较为清晰，透着女性的温柔娇美，具有很典型的女性特征（图九）。下颌略尖，总体呈"倒瓜子形"，用现在的描述就是"瓜子脸"，娇憨动人，美不胜收。五官除双耳隐藏于发髻，其他清晰可见，眉毛浓黑上翘，呈外"八"字，即八字眉，眉头高抬，细而色浓，眉尾下撇，广而色淡。眼睛扁平，凝视前方。鼻形较大。鼻梁挺拔，呈"倒三角形"。嘴形窄长，唇部

图九 M7俑面部特征

图十　M4俑面部特征

施红彩，唇中央位置色彩凸显，如樱桃状，这也符合"汉代女子唇妆以红和小为美"[9]的特点，"他们认为最美观、最理想的唇形，应像樱桃那样娇小可爱、浓艳欲滴"[10]。

对比M7俑，M4俑给我们的感觉则比较健硕，有阳刚魁梧之感。（图十）由于年代久远，其面部特征比较模糊，脸型圆润，上额饱满，下颌宽厚，隐约可见眉毛、鼻子、嘴唇的轮廓。其表现手法与图一较为相似，但仍有区别，如眉形较为粗犷，鼻形立体感较强，嘴型细长，施红彩且分布均匀。

（三）修身得体的服饰

最后，我们来看这两尊陶俑的身形及着装，他们都呈跽坐式。"跽坐"是汉代宫廷的一种标准坐姿，为两膝着地，臀部压在后脚跟上，南北朝以后，随着"胡床"等高脚家具的出现，这种坐姿就逐渐消失。这两尊陶俑着广袖深衣，袖口呈喇叭状，身形修长，双腕搭于膝上，手部不存。仔细端详，M7俑身体微微地向前弯曲，着两层交领深衣，领口与袖口为淡粉色。M4俑则笔直挺拔，领口样式不清晰，服饰未见带彩痕迹。这两尊彩绘跽坐俑完美再现了当时人们的服饰风格，其修长的身形再次印证了两汉数百年间，是以瘦为美的，崇尚骨感的身型，从两尊俑的背影看就更加明显。（图十一、图十二）大家熟知的"环肥燕瘦"的成语典故中，"燕"指的就是西汉成帝的皇后赵飞燕，其体态清瘦。这是M7俑给我们的直观感受，试想她起身走路时，一定会像轻风拂柳一样婀娜多姿，玉树临风一般温婉轻盈。从这尊陶俑的着装看，一袭古朴飘逸的深衣，秉承楚俗汉风的清雅。在西汉，深衣是上自诸侯下至庶民都可以穿着的礼服，看似宽袍大袖，深藏不露，却恰恰实现了人们对形体美的追求。它上下连缀，长及脚踝，衣身紧窄，凸显女性的线条，衣长及地，又让她们玉足轻裹，那衣摆曳地铺开，与细细的腰肢形成鲜明对比。我们仿佛看到一位妙龄女子正静静地站在渭河之滨，望着不远处的未央皇宫，正如西汉一首诗歌中描述的那样，"北方有佳人，绝世而独立，一顾倾人城，再顾倾人国"！

（四）两汉时期"深衣制"的发展演变

上面我们就两尊陶俑的服饰做了简单赏析，想必大家对两汉时期的服饰都有较为浓厚的兴趣。首先我们从两汉时期服装的形制说起，根据现有的考古和典籍资料可知，先秦及两汉主流服饰主要有两种，一种是"上衣下裳"的分体式服装，一种是上下相连成一体的"深衣"。这两尊陶俑所着的衣服就是"深衣"，两汉时期流行的也正是这种服饰。当时的人们认为穿上它，既符合礼节，又显示出端庄、高雅、华贵的气质，同时也包含汉代人对天地的尊崇和天人合一的文化追求，并逐渐形成了"深衣制度"。这显然是受到了儒家思想的影响，"汉武帝时'罢黜百家，独尊儒术'，'深衣'作为'礼

图十一　M7俑的背影

图十二　M4俑的背影

图十三　印花敷彩丝绵袍　（来源：湖南省博物馆官网）

图十四　褐色菱纹罗地"信期绣"丝绵袍（来源：湖南省博物馆官网）

服'在服饰上的'礼制'地位最终确立"[11]。

深衣严格意义上分为两种：一种为"直裾"深衣，如1972年湖南省长沙市马王堆一号汉墓出土的印花敷彩丝绵袍（图十三）；另一种是"曲裾"深衣，如1972年长沙马王堆一号汉墓出土的褐色菱纹罗地"信期绣"丝绵袍。（图十四）对比这两种不同形制的深衣，其中"直裾"式其衣襟为直角，上身后衣襟有一边与地面垂直。"曲裾"式其边角为尖角状，上身后腰将衣襟在腰部盘绕，最后用腰带固定。曲裾式深衣根据款式的变化又可分为"单绕"和"双绕"。就其流行时代来讲，"曲裾"深衣更早，多见于西汉早期，"直裾"深衣是在前者的基础上发展演变而来，出现于西汉，盛行于东汉。

总体来讲，深衣的发展演变经历了一个长期复杂的过程。深衣的起源可以追溯到商周时期，这一时期我国古代服饰的形制与制度逐步确立。"夏代之后，由商代到西周，是中国奴隶社会的兴盛时期，也是区分等级的上衣下裳形制和冠服制度以及章服制度逐步确立的时期。"[12]深衣也正是在这个背景下逐渐发展演变而来，在春秋战国时期形成了深衣服式。"深衣有将身体深藏之意，是士大夫阶层居家的便服，又是庶人百姓的礼服，男女通用，可能形成于春秋战国之交。"[13]但当时人们的衣服款式可谓丰富多样，深衣并非唯一选择，这主要与当时"百家争鸣"的学术思想有很大程度上的关系。随着秦汉大一统时代的到来，深衣得到了新的发展，受到人们的推崇。两汉时期"曲裾"式、"直裾"式深衣先后流行，后期由于人们服饰的日益完备，裈（一种有裆短裤）的出现并为人们接受，这带来了着装习惯的变革，"如此这般曲裾深衣的遮掩功能就失去了实用价值，被直裾深衣取代……在东汉时期广为流行"[14]。两汉之后的魏晋南北朝，由于少数民族入主中原，社会动荡，人民错居杂处，政治、经济、文化等相互融合发展，带来了人们服装形制的变革，传统的深衣和袍服已不大适应社会的需要，"深衣逐渐走向衰落，男子已不着深衣……在女装中仍然可见，但与早期的形制相比，已有较大差异"[15]。至此深衣逐渐淡出了人们的视野，但是其影响却很久远，之后历代的服饰中均能看到深衣的影子，现代社会也是这样，如广受现代人喜爱的连衣裙。

这两尊彩绘跽坐陶俑的色彩美、服饰美、造型美，是其传递给我们的视觉信息，彩绘手法的加入，提升了陶俑的活力，给人以栩栩如生之感。也许今天当我们观赏时，会因这些脱落或暗淡的彩绘而心生遗憾，但仍能"让我们体验到简恬的优美和单纯的抒情所带来的非凡艺术魅力"[16]。这在很大程度上反映了当时社会经济发展水平的稳定与繁荣。随着大一统王朝的建立，人们的社会生活水平有了显著提高，普遍过上了安居的生活，在解决了温饱问题之后，开始了美的追求：发髻的样式、面部的装扮、服装的款式、体型的标准等都是他们追求的美。而这一时期陪葬的陶俑也不再仅限于王侯将相的墓中，普通地主的墓葬中随葬的陶俑数量逐渐增加。俑的种类也更加丰富，这都可以映射出当时社会发展的水平。特别是彩绘陶俑的出现，更加体现出西汉后期社会经济的发展水平。同时，这些彩绘陶俑已经逐渐摆脱秦风的影响，逐渐形成自己独有的风格，它不同于秦始皇陵兵马俑的大气恢宏，也有别于动态十足、带有浓厚民间生活情趣的东汉陶俑，而它呈现给人们的是一种带有小巧柔美审美特征，通体散发出宁静含蓄的柔婉之美。

三、陶俑的起源与意义

说起俑的起源，就不得不提起死亡，这是谁也无法改变的自然定律，从原始人类出现至今，生老病死一直是无法超越、无法战胜的归宿。在文明孕育及发展的长河中，人们对于死亡的认知逐渐趋于统一，认为人死后灵魂离开肉体而继续存活，产生了"灵魂不死"的观念，并一直伴随着人类社会发展，直到现在依然存在，可谓根深蒂固。也正是这种观念的存在，左右着丧葬形式及制度的演变，"事死如事生"也就不足为奇了。《荀子·礼论》说："丧礼者，以生者饰死者也。大象其生以送其死也。故如死如生，如亡如存，终始一也。"意思是说，丧礼就是用生前的样子去装饰死者，大致模仿他活着的时候的样子把死者送走。所以侍奉死者如同生者，侍奉死去的人如同他活着的时候，对于生死存亡都能按照礼的规定来做，这就是古人厚葬观念中极其重要的内容，促使了各种殉葬制度的产生。

考古发掘成果证明，早在新石器时代就已经出现人殉与牲殉。如甘肃的齐家文化、内蒙古的朱开沟文化，均出现了以妻妾和奴隶殉葬的现象，这是"人殉之风的滥觞，从此以活人殉葬的恶习在中国沿袭了几千年"[17]。位于中原地区的河南，以裴李岗文化、仰韶文化为代表的新石器时代文化遗址的考古发掘中，发现的动物殉葬居多，如狗、龟等。人殉与牲殉到了商代则成了普遍现象，特别是到了"商代晚期，这种残暴的殉葬方式达到了高峰，安阳殷墟方圆数十公里内，王宫、宗庙、王陵及宗族墓葬星罗棋布，地下所埋作为祭品和殉葬的人，总数就达16000人之多"[18]。除此之外，在其墓葬中也发现有狗、马、鸡等牲殉。进入两周时期，"敬天保民"的人本思想得以发展，人殉现象得到了一定的遏制，但并未消失，西周时期人殉制度仍在延续，但没有商代的疯狂。东周时期，社会动荡，诸侯逐鹿中原，称王称霸，不同的思想文化迎来了大融合、大发展时期，"百家争鸣"且相互融合，人殉受到强烈谴责和非议，以活人殉葬之风日渐式微。东周时期人殉最为盛行的秦国，也出现了较为强烈的反对声音，《左传·文公六年》载："秦伯任好（即秦穆公）卒，以子车氏之三奄息、仲行、针虎为殉，皆秦之良也。国人哀之，为之赋黄鸟。"以上的记述在《诗经》中也有详细记载。

《诗经·秦风·黄鸟》

交交黄鸟，止于棘。谁从穆公？子车奄息。维此奄息，百夫之特。临其穴，惴惴其慄。彼苍者天，歼我良人！如可赎兮，人百其身！

交交黄鸟，止于桑。谁从穆公？子车仲行。维此仲行，百夫之防。临其穴，惴惴其慄。彼苍者天，歼我良人！如可赎兮，人百其身！

交交黄鸟，止于楚。谁从穆公？子车针虎。维此针虎，百夫之御。临其穴，惴惴其慄。彼苍者天，歼我良人！如可赎兮，人百其身！

译文：

小黄鸟儿交交鸣，飞来落在枣树丛。谁从穆公去殉葬？子车奄息是他名。说起这位奄息郎，才德百人比不上。人们走近他墓穴，浑身战栗心哀伤。浩浩苍天在上方，杀我好人不应当！如果可以赎他命，愿以百人来抵偿！

小黄鸟儿交交鸣，飞来落在桑树上。谁从穆公去殉葬？子车仲行有声望。说起这位仲行郎，才德百人难比量。人们走近他墓穴，浑身战栗心哀伤。浩浩苍天在上方，杀我好人不应当！如果可以赎他命，愿以百人来抵偿！

小黄鸟儿交交鸣，飞来落在针荆树上。谁从穆公去殉葬？子车针虎是他名。说起这位针虎郎，百人才德没他强。人们走近他墓穴，浑身战栗心哀伤。浩浩苍天在上方，杀我好人不应当！如果可以赎他命，愿以百人来抵偿！

这首诗既是对随秦穆公殉葬的贤相子车氏三个儿子的悼念，也是对此事的针砭和控诉，说明人们已经清醒地认识到人殉制度是一种极不人道的残暴行为。随着人们对于人殉制度残酷性认识加强，以俑替代生人陪葬的方式逐渐形成，并被社会各阶层接受。"也正是在以上大的历史背景下，战国时期俑的制作趋于普遍，尤其是陶俑骤然增多，为气势恢宏、形体高大的秦俑出现，开启了先河。"[19]最具代表性的就是我们今天熟知的秦始皇陵兵马俑，可以称得上我国历史上陶塑艺术的巅峰之作。春秋战国之际随着陶俑制作技术的成熟，在社会大变革时期先进思潮的推动下，以俑陪葬的观念逐渐深入人心，这为后期陶俑制作的普遍性开辟了广阔空间。这一观点也在考古发掘资料中得到了验证，作为随葬品"陶俑大量被使用，则在春秋战国以后，随着人殉制失去市场、逐步走向衰落"[20]。

综上所述，陶俑的起源严格意义讲可追溯到新石器时期的陶塑，但从

"俑"字的定义来看，能称为"俑"需具备以下特征：人形、偶人，制作材质可为木制、陶制、铜制等。由此来看，春秋战国时期无疑是陶俑发展的重要时期，两汉时期日趋成熟，隋唐迎来鼎盛，两宋趋于衰落。

四、两汉时期陶俑的发展演变

西汉建立后，其各项制度基本为"汉承秦制"，西汉初休养生息的政策，带来了社会经济的繁荣发展，在"事死如生，事亡如存"观念的影响下，厚葬之风盛行。"富人大起冢墓，贫民倾其家财，朝野之间，争相效仿，汉代墓葬在数量和分布范围上，都远远超过前代。"[21]这很大程度上促进了陶俑的发展，墓葬中随葬陶俑的数量、类型等越来越丰富，涵盖了生前的吃穿住行玩，可以说只要是生前生活所需品一应俱全，正所谓"死者在世时享受了一生，死后仍然可以女仆成群，一呼百应，声色犬马之好，罗列左右，赀财富足，取用不匮地享用"[22]。两汉时期陶俑的发展有着得天独厚的优势，从考古发掘资料及文献资料中我们发现，其发展演变经历了西汉初期的模仿—西汉中期的发展—西汉晚期成熟三个阶段，这主要与当时社会发展的历史背景有很大关系。

西汉初期，丧葬制度大体随秦制，随葬陶俑受到秦兵马俑的影响较深，随葬数量多，规模大，主要集中在帝王、重臣及诸侯的墓葬中，以骑兵俑、守卫俑、步兵俑等为主的兵马俑居多，如阳陵、杨家湾汉墓、安陵与霸陵等。从其出土地点来看，主要集中在都城长安（今西安）一带；从墓主人身份来看，其主要为帝后、贵族及大臣等，这说明随葬陶俑在当时并非人人皆可拥有。

西汉中期，随着社会经济的进一步发展和政权的进一步巩固，随葬的陶俑种类日趋丰富，其制作工艺更加高超逼真。象征帝王将相丰功伟绩的军队俑逐渐消失，陶俑出现的墓葬也不仅仅限于高等级的贵族墓葬，而且也受到了大批的富商、官宦以及豪强地主的追捧。侍仆俑、乐舞俑、杂技俑等逐渐成为主流，其制作手法更加成熟并逐渐摆脱秦风的影响，开始形成自己的独特风格。与此同时，随陶俑一起殉葬的物品中多了很多与人们生活息息相关的陶制品，如陶井、陶仓、陶猪舍、陶鸡舍等，更加贴近生活。与此同时，胡奴俑开始在墓葬中出现，这与汉武帝时期开始并持续很长时间的汉匈战争有较大关系，这也是汉匈文化交流融合的体现。

西汉后期至东汉，社会开始动荡，但庄园经济却得到了发展，豪强地主阶层崛起，他们对于财富的占有欲更加贪婪，生前所占有的一切，死后也希望拥有，"大象其生，以送其死"的观念愈加突出。墓主人生前所拥有的一切，都能在其随葬品中找到，仆役俑、乐舞俑、杂技俑、劳作俑等一应俱全，以陶楼、陶水榭、陶院落等为代表的陶制建筑随葬品逐渐增多，其规模宏大，造型复杂，装饰精美，有些陶俑作为建筑的一部分被装饰其中，以动物家畜为题材的陶塑随葬品也鼎盛起来，其造型惟妙惟肖，千奇百态。最为重要的是，部分墓葬随葬俑中开始出现黄绿色和酱褐色的釉陶俑，这体现出制陶技术的进步。这些内容丰富、种类齐全的随葬品俨然是墓主人生前日常起居的真实再现。具有代表性的墓葬，如洛阳烧沟汉墓、灵宝张湾汉墓、陕县刘家渠汉墓等。

综观两汉时期出土的陶俑，无论从形制还是种类，都有了较为明显的进步，其描绘的对象更加写实，涵盖了普通百姓的衣食住行，更加"接地气"。其塑造原型大多为社会底层人士，多来源于日常生活，它们的形象动态"不像陵墓雕刻和佛教造像那样要受一定规范的限制，而是比较自由"[23]。而塑造这些陶俑的匠人基本也来自底层社会，他们在制作时会更加得心应手，创作也更加生活化、理性化、现实化，"两汉陶俑主要体现了事物的内在精神，而非外观的冷漠模拟"[24]，因此制作的陶俑才会更加栩栩如生。

三门峡市博物馆藏的这两尊彩绘跽坐陶俑，虽为陪葬用的冥器，但丝毫没有掩盖其通体散发出的独特魅力。两千年岁月流转，虽已经变得斑驳，但是那夸张且生动的描绘手法、完美的造型、独特的风格却仍能吸引现代人的目光。我们仿佛听到了汉代人演奏的美妙音乐，仿佛看到了汉代人的华丽衣着，也感受到了汉代人的热情朴实和对美的执着追求。

综观汉俑，虽不及秦俑的高大威猛和强烈的写实意识，其造型相比秦俑也日趋简约概略，但是它们来源于日常生活方方面面。注重内心精神气质的表达，更加具有亲和力，虽来源生活，又不是简单机械的临摹和照搬，而是具有鲜明的塑造目的和创作意识的艺术形式。"他们采取饱满的面，扁平的体，富有装饰意味的阴线和阳线，贯穿于作品，本来陪伴死亡的俑也赋予了快乐的生命。"[25]陶塑艺术的发展成就为后世的创作提供了更加丰富的素材，如"魏晋陶俑的飘逸，隋代的严谨，唐的丰富，宋代的世俗化倾向，无不渗透着汉俑形态之美、气势之美的积极影响，明清时期形态各具、惟妙惟肖的案头陶瓷、陶塑同样也是这种文化精神延伸的体现"[26]，甚至直到今天仍值得我们借鉴。

如果说秦王朝建立了中华民族历史上第一个大一统的王朝，那么汉代则是中华民族深入发展与融合的关键时期，"西汉王朝建立后，承接了秦朝统治时期的政治体制，巩固和发展了由秦朝建立起来的统一的多民族国家的疆域，为中华民族的形成和壮大奠定了最大的地理范围"[27]。随着地理范围的形成，其维系统治的大一统思想逐渐成熟并广泛深入人心，特别是以"仁"为核心的儒家思想逐渐成为统治思想，尊儒教化的文化价值趋于认同，这也深深影响到了两汉时期陶俑的发展。随着人形陶俑的大量使用，对制造者来说无疑是巨大的挑战，为了能够满足大规模的需求，其在塑造过程中就不得不舍弃对局部的精细刻画，而是"用高度概括的手法取大势、去繁缛，追求神似，以简练、明快而古拙的风格，兴趣盎然地投入现实生活，表现人的世界"[28]。为了适应大规模的需要，工匠们甚至制作了大批的陶塑模具，便于大规模地制造。这昭示着丧葬习俗的进化与改变，是汉民族文化的重要体现，反映出民族的内在特质和精神。同时陶俑中胡人形象的出现，更是体现了两汉时期胡汉民族实体的融会、整合与重塑。

"大象其生，以送其死。"在这种理念的影响下，两汉时期随葬的陶俑逐渐趋于多样化，涉及社会生活的各个领域，有反映战争题材的兵马俑、持盾俑、武士俑和驾车俑，也有再现人们娱乐生活的乐舞杂技俑，还有从事农业生产的持铲俑和插秧俑，更有反映人们社会不平等地位的仆役俑，甚至是表现家畜饲养的各种陶塑以及反映古代医学的经脉漆雕木俑等。这一尊尊惟妙惟肖的陶俑，一件件憨态可掬的动物陶塑，一栋栋宏伟庄重的庄园建筑等均能在两汉时期的墓葬中看到，它们表达的是自在、本然的生死观，更多的是对逝者的尊敬与哀思。也正是这些以陶俑为代表的汉代陶塑冥器的存在，我们今天才能从中深刻感受到其陶塑艺术的魅力所在，更是汉代人向后世人传递的最为直观、最为形象的表达方式，其身上展现的艺术灵魂将永远留驻在人们心中。

注释：

[1] 朱凤瀚.文物鉴定指南[M].西安：陕西人民出版社，1995：149.

[2] [3] 许海星，李书谦主编.三门峡文物考古与研究[M].北京：北京燕山出版社，2003：56-60.

[4] 三门峡市文物工作队.三门峡市立交桥西汉墓发掘简报[J].华夏考古，1994 (01) .

[5] [8] 柴秋霞，叶丹妮.新密打虎亭汉墓壁画中的服饰探析[J].中原文物，2021 (02) .

[6] 王晓丽.浅谈汉代妇女发髻[J].北方文学（中旬刊），2013 (9) .

[7] （南朝宋）范晔.后汉书·马援列传[M].北京：中华书局，1965：853.

[9] 李佳贝.汉代女性面妆审美研究[D].湖南师范大学，2017.

[10] 孟华.汉代妇女妆饰风俗初探[D].西北大学，2001.

[11] [14] 姜欣.试论深衣及其演变过程[J].吉林工商学院学报，2012 (03) .

[12] 沈从文，王㐨.中国古代服饰史[M].北京：中信出版社，2018：14.

[13] 沈从文，王㐨.中国古代服饰史[M].北京：中信出版社，2018：34.

[15] 李影.浅论深衣的起源与其历史发展[J].山东纺织经济，2016 (11) .

[16] 高峰.浅析汉代陶俑的造型特点及影响[J].陶瓷研究，2004 (01) .

[17] [18] 河南博物院.河南古代陶塑艺术[M].郑州：大象出版社，2005：7.

[19] 河南博物院.河南古代陶塑艺术[M].郑州：大象出版社，2005：13.

[20] 河南博物院.河南古代陶塑艺术[M].郑州：大象出版社，2005：14.

[21] 河南博物院.河南古代陶塑艺术[M].郑州：大象出版社，2005：34.

[22] 曹者社，孙秉根.中国古代俑[M].上海：上海文化出版社，1998：4.

[23] 刘冬雪.质朴·传神·美好——汉代陶俑艺术特点[J].中国外资，2010 (01) .

[24] 张永.陶俑探微——浅析两汉陶俑艺术[J].苏州大学学报（工科版），2002 (03) .

[25] 吴为山.中国写意雕塑的历史与发展[J].民族艺术，2002 (04) .

[26] 唐荀.古拙朴厚　意在形先——两汉陶俑及其特征浅析[J].电影评介，2007 (20) .

[27] 王再承.论汉代对中华民族形成的历史建树[J].理论学刊，2019 (01) .

[28] 河南博物院.河南古代陶塑艺术[M].郑州：大象出版社，2005：68.

崔松林

凤鸟纹瓷壶

西汉（前206—公元25年）

通高36厘米，口径12.7厘米，腹径27.5厘米，底径15.5厘米。侈口，束颈，鼓腹，圈足底。肩部饰对称模制铺首衔环。口、肩部施青釉，其下施酱色釉。口沿和颈下部各饰有一周锯齿纹，肩部饰四组阴刻凤鸟图案，腹部饰弦纹。（图一）

1994年三门峡市农牧局工地M5出土

三门峡市博物馆　藏

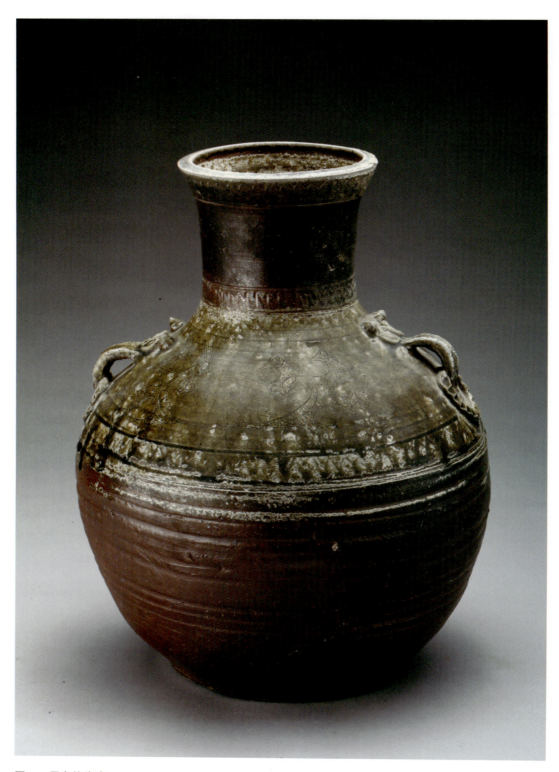

图一　凤鸟纹瓷壶

三门峡市博物馆珍藏的这件西汉时期凤鸟纹瓷壶，为三门峡市文物考古研究所在市农牧局工地考古发掘时出土，2000年入藏三门峡市博物馆，为馆藏二级文物。本文将从汉代原始青瓷的器型、质地和制作特点及凤鸟纹装饰等方面试做讨论和鉴赏。

一、凤鸟纹瓷壶的发现

1994年，三门峡市文物考古研究所对市农牧局工地考古发掘时，在一座西汉中期墓葬中出土了这件凤鸟纹瓷壶。壶高36厘米，口径12.7厘米，腹径27.5厘米，底径15.5厘米。侈口，高颈，鼓腹，圈足，肩部两侧附对称铺首衔环耳。口、肩部施青釉，其下施酱色釉。口沿和颈下部各饰有一周锯齿纹，肩部饰四组阴刻凤鸟图案，腹部饰弦纹。该壶质地为原始青瓷，保存完整，器型较大，釉色纯正，装饰华丽，为三门峡地区罕见的汉代原始青瓷器。

瓷器的发明与烧造，是中国对世界文明发展的一项重要贡献。从商代中期开始烧造出了原始青瓷，经过西周、春秋战国、秦、西汉的发展，到东汉中晚期浙江地区的古越窑就生产出了具有现代瓷器基本要素的成熟青瓷，又历经六朝艺术青瓷阶段、唐代越窑秘色青瓷阶段、宋代龙泉窑青瓷阶段的不断发展演进，青瓷的发展跨越了3000多年的历史，而且在宋代以前青瓷一直在瓷器发展进程中处于主导地位。由此可以说，青瓷在整个瓷器发展史中具有不可替代的地位以及历史、科学、文化和艺术价值。在青瓷漫长的发展过程中，汉代青瓷又具有里程碑的意义，因为这一时期正是原始青瓷向成熟青瓷发展转变的重要历史节点。汉代青瓷，是汉文化中一朵瑰丽的奇葩，它有着深厚的文化艺术意蕴，值得我们今天去发现、认识和研究。

二、中原地区发现的汉代青瓷

汉代原始青瓷在南北方均有发现，南方的青瓷无论数量和质量上都要高于北方。为了便于讨论，我们将中原地区发现的西汉原始青瓷列举如后。中原地区的青瓷器绝大多数出自西汉墓葬，少数小型瓷壶则沿用至东汉早期墓。以包括郑州巩义在内的洛阳盆地出土数量最多，南阳次之，商丘、周口、许昌和三门峡有少量发现，现就目前见诸报道的汉代青瓷出土情况列举如下。

洛阳地区：烧沟M175、M1034各出土1件瓷壶，年代分别为西汉晚期和新莽时期。[1]洛阳西郊金谷园M3227出土瓷壶10件、瓷瓿5件，年代为西汉晚期。[2]洛阳金谷园IM337出土瓷壶6件、瓷瓿2件，年代为西汉晚期。[3]洛阳王城公园C1M8567出土1件瓷壶，年代为东汉早期。[4]洛阳春都花园IM2354出土11件瓷器，其中瓷罐2件、小瓷壶4件、大瓷壶5件，年代为西汉晚期。[5]洛阳五女冢96HM267出土瓷壶1件，年代为新莽时期。[6]洛阳东关夹马营C3M15出土瓷壶1件，年代为东汉早期。[7]洛阳孟津区天皇岭西汉晚期墓（编号M12、M18、M24、M28、M33），出土19件瓷器，其中壶14件、瓿4件、罐1件。[8]洛阳孟津区平乐镇西汉中晚期墓出土13件瓷器，有壶、瓶、罐等。[9]洛阳伊滨区玄奘路M12和M55分别出土1件瓷罐和2件瓷壶，年代分别为西汉晚期和东汉早期。[10]新安县铁门镇M8、M13各出土1件瓷壶，年代分别为西汉晚期和新莽时期。[11]

南阳地区：南阳市嘉丰汽修厂M1出土瓷壶2件[12]，南阳市三杰房地产开发公司M49出土瓷瓿1件[13]，南阳陈棚村M68出土瓷盒2件[14]，南阳市审计局M69出土瓷壶2件[15]，以上年代均为西汉晚期。唐河县湖阳镇罐山M10出土瓷壶1件，年代为新莽时期。[16]

三门峡地区：三门峡市农牧局工地M5出土瓷壶1件，三门峡市舒馨苑一期M12出土青釉瓷罐1件[17]。（图二）

图二　三门峡向阳汉墓M12出土的青瓷罐（出自《三门峡向阳汉墓》）

其他地区：巩义市康店叶岭砖厂M2出土瓷壶1件，年代为西汉晚期。[18]巩义叶岭村M1出土瓷壶5件和瓷瓿（釉陶罐）2件，年代为新莽时期。[19]商丘永城市芒砀山YMM1出土瓷壶3件，年代为新莽时期。[20]永城保安山M2出土瓷壶2件，年代为西汉早期。[21]周口淮阳平粮台M244出土瓷壶1件，年代为西汉晚期。[22]许昌禹州新峰M355出土瓷壶1件，年代为新莽时期。[23]因为早期对原始瓷器认定的概念尚不统一，这些汉代原始瓷器，在原报告中大部分被认定为釉陶器。

除中原地区外，西安"张安世"家族墓出土了一批汉代青瓷，这批青瓷器在器型、质地和装饰上都与三门峡出土的凤鸟纹瓷壶相类，尤其是凤鸟纹装饰，高度相似，似出于同一工匠之手。**（图三、图四）**

图三　西安"张安世"家族墓发掘现场（杜文《陕西出土西汉原始青瓷的印证与谜题》）

三、原始瓷器的发展历程

图四　西安"张安世夫人"墓出土的瓷器（杜文《陕西出土西汉原始青瓷的印证与谜题》）

陶器制作起源于新石器时代。据考古发现，目前最早的陶器遗址是距今约10000年的地处湖南道县的玉蟾岩遗址、江西万年仙人洞遗址以及河北徐水南庄头遗址。[24]当时的制陶工艺极其简单，所用的制陶原料均来自人类所居住的地方，烧出来的陶器质地松软，是一种粗砂陶，多用于日常生活。

到了殷商时期，开始出现瓷的雏形。而此时的制陶工艺也有了长足的发展，陶器的造型开始有变化，而且还有不同品种不同花色的印纹硬陶出现。西周时陶器的制作原料从就地取材变成了采用高岭土，而高岭土中含有少量的Fe_2O_3，使得陶器烧制温度达到了1200℃，而原始瓷也是在此基础上发展而来的。原始瓷的内外表面都含有一层厚薄不均的玻璃釉，颜色多为青灰色和黄褐色。瓷胎上一般使用黄绿色或青绿色的釉。这种原始瓷的吸水性弱，颜色灰白，胎面粗糙。

在商代的一些遗址中发现的原始瓷，制坯的原料未经过精细处理，胎质较粗，胎色以灰白色为主，也有灰褐色和淡黄色的原始瓷。因为工艺不发达，器物采用的是泥条盘筑法，所以器型也很不规整，圆器的变形率也比较大，胎壁厚薄不匀，粗糙笨拙，烧结坚硬，敲击有清脆的声响。釉多是涂抹上去，釉的厚薄不匀，颜色深浅不一。胎体跟釉面的结合程度较差，釉面容易脱落。商代原始瓷的器型有尊、瓮、豆等，商后期出现了各种各样的花纹，但线条一般都比较粗犷。周代的原始瓷器在器型和纹饰上有所改进，常见器型有豆、碗、簋、瓮、罐等，纹饰的线条比商代更加纤细。

春秋战国时期，原始瓷的工艺得到进一步提高。成型方式也由最开始的泥条盘筑变成了拉坯成型。拉坯成型使得器物的厚薄更加均匀，造型更加丰富多变，纹饰装饰减少。此时原始瓷的胎质显得更加细腻，呈现灰白色或土黄色，常见器型有碗、盘、鼎等。我国的原始瓷生产从商代一直到战国时期，中间经历了一千多年的历史演变，随着技术的不断创新和提高，到了春秋战国，原始瓷胎质变得更为细腻，铁和钛的含量较低，外多施青釉，已经接近瓷器的要求。

汉代原始瓷的胎质呈现出灰色及深灰色，胎质也比较粗糙疏松，吸水率较高，因此严格上来说，大家把秦汉的原始瓷称为"原始青瓷"。此时的原始瓷器中含铁量在氧化焰中烧成胎质呈深红色或紫色，在还原焰中则呈现深灰或接近黑色，从这里可看出汉代原始瓷在工艺上的退化。到了东汉，早期开始使用浸釉法，器物底部无釉，釉层相对来说就更加均匀，脱落的情况较少。东汉时还产生出了一种酱色釉原始瓷，这种原始瓷的含铁量比青绿釉原始瓷更高，烧成之后呈暗红色、紫色或紫褐色。汉代瓷器数量较少，但已经具备了瓷器的主要特征。

四、汉代青瓷的特点

瓷器造型在不同时代或在特定的历史阶段有着不同的表现形式，往往会在一件瓷器上留下制作时特定的文化印记。汉代青瓷历经四百多年的发展形成了独具的艺术风格，具有质朴、典雅和大气的特点。汉代青瓷主要器型有鼎、盒、壶、钫、钟、瓿、罐等。其造型一方面承袭了商代、西周、春秋战国青铜礼器的风格和特点，另一方面又在瓷器的实用性和造型艺术的结合上有了新突破。汉代青瓷在造型风格和艺术上更多的是模仿青铜礼器。[25]（图五）

汉代青瓷造型从西汉初期到东汉结束，也是不断变化的过程。汉代初期的青瓷造型一般在器型的底部都置有三足或高圈足，到西汉晚期和东汉初期各种青瓷底部基本上都变为平底和矮圈足了，这时各种青瓷的器身也发生了明显变化。它不仅创造了体现汉文化特色的各类实用型瓷器，而且还创造了值得文物和收藏界高度关注的造型独特优美的仿生青瓷。这些青瓷在造型上将刻画、雕塑、粘贴等多种技法施于一体，简约粗犷、大巧若拙、神韵灵动，反映了汉代青瓷高超的造型艺术水平。

图五　西安"张安世夫人"墓出土的青瓷罐（杜文《陕西出土西汉原始青瓷的印证与谜题》）

汉代青瓷是颜色釉瓷中最早出现、持续时间最长和最具东方艺术特色的瓷器。青瓷作为瓷器的一大类别，主要是从瓷器表面的釉色来界定的，因此，青瓷是指高温釉颜色品种之一，其坯料和釉料均含有较高铁的成分，然后经过1200℃以上高温焙烧，使瓷器表面有一层锃亮的青光。青瓷有广义和狭义之分。狭义上的青瓷，是指经过还原焰烧成的高温釉，它的颜色呈青绿、青灰、青黄或青褐色。广义上的青瓷，是指凡以氧化铁作为主要呈色剂的瓷器都属于青瓷的范畴。汉代青瓷的釉色具有柔和淡雅、青泽纯净的特点，其色泽有青绿、青灰、青黄和青褐色。[26]东汉青瓷以不同的器型为载体，从而展示出釉色之美，给予我们的是清芬宁静的安逸和幽深通古的情愫。(图六)

图六　西安"张安世"家族墓出土的青瓷水波纹双耳瓿 （杜文《陕西出土西汉原始青瓷的印证与谜题》）

汉代青瓷之所以受到人们的喜爱，一是因为它具有朴拙典雅的造型之美，二是因为它具有青泽纯净的釉色之美，还有它简洁明快的纹饰之美。从汉代青瓷的纹饰看，各类器型的纹饰都显得简洁、爽利、自然和清新，常见的纹饰有弦纹、水波纹、云气纹、圈点纹等，在少部分器型上刻画有凤鸟纹、兽面纹等。(图七)综观汉代青瓷纹饰，呈现的是弦纹的流畅、水波纹的飘逸、云气纹的律动、麻布纹的自然、兽面纹的神秘、凤鸟纹的明快，给人以简约清新之美。

我们不仅可以欣赏到汉代青瓷的造型、釉色、纹饰之美，而且

图七　凤鸟纹图片局部（三门峡市农牧局工地出土）

通过深入品鉴还会了解其包容多元的文化内涵，这也是汉代青瓷作为物质文化载体的本质表现。汉代青瓷大都是仿青铜礼器造型制作，是古代中国礼制文化在这些瓷器上的体现。[27]器物上的凤鸟纹饰，所表达的是一种图腾文化。《诗经》中有"天命玄鸟，降而生商"的诗句，说明玄鸟就是商的图腾。古代夷族中有鸟夷部落，也是以鸟为图腾。凤鸟就是鸟图腾的一个总的代表性文化符号，赋予吉祥、美好、希望、光明的寓意。自商代中期开始，凤鸟作为一种图腾文化符号不断出现在青铜器及其他艺术品上。在汉代青瓷器的纹饰中，弦纹、水波纹运用得最多，几乎所有的器型上都有弦纹，是由凸起或凹下的刻画线条形成一个个圆圈围绕在器型上，实际上这是受自然界太阳、月亮、地球这些大圆外形的启示，通过古代工匠们抽象的艺术思维，在汉代青瓷器上刻画出流畅的圆形弦纹，这也是对自然现象的一种文化解读。[28]水是生命的源泉，水与人类的生存和发展息息相关，正是有了像长江、黄河这些奔腾不息的大江大河泽被和惠及我们整个中华民族，我们这个民族才能得以生生不息、永续发展。因此，在汉代青瓷上刻画有大量的水波纹，是古代工匠们对水的崇拜，对生命繁衍的寄托和希望。汉代青瓷所包涵的这些多元文化元素，从更加宽广的视域拓展了其文化艺术价值取向，也使汉代青瓷在瓷器发展史上留下了浓墨重彩的一页。

五、汉代瓷器的凤鸟纹装饰

（一）凤鸟纹的起源

关于凤鸟的起源有两种说法，一种是起源于神话传说。凤鸟仅在《山海经》中就出现12次之多，如《山海经·海内西经》"凤皇，鸾鸟皆戴瞂""沃之野，凤鸟之卵是食，甘露是饮"等。另一种说法是凤鸟图腾说。先秦时期凤鸟曾被奉为图腾，象征着权力、地位而受人们崇拜。汉代以后凤鸟更多被视为带有吉祥祝福寓意的象征，唐宋时期凤鸟纹饰及凤鸟样式的手工艺品在民间大量出现。

一种观点认为凤鸟最早只是祥瑞的代表出现在古代神话中。《山海经》中关于凤鸟的记载有"有五采鸟三名，一曰皇鸟，一曰鸾鸟，一曰凤鸟"，《尔雅·释鸟》郭璞注："凤，瑞应鸟。"《说文》："凤，神鸟也，……见则天下大安宁。"这些记载描绘了凤鸟的体貌特征，传说凤鸟是一种体态像鸡的五彩大鸟。之后如《汉书》《晋书》中都有提及类似形态的凤鸟，认为凤鸟是带有玄幻色彩的神话之物。可见，凤由鸟发展而来，由于其神性不断被丰满并赋予高洁的品性，逐渐从普通的飞鸟演化为预示祥瑞的鸟神。

关于凤鸟的图腾说，《诗经·商颂·玄鸟》中有"天命玄鸟，降而生商"。《史记·殷本纪》载："殷契，母曰简狄，有娀氏之女，见玄鸟堕其卵，简狄取吞之，因孕生契。"文中的玄鸟指的就是凤鸟。玄鸟也可解释为燕子，商人认为契是简狄与鸟所生，将鸟视作自己的始祖。商人认为自己是凤鸟所出，对凤鸟有着特殊的情感，在东迁之后加入了以凤鸟为图腾的东夷集团，也将凤作为自己的图腾。《左传·昭公十七年》："我高祖少暤挚之立也，凤鸟适至，故纪于鸟，为鸟师而鸟名。"这是传说中最早的鸟部落，少暤将凤鸟作为氏族的图腾。元人郑杓、刘有定《衍极并注》云："少暤之立也，凤鸟适至，故纪于鸟，为鸟师而鸟名。其文章衣服，皆取以为象，故有鸾凤书。""鸾凤书"就是形如凤鸟的一种字体，可见古人对于凤鸟的崇拜。

凤是在众多鸟类特征的基础上神化而生成的，并没有固定不变的样式，它的形象是以图案为表征的。迄今为止，凤的图案都没有一个固定统一的形象。原始社会时期，凤鸟纹主要装饰在彩陶上，多作停立观望或展翅欲飞状，形象较为简单，没有美丽的冠羽和尾翎，只是一种图腾符号。商周时期主要作为铜器和玉器的装饰图案，形象更加抽象。战国至秦汉开始广泛用于铜器、彩陶、丝织、文锦、漆器的装饰。唐以后有所减少，但形象越来越复杂。

（二）凤鸟纹的寓意

古代器物装饰的寓意大约可分为以下几种：一是图腾崇拜，主要是史前时期彩陶和玉器的图案装饰；二是纯粹的美术装饰，其目的是让人们得到视觉享受和感观满足，如各类几何纹、简单的云纹、草纹等；三是兆示祥瑞，祈福求安，早期有仙人、仙物、仙花、仙草，后期演化到运用谐音、谐意；四是反映当时生产情况、生活习俗、文化观念，如狩猎纹、水陆攻战、宴乐舞蹈等。

人们基于神话传说、文化信仰等，赋予了凤鸟纹样象征寓意。一是祥瑞太平的象征。在我国的神话故事中，凤鸟通常以神鸟的形象出现，象征着祥瑞、美好与和平。古人认为，只要适逢太平盛世，就会有凤鸟出现；同样，古人也认为见到凤鸟便是祥瑞之兆。例如，在周代有着"凤鸣岐山"之说，即帝王登基时，就会出现"有凤来仪"的吉祥之兆。二是权力与富贵的象征。自秦代开始，秦始皇命三妃九嫔头插凤钗，脚穿凤头鞋。汉代时凤鸟纹饰的装饰更是层出不穷，还将凤鸟形象的使用权限于宫廷之内，使之成为皇权的象征。三是生命与繁衍的象征。传说凤是拥有不死之身的神鸟，能够重生于火焰之中，象征着吉祥和永恒。因此，凤鸟形象是富有生命的象征，蕴含着古代先民对生存、繁衍等现实需求的渴望。四是民族文化的象征。在民间传说中，认为凤鸟是阴阳的结合。雄性的凤鸟称凤，是凤凰中最美丽的成年鸟禽，有着偏红色的艳丽羽毛。雌性的凤鸟称凰，其体型较之于雄性凤鸟偏小。将"凤"与"凰"相合一起，则是古时人们常说的一切事物中都存在两种既对立又统一的关系——"阴阳"，即中国的"和"文化[29]，也是一种民族文化的象征。

（三）古人崇凤的原因

图腾崇拜作为一种文化现象，曾普遍存在于世界各个原始民族之中，我国早期各氏族也都有自己的图腾，鸟就是中国古代东方部落崇拜的图腾。《左传·昭公十七年》记载郯淄国的国君说："我高祖少暤挚之立也，凤鸟适至。"东方少昊氏大部族中就有凤鸟氏、玄鸟氏、青鸟氏、丹鸟氏等二十四个氏族。殷商和秦、赵等国都是凤氏族的子孙。商的先祖契，是简狄吞食玄鸟蛋怀孕而生的。《诗·商颂·玄鸟》载："天命玄鸟，降而生商。"商族始祖简狄因吞食了凤鸟蛋怀孕生下了商的先祖契，于是，商人视玄鸟为图腾，认为自己的先祖是由鸟幻化而成的。商代墓葬中出现了许多以凤纹为主要纹饰的器物和以凤为原型的玉器。

早期先民认为自己是由某种动物或者植物演化而来，拥有某种超自然的神力。他们将这种动物或者植物作为自己氏族部落的图腾，进行祭祀崇拜活动，希望它能用某种超自然的神力护佑本氏族部落，给部落带来福祉。在古人心目中先祖祝融与凤鸟有着密不可分的联系。《说文》中记载，凤出于东方君子之国，东夷是凤鸟的故乡，以鸟为图腾。少暤是古代东夷族的祖先，《左传》："我高祖少暤挚之立也，凤鸟适至，故纪于鸟，为鸟师而鸟名：凤鸟氏，历正也；玄鸟氏，司分者也；伯赵氏，司至者也。"文中记录了少暤曾以鸟为官名。

古人崇尚巫术，认为自然界万物都有灵性，他们把某些解释不了的自然神力与自然界万物相联系，凤鸟也被赋予某些超自然的神力。鉴于这种深刻的民族心理倾向，在古人的心目中，他们与凤实际上是合为一体的。他们着意标榜凤，把凤打扮得异乎寻常的美丽和壮观，就是在标榜本民族自身的风貌与形象。凤是至真至善至美的，它是民族和国家至真至善至美的体现，为此，古人尊凤为图腾，视凤为东方的象征，先祖的象征，民族和国家的象征。

图八 河姆渡文化蝶形器上的凤鸟纹饰（出自曹珊《春秋战国时期楚国凤鸟纹研究》）

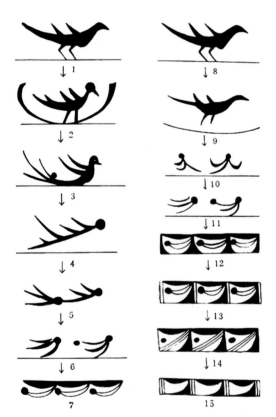

图九 新石器时代的凤鸟纹（出自《庙底沟彩陶纹饰》）

（四）不同时期的凤鸟纹

学术界对于新石器时代是否存在凤鸟纹有不一致的看法。多数专家认为凤鸟纹的原型在新石器时代的彩陶中出现，也有部分专家认为最早的凤鸟纹的雏形出现在仰韶文化时期，如出土于浙江余姚河姆渡遗址的刻于象牙上的双凤纹蝶形器，还有一件出土于陕西宝鸡北首岭的龙凤纹细颈壶上也出现了凤鸟纹。[30]河姆渡遗址出土的双凤纹蝶形器上清晰地雕刻出一组对称的凤鸟纹，它们都朝向太阳，仰首扬尾，神采奕奕。（图八）画中双凤对太阳的追求与向往可以看作是先民对美好愿望的追求与写照，"凤凰鸣矣，于彼高冈；梧桐生矣，于彼朝阳"。还有一部分学者认为最早的凤鸟纹出自马家窑文化时期，马家窑遗址出土了一件石岭下型彩陶，其中就出现一只羽冠丰满的大鸟纹样，有专家认为这就是凤鸟纹最初的雏形。（图九）马家窑文化出现在公元前3300年前。"凤鸟载日"应该就是当时先民心目中的凤鸟的原始形象，体现了原始人类对于自然的崇拜。凤鸟纹从原始社会时期出现，属于凤鸟纹的萌芽时期。

商与西周时期的凤鸟纹大都是肃穆、雄浑、庄严的形象，显示了奴隶制社会严格的礼制，保守、凝重的社会风气和统治阶级的审美情趣，表现出一种动静结合、富有神秘气息的力量感。商人将凤鸟作为自己的图腾，但是商代直至晚期才将凤鸟纹大量运用在器物的造型装饰中。（图十、图十一）商代的凤鸟纹大都有短尾、"臣"字目、鸟喙卷曲等特点，常用作青铜器顶部和边缘的装饰纹样或造型，也有全器都用凤鸟纹为主要装饰的。商代的玉器也大量以凤鸟为造型和主要纹饰，商代晚期的凤鸟纹表现出夸张和艺术化后的造型。

西周时期的凤鸟已经失去了商代时期作为图腾的意义，演变为象征祥瑞的一种标志。凤鸟纹更为活泼，逐渐摆脱了商代那种严谨、规矩的直线，多以流畅的弧形塑造凤鸟形象，高冠长尾是西周时期凤鸟纹最普遍的题材。这一时期凤鸟纹的尾部变化最丰富，分为长尾、分尾、垂尾等形式。凤鸟的长尾可达到凤鸟身体的四分之三，其夸张的手法令人赞叹。分尾是西周中期常见的凤尾装饰形式，可分为上卷和下卷两种造型。垂尾凤鸟纹主要流行于西周中期。(图十二)

春秋战国时期凤鸟纹造型更加多变，辅助纹饰更加丰富，装饰技巧也大为提高。纹饰形象巧妙地运用了"递减法"，使纹饰更简洁，更为突出纹饰主体特征，形成古朴的气质，即"古拙中见深沉，飞动时呈雄大"的总体特征[31]。凤鸟纹已开始出现长尾、羽冠等更类似于今天的凤凰纹样特征，而比之前出现的鸟纹更加华美。(图十三)春秋战国时期局势动荡，东周王室和各诸侯为了各自利益，都把玉当作君子的化身，他们佩挂玉佩，以标榜自己是有"德"的仁人君子，因此，此时玉佩特别盛行。凤鸟纹成为玉璧、玉璜等器物的主要装饰纹样。

春秋战国时期的凤冠较短，且多是向后卷曲，凤眼除了继续沿用商、西周时期圆形眼，也出现了形如水滴状的凤眼，也有橄榄形的凤眼，比之前的凤眼更加柔和秀美。羽毛与身体多用蚕纹，斜线纹装饰显得更加清新华丽。在器物的造型方面，春秋战国时期的凤鸟纹也一改商周时期的庄严规整的形象，不同于商周时期凤

图十 殷晚期青铜器父丁卣腹部凤鸟纹样（曹珊《春秋战国时期楚国凤鸟纹研究》）

图十一 殷晚期青铜器父乙觥腹部凤鸟纹样（曹珊《春秋战国时期楚国凤鸟纹研究》）

图十二 西周中期青铜器父庚觯腹部凤鸟纹样（曹珊《春秋战国时期楚国凤鸟纹研究》）

图十三 战国铜镜上的凤鸟纹样（曹珊《春秋战国时期楚国凤鸟纹研究》）

喙紧闭、怒目而视的狞厉之感，不再使用以往严谨规矩的短直线，开始大量使用更加柔和秀丽的曲线来塑造凤鸟的形象。[32]造型虽没有商周时期的丰满，但却动感十足。

凤鸟从一种被神化、美化、理想化的鸟形象，从最初的神灵崇拜演进为精神意象的升华。随着强烈的人的主体精神的注入，凤这种民间祥瑞征兆、美好情感的载体被寄予更为丰富的文化内涵而成为凝聚民族向心力、激发民族热情的鲜明而有力的标志，穿越时空地塑造着人民的精神和民俗性格，成为古代民俗文化的重要组成部分。

注释：

[1] 洛阳区考古发掘队.洛阳烧沟汉墓[M].北京：科学出版社，1959：107.

[2] 中国科学院考古研究所洛阳发掘队.洛阳西郊汉墓发掘简报[J].考古学报，1963（20）.

[3] 洛阳市第二文物工作队.洛阳金谷园东汉墓发掘简报[J].文物，1992（12）.

[4] 洛阳市文物工作队.洛阳王城公园东汉墓[J].文物，2006（3）.

[5] 洛阳市第二文物工作队.洛阳春都花园小区西汉墓（IIM2354）发掘简报[J].文物，2006（11）.

[6] 洛阳市第二文物工作队.洛阳五女冢267号新莽墓发掘简报[J].文物，1996（7）.

[7] 洛阳市文物工作队.洛阳东关夹马营东汉墓[J].中原文物，1984（3）.

[8] 张翠玲，卢青峰.洛阳邙山新近出土的西汉原始青瓷器[N].中国文物报，2013-11-08.

[9] 李继鹏.孟津县平乐镇汉墓群[C]//中国考古学年鉴（2014）.北京：中国社会科学出版社，2015：322.

[10] 徐灿灿.洛阳市玄奘路汉墓发掘简报[D].郑州大学，2019.

[11] 河南省文化局文物工作队.河南新安铁门镇西汉墓葬发掘报告[J].考古学报，1959（2）.

[12] 南阳知府衙门博物馆，南阳市文物考古研究所.南阳市嘉丰汽修厂汉墓清理简报[J].中原文物，2008（4）.

[13] 南阳市文物考古研究所，南阳市三杰房地产开发公司M49发掘简报[J].中原文物，2011（3）.

[14] 河南南阳市文物考古研究所.河南南阳市陈棚村68号汉墓[J].考古，2008（10）.

[15] 南阳张仲景博物馆，南阳市文物考古研究所.南阳市审计局汉墓发掘简报[J].中原文物，2011（4）.

[16] 河南省文物考古研究所.河南唐河县湖阳镇罐山10号汉墓发掘简报[J].华夏考古，2013（2）.

[17] 三门峡市文物考古研究所.三门峡向阳汉墓[M].北京：北京燕山出版社，2007：86.

[18] 郑州市文物考古研究所，巩义市文物保护管理所.河南巩义市康店叶岭砖厂汉墓发掘简报[J].华夏考古，2005（3）.

[19] 巩县文化馆.河南巩县叶岭村发现一座西汉墓[J].考古，1974（2）.

[20] 永城市文物局，永城市博物馆.河南永城市芒砀山新莽墓地清理简报[J].华夏考古，2008（2）.

[21] 河南省文物考古研究所.永城西汉梁国王陵与寝园[M].郑州：中州古籍出版社，1996：204.

[22] 河南省文物考古研究院.2014—2015年河南淮阳平粮台遗址汉墓发掘简报[J].洛阳考古，2017（2）.

[23] 河南省文物局.禹州新峰墓地[M].北京：科学出版社，2013：245.

[24] 杨冰，熊青青.论原始瓷发展到瓷器[J].景德镇陶瓷，2016（6）.

[25]［27]杜文.陕西出土西汉原始青瓷的印证与谜题[J].收藏，2020（4）.

[26]［28]吴宏放.汉代青瓷的文化艺术意蕴[J].文物鉴定与鉴赏，2011（5）.

[29] 程梦洁.浅析楚文化凤鸟纹饰［J].明日风尚，2020（1）.

[30] 陈占锡，金志斌.先秦时期凤鸟纹考[J].北京文博文丛，2018（2）.

[31]［32]曹珊.春秋战国时期楚国凤鸟纹研究[D].湖南大学，2013.

刘 恒

博山铜熏炉

西汉（前206—公元25年）

博山铜熏炉，通高24厘米，炉口径9厘米，底径18.8厘米。器身下为一圆盘，盘中心为一仰首游动的龟，龟背上站立一只展翅欲飞的凤鸟。凤鸟引首向上，口衔圆珠，上承博山熏炉。炉身子口内敛，扁球形腹，炉盖饰山峰叠嶂，层峦高耸，镂孔错落分布其间。（图一）

2001年三门峡市出土
三门峡市博物馆 藏

图一　博山铜熏炉

这件博山铜熏炉出土于三门峡向阳汉墓M119。三门峡向阳汉墓发掘区位于三门峡市区西北部，在三门峡市电业局舒馨苑小区的西北角，占地面积约16667平方米，平面呈直角梯形，东边窄西边宽，北边与东西两边相垂直，南边斜向接东、西两边。[1]

M119的墓葬形式为坐东朝西，由长方形竖井墓道、平顶空心砖洞室两部分组成。墓口距地表3米，出现于红褐土层，平面近似长方形，长2.4米、宽1.2米，内填五花土，质地松软。墓道东端与墓室相连处发现一圆形盗洞，直径1米，清理中发现有陶器碎片和空心砖块。墓道四壁规整，平直光滑，未发现有脚窝，深4.3米；底部平坦，口底对等。

墓门开在墓道东壁下的底部，呈方形，高宽均为1.16米，底部横向平铺一块空心砖，两侧竖立两块方柱形空心砖，紧贴墓道东壁下南北两侧作立柱，上部放置一块方柱形空心砖作横额，中部用两块空心砖正立封堵。空心砖正反面皆饰圆形和菱形交错相间的几何纹图案。

墓室位于墓道的东端，为一平顶土洞。底平面近似长方形，长2.9米、宽1.2米。室内用空心砖筑砌成椁室，底部横向平铺九块空心砖，北壁自内至墓门口顺向侧立两层四块及竖立一块空心砖，后壁横向侧立叠置两块空心砖，南壁自内至外顺向侧立叠置两块、竖立一块空心砖，近墓门处设置一耳室门，西侧近门有立柱，上有横梁。椁室顶用九块空心砖横向平放，因年久土陷，多已被压断。

椁室长2.8米、宽0.82—0.86米、高0.86米，其内填满淤土，因早年被盗，棺迹不甚清楚，只留有局部痕迹，长宽不详。从残存痕迹可知，棺底铺有0.03米厚的草木灰，棺内四角有红色印痕。棺内底部清理出铁刀、铁剑、铜钱、铜镜、铜带钩等；人骨已腐朽，残迹分析是人头朝西，为仰身直肢葬，年龄、性别无法判断。

耳室在墓室进门的南侧，为一平顶土洞，高1.14米；平面近似长方形，长1.46米、宽约1.2米。其内也填满淤土，清理至底部时，发现有随葬品7件，自北向南依次为陶瓿、陶罐、陶瓿、铜釜、铜提梁壶、铜博山炉、铜甗。[2]

　　该墓共出土器物12件。其中铜器6件，器型有博山炉1件，釜1件，瓿1件，提梁壶1件，镜1件，带钩1件；陶器3件，均为泥质灰陶，器型为罐1件，瓶2件；铁器2件，器型有刀1件，剑1件；钱币1包，为铜钱。[3] **(图二)**

一、博山炉产生的背景

　　任何物品都受到所处时代文化的影响，是时代、社会与文化的综合产物。

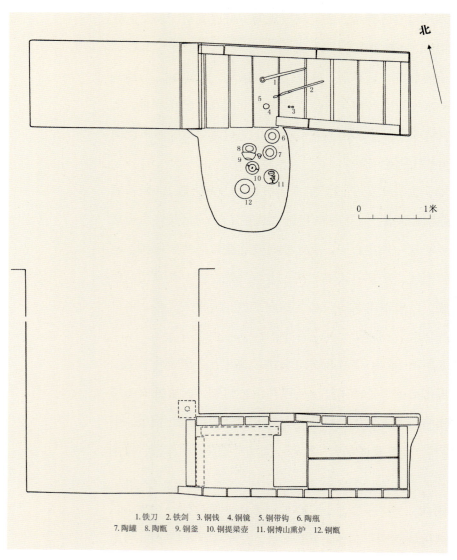

北

0　　　　1米

1.铁刀 2.铁剑 3.铜钱 4.铜镜 5.铜带钩 6.陶瓶
7.陶罐 8.陶瓿 9.铜釜 10.铜提梁壶 11.铜博山熏炉 12.铜甑

图二　M119平、剖面图

汉代博山炉以山形为主题，间杂四神、瑞兽等装饰，体现了汉代的思想文化，尤其是流行于汉代的求仙思想。中国道教中的求仙思想可追溯到战国中晚期，这一时期，诸侯相争，连年混战，于是逐渐倾向于求仙思想。《史记·封禅书》："自威、宣、燕昭使人入海求蓬莱、方丈、瀛洲。……临之，风辄引去，终莫能至云。世主莫不甘心焉。"[4]到两汉时期，求仙思想已经成为非常普遍的社会信仰，并且汉代统治者也大都十分推崇神仙思想。《后汉书》载："汉自武帝颇好方术，天下怀协道艺之士，莫不负策抵掌，顺风而届焉。"[5]而日益高涨的神仙思想给了人们巨大的想象和创造空间。神仙居住的仙山自然是一种幻想，这时人们自然想到了以熏香祭祀敬神的传统，而熏香过程中产生的袅袅轻烟，似乎与人们想象当中神仙居住的云雾缭绕的环境更为相似。于是神人异兽居于其间的、层峦叠嶂的山形熏香器就产生了，并随着神仙思想在社会中普及起来。

"博山"造型的器物在博山炉出现之前就已出现，考古发现中有例证。西汉初期的南越王墓出土的瑟柄上就出现了"博山"造型[6]，西汉中晚期出土的博山形器物更甚，博山形的陶仓、陶盒、陶奁也十分常见。"博山"这一造型的出现，可以说是自战国到秦汉以来，社会持续发展的精神信仰影响下的产物之一，博山炉只是熏炉文化发展到一定程度与社会精神信仰高度结合的结果。而博山炉之所以名扬中外，是因为魏晋南北朝时期无数文人骚客的赞美及充满想象力的夸张和渲染。博山造型在其他器物上的出现，说明在两汉社会宗教与信仰的发展过程中，不仅存在于熏炉这一种器物上，而且影响到了社会的各个方面。在众多与升仙思想相关联的题材中，博山炉只是其一。

二、博山炉的兴盛

熏炉的发展，经历了一个较长的历史时期。在考古发掘中，西周时期已经有熏炉出现，到春秋战国时期，熏炉的发展步入高峰，各种形制的熏炉不断出土。而对两汉时期博山炉的形制产生直接影响的当数豆型熏炉。从春秋战国到西汉初，豆型熏炉的炉盖纹饰由几何纹发展到镂孔龙纹，再到云气纹和博山造型。各种镂孔装饰的熏炉为博山炉的出现打下了良好的基础。直到西汉早期，几何纹与螭龙纹造型依旧占据主流，直到西汉中期开始出现并盛行博山造型。

我们在考察包括博山炉在内的熏炉盖造型的演变历史时，不仅要考虑其基本纹饰的变化，还要从功能的需求加以考虑。汉初及其之前，多用茅香、蕙草、高良姜等草本植物为熏炉燃料的来源，干燥后即可燃用，对熏炉的发烟、通风等方面要求较低。到西汉中期，来自国外的檀香、沉香、苏合等香料开始流行，而这些进口香料需要在炉身底部放置炭火加以熏燃，这就要求熏炉的盖要加高、炉腹要加深。能工巧匠们充分利用当时社会流行的装饰图案，促进了熏炉的不断发展和博山炉形制的出现。

西汉时期，青铜器不仅讲究实用而且注重美观，青铜博山炉也发展到巅峰，其工艺精湛、装饰华丽。《西京杂记》中记载："又作九层博山香炉，镂为奇禽怪兽，穷诸灵异，皆自然运动。"[7]青铜博山炉在这一时期属于奢侈品，只在王公贵族之间使用，赠送博山炉是帝王对臣子的最高封赏，《洞天清录·古钟鼎彝器辨》中载："古……无香炉，惟博山炉乃汉太子宫所用者，香炉之制始于此。"[8]《考古图》载："汉王侯至封地就职，则赐博山香炉。"[9]这些记载都证明了博山炉最早是专供皇帝或王公贵族们使用的，而博山炉尊贵的血统使其被当成贵重的礼物在上层统治者之间相互馈赠。汉代博山炉在当时的社会环境影响下非常盛行，从考古发现来看，主要流行于陕西、山西、河北、河南、广东等地。到了汉武帝时期，对中央集权的加强，加上开疆拓土，使博山炉的流传范围越来越广，也在汉代的熏炉中一枝独秀。

三、青铜博山炉的衰落

博山炉的出现，很大程度上归功于两汉时期的方士对虚无缥缈的神仙思想所进行的美好描述和宣传，并且西域诸国的香料在进入中原后，激起了人们对熏香的热情。另外，西汉时期国力的强盛，也为青铜工艺创造了条件，青铜博山炉迎来了它最兴盛的时期。之后，东汉王朝在经历黄巾起义和董卓之乱后，结束了近200年的统治，从此中国开始了最混乱复杂的时期。这时朝代频繁更替，使经济受到严重破坏，青铜博山炉就此失去经济基础。而随着制瓷技术不断发展，瓷器日渐成为人们日常生活中十分普遍的器具，并且很快代替了青铜器在人们生活中的地位，青铜博山炉也因此开始走向衰落。

青铜博山炉虽然在西汉中期十分流行，但到了西汉晚期以后，青铜博山炉的数量急剧减少，这与青铜文化有着密切关系。在东周时期青铜器的生产就已经开始下滑，由于周王室的衰落，青铜器由帝王贵族使用的祭器演变成日常使用的器物，青铜器再也不是身份和地位的象征。到秦朝时，政治制度由分封制改为郡县制，青铜器的使用阶层消失，使青铜器的地位进一步受到打击。西汉中期冶铁业开始受到重视，国家把冶铁业纳入了政府的管理范围，这一时期的冶铁业得到了快速发展。到了东汉时期，铁器的发展使得青铜器仅以铜镜和铜钱为主，其他类型的青铜器基本上被铁器所代替。

另外，漆器工艺在汉代已经十分发达。人们已经可以制作非常精美的漆器，其庄重典雅的色彩，轻巧的造型，潇洒自然的线条都是青铜器所无法比拟的。汉代人的日常所用器具多以漆器为主，从而改变了商周以来青铜器的霸主地位。尤其是东汉中期以后，出现了以漆器、铁器等器皿为主的多元化发展趋势。

对博山炉而言，西汉中期的国力强盛，中央集权的加强，为博山炉的发展和兴盛奠定了坚实的文化和经济基础。到了魏晋南北朝时期，中央集权瓦解，国家四分五裂，经济基础和文化共识随之崩溃，博山炉的消亡也成了历史的必然。我们不能绝对地说在魏晋南北朝时期博山炉已经消失，但是在新的时代和新的思想文化背景下，博山炉已经失去了它的生存空间，而留下的只是它的流风余韵。

四、熏炉与中国香文化

香文化几乎贯穿于中国传统文化的所有领域，从宗教到民俗、从医药到饮食、从文艺到哲学，中国香文化以其独特的形式、悠久的历史，与茶文化、插花文化并为中国三大文化现象。香文化是以"香"作为媒介和载体来进行的文化活动，包括香品的制作、品香的方法、香的食用药用等与香相关的物质和精神层面的内容。香文化所研究的也不是一般的熏燎嗅闻，而是饱含中国传统文化、充满精神生活因素的香事活动，它是人们对精神生活的更高追求。人们对香料美好气味的感知和感悟，既是与大自然的交流和对话，也是对宇宙时空和

图三 蒙古包形灰陶熏炉（山东博物馆藏）

图四 竹节纹灰陶熏炉（上海青浦区博物馆藏）

人生的感悟。作为中国传统文化的重要组成部分，香文化体现了中华民族优雅从容的生活态度和自我愉悦的心灵智慧。中国香文化起源于殷商甚至更遥远的新石器时代晚期，于两汉时期初步成型，宋代到达高峰，没落于明清。

（一）先秦时期的用香

中国香文化的第一缕馨香可以追溯到新石器时代晚期，当时的人们已经开始用燃烧柴木的方法祭祀天神。大约6000年前，在黄河、辽河、长江流域先后出现了燎祭。仰韶文化、红山文化、良渚文化、龙山文化等遗址中均出土有燎祭遗存和陶熏炉。

山东潍坊姚官庄龙山文化遗址出土的蒙古包形灰陶熏炉，为夹细砂灰陶，高17厘米，腹径14厘米，顶部开圆孔，炉身遍布各种形状的镂孔。（图三）

上海青浦福泉山良渚文化遗址出土的竹节纹灰陶熏炉，高11厘米，口径9.9厘米，呈笠形，斜直腹，矮圈足，腹外壁饰有6圈竹节形凸棱纹，炉盖捉手四周有18个镂孔，3孔为一组，共6组。（图四）

上古时期的祭祀，主要是焚烧柴草和其他祭品的燎祭。升腾的烟气，表达了人们对上天的敬畏和祈求。《尚书·尧典》对舜帝登基有段记载："正月上日，受终于文祖。在璇玑玉衡，以齐七政。

肆类于上帝，禋于六宗，望于山川，遍于群神。辑五瑞。既月乃日，觐四岳群牧，班瑞于群后。岁二月，东巡守，至于岱宗，柴，望秩于山川。"[10]其中"柴""禋""望"，都是祭祀的名称。[11]

战国时期熏香及熏炉的风气已经在一定范围内流行起来。从士大夫到普通百姓，均有随身佩戴香物之风。香囊也称"佩帏"，既有美饰、香身的作用，又可以避秽防病，在湿热、多疫的南方，佩戴香物的风气尤盛。

早期的文献记载显示，先秦用香大都属于祭祀领域，而生活用香及熏炉迟至西汉才开始。但从考古发掘资料来看，先秦的熏香之风已有相当的规模，战国时期已有制作精美的熏炉出现。如陕西雍城遗址出土的凤鸟衔环铜熏炉，高34厘米，底座边长18.5厘米，造型奇特，工艺精湛。（图五）

图五　凤鸟衔环铜熏炉（凤翔县博物馆藏）

先秦时期，海外的香料尚未传入内地，香料也以各地所产香草香木为主。早期用香是将香草干燥后直接放入豆形熏炉中焚烧，使香气散发。《左传》："一薰一莸，十年尚犹有臭。"[12]香草浓郁的味道，对人影响深远。当时的人们认识到，对香气的喜爱是人的一种自然本性，香气与人的身心有着密切的关系，可以用作养生养性。《尚书·君陈》："至治馨香，感于神明，黍稷非馨，明德惟馨。"[13]意思是德行的馨香最高，非黍稷的香气可比。屈原《离骚》中载："纷吾既有此内美兮，又重之以修能。扈江离与辟芷兮，纫秋兰以为佩。"[14]当时的百姓以香囊为饰，君子、士大夫更用香物来陶冶情志，借外在的佩服，修内在的意志。以香为介，香气不只是养鼻，更是对身心的滋养，从而表达高洁的志向。"香气养性"的观念对后世香文化的发展有着深远的影响，也成为中国香文化的核心理念。[15]

（二）两汉时期的用香

秦的统一结束了春秋战国以来诸侯长期割据混战的局面，开创了中国历史上首次大一统的局面，为中国封建社会的发展奠定了坚实基础。进入西汉之后，国力日益强盛，中国香文化进入了一个全面发展的崭新阶段。

两汉时期，熏香之风在以王公贵族为代表的上层社会盛行，熏炉、熏笼等香具得到普遍使用，并且出现了以博山炉为代表的很多精美的高规格香具。

图六　鎏金银高柄竹节熏炉（陕西历史博物馆藏）

如陕西茂陵陪冢出土的"鎏金银高柄竹节熏炉"，炉底座透雕两条蟠龙，龙口吐出竹节形炉柄，柄上端再铸三龙，龙头托顶炉腹，腹壁又浮雕四条金龙。这三组共饰九龙，是典型的皇家器物。这座熏炉先为汉武帝宫中使用，后归卫青和汉武帝的姐姐阳信长公主使用，可能是两人成婚时汉武帝的赠物。**（图六）**

再如河北满城汉墓出土的"错金博山炉"，炉盖山景优美，炉柄透雕三龙，从底座到炉盖山石，通体以鎏金饰出回环舒卷的云气。该炉雕镂精湛，端庄华美。**（图七）**

在汉代，熏香进入宫廷礼制。《通典·职官》："尚书郎口含鸡舌香，以其奏事答对，欲使气息芬芳也。"[16]除了熏香、香囊、香口，宫中的香料还有很多用途。汉初就有了"椒房"，以花椒和泥涂壁，取温暖多子之义，多用于皇后居室，后世常用"椒房"代指皇后或后妃。

随着汉武帝开疆拓土，盛产香料的边陲地区纳入西汉版图。陆上丝绸之路和海上丝绸之路的开通，使汉代的交通和贸易四通八达，边陲及域外香料开始源源不断地传入内地。而随着沉香、乳香等香料的大量进入，熏香材料由草本香材转为以木本树脂香料为主。

熏香材料的改变使得用香方法也产生了重大改变。树脂类香料需要炭火熏烤，直接焚烧的用香方法逐渐被摒弃。伴随着海上丝绸之路的开通，印度及阿拉伯半岛盛行的炉中置炭、炭上置香的熏香方法传入中国，炉具因此变为腹身较深的熏香器具。汉代熏炉的数量多，种类丰富。材质以陶炉、釉陶

图七　错金博山炉（河北博物院藏）

炉、铜炉为主，器型有博山炉、鼎式炉、豆式炉等多种样式。由于要在炉中放入木炭，所以炉腹一般较深，容积较大。多带有炉盖，炉盖、炉壁及炉底常开出较多孔洞以助燃和散香。炉盖可以控制燃烧速度，防止火灰溢出。炉下常有承盘，用于承灰或贮水以增水汽。[17]

如三门峡市博物馆馆藏的陶熏炉，通高26.5厘米，炉口径11.5厘米，外径16厘米。为子母口，圆腹，喇叭形底座立于炉盘上，座柄中空，连成管孔直达盘底，喇叭形炉管饰11道凸弦纹，炉盘内饰两周凸弦纹。盖如多重山峰，其上有三角形镂孔。（图八）

三门峡市博物馆馆藏绿釉陶熏炉，通高25.7厘米，炉口径17厘米，底径14厘米。为子母口，圆腹，喇叭形底座立于炉盘上，炉盖为半球形，下沿饰一周方格三角纹，镂孔错落分布其间，顶部蹲坐一只小熊，熊右掌置于口前，左肢自然下垂。（图九）

博山炉作为一种造型特殊的熏炉，炉盖高耸如山，模拟仙山景象，饰有灵兽、仙人，镂有隐蔽的孔洞以散香烟。炉下常设有贮水的圆盘。初期多为铜

图八　陶熏炉（三门峡市博物馆藏）　　　　图九　绿釉陶熏炉（三门峡市博物馆藏）

炉，后来有许多灰陶炉、釉陶炉。

如三门峡市博物馆馆藏的铜博山熏炉，通高26厘米，炉口径10.5厘米，底径14.5厘米。器身下作喇叭形柄，柄上饰一周凸弦纹，下承圆形托盘。炉身子口内敛，扁球形腹，炉盖山形母口，上饰山峦叠嶂，层峦有致，镂孔错落分布其间。（图十）

三门峡市博物馆馆藏的陶博山熏炉，通高19.6厘米，炉口径9.4厘米，底径9.4厘米，由炉盖、炉体两部分组成。盖作博山式，母口，其上模制，山峰耸立，层峦叠嶂，镂孔分布其间，饰狩猎纹，有人物、鸟兽等。炉体子口，弧腹，圜底，下有短柱柄连接喇叭形底座，炉腹及底座上各模印有一条龙形纹。（图十一）

三门峡市博物馆馆藏陶博山熏炉，通高22厘米，炉口径10.5厘米，底径9.2厘米。圆腹，子母口承托炉盖，下连喇叭形底座，立于炉盘上，座柄中空，连成管状孔直达盘底，盖上饰狩猎纹。（图十二）

香具的精致，香料的丰富，熏香方法的改变，标志着直接焚烧香草的时代已经过去，崭新的香文化时代已经来临。值得一提的是，佛教在两汉之际进入了中国，其在坐禅、诵经、供奉时都要用香。佛教所使用的香料和用香方法，进一步促进了中国香文化的全面发展。

（三）三国两晋南北朝的用香

三国两晋南北朝的用香基本是延续了汉代。这一时期社会动荡不安，朝代更替频繁，但哲学思想领域活

图十 铜博山熏炉（三门峡市博物馆藏）

跃，对中国传统文化有着巨大影响。这一时期的用香风气兴盛，香料种类大幅度增加，合香开始得到普遍的使用。香文化发展到了一个重要阶段。

六朝时的宫廷贵族用香风气胜于两汉，上层社会的文人士大夫讲究用香，注重仪容风度，熏衣、佩香、敷粉十分流行。《颜氏家训》载："梁朝全盛之时，贵游子弟……无不熏衣剃面，傅粉施朱，架长檐车，蹑高齿屐，坐棋子方褥，凭斑丝隐囊，列器玩于左右，从容出入，望若神仙。"[18]

六朝时，佛教和道教用香众多。佛教的兴起，促进了南亚、西亚等地香料的传入，推动了香文化的发展。道教在南北朝时期也迅速发展，涌现出《黄庭经》《抱朴子》等许多重要典籍，逐渐成为官方认可的宗教。早期道教强调用香，到汉末时，道教用香已非常普遍。南北朝时，道教用香种类丰富，且有焚烧、佩戴、内服、浸浴等多种用法。

图十一　陶博山熏炉（三门峡市博物馆藏）

图十二　陶博山熏炉（三门峡市博物馆藏）

合香在这一时期已经普遍使用，成为主流的用香方式。选料、配方、炮制都已颇具法度，并且注重香品的养生功效，而不只图气味的芳香。合香的种类丰富，就用途而言，有居室熏香、熏衣熏被、祛秽、疗疾以及佛家香、道家香等多类；就用法而言，有熏烧、佩戴、熏蒸、内服等。

自东汉后期至南北朝，瓷器工艺迅速发展。青瓷的烧造要求较低，产量较大，且不像铜炉易锈蚀，青瓷香具因而较为流行。这一时期的熏炉在造型上形制较大，无炉盖或带有隆起的炉盖，有承盘或基座，炉腹及炉盖开有较多的孔洞。（图十三）佛教艺术对香具造型也多有影响，许多青瓷博山炉的云气造型采用了佛教风格的尖锥状、火焰状，装饰纹样也多有莲花纹和忍冬纹。[19]（图十四）

（四）唐代的用香

隋结束了南北朝分裂的局面，进入唐朝后，国泰民安，社会日益富庶，国家空前强盛。经济的繁荣和开放的社会，使唐代香文化获得了长足的发展。这一时期，中国香文化的发展进入精细化、系统化阶段，香品的种类更为丰富，香的制作与使用也更为考究。

图十三　熏炉（浙江省博物馆藏）

图十四　青瓷博山炉（浙江省博物馆藏）

唐朝国力雄厚，宫廷权贵用香奢华，多以香木、香草建造宫苑园林，《开元天宝遗事》："常以金银叠为屋，壁上以红泥泥之。于宅中置一礼贤堂，以沉檀为轩槛……"[20]并且在唐朝宫廷礼制中，用香也是一项重要内容。祭祖、丧葬、考场等庄重的场所都需要焚香。

唐朝发达的陆海交通使国内香料流通和域外香料输入都非常便利。各州郡都有自己重要的香料特产，如忻州定襄郡产麝香、永州零陵郡产零陵香等。[21]陆上和海上丝绸之路的繁荣，使域外香料的输入畅通无阻，《唐大和上东征传》："江中有婆罗门、波斯、昆仑等舶，不知其数。并载香药珍宝，积聚如山，舶深六七丈。"[22]

随着香的品种更为丰富，用途也更加广泛。在唐朝有很多口含、内服、涂敷的香品，如香丸、香粉、香膏等，唐代的男女也多用香药制成的护肤美容品。而孙思邈《千金要方》中所记的熏衣香方就有五种，可见同一用途的香也有不同的配方和制法。这一时期绝大多数香料均已成为常用的中药材，《唐本草》《本草拾遗》《海药本草》等都收录了新进的海外各种香料为药材。

东西方文化的交流，改变了唐人的用香方式，其标志为隔火熏香的用香技法成熟，中国香席雏形出现，为中国香文化发展奠定了良好基础。同时，香炉也随之变化。与前代相比，香炉更加精美实用，博山炉等较为厚重的熏炉数量减少，一般的熏炉也不带承盘。圈足及高足炉数量增加，佛教风格的熏炉也开始增加。（图十五）熏炉材质以瓷器为

图十五　佛教风格的熏炉（杭州市临安区博物馆藏）

主，有青瓷、白瓷、彩瓷、釉上彩等。同时，也出现了造型精美的金、银、鎏金银、铜制香具，常以锤击、浇铸成型，再施以切削、抛光、焊接、刻凿等工艺。[23]雕镂精良的银制、铜制熏球和长柄香炉，在考古发掘和壁画中也时有出现。（**图十六**）

（五）宋代的用香

宋代的治国方略为崇文抑武，致使宋代的科技领先，文化繁荣，经济发达，在中国文化史上，宋代是又一辉煌时期。这

图十六　唐代壁画中的香炉（大英博物馆藏）

一时期的用香已遍及社会生活的方方面面，香料进口量巨大，文人阶层盛行用香，香文化在宋代发展到了一个鼎盛阶段。

宋代的用香风气炽盛，宫廷生活虽然较为节俭，但用香数量惊人，各种场合仪式中均有用香。其中用香最频繁的为祭祀，《宋史·礼志》："凡常祀，天地宗庙，皆内降御封香，仍制漆匮，付光禄、司农寺；每祠祭，命判寺官缄署礼料送祀所；凡祈告，亦内出香，遂为定制。"[24]并且宫廷权贵为了彰显身份地位，用

香更是不计成本，南宋叶绍翁的《四朝闻见录》中就记载了北宋末年宫中以龙涎、沉香、龙脑入烛的奢华风气。

焚香、点茶、插花、挂画在宋代被喻为四般闲事，是宋代文人自我修养的体现，也是评判品位高低的标准。宋代文人用香几乎充满了生活的各个方面，写诗填词、抚琴赏花、宴客会友都要焚香。而最能体现宋代文人爱香、用香的应数宋代文人留下的咏香诗文，文坛名家几乎都有咏香的诗文佳作，如苏轼的"金炉犹暖麝煤残，惜香更把宝钗翻"，辛弃疾的"记得同烧此夜香。人在回廊，月在回廊"，陆游的"一寸丹心幸无愧，庭空月白夜烧香"等。这些咏香的灿烂诗文，既是当时文人爱香的写照，也是中国香文化步入鼎盛时期的重要标志。

在宋代，香料贸易特别兴盛，香料贸易的收入在国家财政中成为大宗。《宋史·食货志》："宋之经费，茶、盐、矾之外，惟香之为利博，故以官为市焉。"[25]香料贸易的繁荣，使得宋代香料十分充足，宋代的达官贵人、文人雅士可以经常相聚品香，平民百姓也常在家中点燃新制合香，不少食品茶水中也都要放入香料。社会各阶层的广泛用香，推动了香文化全面发展，成为中国香文化空前绝后的高峰。

宋代的香炉开始向精巧实用的方向发展，大量的熏炉造型简约、形制较小。宋代香炉还有一个显著特点，即无盖炉大量出现，如筒式炉、鬲式炉等。香炉的造型极为丰富，或拟先秦青铜礼器，或拟日常器物，或拟动植物，风格各异。炉具材质以瓷器为主，当时的瓷器工艺发达，花色纹饰更为丰富。受到瓷炉不宜过分雕饰的限制，宋代的香炉造型大都古朴雅致，形成了简洁洗练的风格。[26]（图十七）

图十七 宋代香炉（三门峡市博物馆藏）

（六）宋之后的用香

随着元朝的建立，重农重商政策确立，社会经济得到了一定的恢复和发展。并且随着元朝早期版图的不断扩大，中西方交通的畅通，香料贸易依然存在，香料数量依旧丰富。但是皇室受到汉文化的影响和宗教的兴盛等，使元代香文化比之宋代逊色不少。线香的出现目前可以认定的时间是在元代。[27]线香的出现，直接改变了人们的用香方式，香开始成为平民百姓日常生活的组成部分。并且受线香的影响，小型的香插、香桶开始出现，使香更加平民化。元代最具特色的香炉是青花香炉，青花瓷器开创了由青瓷向彩瓷过渡的新纪元，但元代传世的青花香炉极少。除了青花香炉，钧窑香炉在元代也开始流行。（图十八）

明朝建立之初实行"海禁"政策，禁止民间使用番香番货，香文化一度处于低谷。到了明朝中晚期，随着商品经济的发展，海禁松弛，思想文化领域的个性解放，香文化也再度回归。明朝制香更为精细，香品形式也更为丰富。元

图十八 钧釉香炉（三门峡市博物馆藏）

代出现的线香，到明代制作技术已完全成熟且广泛流行，明朝中期还出现了以竹签、木签为香芯的"签香"。明代香具种类齐全，既有前代的熏球、柄炉等，也有新流行的卧炉、香插等。在众多香炉中，最著名的应该是宣德炉，但数量最多的依然是瓷香炉。这时的景德镇成为全国制瓷中心，最具代表性的品种是青花香炉、彩瓷香炉和颜色釉香炉。**（图十九）**

　　清朝是中国封建社会的最后一个王朝，统治者接受并推崇汉文化，香文化自然也受到了喜爱。清早期的香文化依然盛行，但香的灵性已经消失殆尽，香成了装点门面、显示身份的工具。到了清朝晚期，政局动荡不安，香料贸易及用香情致受到极大影响，并且国人观念发生改变，许多传统文化的精华被抛弃，香文化的发展进入一个艰难时期。清代皇家虽然制造了大量铜质、玉质、金银质、景泰蓝等精美异常的香具香炉，但更多的还是瓷香炉。瓷香炉在清代达到了鼎盛，其品种、器型、纹饰都丰富多样。青花香炉、彩瓷香炉、颜色釉香炉都有传世精品，其中青花香炉艺术造诣最高，仍是瓷炉中的主流。**（图二十）**

图十九　青花香炉（四川博物院藏）　　　　图二十　青花香炉（三门峡市博物馆藏）

　　纵观中国香文化的历史，早期的用香更多的是祛除异味等生理和敬神祈福等心理上的需求，魏晋南北朝之前，焚香是皇室贵族、高级官吏等上层社会的享乐消费，唐宋开始成为大众消费的物品。明清时期虽保持了宋元时期香文化的繁荣，但江河日下，先秦的神秘狂放、汉代的大气浑厚、隋唐的华丽壮美，到此时已流失几尽。

　　熏炉作为熏香的载体，其产生、发展、成熟，伴随着香文化的发展也经历了漫长的过程。汉代随着香料和用香方式的改变，开始向小型精制发展，最具代表性的博山炉从此时开始流行。魏晋时期延续了汉代的艺术特色，又具有本时期的特征，陶瓷香炉进入发展的繁盛期。唐代香炉开始进入寻常百姓家，类别较之前丰富，代表性的品种有唐三彩香炉、越窑青瓷香炉和邢窑白瓷香炉等。宋代的瓷香炉品类繁多，造型多样，其独特的釉色，雅致的造型，在香炉史上独树一帜。元代香炉有瓷质香炉、琉璃香炉和三彩香炉，其中最具特色的是青花香炉，青花瓷器也开创了青瓷向彩瓷的新纪元。明代香炉类别众多，宣德炉一峰突兀，数量最多仍是瓷香炉，最具代表性的是青花香炉、彩瓷香炉和颜色釉香炉。清代在瓷香炉制造上达到顶峰，香炉品种丰富、器型繁多、纹饰多样，彩瓷香炉此时仍是名贵品种，颜色釉香炉也发展到了黄金期。到了清代中晚期，社会动荡，民不聊生，香文化随之没落，香炉也淡出了人们的视野。纵观香炉的发展沿革，我们始终能看见三代礼器的神韵，能看到汉代博山炉的影响。整个香炉的发展演变史，是由粗放到精致，由大型到小型，由贵重金属到普通材料[28]。

注释：

[1] [2] [3] 三门峡市文物考古研究所.三门峡向阳汉墓[M].北京：北京燕山出版社，2007.

[4] （汉）司马迁.史记[M].北京：中华书局，2014.

[5] （南朝宋）范晔.后汉书[M].北京：中华书局，2012.

[6] 广州市文物管理委员会.西汉南越王墓（上）[M].北京：文物出版社，1991.

[7] （汉）刘歆，（晋）葛洪.西京杂记[M].北京：中国书店，2019.

[8] （宋）赵希鹄.洞天清录[M].杭州，浙江美术出版社，2016.

[9] （宋）吕大临.考古图[M].北京：文物出版社，2019.

[10] [13] 王世舜，王翠叶.尚书[M].北京：中华书局，2012.

[11] [21] [26] [27] [28] 同贾天明.中国香学[M].北京：中华书局，2022.

[12] 左传[M].北京：中华书局，2016.

[14] 楚辞[M].北京：中华书局，2019.

[15] [17] [19] [23] 傅京亮.中国香文化[M].济南：齐鲁书社，2018.

[16] （唐）杜佑.通典[M].北京：中华书局，2016.

[18] 颜氏家训[M].北京：中华书局，2019.

[20] （五代）王仁裕.开元天宝遗事[M].上海：上海古籍出版社，2012.

[22] 梁明院.唐大和上东征传校注[M].扬州：广陵书社，2010.

[24] [25] （元）脱脱.宋史[M].北京：中华书局，1985.

贾　鹏

绿釉陶鸱鸮

汉代（前206—公元220年）

通高25.5厘米，通长27.8厘米，通宽17.8厘米。

蹲状鸮形。头顶有一小直口，两耳直立，双目圆睁，嘴侧扁而强壮，尖钩喙。双耳、眼、喙、双肢施黄釉，其余躯体部分施绿釉。造型生动，形象逼真。

（图一）

1992年三门峡市区立交桥工地M4出土

三门峡市博物馆　藏

图一　绿釉陶鸱鸮

三门峡市博物馆珍藏有一件绿釉陶鸥鹎，每当观众在展线上看到它时，都会情不自禁地多逗留一会儿。其巧妙的构思，生动的造型，靓丽的釉色，强烈的艺术魅力折服了无数游客，它的一切都让大家好奇。让我们一起来解读绿釉陶鸥鹎背后鲜为人知的故事吧。

一、绿釉陶鸥鹎出土情况

1992年9月，三门峡市文物工作队为配合修筑209国道三门峡段与三门峡市崤山路交叉口立交桥的考古工作中，发现一批古代墓葬，遂对这批墓葬进行了抢救性发掘。其中M4位于国道西侧，墓室保存尚好。（图二）绿釉陶鸥鹎就出土于该墓。

M4为小砖单室墓，由墓道、墓门、墓室三部分组成。墓道位于墓室东端。为土坑竖穴式。残留

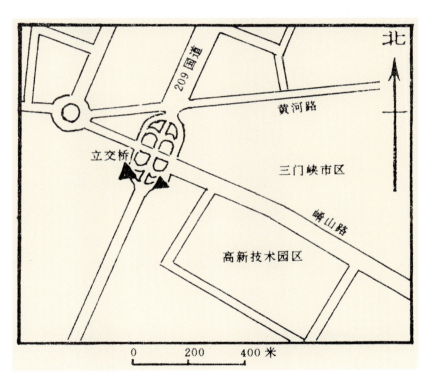

图二　三门峡市区立交桥汉墓位置示意图

墓道长2.40米，宽0.90米，深1.20米。填土纯净。墓门位于墓道西端，为拱形门，从1米高处起券。门宽0.90米，高1.20米，用小砖平卧错缝砌封门。

墓室平面呈长方形，长4.20米、宽1.12米、高1.34米。墓室西、南、北壁均为平砖错缝顺砌。在南、北壁高1米处开始起券，券法为立砖直缝顺砌，券高0.34米。墓底平铺顺砖。墓室西部北侧有人骨架一具，已腐朽成粉末，应为墓主人。头向东，直肢葬式，人骨下有一层厚2—3厘米草木灰。墓内随葬品有

20多件，多位于墓室西南部。（图三）主要为陶器，有陶壶4件，陶罐、陶釜各2件，陶鼎、陶灶、陶奁各1件，陶仓5件，陶俑2件，陶鸡2件，绿釉陶鸱鸮（图四）、陶博山炉、陶狗各1件等，铜器有铜"五铢"钱10余枚和铜带钩1件。

综合墓葬形制和随葬品分析，该墓的年代应与洛阳烧沟汉墓第三期的年代相当，即为西汉晚期。[1]

三门峡市博物馆收藏的另一件汉代彩釉陶鸱鸮，通长18厘米，通宽10.8厘米，通高18.4厘米。（图五、图六、图七）蹲状鸮形。头顶有一小直口，两耳直

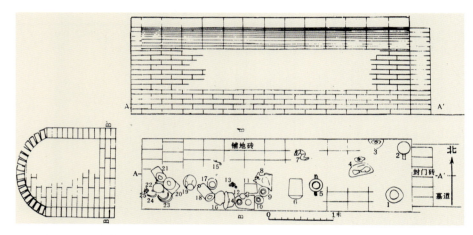

1、9、10、19.陶壶 2、14.陶釜 3、4.陶俑 5.陶鼎 6、18、20、21、22.陶仓 7.陶狗 8.陶鸱鸮 11.陶奁 12.陶灶 13.铜钱 15.铜带钩 16、17.陶罐 23、24.陶博山炉 25.陶鸡

图三 M4平面、剖视图

图四 M4出土的绿釉陶鸱鸮线图

图五—图七　彩釉陶鸱鸮

立，双目圆睁，嘴侧扁而强壮，尖钩喙。通体施黄绿相间的彩釉。造型生动，栩栩如生。

1996年6月，三门峡市文物工作队在市开发区滨湖路工地发掘清理一批古代墓葬，其中M19为汉代墓葬，墓葬形制为用30厘米×14厘米×6厘米的小青砖券筑的砖室墓，方向110°，由墓道、墓门、墓室和耳室四部分组成。

墓道位于墓室东端中部，为长方形竖井式，四壁陡直，底部平坦。墓道口距地表深1.1米，东西长2.6米，南北宽1.0米，深4.1米。墓门用小青砖错缝平砌封堵，封门砖高1.2米。墓室平面呈长方形，东西长3.9米，南北宽1.0米，高1.2米。墓室顶部为砖券弧顶，墓壁四周用平砖错缝垒砌而成，地面铺地砖为顺行顺缝平铺。人骨架已严重腐朽，葬式不明。耳室设置在主室中部北侧，为土洞室，弧形顶，平面呈长方形，宽0.7—0.74米，进深1.0米，高1.0米。

该墓共出土随葬器物27件，分别放置于墓室北侧和耳室内。（图八）依质地不同，可分为陶器和铜器两类。陶器13件，包括陶壶5件，陶仓5件，陶鼎、陶博山炉、陶鸱鸮各1件。铜器14件（枚），包括铜盆、铜甗、铜釜、铜钵各1件，铜"五铢"钱10枚。从墓葬形制和随葬品分析，该墓的入葬年代应为西汉晚期。[2]

现藏于灵宝市博物馆的东汉绿釉陶鸱鸮，通高18.3厘米。（图九）1985年出土于灵宝市尹庄镇浊玉村砖厂汉墓。蹲状鸮形。两腿直立，双目圆睁，尖钩

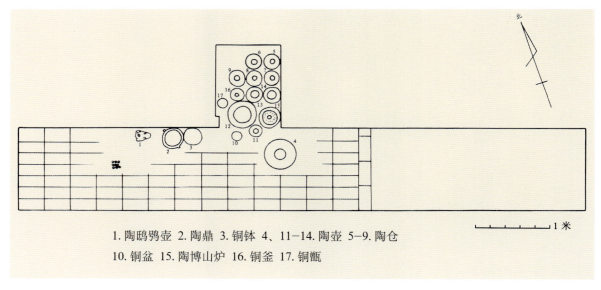

1. 陶鸱鸮壶 2. 陶鼎 3. 铜钵 4、11—14. 陶壶 5—9. 陶仓
10. 铜盆 15. 陶博山炉 16. 铜釜 17. 铜甑

图八 M19平面图

图九 绿釉陶鸱鸮

喙，尾部垂地，鸮头与鸮身以子母口相连。泥质红陶，通体施绿釉。

鸱鸮，古人名之为鸱、鸮、枭、鸱枭、鸱鸺等，今为鸮形目鸟类的俗称。它们因脸盘大而似猫，利爪尖钩喙擅攫如鹰，故又称猫头鹰。猫头鹰眼大而圆，属夜行性猛禽，白天多匿伏于树洞、岩穴或浓密的草丛中，夜间捕食，其主要食物来源为鼠类、昆虫、蜥蜴、蛇类、鱼和小鸟等。因其生活习性为昼伏夜出，善闻死腐动物之气，鸣叫声凄厉，飞行时无声，因此在古人眼中充满神秘感。

鸮在漫长的进化过程中始终和人类保持着不可分割的关系，作为夜行性猛禽自古就受到先民的重视。《诗经·豳风·鸱鸮》是最早对它的记载。但是，对鸮的崇拜却由来已久，从考古发掘的情况看，远古时代的人们就已经形成了鸮崇拜的复杂信仰，这在大量的史前及商周考古发掘出土文物中便可得到证实。

二、新石器时代鸮类题材文物的发现与文化内涵

早在新石器时代，在我国黄河流域、辽河流域以及长江流域不同的考古学文化遗址或墓葬中都发现有鸮形器物。陕西华县（今渭南市华州区）柳子镇南台地工区仰韶文化遗存中发掘出土1件鸮头陶塑，作半球形，双目圆睁，眼眶一周饰锯齿纹，喙长而内勾，双耳缺失，头部满饰的锥刺状纹酷似羽毛，栩栩如生。[3]（图十）河南陕县庙底沟遗址出土仰韶文化时期的陶塑鸟头形器耳[4]，双目圆大深深凹入，左右并列，所表现的似乎也是枭类。[5]这件陶鸮表现出鸮类所特有的大目与眼盘，喙部强健突出，表现手法大胆，给人以深刻的印象。辽宁省朝阳市牛河梁村发现一座距今5500年的红山文化遗址，遗址范围内的女神庙出土了一件精美绝伦的玉鸮，整件玉鸮运用玉雕阴刻的手法，寥寥数笔，表现出鸮鸟眼大喙尖、展翅飞翔的状态，这是我国目前发现最早的一件以鸮为题材的玉质艺术品。（图十一）在青海柳湾马家窑文化的墓地中出土2件鸮面陶罐，这两件鸮面陶罐从器形上看，整个器形似鸮。其中一件高17.5厘米，口径7.5

图十　陕西华县出土仰韶文化红陶鸮头

图十一　辽宁牛河梁女神庙出土玉鸮

图十二　浙江余杭反山良渚文化墓地中出土玉鸮鸟

厘米，底径8.5厘米，器形比较肥硕，这件陶罐的面部有两个圆孔，和现实中的猫头鹰的圆环眼十分相似。整个器物都饰密集的绳纹，酷似鸮的毛羽，在双目两侧以及颈部、耳部和器口均纹饰附加堆纹。[6]在浙江余杭反山良渚文化墓地中出土一件玉鸟，长4.3厘米，两翼宽5.3厘米。根据其特征判断也应是鸮鸟，这件玉鸮的双眼浑圆，较大，微凸。整体呈黄色，有茶褐色斑点，颈、背、尾部微凹，背面一对小孔。[7]（图十二）

总之，在新石器时代不同考古学文化遗址中鸮形器物的出土，可能是因为鸥鸮拥有超强的飞翔和"夜视"能力，以及超高的捕猎技巧和昼伏夜出的神秘习性，在生产力低下的原始社会，原始先民也希望自己拥有诸如此类的能力，渴望获得能够与自然相抗衡的神力，从而产生对鸮的敬畏与信仰之情，并逐渐对鸮加以神化崇拜。

三、商周时期鸮类题材文物的发现与文化内涵

进入殷商时代以后，鸮鸟的形象更加突出而广泛地出现在青铜器、玉器、石器等多种材质的器物上。此外，青铜器的鸮形纹饰也较为流行。这一时期的鸮形器大多是站立的形式，也有平卧的，表现手法有抽象和写实两种，有平面的镂刻，亦有立体的雕刻，惟妙惟肖，姿态生动。

河南安阳殷墟妇好墓出土玉鸮器6件、青铜鸮尊2件、青铜鸮卣1件、石鸮2件、陶鸮1件。[8]妇好鸮尊共出土两件，形制、纹饰、铭文基本相近，一件收藏于河南博物院，另一件收藏于中国国家博物馆。河南博物院收藏的妇好鸮尊通高46.3厘米，口长16.4厘米，足高13.2厘米，盖高13.4厘米，重16千克，时间为商代后期前段。（图十三）此尊整体为一昂首挺胸鸮形，小耳高冠，圆眼宽喙，双

翅并拢，粗壮的两足与下垂的宽尾构成三个支点。鸮颈后有鋬，头部后面开一个近半圆形的口，上面有盖，盖前端有一站立状的鸟，鸟后有一龙。面中部及胸前中部各有扉棱一条。整体以雷纹做衬地，蝉纹、夔纹、兽面纹、盘蛇纹等交互使用。器口下内壁有铭文"妇好"二字。[9]作器者把丰富的想象力与合理的夸张相结合，巧妙地以动物为题材，塑造成实用礼器，既是对现实生活的真实写照，又有艺术的概括处理。生动的造型配以繁缛的纹饰，使整件器物显得更为威严狞

图十三　妇好墓出土的妇好鸮尊（河南博物院藏）

厉，蕴含着殷商先民特有的宗教情感和审美观念。

现藏于美国亚瑟·塞克勒美术馆的商代晚期亚兽鸮尊，高16.3厘米，器作鸮形，盖为鸮首，圆睛，尖喙略上翘，三面出棱脊。鸮身为尊腹，尾翼着地，与两爪形成尊足。通体饰鳞纹，腹两侧卷龙纹作两翼，盖内、器底铸铭"亚兽"二字。[10]（**图十四** ）

山西博物院藏商代晚期鸮卣，1957年出土于山西石楼县二郎坡村，高19.7厘米。盛酒器，形如两鸮相背而立。盖为双鸮首，环目，尖喙，盖中央置四阿顶方柱钮，饰雷纹。腹作双鸮身，子口微敛，垂鼓腹饰卷曲羽翼纹。身下为四爪，两两相背。与通常鸮卣设提梁的做法不同的是，此器无提梁，而是在器身两侧置兽首形贯耳，可穿绳以作提拎。[11]（**图十五**）

收藏于河南省文物考古研究院的铜鸮卣，通高19.4 厘米，口径12.3 厘米。2006年出土于河南省荥阳市小胡村商墓，由两只相背而立的鸮结合而成。卣盖

图十四　亚兽鸮尊（美国亚瑟·塞克勒美术馆藏）　　　图十五　卣鸮（1957年山西石楼县二郎坡村出土。山西博物院藏）

两侧各有一高浮雕鸮面，器身两侧各饰一对翅膀犹如鸮腹，四足为粗壮的鸟爪形。颈部有两个对称的兽首形贯耳可穿绳，底部内壁有族徽"舌"字。[12] （图十六、图十七）

　　安阳殷墟大司空M539和河南信阳地区商王朝的异姓方国——息国贵族墓出土有鸮形铜卣。（图十八、图十九）美国弗利尔美术馆和英国剑桥大学菲茨威廉博物馆都收藏有河南安阳出土的铜鸮卣。[13] （图二十、图二十一）

　　商代青铜器的主题纹饰大多以饕餮纹为主，但是也有以鸱鸮纹装饰的。如现藏于河南博物院的"徙"斝（图二十二），高37厘米，口径20厘米，1968年出土于河南温县，腹部饰鸱鸮纹三组。[14]现藏于旧金山亚洲艺术馆的鸮纹铜觯（图二十三），通高19厘米，传河南安阳出土，腹部饰两组鸱鸮纹。[15]

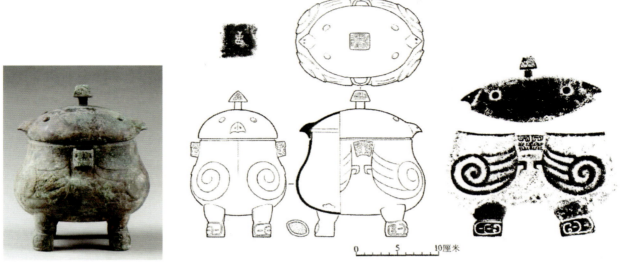

图十六　铜鸮卣（河南省荥阳　图十七　铜鸮卣及纹饰拓片（河南省荥阳市小胡村商墓出土）
市小胡村商墓出土）

图十八　鸮形铜卣（安阳殷墟大司空M539出土）

图十九　鸮形铜卣（息国贵族墓出土）

图二十　铜鸮卣（美国弗利尔美术馆藏）

图二十一　铜鸮卣（英国剑桥大学菲茨威廉博物馆藏）

图二十二　"徙"斝（河南博物院藏）

图二十三　鸮纹铜觯（旧金山亚洲艺术馆藏）

河南安阳妇好墓出土的商代晚期钩喙玉鸮，高7.7厘米。(图二十四) 鸮作昂首站立状，系圆雕而成。"目"字形大眼，两耳相连，中有小孔，尖钩喙下弯至胸前，双翼掩合。两足粗壮，雕出四爪，宽尾下垂。腹、翼均雕羽纹，背脊雕成扉棱状。形象写实之中又具夸张成分，艺术性极高。妇好墓出土的另一件玉鸮，高10.6厘米，厚0.3厘米。(图二十五) 鸮作站立状，浮雕而成。钩喙，圆眼，细长眉，头上有两束冠毛，耳较大，上有圆孔。胸微外突，翅较长，尾下垂，尾尖内卷。屈肢，足有三爪。身、尾均饰羽纹。

1990年三门峡虢国墓地M2009出土一件圆雕玉鸮，通高5.8厘米。(图二十六) 鸮昂首站立，身姿挺拔，盘角后卷，头顶有冠，双翅收敛，双爪蹲伏。[16]整器造型优美，雕刻精细，采用俏色手法来表现鸮的喙、羚角、羽翅和双足，展现了古代工匠的精妙构思。这件玉鸮应为商代玉器，出土于虢国墓地，印证了武王灭商后，把殷商宝物分与有功之臣的历史记载。

新乡市博物馆藏一件商代玉鸱鸮，高4.6厘米。系圆雕，作站立状，钩喙，两眼用双圆线刻出，竖耳，双翼并拢，短尾下垂。胸饰羽纹，双翼、背部皆饰云雷纹。足尾之间有十字形小槽，上有一深2.1厘米的圆孔，头顶后部有一斜穿孔。[17]此器出土地点不详，形制与安阳殷墟五号墓出土的玉鸱鸮基本相同。

1980年陕西省西安市毛西乡毛西村出土一件商

图二十四　玉鸮（妇好墓出土）

图二十五　玉鸮（妇好墓出土）

图二十六　玉鸮（三门峡虢国墓地M2009出土）

代玉鸮，高5.3厘米。（图二十七）青玉，略泛黄褐，浮雕，作站立状，圆目钩喙，喙下有孔。双翅和足部用阴线琢出勾云纹。

殷墟侯家庄西北冈出土三件圆雕石鸮，其中较大的一件通高33.6厘米，通宽25.2厘米，从其背部的一条竖直宽槽推测，它可能是供建筑用的装饰性构件。（图二十八）

西周初期，因受商代晚期传统风格的影响，偶见鸮形器物，到了西周中期，鸮形器物和鸮纹就极为少见。

对于殷商时期出土鸮形器这种现象的解释，大致有这几种观点。第一，鸮类与兵刑之事相联系，象征着战争的胜利。[18]第二，鸮是圣神之女神的化身。[19]第三，鸮是表示勇武的战神而赋予了避兵灾的魅力，有避兵作用。[20]第四，鸮是商族的图腾崇拜。[21]以上每一种观点都有着自己的道理，可以得知，商周时期的鸮形器有着丰富的文化内涵。

对于鸱鸮的文化含义在西周之后渐衰并走向反面形象的原因，常庆林和孙新周等学者认为是商周革命导致的意识形态之结果[22]。逯宏先生亦认同鸱鸮即是商人祖先"玄鸟"的说法[23]，并进一步提出：文献中的"鸱鸮"之名，最早出自《豳风》，当是周人对这种鸟的称呼；"玄鸟生商"最早见于《商颂》，必是承袭了商人的说法，即"鸱鸮"之名乃是周人对于玄鸟神话接受之结果。此说甚为精当。逯先生还认为，周人坚称玄鸟为燕

图二十七　商代玉鸮（西安市毛西乡毛西村出土）

图二十八　圆雕石鸮（殷墟侯家庄西北冈出土）

子，但据近年来的考古发现，殷商人崇拜的是鸱鸮，造成这种分歧的原因之一就有"商周易代造成了殷商族群的集体失语，玄鸟神话被异族周人有意或无意地误读"。这种推断是十分有道理的，周人在殷周革命之后对于政治话语权力的重构和改造应该是不可避免的。

1979年，四川省青川县战国墓出土一件厚木胎的彩绘鸮壶，通高32.2厘米。头顶正中有一圆孔，即为壶口，口径3厘米。翅、尾下垂。此壶用两块整木剜挖粘合而成，再经过合缝、捎当、垸漆等工序。雕绘结合，黑底朱绘，用黑、褐、红等色，有的地方还采用了暗花（即漆下彩）绘绒毛的技巧。[24]

四、汉代鸮类题材文物的发现与文化内涵

汉代时，墓葬中又有一定数量的鸮俑出土。如本文开头所述，根据目前公布的资料，仅三门峡地区就有三件陶鸮俑出土。河南新乡、山西侯马、内蒙古磴口县也有一定数量的鸱鸮俑出土，山东、宁夏等地也有零星发现。现藏河南博物院的两件红绿釉陶鸮壶，通高均17.5厘米，1969年出土于河南省济源泗涧沟汉墓。均为泥质红陶，呈静立站姿鸮形；双目圆睁，注视前方，似在警戒；尖钩喙，尾部着地，身体部分塑出双翅和爪；体施黄绿釉，造型栩栩如生。这两件鸮壶的壶首与壶身并非一体，鸟身即是壶体，内部中空，头部即是壶盖，有子母口，可转动或与壶身盖合，构思巧妙。[25]（**图二十九**）现藏于周口市博物馆的东汉绿釉红陶鸮尊，通高28厘米。1979年项城县（今项城市）蛤蟆寨出土，泥质红陶，昂首仰视，尖钩喙，双目炯炯，似有所瞩，大有待机扑击攫取之势；两耳后倾，胸脯丰满，两腿屈于翼下。两翼用阴线刻画，通体饰羽纹，器身施铅绿釉。[26]（**图三十**）

依据目前资料，新乡五陵村汉代墓地共出土30件陶鸮，20件属于西汉早期，10件属于西汉中期，形制相同，大小不一。头、胸圆隆，平底。用红、白、黄、黑色绘出眼、嘴、翅、腿的纹样。M13：9，高17厘米。[27]（**图三十一**）新乡火电厂出土的16件陶鸮，都属于西汉中期，整体为圆雕的鸮鸟形态，颈部后都

有一孔、圆眼、钩喙、拢翅，底座为矩形，白彩绘底，黑彩或者是红彩描绘出鸮的眼、喙、翅、爪等部位。[28]（图三十二）辉县琉璃阁出土陶鸮22件，属于西汉后期至王莽时期，在形制上与新乡市出土的陶鸮不同，辉县出土的陶鸮比较写实，鸮的头部可以和躯体分开，鸮头可以作为器物的盖子，器物的内部中空，两足与尾部构成器足，陶鸮呈站立状。[29]（图三十三）

山西侯马出土陶鸮11件，时间为西汉晚期，形制与新乡市出土的陶鸮基本相同，均为鸮俑，只是彩绘有所不同。[30]（图三十四）据内蒙古文物考古研究所编著的《内蒙古中南部汉代墓葬》可知，内蒙古磴口县出土陶鸮16件。[31]据墓葬的分期可知，这批陶鸮壶的时代为西汉晚期至东汉初期，大都为鸮形壶，头顶部作为器盖，头部一般都有鸮的眼睛和鸮嘴，身体刻画出鸮的羽翅和腿部。内蒙古磴口县纳林套海农场王莽至东汉时期M21出土陶鸮壶，通高17.6厘米，为泥质灰陶，由头和身体两部分构成，头部以半写实的手法做出鸮的嘴、眼睛和耳，头顶部开口，口上有一圆形小盖，上饰三蒂或四蒂。身体部分刻画翅膀和腿，平底。形象较生动。内蒙古自治区博物馆藏的西汉黄釉陶鸮壶，通高21.5厘米，口径8.7厘米，腹径15厘米，内蒙古鄂尔多斯市东胜区出土。盖为鸮头，双耳竖立，双目圆睁，钩形喙，粗颈，器腹为鸮身，鸮呈蹲立状，身施黄釉。肩部饰双环钮，底部有三乳钉足。造型生动，浑圆饱满。[32]（图三十五）

1972年宁夏银川出土的西汉彩绘陶鸮，高19.2厘米，现藏于宁夏回族自治区博物馆。泥质黑灰陶。鸮作站立状，头顶正中部有一圆孔，两耳竖立，圆眼凸起，尖钩喙，翅尾部下垂。身躯各部有淡褐色彩绘。造型生动，形象可爱，陶塑技法古朴简洁，纹饰线条流畅。[33]（图三十六）

现藏于湖州博物馆的陶鸮形壶，2008年出土于湖州市白龙山汉墓M6，据墓葬形制及器物推断，M6应为王莽时期至东汉早期砖椁墓。鸮头为盖，盖体中空，正面饰有二椭圆形眼与钩形喙，眼部呈眯眼状。器身直口，短直领，斜肩，肩部置二半环形钮，球形腹，腹部中空，小平底，底部置三足，两足呈鸟足状，一足为鸟尾状。器身通体饰半圆形羽毛纹，器表施青黄色釉，釉层剥

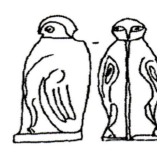

图二十九　红绿釉陶鸮壶（河南省济源泗涧沟汉墓出土。河南博物院藏）　　图三十　东汉绿釉陶鸮尊（周口市博物馆藏）　　图三十一　陶鸮（新乡五陵村出土）　　图三十二　陶鸮（新乡火电厂出土）

图三十三　陶鸮（辉县琉璃阁出土）　　图三十四　陶鸮（山西侯马出土）

图三十五　西汉黄釉陶鸮壶（内蒙古自治区博物馆藏）　　图三十六　西汉彩绘陶鸮（宁夏回族自治区博物馆藏）

图三十七　陶鸮形壶（湖州博物馆藏）

图三十八　马王堆汉墓帛画中的鸮

落严重。[34]（图三十七）

　　汉代的鸮形器主要以陶器为主，集中出土于豫北、晋南和内蒙古河套地区，山东、宁夏、浙江等地也有零星发现。最早见于西汉早期，至东汉初期消失，分布的地域性、时代性特征较强。这一时期，鸮形器大多作为一种随葬品出现在汉代的墓葬中，与商周时期的鸮形器的风格有很大的差异。两汉之际，人们对鸮的认识发生了变化，鸮多被视为凶鸟、不祥之鸟，如东汉许慎《说文解字·木部》载："枭，不孝鸟也。故日至捕枭，磔之。"孔颖达《毛诗正义》疏曰："鸮，恶声之鸟也。入人家，凶。"《史记·孝武帝本纪》中有皇帝带头灭鸮、食鸮习俗的记录："汉使东郡送枭，五月五日为枭羹以赐百官。以恶鸟，故食之。"不过，有学者研究指出，文献中有关鸱鸮的恶鸟形象塑造，只是由于生死转化的远古神话信念被生死对立的后代理性观念所取代，鸱鸮作为死而复活女神的文化功能被转移到了新崛起的虚构动物凤凰身上，鸱鸮就沦落为单一的死神使者，与复活、再生的神话联想彻底脱离了关系，成为后人心目中的不祥之兆，从而背上了"恶鸟""不孝鸟"的种种罪名。文献中说鸱鸮长大后食其母，只是当时的儒学之士宣扬伦理道德的一"隐喻"，融入了儒者对孝道文化的推崇思想，是想借所谓食母之鸮言某种"志"。[35]

　　另外，在马王堆汉墓帛画及一些汉代画像石（图三十八、图三十九）、画像砖中，鸮的形象也屡见不鲜。有学者认为，鸮在墓葬中出现，扮演的身份是人们死后通往天界的向导。[36]内蒙古河套等地汉墓出土的陶鸮壶，腹内还残留有谷物。其实，这类陶鸮壶应为做成鸮形的陶仓模型冥器。鸮作为鼠类的天敌，陶仓制作成鸮形，体现了当时人们重视粮食生产、期盼五谷丰登的美好心愿，从一定角度说明了鸮在汉代人们心目中能起到辟邪镇墓的作用，是吉祥的象征。

由此看来，汉代墓葬出土的鸮形器物及其画像的内涵是丰富多元的，是当时葬俗的一种体现，也是古代人们传统观念的一种再现形式。中国古代关于鸮类的好恶观，因时、因地、因民族而有所不同，其间的差异与变化是复杂的，不能一概而论。

图三十九　汉画像石中的鸮

注释：

[1] 三门峡市文物工作队.三门峡市立交桥西汉墓发掘简报[J].华夏考古，1994.

[2] 杨海清，许海星，赵小灿.三门峡市湖滨路汉墓发掘简报[C]//许海星，李书谦主编.三门峡文物考古与研究[M].北京：北京燕山出版社，2003.

[3] 黄河水库考古队华县队.陕西华县柳子镇第二次发掘的主要收获[J].考古，1959（11）.

[4] 中国科学院考古研究所.庙底沟与三里桥[M].北京：科学出版社，1959.

[5]［18] 刘敦愿.中国古代艺术中的鸮类题材研究[J].新美术，1985（4）.

[6] 青海省文物管理处考古队，中国社会科学院考古研究所.青海柳湾[M].北京：文物出版社，1984.

[7] 王明达.浙江余杭反山良渚墓地发掘简报[J].文物，1988（1）.

[8] 中国社会科学院考古研究所.殷墟妇好墓[M].北京：文物出版社，1980.

[9] 李琴.妇好鸮尊[M]//河南博物院镇院之宝.郑州：大象出版社，2017.

[10]［11］［14] 中国青铜器全集编辑委员会编.中国青铜器全集（第4卷）[M].北京：文物出版社，1998.

[12] 河南省文物考古研究院.河南荥阳小胡村墓地商代墓葬发掘简报[J].华夏考古，2015（1）.

[13] 中国青铜器全集编辑委员会编.中国青铜器全集（第3卷）[M].北京：文物出版社，1997.

[15] 中国青铜器全集编辑委员会编.中国青铜器全集（第2卷）[M].北京：文物出版社，1997.

[16] 三门峡市虢国博物馆编.周风虢韵——虢国历史文化陈列[M].北京：科学出版社，2019.

[17] 段绪元.商代玉鸮鹗[J].文物，1983（4）.

[19] 叶舒宪.神话意象[M].北京：北京大学出版社，2007.

[20] 马承源.中国青铜器研究[M].上海：上海古籍出版社，2002.

[21] 孙新周.鸮鹗崇拜与华夏历史文明[J].天津师范大学学报，2004（5）.

[22] 常庆林.殷商玉器收藏与研究[M].北京：蓝天出版社，2004；孙新周.鸮鹗崇拜与华夏历史文明[J].天津师范大学学报，2004（5）.

[23] 逯宏.玄鸟神话在周代的接受[J].长江大学学报，2011（12）.

[24] 四川省博物馆，青川县文化馆.四川青川县战国墓发掘简报[J].文物，1982 (1) .

[25] 河南省博物馆.济源泗涧沟三座汉墓的发掘[J].文物，1973 (2) .

[26] 李全立主编.周口古陶瓷[M].郑州：中州古籍出版社，2013.

[27] 赵争鸣.河南新乡五陵村战国两汉墓[J].考古学报，1990 (1) .

[28] 新乡市文物管理委员会.1995年新乡火电厂汉墓发掘简报[J].华夏考古，1997 (4) ；新乡市文物工作队.1997年春新乡火电厂汉墓发掘简报[J].华夏考古，1998 (3) ；新乡市文物考古研究所.2003年河南新乡市火电厂墓地发掘简报[J].华夏考古，2008 (2) .

[29] 中国科学院考古研究所.辉县发掘报告[M].北京：科学出版社，1956.

[30] 杨富斗，张守中.侯马地区东周、两汉、唐、元墓葬发掘简报[J].文物，1959 (6) ；北京大学考古学系，山西省考古研究所.天马—曲村[M].北京：科学出版社，2000.

[31] 内蒙古文物考古研究所.内蒙古中南部汉代墓葬[M].北京：中国大百科全书出版社，1998.

[32] [33] 耿东升主编.中国陶器定级图典[M].上海：上海辞书出版社，2008.

[34] 胡继根.浙江汉墓[M].北京：文物出版社，2016.

[35] 叶舒宪.经典的误读与知识考古——以《诗经·鸱鸮》为例[J].陕西师范大学学报，2006 (4) .

[36] 鄢维新.鸱鸮——楚凤与天梯[J].中华文化论坛，2004 (2) ；练春海.汉代艺术与信仰中的天梯[J].民族艺术，2009 (4) .

齐　晖

三彩执壶

唐代（618—907年）

通高40厘米，腹径18.2厘米，底径13.5厘米。器身修长，造型优美，釉肥厚温润，有绿、黄、褐、白等色。凤首口，细长颈，鼓腹，喇叭形圈足。连体双錾附于口和肩部，顶部饰一圆珠。颈部、肩部、腹部饰六组弦纹，肩、腹部有贴花。制作精细，奢丽华美，再现大唐盛世之风貌。（**图一**）

2006年河南省三门峡市区出土

三门峡市博物馆　藏

图一　三彩执壶（三门峡市博物馆藏）

2006年，三门峡市文物考古研究所配合市开发区建设施工时发现一座唐墓。该墓坐北向南，由墓道、过洞、天井和墓室构成，为长斜坡墓道。第一个过洞连接墓道和天井，天井为长方形竖穴。第二个过洞通向墓门。墓室为土洞室，拱顶，平面近长方形。葬具为单棺，内有一具人骨架，呈仰身直肢葬式。[1]令人遗憾的是，墓室上方有一个盗洞，随葬品多被盗掘。考古工作人员在墓室西南角清理出一件三彩器，就是这件精致的三彩执壶。同时出土的还有砖墓志，因志文模糊不清而无法识读。

这件三彩执壶为凤首口，短流，细长颈，溜肩，鼓腹，喇叭高圈足。连体双鋬附于口和肩部，顶部有一圆珠。颈、肩、腹装饰六组弦纹，肩、腹饰有贴花。整个器物端庄大气，花纹繁缛华丽，具有典型盛唐时期风格。

一、唐三彩的烧制

唐三彩是我国古代陶瓷艺术的精华，盛唐时期发展到极致，釉色绚丽精美，色彩斑斓，多彩的釉色成为唐三彩的重要艺术特点。在丝路商贸的影响下，器型种类逐渐丰富，此件三彩执壶的西域风格极为明显。作为一种低温铅釉陶器，虽为"三彩"，并非只有黄、绿、褐三种颜色。"三"在古语中有"多"的含义，因此，唐三彩除了三彩，也有单彩、二彩、四彩，甚至多彩。[2]

唐三彩的发现震惊世人，1905年陇海铁路修筑期间，在洛阳邙山一带，施工时毁坏了一批唐代的墓葬，发现了大量的唐三彩随葬品，这批器物随即被古董商运往北京，引起了学者罗振玉、王国维等人的重视。之后，在洛阳地区不断有唐三彩器物出土，数量多、釉色美，因最早出土于洛阳，后来亦称其为"洛阳唐三彩"。[3]

考古发现及研究成果证明，唐三彩是在汉代低温铅釉陶器的基础上逐步发展而来。两汉时期，铅釉陶器多以单色调为主，以浅绿、深绿、棕黄色居多，而三国两晋时期的铅釉陶并未有飞跃式的发展，直至南北朝，由于施釉技术得到发展，多色釉开始出现，为唐三彩的发展奠定了坚实基础。

　　唐三彩的制作过程分为：陶土原料采集、挑选、粉碎、沉淀、捏练和陈腐。先用黏土制作成坯胎，然后成型、修饰、晾干，以铜、铁、钴、锰等为着色剂，氧化铅为助溶剂，放入窑内经1100℃左右的高温素烧成型，待冷却之后在胎体上施釉，再经800℃—900℃的低温二次烧制而成。

　　（1）原料加工。开采土原料后，需要经过晾晒和挑选，然后碾碎放入淘洗池中用水浸泡，由于比重的因素，质量大的杂质会沉淀池底，而制作坯胎则是选上层的细料。泥料经过持续浸渗之后，适应性增强，滑腻的胎料有助于修胎，从而使胎体和釉料在烧制过程中更加充分地结合。然后再次用水使泥浆变为胎泥，最后把胎泥放入陈腐池内等待，陈腐后的胎泥就可以开始进行加工制作。

　　（2）制坯成型及装饰。一般采取轮制、模制和捏塑的方法。俑类和模型多采用模制和捏塑的方式，而生活器具多使用轮制。器形圆整的一般用轮制，如罐、碗、钵等。器形不圆整的采用模制的方法，如扁形、方形等不规则的器具，还有人俑、动物俑等。捏塑技法常用于造型奇特的模型以及小的器具等。唐三彩的装饰手法主要有刻花、印花、贴花、贴塑等技法。

　　（3）施釉。唐三彩是在素烧的胎体外施一层白色化妆土，之后再上釉，此法可使胎体洁白且强化釉面的色泽，还可增强胎体与釉面的黏合度。作为一种低温釉陶，釉料的成分主要有二氧化硅、氧化铅和不同金属氧化物的着色剂，同时有一定量的氧化铝和少量钙、镁等碱土氧化物成分。而氧化铅的作用是助溶剂，在烧制过程中降低釉料熔化温度，增强釉的流动性，通过加入适量的金属氧化物以此呈现出不同的釉色。施釉的方法和种类多种多样，简单归纳为点彩施釉、浇釉和填釉。

　　（4）焙烧。二次烧制的方法，先置于1100℃的窑炉高温素烧，冷却后施釉再经过800℃—900℃左右的温度焙烧，釉料熔化成釉色后烧制完成。

　　唐三彩的装饰手法有釉彩、印花、刻花、贴花、雕塑、捏塑、堆塑、绞胎等多种技艺，相互配合使用，构成了不同的艺术形象。铅的易熔性和烧制过程中的流动性，运用点、画、泼、洒等方法，使釉料表现出各式的纹样和变化。

烧制唐三彩，除了技艺，还与窑炉结构、温湿度、烧制方式等多重因素有关，因此不同地域出土的唐三彩也有各自的特点。已发现较大规模的唐三彩烧制窑址有陕西铜川的黄堡窑、西安唐长安醴泉坊三彩窑、河南巩县（今巩义市）黄冶窑，以及河北内丘邢窑。

三门峡市博物馆藏的三彩执壶出土于河南省三门峡境内，故而以黄冶窑为例加以概述。巩义黄冶窑在1957年被发现，是我国迄今为止发现最早的一处唐三彩窑址，位于巩义市区以东约5千米的大黄冶村、小黄冶村，20世纪70年代以后进行了多次调查和试掘，发现了烧制唐三彩的窑炉，出土了大量的唐三彩制品。2002年开始，河南省文物考古研究所和中国文物研究所等单位联合进行了四次较大规模的发掘，发掘面积2429平方米，发现窑炉10座、作坊5处，还有淘洗池、沉淀池、陈腐池、灰坑等多处遗迹。通过对考古发掘资料的整理，根据地层叠压关系和出土特点，把黄冶窑的烧制年代分为四期。[4]

第一期：隋代（581—618年），出土器物以青釉器为主。

第二期：唐早期（619—684年），为黄冶窑的发展阶段，以白釉、黑釉为主，低温釉开始出现，但数量极少，而三彩釉以黄、白、绿或黄、白、蓝居多。

第三期：唐中期（685—840年），为黄冶窑烧造的鼎盛时期，分前后两个阶段。前段为盛唐时期（685—756年），后段为中唐（756—840年）。前段仍以白瓷为主，但釉陶数量已明显增加。到了后段釉陶成为主流制品，其中素烧器居多，而三彩釉种类丰富，有单色、二色、三色，常见的釉色有白、黄、绿、蓝、酱黄等。器型有盆、碗、杯、瓶等。常见的图案有祥云鸟、太阳神鸟等，植物图案的器物也占据一定的数量，值得一提的是个别的三彩和二彩罐、瓶、器盖等出现了简单的釉下贴花装饰。特别要说明的是，仿金银器的扁瓶等器物以三彩装饰为主。

第四期：唐晚期（841—907年），瓷器有所增加，但是陶器仍占主导地位，釉陶器物中三色釉明显减少，釉色大多不如第三期。二色釉除了白釉蓝彩有所增加外，白釉绿彩是第四期的主要釉色之一。器型中，执壶是本期新出现的器型。

黄冶窑唐三彩的发展和北方三彩器的分期阶段几乎是一致的，纵观唐三彩的发展，对于唐三彩的分期研究分析，对当时社会历史的发展是相互佐证的过程。

前期出土的三彩数量少，且种类单调。这很有可能与隋末唐初的战乱有关。隋炀帝三征高丽、隋末农民起义至唐初统一战争的结束，数十年的征战导致人口数量下降，生产力倒退。待社会稳定后，制陶业开始复苏。中期的唐三彩逐步发展到鼎盛时期，数量明显增多，种类丰富，风格多样，装饰华丽，造型优美，釉色光泽润亮，装饰技艺使用更加广泛。这些与唐朝的经济恢复密不可分，休养生息，轻徭薄赋，人口增长，解放生产力，制陶技艺显著提升。唐朝开始对外交流，与西域互通有无，大批金银器传入中国，这主要以波斯萨珊王朝和粟特文化的金银器为主，此时的唐三彩也开始仿制金银器造型的器物，风格明显受到西域文化影响。中晚期的器物类型较之前有所不同，装饰更为多样化。受到安史之乱的影响，制陶业生产受到一定影响，但平息之后的社会安稳时期，器物数量增多。战争减少是一大因素，其次就是藩镇经济政策，鼓励制陶业以促进税收收入可能是当时经济政策之一。

二、壶的发展渊源

壶为盛器，敛口、深腹，有圆形或椭圆形等形制。《现代汉语词典》对壶的释义为："陶瓷或金属制成的容器，有嘴、把或提梁，用来盛液体。"《辞源》解释为："盛饮食的器皿……后泛指大腹可盛流质的器物。"《说文解字》释为："昆吾，圜器也。象形。从大，象其盖也。凡壶之属皆从壶。户吴切。"而我国关于壶的使用，最早可追溯到8000年前的新石器时代，迄今发现最早的壶是新石器时代的红陶三足壶。壶作为常见生活器具，其发展也是由简单到复杂的过程，而有些造型存世时间短，后期被历史的发展所淘汰。

"执壶"一词，如今大都默认为壶身上前流后柄的设计造型，作为倾倒液体所用器物。而"执壶"在历史中的名称，又有"注子""注壶""偏提""汤瓶""急须""汤提点"等叫法。

　　"注子"的名称自中唐时期开始出现，作酒壶使用时，《资暇集》记载："元和初，酌酒犹用樽杓……虽数十人，一樽一勺，挹酒而散了无遗滴。居无何，稍用注子，其形若罂，而盖嘴柄皆具。"[5]宋代同样有"注子"的记载，《宋朝事实类苑》载："宪曰：将注子来，郎中处满着。"[6]北宋《高斋漫录》云："送金酒盘盏十副，注子二把。"[7]现代《辞海》也有相应的记载："注子，中国古代酒器。用金、铜或瓷制成。另有注碗，注子可坐入注碗中。始于晚唐，盛行于五代至宋元。"

　　"偏提"的名称依然在《资暇集》中有记载，该书卷下"注子偏提"载："元和初，酌酒犹用樽杓，所以丞相高公有斟酌之誉。……居无何，稍用注子，其形若罂，而盖嘴柄皆具。大和九年后，中贵人恶其名同郑注，乃去柄安系，若茗瓶而小异，目之曰偏提。"[8]北宋林逋的《寄太白李山人》："身上衹衣粗直掇，马前长带古偏提。"南宋林洪《山家清事·酒具》记载："山径兀以蹇驴载酒，讵容毋具，旧有偏提，犹今酒鳖，长可尺五，而匾，容斗余……"[9]都提及了"偏提"作为饮酒器具的使用。

　　"汤瓶"在宋代是普遍的叫法，蔡襄《茶录》记载："汤瓶，瓶要小者易候汤，又点茶注汤有准。黄金为上，人间以银铁或瓷石为之。"[10]杨万里的《晚照》："汤瓶得火自相语，酒琖（同"盏"）为代先作春。"此时，"汤瓶"作为饮茶器具出现，而元代同时期的日本也用此名称。在《吃茶往来》中载有"左提汤瓶，右曳茶筅，从上位至末座，献茶次第不杂乱，茶虽无重请，敬数返之礼……"记载了一手执汤瓶倾注热水，一手快速打击茶筅让沸水冲入茶末，并浮现泡沫的点茶法。

　　我们看到在日常生活中，"执壶"的概念并非伴随着器形的出现而命名，无论是何种叫法和命名，在现代被统一赋予了"执壶"的称呼，且与酒、茶密不可分，其形制特点是都有流、口、执柄，鼓腹。

图二　凤首壶

三、凤首壶

"三彩执壶"本身属于一种陶器执壶——凤首壶（**图二**）。执壶器型的发展也是渐变的过程，陶器执壶的产生和创烧，诸多学者认为来自隋代的鸡首壶。鸡首壶，三国末年就已出现，在两晋至隋朝时开始盛行，因肩部鸡首的造型而得名。西晋时期，鸡首壶造型简单，壶身较矮，鸡首无颈而实心。东晋时期，伴随着生产技术的发展，鸡首壶壶身变高，腹部增大，鸡首颈部变长，鸡尾部逐渐消失，实用功能完整。此时的鸡首壶，得益于经济发展，社会稳定，器形越来越注重美观。发展至唐朝时，出现了凤首壶。唐代凤首壶的发展有两个脉络，其一是沿袭魏晋南北朝的鸡头壶，另一脉络是受到西域文化（主要是粟特文化和波斯萨珊王朝金银器）影响而创烧的凤首壶形式。唐代，从西域传入中原地区的一种银带把壶，称之为"胡瓶"。"胡瓶"这一形制早在罗马帝国时代就已经在西亚、中亚地区作为生活器具广泛使用，而"胡瓶"这一称呼则是在传入东方后，中国和日本的古代文献对它的叫法。胡瓶多属于金银器，以金银为质地，长颈、鸭嘴状流，上腹细长，下腹圆鼓，单把，高圈足座，喇叭口。纹饰为素面无纹，或带有人物动物等图案。较早记载胡瓶传入中国的文献《西域记》有"疏勒王致魏文帝金胡瓶二枚，银胡瓶二枚"，《前凉录》记有"张轨时，西胡致金胡瓶，皆拂菻作，奇状，并人高，二枚"。魏晋时期，胡瓶可能作为贡物进入中国。隋唐时期，北方以长安、洛阳两京地区为中心的贵族墓葬中，在墓室壁画、石椁、屏风、陪葬俑中频繁出现

胡瓶的形象。唐诗中也有胡瓶的意象，王昌龄《从军行》
中有"胡瓶落膊紫薄汗，碎叶城西秋月团"。顾况在《李
供奉弹箜篌歌》中写道："银器胡瓶马上驮，瑞锦轻罗满
车送。"胡瓶作为常见的生活器具出现在生活中。

根据齐东方的研究，日本学者深井晋司著《阿娜希塔
女神装饰鎏金带把水瓶》，列举了11件同型器，把萨珊王
朝晚期至伊斯兰初期的与典型萨珊时代的器物进行了对
比，找出形制上的不同：口部由史前同型陶器的上部几乎
没有，变为注口顶端出现一半为圆形，后半部分加盖。注
口顶端的弯曲逐渐消失，成为折角状，颈部变长，把的上
端由壶的上腹提高至颈部。而萨珊时代末期，壶把上端
在口部，高足中部的节状装饰更加形式化。过去认为这些

图三　鎏金银壶（宁夏固原南郊深沟村李贤
夫妇合葬墓出土。固原博物馆藏）

是萨珊器物的壶，也未必均为萨珊器物。[11]齐东方将胡瓶分为萨珊系统和粟特
系统，后者与前者形制上的区别特点在于壶把手直接在口部（萨珊末期已经如
此），颈部短粗，圈足粗矮，且中间没有竹节状装饰。[12]

虽然胡瓶的形象常见于北朝至隋唐时期的图像和文献中，但是中国境内
出土的胡瓶并不多，著名的有宁夏固原北周柱国大将军大都督李贤夫妇合葬
墓出土的鎏金银壶（图三）及内蒙古翁牛特旗李家营子1号墓出土的银壶瓶。
（图四）

这两件器物均由外域传入，宁夏固原出土的鎏金银壶瓶足座细高且有节
状装饰，壶把上部连至壶颈，是典型的萨珊式胡瓶；内蒙古翁牛特旗出土的银
壶足座较短粗，没有节状装饰，壶把上部连接至壶口处，是典型的粟特胡瓶
样式。[13]

唐代凤首壶出现了两种不同形态：

一是壶盖为拱状凤头形，盖合后与壶口吻合，构成了一个完整的凤首，具
有明显的实用性。比如青釉凤首龙柄壶（图五），现存于故宫博物院。青釉凤首
龙柄壶，通高41.3厘米，口径19.3厘米，足径10.2厘米。壶盖与壶口吻合成凤头

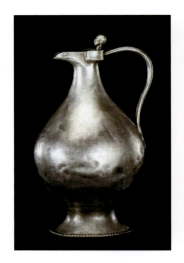

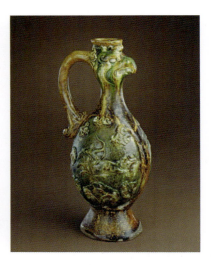

图四　银壶瓶（内蒙古翁牛特旗李家营子1号墓出土。内蒙古博物院藏）

图五　青釉凤首龙柄壶（故宫博物院藏）

图六　三彩凤首壶（故宫博物院藏）

状，使得壶整体颇似一只挺立的凤鸟，造型挺拔。壶柄塑成一直立的蟠龙，龙口衔住口沿，作窥视探饮状；前肢撑于壶肩部，后肢立于喇叭形底座上。壶体以塑贴和刻画技法装饰。腹部塑贴主体纹饰两层，上为6个联珠纹圆形开光，内有手舞足蹈的力士，下为宝相花6朵。口沿、颈、肩及胫部饰以联珠纹、莲瓣、卷叶或垂叶纹。壶口、颈部和高圈足上各饰有一圈联珠纹，壶腹上部装饰一圈萨珊徽章式纹样。各组纹饰间以弦纹相隔。此壶胎体厚重，釉层凝厚，玻璃质感强，带有北朝以来北方青瓷的遗风。其装饰纹样繁复，结构严谨，层次清晰。有花瓣口，凤首盖，执柄直接与口部连接，喇叭座有节状装饰，底座较矮。虽然这件器物明显受到萨珊风格的影响，但带盖及流口共同组成非常具象的凤首造型，龙首、龙爪、龙尾则是传统的华夏风格，壶身的忍冬、莲瓣、卷叶、宝相花等装饰纹样是隋唐常见的装饰。

　　二是在壶口与壶颈的衔接处塑一立体凤首，作为一种装饰构件。如三彩凤首壶，故宫博物院馆藏**（图六）**，高33厘米，口径5.7厘米，底径10.4厘米。壶口呈凤头状，细颈，扁圆形腹，高足外撇，平底。通体施绿、褐、白等釉，底足无釉。一侧置曲柄。腹部形成两面开光体，采用塑贴装饰技法，一面为人物骑马射箭图，一面为飞翔的凤鸟图。底足无釉。此壶造型巧妙，塑贴技法使画面具有浅浮雕效果，物象鲜明突出，线条流畅，色彩鲜艳华丽，堪称佳品。如此类似的器物，还有一件唐三彩凤首壶**（图七）**，现藏于河南博物院。唐三彩凤首壶，高32厘米，腹围40厘米。1965年河南洛阳东郊塔湾村出土。

四、凤首壶的纹饰

细长颈，扁圆腹，矮圈足，花蒂形柄，口颈衔接处饰凤首，作为唐三彩凤首壶的基本形态特征，目前出土发掘的也主要集中在陕西、河南、甘肃。[14]以动物纹饰作为装饰的传统，自新石器时期的陶器就开始出现，比如半坡出土的人面鱼纹盆，仰韶出土的彩鱼纹陶。到了商周时期，青铜器也多以兽纹装饰，商代的凤柱斝的口沿立柱以立体的凤首或凤鸟纹来装饰，魏晋时期至隋唐以鸡头壶作为装饰。由此可见，古代工匠以动物作为装饰早有先例，由来已久。唐代的凤首壶的装饰特征主要有四种：舞蹈纹、骑马射箭纹、宝相花纹和联珠纹。

舞蹈纹。如青釉凤首龙柄壶的壶腹位置有明显的舞蹈纹样，但并非是中国传统的歌舞形象，人物腹部鼓起且裸露，上身胸部鼓起但次于腹部，腿部以及肩臂覆有薄步，舞蹈动作夸张，可以推断这是受域外文化的影响。**（图八）**

骑马射箭纹。骑射之风在唐朝盛行，统治阶级喜好狩猎，是一种统治身份的象征。骑兵在古代机动性强，马匹也是重要的战争资源，所以骑马射箭被统治阶级所重视，这种纹饰也常见于器物。

宝相花纹。宝相花作为中国古代传统纹饰，自隋唐

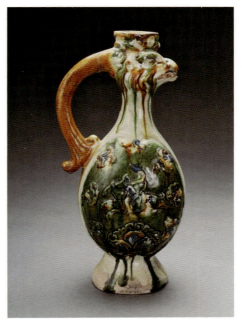

图七 唐三彩凤首壶（高32厘米，腹围40厘米。1965年河南洛阳东郊塔湾村出土。河南博物院藏）

图八 三彩胡旋舞凤首壶（西安大唐西市博物馆藏）

图九　唐三彩凤首执壶（东京国立博物馆藏）

图十　执壶颈中部的凹弦纹

后盛行，此类纹饰伴随佛教的传入而逐渐演化，包括莲花纹和忍冬纹。隋唐时期的审美风格发生转变，它兼具牡丹、菊花等植物特征，样式丰富，因此用于凤首壶上呈现出团块状花纹，花瓣多层次排列，使得器物整体造型雍容华贵。唐朝以体态丰腴为美，可以看到盛唐时期的花饰也显得十分圆润饱满。（图九）

联珠纹。联珠纹饰是波斯萨珊王朝时期常用的一种装饰，但它出现在中国唐朝的器物上，这是中西合璧的文化交流和融合的见证。所谓联珠纹，就是以连续的、大小相等的圆珠，构成圆形或菱形的空间，在这些空间内装饰鸟兽、人物、花草等主体纹饰，并由此或横向，或竖向联成条状，形成二方连续边饰，　或上下左右加辅纹，构成四方连续图案。

凤首壶在初唐时期开始流行，工匠们精心吸收"胡瓶"的造型艺术，融入中国本土的龙凤纹饰，创制出我们今天所见的器物类型。三门峡市博物馆藏的这件三彩凤首执壶就是典型的代表作。该器口部无盖，壶口与颈部成为一体，细颈，扁圆形腹，高足外撇，平底。盛唐时期，唐三彩的釉色已有绿、黄、蓝、白、褐这几种基本色彩，工匠通过配置推出更加优美自然的色调，比如浅黄、深黄、浅绿、翠绿、菠菜绿、深绿等。[15]我们所看到的执壶颈中部饰一道凹弦纹，颈下（或底）部饰两道凹弦纹；（图十）腹部由三组凹弦纹将其分为三部分，第一组为三道凹弦纹，第二组、第三组为两道凹弦纹。第一组凹弦纹堆塑四朵宝相花；第二组凹弦纹堆塑八朵宝相花，四大四小相间；第三组凹弦纹堆塑四朵宝相花。（图十一）采用贴花方式制造出表面凹凸的层次感，模

图十一　凹弦纹堆塑的四朵宝相花

仿了金银器浮雕工艺，经过中西文化的交融和发展，是典型盛唐时期风格的唐三彩。

五、丝绸之路的艺术交流

唐三彩是古代陶瓷艺术与西域文化交流衍生出来的产物。自张骞出使西域以来，古老的中国大地通过"丝绸之路"与西域紧密相连，汉代除商贸往来，还附属于军事和政治目的；到南北朝时发生了变化，比较单纯的商业交往变得越来越多；唐代时发生的变化更大，在物质交流的基础之上更加注重文化交流，这个变化是一个不同层次的变化。[16]唐代的政策开放，经济繁荣、国力强盛，对外贸易和文化交流达到了空前绝后的高度，生活富足，追求奢靡，厚葬之风盛行，精美的随葬品也得以留世。唐朝的艺术风格形成，诸如绘画、音乐、舞蹈等均是中西方文化艺术交流与碰撞的结果。自汉代以来，大量的西域人在中原定居，如安息人、月氏人，至南北朝时期西域人入仕为官，开放的唐朝使得大量胡人入居中国境内，经济交往频繁。而萨珊王朝自南北朝与中国保持来往，北魏至初唐更加密切，不少波斯的匠人来到中国，同时带来了金银器锻造工艺，波斯风格的装饰也影响了陶瓷的纹饰风格。7世纪后，粟特人在丝绸之路沿线建立领地，最后进入唐朝互通商贸。[17]

通过考古发掘出土了大量的物证，使得丝路的繁华得以重现天日，在新疆乌恰深山的石缝中发现了金条和萨珊银币，通向楼兰的黑山梁也发现过970多枚"开元通宝"铜钱。在国内墓葬出土的玻璃珠中，有一种蜻蜓眼玻璃珠，通过对它们成分的分析，这种玻璃珠有两类，一类是钠钙玻璃，一类是铅钡玻璃，学界一致认为钠钙玻璃来自西方，而铅钡玻璃是中国自产的[18]，而这种蜻蜓眼玻璃珠分布省份广泛，由此可见，中外的交流频繁。

正是由于丝绸之路的交往，人们才突破了国家、民族、地域等限制，中国在唐朝以后发生了一个很重要的改变，即"非我族类，其心必异"这种陈腐的观念逐渐开始变化，用一种包容、开放的心态，主动地、友善地和各个国家进行交往，中华民族"和合"理念深入人心，这也是中国文化的首要价值，也是中国文化的精髓，是中国文化生命的最完美最完善的体现形式。在中华民族悠久的发展历史中，积淀形成的独特而伟大的民族性格和精神。

丝路的互通促进了中国文化自身的重塑和盛世辉煌的出现，这是"丝绸之路"给我们带来的变化。"丝绸之路"是商业贸易之路，也是东西对话之路、友好往来之路、文化交流之路。它最后通过这种交往沟通了中亚与我国的关系，缩小了世界，改变了人和人之间的关系，也改变了国家和国家之间的关系，促进了人类文明共同的发展。"丝绸之路"这种开放的精神使人们后来创造了不朽的物质和精神文明，成为人类共同的财富。

注释：

[1] 祝晓东.考古工作笔记、考古发掘报告.暂未发表.

[2] [17] 赵丹.盛唐气象下唐三彩的艺术特点[J].文物鉴定与鉴赏，2019 (23)．

[3] 中国硅酸盐学会编.中国陶瓷史[M].北京：文物出版社，1982.

[4] 赵子豪，郑建明.21世纪以来唐三彩暨低温釉陶窑址考古新进展[J].文物天地，2020 (4) .

[5] [8] （唐）李匡乂.资暇集（卷下）[M].北京：中华书局，1985：27.

[6] （宋）江少虞.宋朝事实类苑（卷一百二十四）[M].北京：中华书局，1961：881.

[7] （宋）曾慥.高斋漫录[M].北京：商务印书馆，1936：1.

[9] 罗竹风.汉语大词典[M].上海：上海辞书出版社，1986：1.

[10] （宋）蔡襄.茶录（下篇）[M].北京：商务印书馆，1936：4.

[11] 齐东方，张静.唐代金银器皿与西方文化的关系[J].考古学报，1994 (2) .

[12] 彭善国.唐代陶瓷凤首壶的类型、渊源与流向[J].中原文物，2006 (4) .

[13] 范勃.跨文化语境下的涵化现象——从"凤首壶"的造型演变说起[J].美术观察，2021 (8) .

[14] 罗佳.唐三彩凤首壶的凤首装饰及其流播[J].美术，2020 (7) .

[15] [18] 齐东方."丝绸"之路与中国文化[J].大讲堂，2016 (4) .

[16] 张哲.丝路上的唐三彩——粟特与萨珊金银器对唐三彩艺术风格的影响[J].中国民族博览，2019 (11) .

狄欣怡

真子飞霜镜

唐代（618—907年）

　　直径30.9厘米，八出葵花形，龟钮。钮上方饰云山日出纹，下方饰池水山石，自池中生出一枝莲叶，即为钮座。左侧一人峨冠博带，坐而抚琴，前设几案，后依竹林。右侧一凤，舞于石上，凤上方有两株神木。外区为一周铭文带："凤凰双镜南金装，阴阳各为配，日月恒会，白玉芙蓉匣，翠羽琼瑶带，同心人，心相亲，照心照胆保千春，相。"（图一）

1994年三门峡市电业局工地出土

三门峡市博物馆　藏

图一　真子飞霜镜

1994年，在三门峡市黄河路西段电业局工地发现一批墓葬，其中的一座唐墓中出土了一面真子飞霜镜。该镜阔大厚重，做工精良，纹饰清晰，虽历经千年沧桑，依然熠熠生辉。镜背上精美的画面诉说着千年前人们的生活状况和精神世界。高士在竹林中抚琴，面前的几案上放置有书卷、辟雍砚和笔架；一只鸾凤随琴声翩翩起舞于奇石之上，凤上方有两棵神树；下方的池水中伸出一片巨大的荷叶，一只神龟伏在荷叶上；远处，缥缈的海外三仙山衬托着一轮初升的太阳。外圈还有一首四十字铭文诗。整个画面气韵生动，层次鲜明，构图复杂而又不失工整，是一件难得的唐代铜镜精品。

一、真子飞霜镜研究概况

1."真子飞霜"镜的命名

真子飞霜镜指的是唐代出现的，以高士竹林抚琴、龟巢荷叶、海上云山日出、鸾鸟起舞、双树等纹饰为主要内容的一类铜镜，还有一些在镜钮上方有飞鹤图案。镜形多样，有圆形、葵花形、方形、亚形四种，但一般为八出葵花形，龟钮，有些镜上带有"真子飞霜"或圈带铭文诗铭文，也有部分铜镜两种铭文都有。

图二　真子飞霜镜（浙江宁海县文管会藏）

图三　真子飞霜镜（河南博物院藏）

具体而言，其纹饰内容一般是：高士在竹林中抚琴，面前有一几案，上有书卷、辟雍砚和笔架。与高士相对的另一侧有一只翩翩起舞的鸾凤，凤上方为两棵神树。下部为一片池水，池中伸出一片荷叶，叶上伏一龟。画面上方为云山日出图案，云山下方或为真子飞霜四字铭文（**图二**），或为一只飞翔的仙鹤（**图三**），或空白（**图四**），还有部分铜镜在外圈有四十字铭文诗一首。（**图五**）

真子飞霜镜因铜镜上的"真子飞霜"铭文而得名，但实

图四　真子飞霜镜（故宫博物院藏）

图五　真子飞霜镜（浙江衢州市文管会藏）

际上大部分真子飞霜镜上并无"真子飞霜"铭文，古今学者从不同角度对此类铜镜命名。清代钱坫称其为"唐飞霜镜"[1]，阮元称其为"晋真子飞霜镜"[2]，冯云鹏、冯云鹓在《金石索》中将两面铭文不同的真子飞霜镜分别命名为"真子飞霜镜"和"凤凰双镜"。[3]当代学者孔祥星、刘一曼称其为"真子飞霜镜"[4]，管维良亦称作"真子飞霜镜"[5]，丁孟称其为"弹琴舞凤纹镜"[6]，唐先华将其命名为"凤凰双镜"[7]，杨琼称其为"抚琴引凤镜"[8]，中国社会科学院考古研究所编的《偃师杏园唐墓》一书中将其命名为"高士镜"[9]，还有日本学者称其为"伯牙弹琴镜"[10]。

2."侯瑾之"铭真子飞霜镜

现存比较特殊的一类为故宫博物院藏的一面方形"侯瑾之"铭真子飞霜镜。这面"侯瑾之"铭方镜呈正方形，边长14.6厘米，在镜钮上方矩形框内有纵向"侯瑾之"三字铭文，为唐代早期铜镜。除形状与铭文，其余图案内容与真子飞霜镜相同，故将其归类为"真子飞霜镜"。张清文先生通过研究铜镜的纹饰内容和人物形象与其生平事迹，推断"侯瑾之"应是《后汉书》所记载的后汉至三国时期的敦煌人侯瑾，"之"字是其信奉天师道的代表，可以省略。[11]据张清文老师论述[12]，侯瑾信奉道教，善神仙异养之学，是一位文士隐者。他著书，弹筝，能先知，解鸟语，掌管地下之事。在其死后，更是被不断神化，南北朝侯景在登基时奉侯瑾为世祖，从而名望更盛。侯瑾由儒生隐士转变成了道家仙人。

这面"侯瑾之"铭真子飞霜镜应为纪念侯瑾

图六　"侯瑾之"铭真子飞霜镜（故宫博物院藏，出自《故宫藏镜》）

而铸造，通过描绘侯瑾之在仙山福地抚琴引凤，宣扬道家修真炼性的思想，表达了人们希望同侯瑾一样修炼成仙的美好愿望。但随着历史时代的变化，该类铜镜在发展后期，原本意义已模糊，其铭文发生了改变，再加上飞鹤图像和铭文诗的添加，最终使得其寓意发生了改变。（**图六**）

3.历代学者研究概说

南宋时的江少虞最早对真子飞霜镜进行了记载和解释，他在《事实类苑》中记录了一面齐南陵所出的"真子飞霜"镜，对其画面进行描绘："为流水芙蓉、茂林丛竹，又为孤云野鹤，下有老人倚杖岸帻，逍遥其间，似非世间人，有飘逸不可扳之高致"，并提出了自己的看法："盖昔之高人逸客能自致于寂寞之乡，有足以寓意写怀者，未尝遗物鉴，以寄一时之适耳，岂良工巧冶所能知也？"[13]他认为"真子飞霜"镜纹饰所表现的内容是高人隐者。之后，南宋姚宽的《西溪丛语》、明代梅鼎祚的《隋文纪》中都有对真子飞霜镜和镜铭的记载。

对真子飞霜镜的深入研究始于清代。清代钱坫在《浣花拜石轩镜铭集录》中认为抚琴者为真子，其所弹之曲名为飞霜。[14]清代阮元在《晋真子飞霜镜拓本跋》中持相同观点，他写道："真子者，鼓琴之人，飞霜，其操名也。"[15]冯云鹏、冯云鹓兄弟在《金石索》中写道："真子未详，或取修真炼道之意，如南真夫人及元真子之类。飞霜疑即元霜，裴航遇云翘夫人，与诗云'元霜捣尽见云英'"，认为"真子飞霜"镜纹描绘的是裴航玉杵捣药的故事。[16]

当代学者滕延振、石世镇认为此类铜镜是女子的陪嫁妆奁，纹饰中的抚琴者和凤凰左右并列，有"琴瑟调和""鸾凤和鸣"之意。[17]朱江认为，"真子即真孝子的简称，飞霜即是十二操之一的履霜操的别称，整个镜纹的内容则是尹伯奇放逐于野"。[18]丁孟认为是"舜与娥皇女英的故事"。[19]叶康宁根据《凤求凰》所描绘的画面与真子飞霜镜上的画面暗合，认为是"司马相如鼓琴"。[20]刘茜等将唐玄宗与杨贵妃曾住过的"飞霜殿"等同于"真子飞霜"中的"飞霜"，认为是"唐明皇和杨贵妃的爱情故事"。[21]刘艺将画面中的莲池解释为"卧冰求鲤"，认为"真子飞霜"镜反映的是二十四孝的内容。[22]日本学者多称其为伯牙弹琴镜，认为其描绘的是俞伯牙和钟子期。[23]

　　古今中外学者的众多观点大都是根据"真子飞霜"字面和镜背图案进行的联想，缺乏论据支撑，结论与纹饰内容多有不合之处，有些还有生搬之嫌，跟纹饰毫无联系。孔祥星、管维良看出各种观点和解释的牵强，故笼统认为是"当时的一则民间故事"。[24]对于真子飞霜镜中的人物为何人，其描绘的画面出自何典故，专家学者目前也没有统一的观点。

二、真子飞霜镜图像研究

　　唐代人物故事镜不同于前代以神仙崇拜为主，而更多注重社会生活的描绘和深意的表达，有大量的纹饰取材于历史典故和民间故事，如：荣启期问曰答孔夫子镜、竹林七贤镜、王子乔吹笙引凤镜等。对于真子飞霜镜，现不能明确其取材的典故，但从其纹饰来看应属于此类人物故事镜，虽然随着时间的推移它所表达的寓意逐渐消逝了，但是在其产生之初，其纹饰寓意一定为民众所普遍接受，或是一种集体无意识，或是一种约定俗成的民间传说，在当时它的寓意和所指一定是明确的。我们通过对镜背纹饰和铭文的分析，来解读真子飞霜镜背后的人物和故事。（图七）

1.高士竹林抚琴

　　琴棋书画，古之四艺，以琴为首。抚琴，是古代文人雅士修身养性、寄托心思的重要途径，也是凌风傲骨的精神寄托。人物抚琴更是我国传统艺术中十分常见的文化图像，常用来表现文人雅士形象。历代名家留下了众多抚琴题材的传世佳作，隐士抚琴于山崖古泉，高士倦卧于古琴之上，仕女抚琴于花前月下，高山流水、悬崖飞瀑、高楼亭台、茂林修竹，乃至山间茅舍，都有古人恣意洒脱抚琴的身影。

　　抚琴需全神贯注，心无旁骛，才能达到超凡脱俗的境界。在炎炎夏日，古人通过抚琴来驱暑纳凉，这赋予了抚琴另一种神奇的魅力。竹林清幽凉爽，是避暑纳凉的好去处，在竹林中抚琴，更能使人心旷神怡。"独坐幽篁里，弹琴复长啸。深林人不知，明月来相照。"唐代诗人王维的一首《竹里馆》，描绘出一幅茂密竹林之中高士月下抚琴的闲适画面。真子飞霜镜中的高士便是坐在竹林中抚琴，该人物头戴冠，身着广袖长袍，宽衣博带，席地而坐；左膝上横一琴，做弹抚状；面前有一几案，上有书卷、笔架、砚台等物，人物形象生动，线条流畅匀称。几案上的砚台为圆形，多足，应为辟雍砚。

辟雍砚是一种瓷砚，魏晋时产生，从南北朝时期到隋唐时期都十分流行。其产生初期为带足圆盘状，后发展为三足或四足的圆盘砚，南北朝时期变化成五到十足不等的珠足砚，到了隋唐时期，出现了圆形多足的辟雍砚。辟雍砚为圆形，砚堂凸起，砚堂与砚壁之间构成环形砚池，用于储存墨汁。砚足有蹄形、兽形、水滴形或圈足。辟雍砚有青釉、白釉等，砚堂处用于研墨故而不施釉。(图八、图九)

在瓷砚的发展史上，辟雍砚是十分独特的一种砚。砚池围绕

图七　真子飞霜镜拓片

图八　唐白釉辟雍砚（天津博物馆藏）

图九　唐代青釉辟雍砚（观复博物馆藏）

砚堂周边，如辟雍环水。辟雍是周王朝为教育王室子弟而设的国立大学。东汉蔡邕解释为："取其四面环水，圆如璧。后世遂名辟雍。"据《礼制·王制》记载，"大学在郊，天子曰辟雍，诸侯曰类宫"，辟雍成为后世文人志士向往的地方。于是制瓷工匠模仿辟雍形制设计出了辟雍砚，不仅实用还极具观赏价值，在魏晋和隋唐时期风靡一时。后因其复杂的形制不利于大量生产和天然石质制作的砚台更受使用者欢迎而逐渐被人们淡忘。

人物抚琴图像为浮雕与线条相结合，造型圆润大气，极具唐代特色。但人物形象和服饰风格却与唐代相异，人物抚琴图像跟魏晋时期的服饰风格更为接近。魏晋时期的冠帽多用幅巾代替，部分文人轻蔑礼法，放荡不羁，为挣脱礼教束缚，故而宽衫大袖、散发袒胸，"褒衣博带"在当时蔚然成风，成为魏晋风尚，这种穿衣风格与抚琴图像的宽衣博带在一定程度上相符合。唐代社会经济空前发达，文化博采众长，因此唐代人更容易接受异域文化和前朝文化。真子飞霜镜中的人物抚琴是魏晋风骨的写照，其风度文雅、超然隐逸、正直高洁，展现出一种物我两忘、乾坤自在的隐士风格。

2.龟巢荷叶

中国古代铜镜背面大多有镜钮，在镜钮上系布绳以便悬挂、手持或安放铜镜，常见的镜钮有拱形、弓形、圆形、龟形、瑞兽形等。随着时代的发展，镜钮也在不断演变。龟钮是唐代十分流行的镜钮形制，唐以前大多以拱形、半圆形为主，唐代盛行的龟形、兽形钮应是寓意吉祥的体现。唐代国力昌盛、经济繁荣，在温饱问题解决之后，人们祈望多福多寿的愿望便强烈起来，并借助荷叶、神龟、瑞兽等动植物形象反映出来，便出现了铜镜上的龟形钮、瑞兽钮等。不仅如此，龟的形象还大量出现在神话传说和民间故事中。

龟在中国传统文化中占据重要地位，古人认为，龟有灵性，千年之寿，能知吉凶，辨妍媸，被人们看作是吉祥如意、刚强不屈、先知先行的动物，一直被当作神灵和长寿的象征。龟背甲对着天，腹甲接着地，而人生活在天地间，于是人们认为乌龟是能用来与天地沟通的，所以龟甲成了古人占卜的器具。龟可卜吉凶，镜可辨美丑，以龟作镜钮，还有借喻镜鉴前史，为人做事要履于"正中"之意。

真子飞霜镜中的龟形钮是龟钮中的典型代表，一龟伏于镜面正中的荷叶之上，以四脚为支撑，腹下留一穿孔，造型别具匠心。钮座为一株从镜面下方水中长出的荷叶，龟钮位于荷叶正中，呈现出龟伏于荷叶之上的图像。西汉司马迁《史记·龟策列传》载："余至江南，观其行事，问其长老，云龟千岁乃游莲叶之上，蓍百茎共一根。"[25]晋张华《博物志》记述曰："龟三千岁，游于莲叶，巢于卷耳之上。"东晋葛洪《抱朴子》亦记述："千岁之龟，五色俱全，其额上两骨起似角，解人之言，浮于莲叶之上。"由此可见，在古人心中，千岁神龟长寿且有灵性，常栖居于莲叶之上，寓意瑞祥长寿。

唐代杜光庭所撰《录异记》中有一篇《异龟》，记录了两则"龟游荷叶"的故事。一则是"广汉太守孟彦晖奏西湖有金龟径寸，游于荷叶之上，画图以闻"；另一则是"武德末，太宗平内难，苑中池内有白龟游于荷叶之上，太宗取之，化为白石，莹洁如玉，登极之后降制曰：皇天眷佑赐以宝龟"。可见，龟除了有祈福长寿寓意，还是明德君主的祥瑞象征。真子飞霜镜的龟钮和荷叶体现的正是"龟巢荷叶"的主题，是长久以来人们祈福祈愿心理在民俗生活中的具体体现。

3.鸾鸟起舞

真子飞霜镜中的鸾鸟图像与人物鼓琴图像相对称，居于镜钮右侧，其双翅高展，长尾扬起，呈欲飞起舞状，刻画精细，栩栩如生。鸾鸟是唐代铜镜中十分常用的图像，常见的有瑞兽鸾鸟葡萄镜、双鸾镜、双鸾衔绶镜、双鸾花枝镜、双鸾瑞兽镜、双鸾鸳鸯镜等。先秦时期，鸾鸟形象往往与仙神崇拜相关，秦汉魏晋时期，则多用于贵族生活中，到了唐代鸾鸟形象便脱离了其神圣性，开始普遍出现在宫廷和民间，多见于生活用品、服饰、女性头饰等物品上，在造型上更突出其装饰性，更显唐代雍容大方的特点。

在古人观念中，鸾鸟拥有神性，并被赋予很多美好的寓意。据《山海经·南山经》记载："又东五百里，曰丹穴之山，其上多金玉，丹水出焉，而南流注于渤海。有鸟焉，其状如鸡，五采而文，名曰凤凰。首文曰德，翼文曰义，背文曰礼，膺文曰仁，腹文曰信。是鸟也，饮食自然，自歌自舞，见则天下安宁。"这里的凤凰被看作是祥瑞的征兆，是天下太平的象征。同时，把人间最崇高的五种德行与凤凰相联系，称为"凤德"，故士人皆以凤为楷模，又因"君子比德于玉"，所以古代男子佩戴玉凤，时刻提醒自己注意德行操守。历史上还常把贤德之人比作凤凰，《诗经·大雅·卷阿》载有："凤凰鸣矣，于彼高冈。梧桐生矣，于彼朝阳。""丹凤朝阳"便用来比喻贤才逢明时。

鸾鸟与镜子的结合最早见于魏晋南北朝时期刘敬叔所撰的《异苑》，其中记载："罽宾王养一鸾，三年不鸣。后悬镜照之，鸾睹影悲鸣，一奋而绝。"唐代欧阳询等人编纂的《艺文类聚》也收录了南朝时宋人范泰《鸾鸟诗序》中记述的这个故事："昔罽宾王结罝峻祁之山，获一鸾鸟，王甚爱之，欲其鸣而不致也，乃饰以金樊，飨以珍羞。对之愈戚，三年不鸣。其夫人曰：'尝闻鸟见其类而后鸣，何不悬镜以映之。'王从其言，鸾睹影感契，慨而悲鸣，哀响中霄，一奋而绝。"后人在诗中多以鸾镜表达临镜而生悲，以孤鸾表达夫妻生死离别、孤独悲哀。

唐代经济繁荣，社会开放，文化也博采众长，凤的形象逐渐演变为与世俗生活相结合的鸾鸟，并且成为唐代铜镜上十分重要的图像元素。初唐骆宾王在《代女道士王灵妃赠道士李荣》中写道："龙飘去去无消息，鸾镜朝朝减容色。"中唐李贺在《贝宫夫人》中有"长眉凝绿几千年，清凉堪老镜中鸾"的诗句。盛唐李白在《代美人愁镜二首（其二）》中有"影中金鹊飞不灭，台下青鸾思独绝"句。铜镜和鸾鸟喻示着婚姻情爱，以鸾镜写相思，以孤鸾写闺怨。

在鸾鸟上方，有两株神树。双树的树叶描绘细致，应是佛教中的娑罗双树。相传佛祖释迦牟尼在娑罗双树间入灭涅槃，古人常用来寓意佛教修行者过世。

4.海上云山日出

真子飞霜镜下方是波纹粼粼、水雾缭绕的水面图像，上方是云山日出图像，聚拢的云气托着三座仙山，一轮圆日缓缓升起，山巅云涌。图像线条流畅，描绘准确，水面波纹和流云十分生动，是唐代盛行的山水画法的风格。

我国古代先民对水充满了崇拜和敬畏，水带给人们的不仅有神秘感，还有恐惧感。水对人类的生存有着极为重要的作用，但人们却不能洞察和掌握水的规律以及水中的世界，于是就对水有了一种崇拜和敬畏，进而将其神灵化。《山海经》中对各种水域有大量记载，并赋予水域以神秘的力量，如传说中的上古五帝之一"颛顼"在水中死而复生，古人便将对"生命永恒"的期盼赋予于水。

古人对水的敬畏逐渐演化成为对海外三仙山的崇拜和对不死之药的追求。对海外三仙山最早的详尽记载见于战国《列子·汤问》："渤海之东，不知几亿万里，有大壑焉，实惟无底之谷，其下无底，名曰归墟。八纮九野之水，天汉之流，莫不注之，而无增无减焉。其中有五山焉：一曰岱舆，二曰员峤，三曰方壶，四曰瀛洲，五曰蓬莱。其山高下周旋三万里，其顶平处九千里。山之中间相去七万里，以为邻居焉。其上台观皆金玉，其上禽兽皆纯缟。珠玕之树皆丛生，华实皆有滋味；食之皆不老不死。……于是岱舆、员峤二山流于北极，沉于大海，仙圣之播迁者巨亿计。帝凭怒，侵减龙伯之国使阨，侵小龙伯之民使短。"

我国古代帝王对海外三仙山和不死之药的传说深信不疑。《史记·秦始皇本纪》载："齐人徐市等上书，言海中有三神山，名曰蓬莱、方丈、瀛洲，仙人居之。请得斋戒，与童男女求之。于是遣徐市发童男女数千人，入海求仙人。"[26]《史记·封禅书》载："自威、宣、燕昭使人入海求蓬莱、方丈、瀛洲。此三神山者，其傅在勃海中，去人不远；患且至，则船风引而去。盖尝有至者，诸仙人及不死之药皆在焉。"[27]秦始皇派遣数千人寻仙境求仙药，但梦想没有达成，于是便下令营造了一处仙境，便是阿房宫。阿房宫内有园林"兰池宫"，引渭水为池，池中有三岛隐喻传说中的三座神山，用于满足他长生不老、永坐皇位的愿望。汉高祖兴建未央宫，也曾开凿沧池，并在池中筑岛。汉武帝修建建章宫时，在宫中挖太液池，在池中筑三岛屿，取名为"蓬莱""方丈""瀛洲"，以模仿仙境。隋炀帝在洛阳修建西苑，据《资治通鉴》记载："西苑周两百一里，其内为海周十余里，为蓬莱、方丈、赢州诸山，高百余尺。台观殿阁，罗络山上。"

两汉时期谶纬之学盛行，使得海外三仙山的地位更加稳固。到了唐代，统治阶级信奉道教，道教认为"道"是宇宙的本源，生成万物，推崇神仙思想和炼丹服药长生不老之说。白居易诗云："海漫漫，直下无底傍无边。云涛烟浪最深处，人传中有三神山。山上多生不死药，服之羽化为天仙。秦皇汉武信此语，方士年年采药去。蓬莱今古但闻名，烟水茫茫无觅处。"人们将对"仙境""永生"的追求，融入了铜镜之中，成为真子飞霜镜中的图案。在唐代铜镜中，"水"和"仙山"图像的组合十分普遍，其所指代的都是海外三仙山，表达了当时人们憧憬仙境、祈求长生的美好愿望。

5.圈带铭文诗

这面真子飞霜镜外沿处有一圈四十字铭文诗，字体为小篆，铭文为："凤凰双镜南金装，阴阳各为配，日月恒会，白玉芙蓉匣，翠羽琼瑶带，同心人，心相亲，照心照胆保千春，相。"镜铭"日月恒会"应为"日月恒相会"。"相"字因铸造失误，排至文末。根据其铭文，清代冯云鹏、冯云鹓在《金石索》中将其命名为"凤凰双镜"。[28]

这首铭文诗无疑是一首爱情诗，字里行间透露出对相爱之人的思念和祝福，以及对真挚爱情和美好婚姻的向往。"凤凰双镜""阴阳""日月""同心人""心相亲"指代夫妻和合，"白玉""芙蓉匣""翠羽""琼瑶带"描绘的是女子妆奁的精美，"照心照胆"则表达了两心相照。

在古代，铜镜是女子日常梳妆的生活用具，也是爱情的信物，经常被当作女子陪嫁的妆奁，在铜镜背面以图像或铭文的方式给予新婚夫妻美满和睦、幸福长久的祝福。据出土铜镜来看，最晚在西汉，铜镜就被作为感情信物使用了。西汉有很多相思铭文镜，如"长乐未央，长毋相忘""愿长相思，久毋见忘"等，都是表达夫妻或者情人间深厚感情的美好祝福。到了唐代，寓意婚姻爱情美满也是铜镜的一大主题，如瑞兽鸾鸟葡萄镜、双鸾镜、双鸾衔绶镜、双鸾鸳鸯荷花镜等。镜铭内容则多为描写闺中生活，如："玉匣盼开盖，轻灰拭夜尘；光如一片水，影照两边人""兰闺婉婉，宝镜团团。曾双比目，经舞孤鸾。光流粉黛，采散罗纨。可怜无画，娇羞自看"等。

这面真子飞霜镜被分成两半，背后可能演绎着破镜重圆的故事。"破镜重圆"的典故，出自南北朝时期南朝陈国乐昌公主和其驸马徐德言的爱情故事。他们夫妇婚后互敬互爱，伉俪情深，但政局的动荡使得二人被拆散，于是乐昌公主把自己的一面铜镜摔成两半，一半留给自己，一半送与夫君，并约定：每年正月十五，便在长安街市沿街叫卖铜镜，直至找到对方。此后数年，二人经历种种磨难，忍辱负重，但还是抱着一线希望，期盼来日重逢。经过二人的不懈坚守与努力寻找，最终两半铜镜合为一面。但此时已物是人非，身不由己，他们还是不能在一起。乐昌公主现任夫君隋朝重臣杨素听闻二人经历后，十分感动，便成全了他们。最终夫妻二人回到故乡，白头到老。

铜镜是婚姻圆满的象征，铜镜的破碎和分离便寓意着夫妻离别。于是就有了破镜习俗，即将一面铜镜分成两半，分别葬在夫与妻两座墓葬中。从考古发现来看，这种习俗在新石器时代墓葬中就初见端倪。青海大通县的上孙家寨墓地中出现过"一物分葬"现象，一件彩陶壶的口颈部和腹底部分别出土于两座墓葬，一座墓主为男性，另一座墓主为女性，他们很有可能是在不同时间去世的夫妻。《洛阳烧沟汉墓》一书中记录了一座夫妻合葬墓，这座墓葬同坟异室，从两个墓室的木棺中分别出土了半面镜子，把它们合起来则是一面完整的四神规矩镜。[29]2021年，宝鸡市牛氏庙考古发掘工地的两座汉墓中也出土了能拼对成一面铜镜的残片。

"破镜分葬"体现了人们希望通过各执一半的信物于阴间团聚，永续爱情的美好愿望。据粗略统计，目前出土的能合二为一的铜镜不在少数，在河南、安徽、江西、广东都有发现，墓葬跨越年代涵盖西汉、东汉、唐代、宋代、清代。可见"破镜分葬"在我国古代是一种广泛存在的意识。

通过对真子飞霜镜中高士竹林抚琴、龟巢荷叶、鸾鸟起舞、海上云山日出图像，以及圈带铭文诗的深入分析和解读，可以看出真子飞霜镜所蕴含的道家元素和思想，其表达的是人们憧憬飞升成仙、祈求长生不老的美好愿望，以及对美好爱情和圆满婚姻的向往。

三、真子飞霜镜产生的社会背景

唐代的铜镜制造业进入鼎盛时期，铜镜的艺术样式和艺术手法呈现出多样化特点。唐代铜镜在形制上突破了汉式镜的拘谨板滞，创造出菱花镜、葵花镜、方亚形镜等；图案上，除了大量的瑞兽、海兽葡萄、花鸟、植物，还把反映现实生活和人们对美好理想的追求刻画在镜背上；总体布局上，也突破了前期的规范呆板，铜镜的构图清新明朗，流畅华丽，生气充沛，而又柔美自然；同时出现了题材新颖、做工精美的特殊工艺镜。唐代人物故事镜更是独具特色，其种类繁多、题材丰富、构图精美、描绘精致，具有深刻的故事感染力和艺术表现力，这与当时的社会背景密不可分。

1.崇道国策与道教的兴盛

南北朝至隋唐时期是儒佛道三教并行、思想多元的时代，唐朝统治者在尊儒的同时，对佛、道二教也给予极大礼遇，佛教与道教因此得到迅猛发展，进入全盛时期。儒道释三教相互斗争融合，道教吸佛纳儒，促进了三教合一的发展。

李唐统治者通过借助神权来提高皇室地位，自命是道教先祖老子李聃的后裔，开国后便对道教推崇备至。唐高祖李渊曾下诏称："三教虽异，善归一揆。"发布《先老后释诏》，明确提出"老先、次孔、末后释"，将道教定为三教之首。唐太宗时规定道士、女冠的称谓在僧尼之前。唐高宗时，追尊老子为"太上玄元皇帝"。唐玄宗时期对道教的推崇达到了鼎盛，老子被尊为"玄元天皇大帝"，玄元庙依宫阙之制，文宣王孔子列侍玄元皇帝左右；并通过广置道观、开设道举、整理道经等措施将道教推上了"国教"地位。此外，玄宗还亲自带领大臣到玄元皇帝庙祭祀，亲自注释《道德经》。在皇室扶植下，信奉道教成为风气。据记载，唐代道观共有一千九百余所，道士达一万五千余人。

尽管有统治者的推崇和扶植，唐代道教的规模和发展程度跟佛教相比还是相差甚远。为加强与统治者的联系，进一步提高自己的社会地位，道士积极参与皇室重大活动，并进献珍器宝物。道教上清派第六叶嫡系传人司马承祯受到唐代多位帝王的重视，多次入宫讲道。[30]他曾向唐睿宗和唐玄宗进献自己设计铸造的道教铜镜以及宝剑，玄宗作《答司马承祯进铸含象镜剑图批》为回应："得所进照明、宝剑等。含两曜之晖，禀八卦之象。足使光延仁寿，影灭鄷城。佩服多情，惭式四韵。"[31]自此，道教元素融入铜镜装饰便成为一种风尚。

道教元素最早运用于铜镜是在西汉晚期，汉代至六朝的重列神兽镜，就是一幅道教群神图。到了隋唐时期，人们将四神、八卦、十二生肖、日月、阴阳等道教图像，以及"嫦娥奔月""王乔吹笙""真子飞霜"等神仙人物故事熔铸于铜镜背面，既有镇邪驱怪之意，又有对羽化成仙的向往。晚唐五代时期，道教纹饰特别盛行，如符箓、星象、干支等。（图十、图十一）

图十　嫦娥奔月镜（宝鸡市凤翔区博物馆藏）

图十一　吹笙引凤镜（河南洛阳出土）

图十二　唐双鸾瑞兽花鸟镜（三门峡市博物馆藏）

道教的最高追求是"求仙问道"，其修炼注重修身养性，强调神异法器。铜镜作为道教法器之一，可以吸收和储存具有无穷能量与法力的光，用于镇邪驱怪，因此道教思想与铜镜的结合成为必然。真子飞霜镜上的海外三仙山、高士竹林抚琴以及龟巢荷叶等图像所营造的环境和氛围，符合道教所追求的清静无为、归隐山林和修身养性的精神。

2.文化的世俗化和平民化

在唐代，人们有相互馈赠铜镜的习俗，这一习俗来源于"千秋节"。唐玄宗时，将他的生日八月初五定为千秋节，千秋节的主题是祝愿玄宗万寿无疆。在这一天，群臣在花萼楼下向皇帝献万寿酒，王公贵族进金镜、绶带，玄宗赐群臣金镜、珠囊等。这一习俗后流传到民间，人们相互赠送铜镜，祈求长寿，以示吉祥。馈赠铜镜的习俗造成了唐代铜镜制造业的兴盛，其流传到民间则是大量世俗化、平民化铜镜出现的主要原因。三门峡市博物馆馆藏的这面双鸾瑞兽花鸟镜，直径22.7厘米，为八出葵花形，双鸾左右相对而立，上为瑞兽衔花枝，下为雀鸟衔花枝。外区有祥云、花枝和宫灯图案，其中右上方宫灯内有"千"字，左下方宫灯内有"秋"字，应为唐代千秋节用镜。（图十二）

此外，安史之乱后，社会秩序被破坏，形成了藩镇割据局面，贵族世家逐渐衰落。社会混乱，阶层流动加大，市民阶层不断壮大，平民在社会中的地位得到提升，社会文化便走向"世俗化"和"平民化"。制镜业也开始没落，初唐和盛唐时善于创新、华丽绚烂的风格逐渐被生活化、世俗化替换。

反映生活化内容的铜镜开始流行，如对鸟镜、花枝镜、龙凤镜、人物故事镜等。这一时期的人物故事镜

图十三　陕西西安出土金银平脱鸾鸟衔绶镜（陕西历史博物馆藏）

大量涌现，生活中的所见所闻以及流传的神话故事都成为铜镜的装饰题材，如真子飞霜镜、三乐镜、竹林七贤镜、高士宴乐镜、王子乔吹笙引凤镜、飞仙镜、月宫镜等。此外，中晚唐时期，特殊工艺镜也十分流行，主要有鎏金镜、贴金贴银镜、金银平脱镜、螺钿镜及铅花镜等。特殊工艺镜的流行最能体现唐代铜镜精细的制造工艺与独特的审美风格，螺钿镜的镶嵌工艺更是唐代首创。（图十三、图十四、图十五）

反映爱情主题铜镜的大量出现也是唐代中晚期文化世俗化、平民化的又一体现。铜镜不仅是馈赠佳品，也被用作婚嫁妆奁，这一时期的婚嫁用镜迅速走向高峰，对鸟镜、龙凤镜、花枝镜等都体现了爱情主题。铜镜上的铭文多以描写闺中生活为题，真子飞霜镜中的四十字铭文诗描写的便是女子在闺房中梳妆的场景以及对真挚爱情和美好婚姻的向往。中晚唐时期爱情主题的流行，在铜

图十四　河南洛阳出土的镶嵌螺钿人物花鸟镜（中国历史博物馆藏）

图十五　河南三门峡出土的螺钿镜（中国历史博物馆藏）

镜上有所体现，在文学方面的表现更突出。这一时期，社会动荡不安，战火纷飞，民不聊生，从宫廷到地方的统治集团却日渐奢靡。文人志士报国无门，消沉潦倒，便混迹于花街柳巷，创作了大量爱情作品与艳情小诗。唐代三大爱情传奇《莺莺传》《李娃传》和《霍小玉传》都产生于这一时期。中晚唐时期爱情诗也极为兴盛，元稹、白居易、李商隐等诗人创作了大量爱情诗。李商隐有一首《破镜》："玉匣清光不复持，菱花散乱月轮亏。秦台一照山鸡后，便是孤鸾罢舞时。"虽表达的是对衡鉴不公的不满，但其描绘的画面却与真子飞霜镜十分相似。

四、三门峡地区的唐代铜镜

隋唐两代定都长安，设洛阳为东都。今三门峡地区位于两京之间，是丝绸之路的重要节点，因而受到统治者的重视，出现了政治稳定、社会繁荣的局面。经济的繁荣促进了先进生产工艺的发展，给人们留下了众多物质文化瑰宝，铜镜便是其中十分重要的一类。三门峡市博物馆馆藏众多唐代铜镜，其中有数面同真子飞霜镜一样，都反映出浓厚的道教色彩。

双鹊盘龙月宫镜（图十六），直径15.4厘米，1989年三门峡市区出土。为八出葵花形，圆钮。钮左右各有一鹊鸟展翅飞翔，口衔长绶带。正上方为月宫图，月宫中有一棵枝繁叶茂的桂树，其两侧为捣药的玉兔和跳跃的蟾蜍。钮下一盘龙腾飞于波涛汹涌的海面上，两侧各有一朵祥云。月宫、桂树、玉兔、蟾蜍均取材于嫦娥奔月的传说，是道教对长生不死不懈追求的生动体现。

双鸾仙岳镜（图十七），直径25厘米，1990年三门峡市区出土。为八出葵花形，圆钮。钮两侧鸾鸟衔长绶带相对站立，上方有仙岳及日、月、祥云。外周有飞鸟、花枝。道符干支八卦镜（图十八），直径20.3厘米，三门峡市区出土。圆形，圆钮。钮外分四区，依次为四个道教符号、干支、八卦，外区为素面。十二生肖八卦四神镜（图十九），直径22.5厘米，2005年三门峡市电业局工地出土。圆形，圆钮，素宽缘。钮外分三区，依次为四神八卦符号、十二生肖、道教符号。十二生肖八卦四神镜（图二十），边长15.3厘米，三门峡市区出土。方形，圆钮，素宽缘。钮外分两区，依次为四神八

图十六　双鹊盘龙月宫镜

图十七　双鸾仙岳镜

图十八　道符干支八卦镜

图十九　十二生肖八卦四神镜

图二十　十二生肖八卦四神镜

卦符号、十二生肖。

　　这几面铜镜应属晚唐时期，是隋唐铜镜的衰落期。这一时期含有宗教意义的纹饰在铜镜上十分盛行，如八卦纹、符箓、星象、干支等道教纹饰。佛教中的卐符号也被广泛使用，如卐字镜。（图二十一）从造型上看，这一时期亚方形、方形铜镜开始流行。

　　此外，三门峡市博物馆还藏有数面唐代非常流行的铜镜，如三乐镜（图二十二）、瑞兽葡萄镜（图二十三）、缠枝莲花纹镜（图二十四）等。

图二十一　卐字镜

图二十二　三乐镜

图二十三　瑞兽葡萄镜

图二十四　缠枝莲花纹铜镜

在我国灿若繁星的古代物质文明中，铜镜是青铜工艺中一颗璀璨的明珠，它以独具的特色，在各类文物中占有重要的位置。在唐代，铜镜制造业进入了鼎盛阶段，在繁荣强盛的时代背景下，唐代铜镜创造出新颖的造型，并以丰富的题材和精湛的铸造艺术，将中国铜镜制作带入新纪元。

这面唐代真子飞霜人物故事镜具有鲜明的时代特征，不论其镜背上的人物为何人，其背后的故事出自于何典故，镜背上的图案和铭文都是当时社会状况的缩影，它们从不同侧面反映出当时的政治经济、思想文化、社会生活和时代潮流，为我们认识和研究唐代社会提供了可靠的资料。

注释：

[1] [14] (清) 钱坫.浣花拜石轩镜铭集录 (卷二) [M].日本帝国图书馆藏，嘉庆元年九月.

[2] [15] 阮衍宁等.阮元晋真子飞霜镜拓本跋和诗试析[J].扬州师范学院学报 (社会科学版)，1987 (3) .

[3] [16] [28] (清) 冯云鹏，冯云鹓.海内古籍孤本稀见本选刊：金石索[M].北京：书目文献出版社，1996：862-863.

[4] [10] [23] [24] 孔祥星，刘一曼.中国古代铜镜[M].北京：文物出版社，1984：161 .

[5] 管维良.中国铜镜史[M].重庆：重庆出版社，2006：218.

[6] 丁孟.铜镜鉴定[M].桂林：广西师范大学出版社，2000：77.

[7] 唐先华.湖南衡阳市发现唐代凤凰双镜[J].考古，1992 (11) .

[8] 杨琼.商城县文管会馆藏铜镜选介[J].中原文物，1996 (4) .

[9] 中国社会科学院考古研究所.偃师杏园唐墓[M].北京：科学出版社，2001：142.

[11] [12] 张清文.从故宫藏"侯瑾之"铭铜镜看"真子飞霜"镜的本义[J].四川文物，2015 (4) .

[13] (宋) 江少虞.宋朝事实类苑[M].上海：上海古籍出版社，1981：800.

[17] 滕延振，石世镇.浙江宁海发现一件"真子飞霜"铜镜[J].文物，1993 (2) .

[18] 朱江.也来谈谈扬州出土的唐代铜镜[J].文博通讯，1981 (4) .

[19] 丁孟.铜镜鉴定[M].桂林：广西师范大学出版社，2000：177.

[20] 叶康宁.真子飞霜镜新解[J].收藏界，2008 (12) .

[21] 刘茜，彭适凡.一面罕见的唐代铅质"凤凰双镜"铭冥用镜[J].文物鉴定与鉴赏，2010 (4) .

[22] 刘艺.唐代道教"孝道"的物质载体：真子飞霜镜[J].宗教学研究，2013 (1) .

[25] (西汉) 司马迁.史记[M].北京：中华书局，1982：3225.

[26] (西汉) 司马迁.史记[M].北京：中华书局，1982：247.

[27] （西汉）司马迁.史记[M].北京：中华书局，1982：1369.

[29] 中国科学院考古研究所.洛阳烧沟汉墓[M].北京：科学出版社，1959.

[30] 王育成.司马承祯与唐代道教镜说证[J].中国国家博物馆馆刊，2001（1）.

[31] （清）董诰.全唐文[M].北京：中华书局，1983：1056.

葛庆贤

白釉瓷碾

唐代（618—907年）

灰胎，通体施白釉，釉层较薄，由碾体和碾轮组成。碾体系长方体，槽口为椭圆形，横断面呈"V"字形，两侧面各饰三组花卉纹。中间为飞天纹，两边为折枝花卉。碾轮为圆饼形，中部厚边沿薄，中间有一圆孔，用以穿轴，轮两面孔周围各饰五组花纹。碾长20.7厘米，碾宽3.9厘米，碾高3.2厘米，碾轮直径8厘米。（图一）

1989年三门峡市水工厂5号墓出土

三门峡市博物馆 藏

图一　白釉瓷碾

一、瓷碾出土情况

白釉瓷碾于1989年三门峡市水工厂唐墓出土。[1]《三门峡市水工厂唐墓的发掘》一文，详细介绍了该墓葬的具体情况。三门峡市水工厂位于市区西部，建设路西段北侧。1989年11月，三门峡市文物工作队在配合水工厂建设西宿舍楼的考古发掘中，在宿舍楼基础的西南角发现一座唐墓，编号为M5。（图二）情况如下：

M5的墓室顶部被一个深1.5米的杂土坑所叠压，墓道上面有一排平房，故仅对墓室部分进行了发掘。

M5为刀形土洞单室墓，方向180°。由墓道、墓室两部分组成。墓道因未清理，形制不明。墓室平面为不规则长方形，其南端宽于北端，拱形顶。墓门位于墓室南端东侧，门宽0.7米，墓室长2.0米、宽1.1—1.4米、高1.0米，墓室距地表深3米。（图三）由于墓室内被土淤满，墓主骨架和随葬品均被埋在淤土中。经清理发现，棺木已朽无存，墓主位于墓室的西侧，头北脚南，仰身直肢葬式，骨架保存尚好。在骨架下面有一层厚3厘米的木灰，疑为棺木的遗痕。随葬器物都放在墓主的头部和左肩侧。

墓中共出土遗物10多件，有瓷碾、瓷兔、铜镜、铜笄、铜钱、骨笄和蚌饰。其中以白瓷碾（图四）和瓷兔（图五）最为珍贵。

图二　三门峡市水工厂唐墓位置示意图

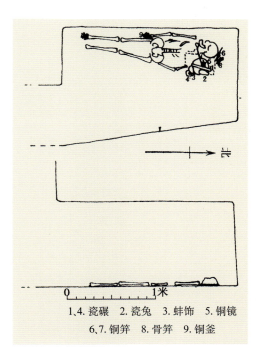

1、4.瓷碾　2.瓷兔　3.蚌饰　5.铜镜
6、7.铜笄　8.骨笄　9.铜釜

图三　M5平、剖面图

图四　白釉瓷碾

瓷碾：1套（M5：1、M5：4），碾体和碾轮出土时是分开放置的，碾体在墓主的头部，碾轮在墓主左肩侧。碾轮中间圆孔处未见轴，推断轴应为木质，已腐朽无存。

瓷兔：1件（M5：2），瓷质，白色釉，兔子蹲卧在一个长10.3厘米、宽5.8厘米、厚1.0厘米的长方形座上。兔长10.9厘米，高6厘米。

报告中根据M5的土洞单室刀形墓的形制、随葬品的特点以及墓内出土的"开元通宝"铜钱，将此墓定为唐代晚期。该墓主的性别尚不清楚，但就墓内出土较多且精美的铜笄、骨笄和蚌饰来看，很有可能为女性。发掘报告认为："假如瓷兔为玉兔，那么只有瓷兔与医药有关，而瓷碾应作它用。西安法门寺地宫所出银茶具中，有1件银碾，其形制与瓷碾相同，只是瓷碾的尺寸较银碾为小，据文献记载茶碾贵小，故这件瓷碾有可能当茶碾使用。"明代朱权《臞仙神隐》说，茶碾"愈小愈佳"。由此可见，此种说法确实可信。瓷碾和瓷兔从侧面反映了当时茶文化的发展状况和人民对美好幸福生活的追求。

二、茶的起源与发展

中国是茶的故乡，茶文化在我国具有悠久的历史。在古代，茶叶曾有多种称呼，唐陆羽《茶经》中列举了五种："一曰茶，二曰槚，三曰蔎，四曰茗，五曰荈。"

图五　白釉瓷兔

"茶"字由"荼"演变而来。"荼"字最初为多义字，有时指"苦菜"，有时指"茶"。汉代"荼"字已有了"cha"的读音，湖南省的"茶陵县"（因产茶多而名之）之"茶"音就为"茶"。唐代开元年间官修《开元文字音义》中"荼"字减去一笔改为了"茶"。陆羽在《茶经》中一律将"荼"写成"茶"，随着《茶经》影响的不断深入，"茶"字终为人们普遍接受。

《尔雅·释木》："槚，苦荼。"许慎《说文解字》："槚，楸也，从木贾声。"晋代郭璞《尔雅注》中说道："树小如栀子，冬生叶，可煮作羹饮，今早采者为荼，晚取者为茗。一名荈。蜀人名之曰苦菜。"将"槚"认定为茶。

《说文解字》："蔎，香草也，从草设声。"蔎的本义指香草，茶也具有香味，遂用"蔎"指茶。西汉扬雄的《方言》中说蜀人把茶称作"蔎"，可见"蔎"为四川古语，但是自汉以后，就无人使用此字了。

《说文解字》："茗，荼芽也。"指草木嫩芽。郭璞说"晚取者为茗"。陆羽的《茶经·七之事》中引用《神农·食经》："茶茗久服，令人有力、悦志。"唐储光羲《吃茗粥作》中用"茶粥"，可见"茗""茶"通用。

西汉司马相如《凡将篇》中提到"荈诧"一词，指的就是"荈茶"，它是巴蜀茶的方言。孙楚《出歌》中提到"茶荈出巴蜀"，晋代杜育的《荈赋》中称为"茶赋"，可见"荈""茶"通用。

由此可见，我国古代"茶"方言分布地域较广，饮茶规模较大，饮茶历史较早。至于以上几个同义字的异同，有一些学者提出过个人观点，结果却都大不相同，没有定论。

据《神农本草经》记载："神农尝百草，日遇七十二毒，得茶而解之。"唐陆羽在其《茶经·六之饮》中提到："茶之为饮，发乎神农氏，闻于鲁周公。"由此可见，茶始于神农时期，此种说法在我国流传甚广，影响颇深。周朝时，在我国巴蜀一带茶已经成为祭祀的贡品。《华阳国志·巴志》记载："土植五谷，牲具六畜。桑、蚕、麻、苎、鱼、盐、铜、铁、丹、漆、茶、蜜……皆纳贡之。"这是茶叶作为贡品的最早记录。由于"蜀道难，难于上青天"的缘故，当时四川与其他地方来往不密切，此贡茶只有皇帝可享用。自秦汉开始，四川与其他地方经济交往密切，茶才逐渐向外传播到长江流域、东南各省。王威廉首次证明了《书·顾名》中"三咤"的"咤"就是"茶"，把饮茶历史上溯到公元前1000年左右。[2]春秋时期，《晏子春秋》中说："婴相齐景公时，食脱粟之饭，炙三戈、五卵，茗菜而已。"有的版本认为此处的"茗菜"为"苔菜"。张宏庸认为中国有先饭、后菜、终汤的饮食习惯，因此，此处不管是"茗菜"还是"苔菜"都不太合理。他认为"茗菜"（或"苔菜"）应作"茗茶"（或"苔茶"），为饮品，应是一种茶，这样才符合中国饮食习俗。[3]清嘉庆年间，郝懿行《证俗文》云："茗饮之法，始见于汉末，而已萌芽于前汉。"汉王褒《僮约》中有"武阳买茶"，表明在西汉以前古人就已发现并使用茶了。从出土文物来看，汉景帝刘启（前188—前141）阳陵从葬坑出土固形体茶，堪称世界上最早的茶叶。[4]三国两晋时期，茶叶只有上层统治阶级才能享用。到了南北朝时期，佛教兴起，饮茶之风盛行于江南地区，深入民间，成为礼仪待客之道；而在北方，依然只有皇亲国戚才能品尝到。唐封演的《封氏闻见记》云："开元中，泰山灵岩寺有降魔师大兴禅教，学禅务于不寐，又不夕食，皆许其饮茶。人自怀挟，到处煮饮，从此转相仿效，遂成风俗。"杨晔《膳夫经手录》云："至开元天宝之间，稍稍有茶，至德、大历遂多，建中以后盛矣。"由此可以看出，茶始于开元，盛在中唐，饮茶之风遍及全国，成为人们日常生活的一部分。至宋代，茶文化到达了鼎盛时期。

从煮茶配料来看，我国茶叶前后共经历三个阶段，分别为"药茶""盐茶""清茶"阶段。[5]茶最初是因为医药价值而被发现并进入人类生活的，唐陆羽《茶经》推崇煮茶时放入食盐调料，宋代饮茶时不再加调料煎煮，而要保持茶叶的真香、真味。

三、制茶、煮饮茶工艺的发展

唐朝国家统一，社会安定，政治经济高度发达。在这一时期，安定繁荣的社会环境使得饮茶之风盛行，茶叶贸易兴旺，促进了种茶、采茶和制茶技术的发展，茶文化迅速发展成为相对独立的文化体系。茶叶方面的专著陆续出现，有陆羽的《茶经》、著名诗僧释皎然的《茶诀》、张又新的《煎茶水记》、温庭筠的《采茶录》等，其中陆羽的《茶经》是中国饮茶史的一个分水岭，标志着一整套饮茶体系的建立。由于陆羽的倡导，使得唐代饮茶成风。陆羽和他的《茶经》，向整个社会敞开了茶道大门，形成了以《茶经》为核心的中国茶文化。

唐陆羽的《茶经》是中国第一部完整的论述茶叶的专著。它从茶之源、茶之具、茶之造、茶之器、茶之煮等十个门类论述了茶叶的起源、品质、种植、采摘方法、烹煮方法及用具、饮用方法等茶叶的相关知识。文中提到了饮茶对人体的保健作用，倡导健康、高雅的饮茶方法，给饮茶赋予了精神上的更深层次的意义。陈师道在《茶经序》里写道："夫茶之著书，自羽始；其用于世，亦自羽始。羽诚有功于茶者也。上自宫省，下迨邑里，外及戎夷蛮狄，宾祀燕享，预陈于前。山泽以成市，商贾以起家，又有功于人者也。"由此可见，陆羽是天下第一个写茶书的人，对茶事人事功不可没。

唐宋时期茶叶主要制作成蒸青饼茶（固形茶），这样香气不易散发，也易于保存和运输，明代以后以叶茶（散茶）为主。陈椽的《茶叶通史·第六章》载："饼茶的青草气味很浓，为了去掉青草气味，人们经过反复研究和实践，发明了蒸青制法。"《茶经》中论述了茶叶从采摘到制成蒸青茶饼封口需经七道工序，即"晴，采之，蒸之，捣之，拍之，焙之，穿之，封之，茶之干矣……自采至于封，七经目"。天气晴朗时才采茶，所采的茶要迅即蒸熟、捣碎、拍打成形、焙干、穿起、封装保存，制茶工序便结束了。

唐代蒸青压制茶含水量比散叶茶、碎茶、末茶要高。因此在饮用前先炙烤，以便碾碎成末，茶出香味。《茶经》中对炙烤过程也有较高要求："凡炙茶，慎勿于风烬间炙，熛焰如钻，使凉炎不均。持以逼火，屡其翻正，候炮出培塿，状虾蟆背，然后去火五寸。"炙烤茶饼，不要在有风火的地方烤，容易使其冷热不均匀，要靠近火烤，同时不断地翻动，等到茶叶被烤出一个小丘一样的疙瘩，样子像蛤蟆背时，然后离五寸继续烤。"其火用炭，次用劲薪"；"其水，用山水上，江水中，井水下。"烤茶的火，用炭为好，其次是用火力猛的木柴。煮茶的水，以山水最好，其次是江河水，井水最下。

唐朝的主要饮茶方式为"煎茶"法。唐赵璘《因话录》提到：陆羽"性嗜茶，始创煎茶法，至今鬻茶之家，陶为其像，置于炀器之间，云宜茶足利……又有追感陆僧诗至多"。煎茶讲究"三沸"。陆羽说煮茶有"三沸"："其沸如鱼目，微有声，为一沸；缘边如涌泉连珠，为二沸；腾波鼓浪，为三沸。"当水煮到出现鱼眼大的气泡，并微有沸声时，为初沸，这时要根据水的多少加入适量的食盐调味。当边缘连珠般的水泡向上冒涌时，为第二沸，用竹夹对水汤中心进行搅拌，再放入适量的茶末煮至沸腾，后加入凉水以制止其沸腾。白居易在《谢李六郎中寄新蜀茶》中云"汤添勺水煎鱼眼，末下刀圭搅麹尘"，就形象地反映了往镀中放入茶末的情景。"三沸"之后，水已煮老，就不要再喝它了。煮好之后，分别酌入小碗或者茶杯饮用，由于茶末非常细，饮茶时，可以和茶末一起饮下。传唐阎立本《萧翼赚兰亭图》（图六）画中描绘的就是唐代儒僧煎茶、品茶的场景，画上使用的"茶铛煎茶"应为唐宋时期常见的简易煎茶法。（图七）

　　唐绘画作品《宫乐图》真实反映了唐代茶乐文化及后宫宴饮生活。画中宫女眷共十二人围坐宴饮。方桌中央放置一只很大的茶釜（即茶锅），画幅右侧一女子手执长柄茶勺，正在将茶汤分入茶碗里，旁边一女子手持茶碗，正欲饮茶，对面的一名宫女则正在细啜茶汤，他们所持为越窑茶碗。从图中可以看出，茶汤是煮好后放到桌上的，之前备茶、炙茶、碾茶、煎水、投茶、煮茶等过程应该由侍女们在另外的场所完成，饮茶时舀入茶碗饮用。可以说这是"煎茶法"场景的部分重现，也是晚唐宫廷茶事昌盛的佐证。（图八）

　　唐饮茶风气盛行，出现了很多描写茶事的诗词作品，从中可以看出文人墨客对于茶的喜爱。当时文人最常见的茶事活动有以茶会友、以茶做诗、以茶咏志。白居易《夜闻贾常州崔湖州茶山境会亭欢宴》诗："遥闻境会茶山夜，珠翠

图六　唐阎立本《萧翼赚兰亭图》（台北故宫博物院藏）

图八　唐《宫乐图》（台北故宫博物院藏）

图七　唐至五代　定窑白釉茶铛与风炉（河北省曲阳县涧磁村定窑遗址出土）

歌钟俱绕身。盘下中分两州界，灯前各作一家春。青娥递舞应争妙，紫笋（茶名）齐尝各斗新。"生动地描写了品茶斗茶的景象。《新居早春二首（之二）》诗："地润东风暖，闲行踏草芽。呼童遣移竹，留客伴尝茶。"写作者于早春搬新居时，以茶待客的情形。杜甫《重过何氏五首》中第三首："落日平台上，春风啜茗时。石栏斜点笔，桐叶坐题诗。翡翠鸣衣桁，蜻蜓立钓丝。自今幽兴熟，来往亦无期。"描写诗人在夕阳下边品茶边写诗，诗兴与茶趣融为一体。僧人皎然的咏茶诗："一饮涤昏寐，情来朗爽满天地；再饮清我神，忽如飞雨洒轻尘；三饮便得道，何须苦心破烦恼。"描写了饮茶的痴醉状态。诗人皮日休与陆龟蒙两人一唱一和，把茶文化体现得极具诗意，在二人众多的和诗中，最为著名的是《茶中杂咏》和《奉和袭美茶具十咏》。分别以"茶坞""茶人""茶笋""茶籝""茶舍""茶灶""茶焙""茶鼎""茶瓯""煮茶"为题，形象地描写了唐代茶事，对茶文化的研究有深远的影响。总的来说，唐朝诗人所写茶诗更多的是营造出一种清净幽雅的氛围。这一点正是茶道文化的核心内容，正如陆羽在《茶经·一之源》中所讲："茶之为用，味至寒，为饮最宜精行俭德之人。"诗人通过品茶吟诗，达到一种修身养性、参悟道理的境界，很大程度上丰富了茶道文化的内涵精神。

到了宋代，"点茶法"大为盛行。点茶法比煎茶法更高雅、更讲究，技艺更高超。点茶法主要是将茶末放在茶盏里，注少量沸水调成糊状，再注沸水，同时用茶筅快速搅动击拂，形成白色的茶汤沫。宋赵佶《大观茶论》认为："点茶之色，以纯白为上真，青白为次，灰白次之，黄白又次之。"茶沫越白，茶品越佳。

南宋刘松年的《撵茶图》中，描绘了磨茶、点茶、挥翰、赏画的文人雅士茶会场景。画中左前方一仆役骑坐在长条矮几上，右手正在转动茶磨磨茶。旁边的黑色方桌上陈列筛茶的茶箩、贮茶的茶盒、白色茶盏、红色盏托、茶匙、茶筅等，一仆役正伫立桌边，右手提汤瓶，左手执茶盏，欲待点茶。他左手桌旁有一风炉，上面正在煮水，右手旁边是贮水瓮，上覆荷叶。整个画面布局闲雅，再现了两宋流行的点茶技艺。**（图九）**

图九　南宋　刘松年《撵茶图》

明代，茶叶从饼茶改为芽茶，茶的制法没有宋代那么繁复费时费工，炒青制茶法成为明代以后茶叶制作的主要方式，并且传播至世界各地。明人饮茶改用茶壶容茶，沸水冲泡，再注入茶杯品饮，与今日泡茶方式大致相同。

四、茶器

饮茶必有器，茶器与茶有着密不可分的关系，茶器文化是茶文化的重要组成部分。随着历朝历代制茶、饮茶方式的演变，使用的茶器也随之变化。"茶具"一词最早出现在西汉王褒的《僮约》中，"烹茶尽具，脯已盖藏"。可见饮茶器在汉代已普及。左思《娇女诗》云："心为茶荈剧，吹嘘对鼎䥶。"鼎为风炉，䥶为茶镬，由此可见六朝时已用风炉与茶镬烧水。《晋四王起事》云："黄门以瓦盂盛茶上至尊。"瓦盂为盛茶陶器。唐之前，人们使用的茶具与食器、酒器混用，后来才逐渐分离。唐陆羽的《茶经》中把制茶工具称为"茶具"，煮饮工具称为"茶器"，两者区分严格，不可混淆。这种泾渭分明的称呼一直沿袭到北宋。到了南宋，审安老人的《茶具图赞》将饮茶品具改称为"茶具"，并沿用至今。本文所论主要为煮饮茶工具，根据陆羽的理念，称之为"茶器"。

《茶经·四之器》是最早系列介绍茶器的，对后代有着深远的影响，自唐之后各个朝代到当代的茶器都有它的影子。罗列的一整套饼茶的煮饮工具共分为八大类二十四种。八大类包括生火用具、煮茶用具、烤茶碾茶和量茶用具、盛水滤水和取水分茶用具、盛盐取盐用具、饮茶用具、清洁用具、盛贮和陈列用具。书中陆羽对二十四种茶器的名称、形状、制作、用料、使用方法及其对茶汤品质的影响进行逐个分述。陆羽《茶经·九之略》云："但城邑之中，王公之门，二十四器阙一，则茶废矣。"可见在正式宴饮场合，二十四种茶器一样都不可少。关于这二十四种茶器，唐封演在《封氏闻见记》卷六"饮茶"篇记载："楚人陆鸿渐为茶论，说茶之功效并煎茶炙茶之法，造茶具二十四事以都统笼贮之，远近倾慕，好事者家藏一副。有常伯熊者，又因鸿渐之论广润色之。于是茶道大行，王公朝士无不饮者。"可见当时茶器在社会上使用是极其普遍的。

在唐诗中也较多见"茶器"一词。如唐陆龟蒙《零陵总记》："客至不限匝数，竟日执持茶器。"《和访寂上人不遇》："蒲团为拂浮埃散，茶器空怀碧䓨香。"白居易《睡后茶兴忆杨同州》："此处置绳床，旁边洗茶器。"唐代皮日休《褚家林亭》："萧疏桂影移茶具，狼藉蘋花上钓筒。"朱庆馀《凤翔西池与贾岛纳凉》："拂石安茶器，移床选树阴。"贯休《山居诗》："闲担茶器缘青障，静衲禅袍坐绿崖。"等等。

20世纪90年代台湾台中自然科学博物馆收藏一套小型陪葬用茶器，可以说是目前为止较为完整的一套唐代茶器。有茶碾、茶瓶、单柄壶、茶碗二件、茶托二件、盘、风炉、带盖茶釜、器座、茶器台，占了《茶经》中所载主要茶器半数以上。**（图十）** 2015年河南巩义市小黄冶村出土了三套三组多件唐中晚期的陪葬用单彩、三彩茶器，全面地反映了《茶经》所载从碾茶、煮茶、分茶至饮茶的过程。根据墓志铭及墓葬形制、随葬品特征判断，茶具出土墓葬为中晚唐之际司马氏家族墓地。[6] **（图十一）**

图十　唐 骊山石茶器一组十二件

图十一　唐中晚期　单彩、三彩茶器一组（2015年河南省巩义市小黄冶村出土）

　　北宋蔡襄的《茶录》是继陆羽《茶经》之后最有影响的论茶专著。其下篇论茶器，共收录了九种茶器，分别为茶焙、茶笼、砧椎、茶钤、茶碾、茶罗、茶盏、茶匙、汤瓶。

　　宋赵佶《大观茶论》讲到茶器"罗碾""盏""筅""瓶""杓"等，文中对茶饮、茶艺活动中茶具的选择，都是为了最后茶汤的最佳效果。

　　南宋审安老人的《茶具图赞》是我国历史上第一部茶具图谱，它在唐茶器的基础上把茶器精简到十二种，是茶器史上的重大变革。审安老人以中国传统的白描技法画了十二件茶具图形，称之为"茶具十二先生"，分别为韦鸿炉（茶炉）、木待制（茶臼）、金法曹（茶碾）、石转运（茶磨）、胡员外（茶杓）、罗枢密（茶罗）、宗从事（茶帚）、漆雕密阁（盏托）、陶宝文（茶盏）、汤提点（汤瓶）、竺副师（茶筅）、司职方（茶巾）。他结合着茶具功用和自身

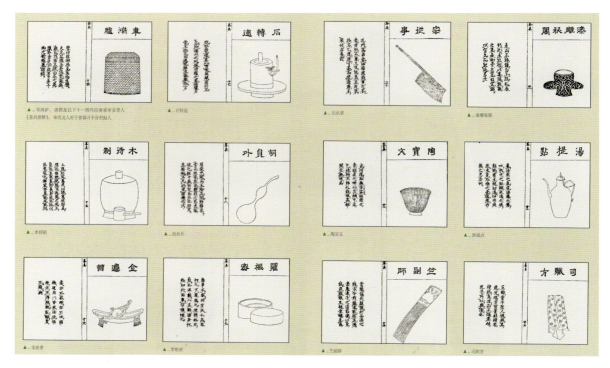

图十二　南宋　审安老人《茶具图赞》

特点，以拟人化手法按宋时官制为它们一一冠以职称，它们各有姓、名、字、号及赞语。（图十二）

宋徽宗赵佶的《文会图》主要描绘了文人雅士在花园聚会的场景。画中一群人围坐在一起，饮酒、听琴、品茶、聊天，描绘出了宋代高雅之士的饮茶文化。画中茶床上陈列茶盏、盏托、茶瓯等物，一童子手提汤瓶，意在点茶；另一童子手持长柄茶杓，正在将点好的茶汤从茶瓯中盛入茶盏。床旁设有茶炉、茶箱等物，炉上放置茶瓶，炉火正炽，显然正在煎水。

宋赵佶《大观茶论》："盏色贵青黑，玉毫条达者为上，取其焕发茶采色也。""茶筅以箸竹老者为之，身欲厚重，筅欲疏劲，本欲壮而末必眇，当如剑瘠之状。""瓶宜金银，小大之制，惟所裁给。""杓之大小，当以可受一盏茶为量。"文中所说这些器具几乎在《文会图》中均能看到实物，是宋代点茶法场景的真实再现。（图十三）

明朱权《茶谱·茶器》是明代点茶法的经典，共收录十种茶器，为茶炉、茶灶、茶磨、茶碾、茶罗、茶架、茶匙、茶筅、茶瓯、茶瓶。

图十三　宋徽宗《文会图》

清陈鉴的《虎丘茶经注补》依据《茶经》的二十四种茶器，收录了十种重要的茶器，另外根据唐清茶术的不同，又补充了四种，这应该是清代最早的茶器理论了。

三门峡市博物馆馆藏的茶器种类丰富，有炉、石碾、罐、钵、镊、壶、注、盏、茤斗等。白釉瓷罐是用来装茶叶的，当时的茶叶是茶饼状，喝之前需要先碾碎，就用到瓷碾和瓷擂钵这类器物进行碾茶；茶叶碾碎后，需要用到茶炉来煮茶，茶煮好之后如果茶水过烫，可以把茶水倒入白瓷镊中进行晾茶，茶晾好之后便可以倒入执壶之中开始品茶了。而茤斗的用途则是在喝茶过程中喝到碎茶可以吐到茤斗里，喝完茶后壶中的茶渣也可以倒入茤斗中。因为在宋代流行斗茶，茶水以玉白为上品，故而会用兔毫盏这种深色的器具盛放以突出茶水的玉白。这些器具在《茶经》中均有记载，生动形象地为我们展示了唐宋茶事中焙茶、碾茶、贮茶、煮茶、点茶、饮茶等一系列程序所用的茶器。

五、茶碾

据《茶经》记载，唐人所饮茶有粗茶、散茶、末茶和饼茶四种。其中饼茶是最常见的，也是陆羽《茶经》中所推崇的。据《茶经》记载，烤炙好的茶饼包在纸囊里，等凉了以后取出，放入碾中，用木堕在碾槽内来回转动，碾成茶末，然后煮饮。但是不能碾得像粉，应像细米，便于煮茶，陆羽的"碧粉缥尘非末也"就是这个意思。因此，茶碾便成为制茶不可或缺的茶器之一。

在饼茶存在的千年历史中，碎茶工具主要有三种，分别为：茶臼、茶碾和茶磨。饼茶用碾，草茶用磨。宋苏东坡的《次韵董夷仲茶磨》："浸穷厥味臼始用，复计其初碾方出""计尽功极至于磨"，从中可以看出三种碎茶工具使用历史的先后。唐柳宗元《夏夜偶作》"日午独举无余声，山童隔竹敲茶臼"，写的就是茶臼。其中唐宋时期的饼茶主要通过茶碾碾成茶末，历朝历代的茶器中基本都少不了它。

《茶经》中茶碾的形制为质地坚硬细密而又无异味的木质茶碾，原文是这样介绍的："碾以橘木为之，次以梨、桑、桐、柘为之。内圆而外方。内圆，备于运行也；外方，制其倾危也。内容堕而外无余，木堕，形如车轮，不辐而轴焉。长九寸，阔一寸七分。堕径三寸八分，中厚一寸，边厚半寸，轴中方而执圆。其拂末，以鸟羽制之。"拂末用来清掸茶末。因木质茶碾容易腐朽，所以各地出土的茶碾文物主要为石碾、瓷碾。

1987年陕西省扶风县法门寺唐塔地宫后室出土了一批精美的金银器、瓷器、琉璃器等，此次发掘出土文物数量多、品类繁、材质精，保存完美，在唐代考古史上是空前的，其中有一套极其精美珍贵的银茶碾。[7]它由鎏金鸿雁纹银茶槽子和鎏金团花银砧轴两件组成。通高7厘米，最宽处5.6厘米，长25.5厘米。槽子由碾槽、槽座、辖板组成，槽呈半月形尖底，口沿平折，与槽座焊接，槽口可插置辖板，辖板呈长方形。槽身两端为如意云头状，辖板中间焊接小宝珠形提手，槽身两侧各饰一只鸿雁及流云纹。碾槽嵌于槽座之中，槽座两端亦作如意云头。座壁有镂空壶门，上饰天马流云纹。碾盖也可抽动盖合，密闭槽身，防尘保洁，让茶宴更卫生、更干净，这在古茶碾中非常罕见，彰显了唐宫茶宴的讲究程度和精细程度。碾底有錾文："咸通十年文思院造银金花茶碾子一枚并盖共重计廿九两，匠臣邵元审、作官臣李师存、判官高品臣吴弘悫、使臣能顺。"辖板等处有刻文"五哥""十七字号"等字样。碾轴轴长21.6厘米，轴径8.4厘米，为浇铸而成，轴杆中间粗，手执处细。轴面有錾文"碾轴重一十三两""十七字号"。可见碾轮在唐宫廷内名曰"碾轴"，与《茶经》"堕"称法不同。"五哥"为唐僖宗小名。《物帐碑》中也有记载，它和另外几件碾茶、筛茶、烹茶、饮茶等茶具属"新恩赐物"，列在"僖宗供物"名下。（图十四）

陆羽《茶经》中主张茶碾以橘木制作为最佳，其次是用梨、桑、桐、柘木为之。《大观茶论》中提到"碾以银为上，熟铁次之"。范仲淹的《斗茶

图十四　法门寺出土鎏金鸿雁流云纹银茶碾具（法门寺博物馆藏）

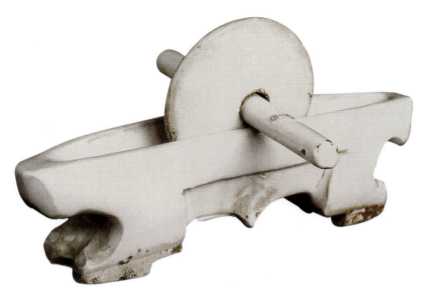

图十五　唐　邢窑白釉茶碾（1997年河北省曲阳县涧磁村墓葬出土。河北省文物保护中心藏）

图十六　唐　黄釉茶碾（首都博物馆藏）

图十七　唐　汉白玉石茶碾子（河北省晋县唐墓出土）

歌》提到"黄金碾畔绿尘飞，碧玉瓯中翠涛起。斗茶味兮轻醍醐，斗茶香兮薄兰芷"。可见唐代皇室、贵族、文人都喜爱用金银或玉石等制作的茶碾。李咸用《谢僧赠茶》中"金槽无声飞碧烟"，徐夤《尚书惠蜡面茶》中"金槽和碾沉香末"，元稹《一字至七字诗·茶》中"碾雕白玉，罗织红纱"，等等，这些茶诗都是吟咏金银或玉制茶碾的。（**图十五、图十六**）

　　1983年在河北省晋县（今晋州市）北张里村一座唐墓里发现的汉白玉石茶碾子与法门寺出土的银碾在外形构造上极为相似，都有可以抽动开合的碾盖，尺寸大小也十分接近。[8]它由碾槽、碾盖、碾轮组成。碾槽呈长方形，长26.3厘米，宽5.5厘米，高2.7厘米。凹槽呈船行，最大深度3.5厘米。碾槽上端三面开出燕尾槽，以供碾盖推进拉出。正、背、端面上分别雕饰三角、网格、回字、门锁等花纹图案。基座长23厘米，宽5.5厘米，高2.4厘米。正、背两面均雕壶门图案。碾盖中间立雕云头钮，钮上及其周围刻以束带、花卉纹饰。碾轮直径9厘米，中央微鼓，呈扁圆形。中心一圆孔，以便穿轴。圆孔周围有连珠纹和蒂纹浅浮雕。该石碾的纹饰常见于盛唐、中唐的三彩陶器或金银器。此墓葬的随葬品保存较好，一起出土的还有唐代茶器如邢窑白瓷茶碗、注壶及铜净瓶等。（图十七）

在三门峡周边地区如洛阳的唐代墓葬中，也发现有茶碾2件（套）。分别为偃师杏园崔防墓白瓷茶碾1件[9]、巩义三彩茶碾1件。其中偃师杏园崔防墓的茶碾较为精美，由碾槽、碾轮两部分组成。碾槽略呈立体长方形，中部有一窄长弧形的沟槽，以利于碾轮的滚动。外壁细线浅刻花鸟及飞天纹饰。长22厘米，宽4.1厘米，高2.8厘米。碾轮呈圆饼状，中部圆孔以穿轴木。轮饼中间厚而周边薄。轮径9.5厘米，最厚处1.6厘米。

以上茶碾虽在材质上有所不同，但造型、纹饰大同小异，都为唐代碾茶器，为茶饼到茶末所必要的茶器。

唐宋时期的很多茶诗对茶碾均有生动形象的描述，如唐李群玉诗中"碾成黄金粉，轻嫩如松花"。宋黄庭坚《品令·茶词》："凤舞团团饼。恨分破、教孤令。金渠体净，只轮慢碾，玉尘光莹。汤响松风，早减了、二分酒病。"描写了碾茶、煎茶的惬意场景。再如"山童碾破团圆月""满火芳香碾曲尘""碾细香尘起""茶新碾玉尘""碾后香弥远"等。这些脍炙人口的诗句，无一不是说明用碾具把茶饼碾成"曲尘""香尘""玉尘"，其实就是碾成了茶末。可见古人十分重视碾茶的意境，通过诗文把碾茶过程全然表现了出来。

值得一提的是诗中出现有"团圆饼""团圆月"，卢仝《走笔谢孟谏议寄新茶》诗"开缄宛见谏议面，手阅月团三百片"的"月团"，均指圆形的饼茶，有月圆、团圆之意。此外，唐饼茶形状还有方形的。长方形和圆形的饼茶，唐宋诗人也常以"圭璧"相称。"圭"指古代礼器中象征身份地位的平头长方形或上尖下平长方形的玉圭，这里指方形茶饼。"璧"指圆形有孔的苍璧，这里指圆形茶饼。晚唐诗人李群玉《龙山人惠石廪方及团茶》："圭璧相压叠，积芳莫能加"，柳宗元《巽上人以竹闲自采新茶见赠酬之以诗》："圆方丽奇色，圭璧无纤瑕"，陆龟蒙《茶瓯》"岂如圭璧姿，又有烟岚色"，诗句中的"圭璧"均指茶饼。

宋蔡襄《茶录》中的"茶碾"："茶碾以银或铁为之。黄金性柔，铜及碖石皆能生鉎，不入用。"

宋赵佶《大观茶论》对"罗碾"描述："碾以银为上，熟铁次之。生铁者，非淘炼槌磨所成，间有黑屑藏于隙穴，害茶之色尤甚。凡碾为制：槽欲深而峻，轮欲锐而薄。槽深而峻，则底有准而茶常聚；轮锐而薄，则运边中而槽不戛……碾必力而速，不欲久，恐铁之害色。"讲述了茶碾为何不能用生铁所制，碾的样式为何要碾槽深峻、碾轮锐薄。

审安老人的《茶具图赞》中有三种碎茶工具，分别被称为"木待制""金法曹""石转运"。

茶臼"木待制"是团茶的第一道粉碎工具。茶碾"金法曹"，因为宋代是点茶法，所以使用金属材料，如范仲淹《斗茶歌》："黄金碾畔绿尘飞，碧玉瓯中翠涛起。"茶磨"石转运"将饼茶磨成茶粉，是宋代点茶法精研细磨的需要。[10]

茶臼：木待制，名利济，字忘机，号隔竹主人。

赞曰：上应列宿，万民以济，禀性刚直，摧折强梗，使随方逐圆之徒，不能保其身。善则善矣，然非佐以法曹、资之枢密，亦莫能成厥功。

姓"木"，表示是木制品，"待制"为官职名，为轮流值日，以备顾问之意。特别强调了茶臼的作用是"摧折强梗"，说明茶臼还需与碾、罗配合使用，可见茶臼捣茶是最粗的一道粉碎工序。

碾：金法曹，名研古、轹古，字元锴、仲铿，号雍之旧民、和琴先生。

赞曰：柔亦不茹，刚亦不吐，圆机运用，一皆有法，使强梗者不得殊轨乱辙，岂不韪欤？

姓"金"，表示用金属制成，"法曹"是司法机关。茶碾由碾槽和碾轮构成。爵以"法曹"，是因为曹、槽同音。其名研古、轹古，取义于碾轮的碾轧。

其字元锴，锴为好铁，元锴喻铁制圆碾轮。又字仲铿，铿乃象声词，仲铿取义于碾茶时的声音，所以其号有"和琴先生"。

茶磨：石转运，名凿齿，字遄行，号香屋隐君。

赞曰：抱坚质，怀直心，啖嚅英华，周行不息，斡摘山之利，操漕权之重，循环自常，不舍正而适他，虽没齿无怨言。

姓"石"，表示茶磨为石质；"转运"是"转运使"的略称，是宋代掌管催征赋税、出纳钱粮、办理上贡及漕运等的长官，从字面上看有辗转运行之意，与磨盘的操作十分吻合。苏轼在《次韵董夷仲茶磨》诗中写道："前人初用茗饮时，煮之无问叶与骨。浸穷厥味臼始用，复计其初碾方出。计尽功极至于磨，信哉智者能创物。"可见茶磨的使用功能。

河北省宣化下八里辽墓群10号墓壁画《进茶图》中有碾茶场景。画面中可

图十八　《进茶图》（河北省宣化下八里辽墓群10号墓）

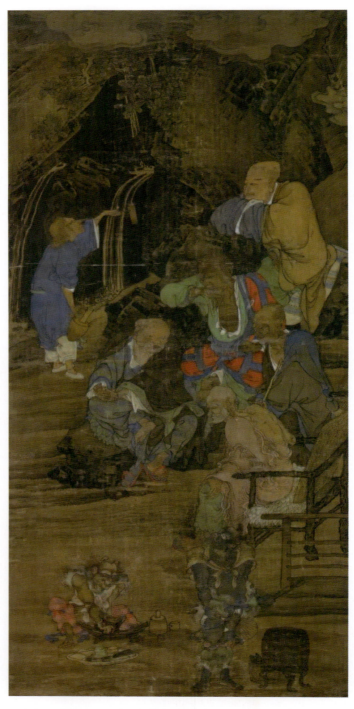

图十九　南宋　周季常、林庭珪合绘《五百罗汉图·备茶》轴（现存八十二幅之一）局部

见俩女子双手持茶托、茶盏，一双髻男童，半侧身而坐，以茶碾碾茶，（图中茶碾与审安老人《茶具图赞》的金法曹形似）对面一辽服侍者在炉前扇火煮泉。**（图十八）**

南宋淳熙五年至十五年，周季常、林庭珪合绘的《五百罗汉图·备茶》轴（现存八十二幅之一），图中左下可见茶碾前即放置碎茶茶臼一组，花口盘内置有茶帚、羽拂及茶末盒。茶碾与茶臼形态与审安老人《茶具图赞》中的一致。**（图十九）**

明朱权《茶谱·茶器》中的"茶碾"："茶碾，古以金、银、铜、铁为之，皆能生鉎。今以青磋石最佳。"

宋吴自牧《梦粱录》卷十六"鲞铺"载："开门七件事，柴米油盐酱醋茶。"从唐开始，茶已经成为人们生活中不可或缺的重要组成部分。无论是达官贵人、文人墨客，或是僧道、商人，甚至平民百姓，茶都是其精神享用品，唐墓中出土的众多茶具能反映出人们对茶的需求。三门峡地区唐宋墓葬出土的瓷碾、瓷注、瓷盏、瓷爹斗等茶具是古人饮茶之风盛行的重要例证，它们不仅有助于我们了解和研究唐代三门峡地区人们的饮茶器具和饮茶方式，而且丰富了我们对唐代茶文化的认识。

注释：

[1] 三门峡市文物工作队.三门峡市水工厂唐墓的发掘[J].华夏考古, 1993 (4).

[2] 王威廉.茶考[C].1978年全国农业学术讨论会论文摘要选编.北京：农业出版社, 1978.

[3] 张宏庸.茶的味道[M].北京：中信出版社, 2017.

[4] 韩星海.以史鉴今知兴替, 古老茶叶话沧桑——解读汉阳陵墓出土的茶叶[J].农业考古, 2016 (5).

[5] 韩伟.从饮茶风尚看法门寺等地出土的唐代金银茶具[J].文物, 1988 (10).

[6] 刘富良等.巩义市东区天玺尚城唐墓M234发掘简报[J].中原文物, 2016 (2).

[7] 陕西省法门寺考古队.扶风法门寺塔唐代地宫发掘简报[J].文物, 1988 (10).

[8] 石家庄地区文物研究所.河北晋县唐墓[J].考古, 1985 (2).

[9] 中国社会科学院考古所.偃师杏园唐墓[M].北京：科学出版社, 2001.

[10] 裘纪平.茶经图说[M].杭州：浙江摄影出版社, 2017.

郭　婷

虢州澄泥龟砚

唐代（618—907年）

虢州澄泥龟砚，1985年出土于三门峡市刚玉砂厂的一座唐墓中，通长10.5厘米，通宽7.5厘米，通高4.6厘米。整体造型呈爬行状，仰首远视，四足着地，腹部前低后高。有盖，盖上阴刻几何图案，中间为四个六边形，四周刻饰八卦符号。质地细腻，叩之有声，砚池内残留有墨痕，证明它是墓主人生前的心爱使用之器。造型生动，形象逼真。（**图一**）

1985年三门峡市刚玉砂厂工地M160出土

三门峡市博物馆　藏

图一　澄泥龟砚

砚台是极具中国特色的文房用具，是历代文人不可缺少的书写绘画用具之一。中国诸多名砚中，澄泥砚"出于陶灼，本非自然"[1]，为众多文人称道。三门峡在澄泥砚发展史上具有举足轻重的地位，虢州澄泥砚、陕州澄泥砚，在不同历史时期都有一席之地。虢州澄泥砚位居四大名砚之列，贵为唐宋时期的皇家贡品，成为大家争相追捧的文房之宝。

一、砚台的起源与演变

笔、墨、纸、砚是中国传统的书写工具，有"文房四宝"之誉，在传播中华文化方面发挥着重要作用。作为文房器具之一，砚因中国传统书写和绘画的特有需求而生，在它的发展进程中，名称和形制均有所变化。它的名称从"研"到"砚"的变化过程反映了最初的形制演变。在此之后，不同材质砚台才开始出现，砚台也因此划分为两大类：石质砚和非石质砚。在非石质砚诞生初期，陶砚、瓷砚以及瓦砚是最具代表性的非石质砚，而后期的澄泥砚则是非石质砚的集大成者，正因为澄泥砚的存在，使得非石质砚在石质砚最流行之时，仍在中国名砚史上占有一席之地。

砚亦称为研，东汉刘熙《释名》曰："砚，研也。研墨使和濡也。"指出砚是研磨的工具。北宋马永卿《懒真子》："文房四物，见于传记者，若纸笔墨皆有据，至于砚即不见之。……盖古无砚字，古人诸事简易，研墨不必砚，但可研处只为之。"可见"研"字正表现出了砚诞生的最初形态。陕西临潼姜寨仰韶文化遗址出土一套用以陶器彩绘的研磨器具，是砚的前身，迄今所知最早的砚是湖北云梦睡虎地秦墓出土的石砚。

汉代以石砚为主，但原始的陶砚已出现。2000年，湖北襄阳马集、李食店东汉墓出土了一方陶砚，砚褐红陶胎，圆形，平沿，口微敛，平底。器内施豆青釉，器外及底部露胎。魏晋南北朝时期，瓷砚渐兴，此时的砚虽没有砚池、砚堂之分，但已经开始具备砚的雏形。此时砚的主要形制为三足、五足、多足砚。唐代，由多足砚演变而来的辟雍砚最为流行，另一种常见的箕形砚到宋代发展为抄手砚。宋代由于文人阶层的壮大和文化的繁荣，形成了砚文化发展史上的一个高峰。一方面文人雅士热衷于收藏古砚，另一方面宋代出现了大量砚录类的书籍，如北宋苏易简的《文房四谱》有"砚谱"一卷，欧阳修的《砚谱》，唐询的《砚录》，唐积的《歙州砚谱》，米芾的《砚史》，南宋佚名的《端溪砚谱》等。明清时期是砚史发展的全盛时期，此时砚的形制、雕琢更为多样，成为集绘画、书法、诗文、雕刻于一体的文房珍品，文人雅士参与制砚、刻铭已经成为一种风尚。

二、澄泥砚的发展演变

澄泥砚是中国最具代表性的非石质砚，它的出现意味着中国古代非石质砚的制作达到了顶峰。在很长的历史时期内，澄泥砚都以其"贮墨不耗，积墨不腐""呵气生津，触手生晕""发墨而不损毫"等特点在砚中享有盛名，与端砚、歙砚、洮砚并称为"四大名砚"。澄泥砚在唐宋时期就作为贡品，一直为文人墨客所称道，与澄泥砚相关诗词屡见不鲜，而虢州澄泥砚更是其中翘楚。唐代大文豪韩愈在《毛颖传》中，把"弘农陶泓"作为砚台的代名词与其他文房器物并列。"弘农陶泓"指的就是虢州所属弘农县所产的澄泥砚，历史上曾被作为贡品供奉朝廷。韩愈的《瘗砚文》："土乎成质，陶乎成器。复其质，非生死类。全斯用，毁不忍弃。埋而识，之仁之义，砚乎研乎，与瓦砾异。"惋惜其碎砚。宋代大书法家米芾称它"坚实如铁，叩致金声，刀之不入"。欧阳修在所著《砚谱》中曾赞曰"虢州澄泥，唐人品砚以为第一，今人罕用"[2]。宋代大文豪苏轼和其弟苏辙还有一个关于澄泥砚的小故事。一次，苏轼得到朋友赠送的一方澄泥砚，他想把这方砚台送给弟弟苏辙。苏辙一听很开心，写了一首诗说："长安新砚石同坚，不待书求遂许颁。岂必魏人胜近世，强推铜雀没骊山。寒煤舒卷开云叶，清露沾流发涕潸。早与封题寄书案，报君湘竹笔身斑。"[3]于是苏轼又和诗一首，说明了自己赠送砚台的理由："举世争称邺瓦坚，一枚不换百金颁。岂知好事王夫子，自采临潼绣岭山。经火尚含泉脉暖，吊秦应有泪痕潜。封题寄去吾无用，近日从戎拟学班。"[4] 清代《砚小史》称上品澄泥砚："一匙之水，经旬不涸；一窿之墨，盛暑不干。"[5]清乾隆皇帝对澄泥砚尤为珍爱，曾亲自题名赋诗赞其"抚如石，呵生津"，视为国宝，并被编入《四库全书·西清砚谱》。

澄泥砚是在传统澄泥工艺和陶砚制作的基础上发展起来的。汉代开始已经有了制作陶砚的历史，但陶砚质地松软，硬度较低，吸水率大，使用很不方便，多作殉葬之用。魏晋时期出现了以秦砖汉瓦为原材料做成的砖瓦砚。这些砚质地坚硬，不渗水，益发墨的性能远高于陶砚，具有一定的使用价值。人们发现这些用秦砖汉瓦改制的砚之所以具有"益发墨"且"贮水数日不燥"的特点，是因为这些砖瓦在制作时采用了特殊的澄泥工艺。程先贞《海石陈人集》中记载："秦阿房宫礓碱砖，蜜蜡色，肌理莹滑如玉，厚三寸，方可盈尺，最发墨，不知何时取以为砚。"[6]苏易简《文房四谱》云："魏铜雀台遗址，人多发其古瓦，琢之为砚，甚工，而贮水数日不渗。世传云，昔人制此台，其瓦俾陶人澄泥以絺绤滤过，碎胡桃油，方埏埴之，故与众瓦有异焉。"[7]于是人们将秦砖汉瓦所使用的澄泥工艺用于陶砚的制作，并加以改良，澄泥砚便应运而生。

从文献记录、博物馆藏品及考古发现中可知，最早的澄泥砚实物均为唐代之物。五代后晋刘昫等《旧唐书》云：唐代书法家柳公权"常论砚，以青州石末为第一，绛州黑砚次之"[8]。其中的"绛州黑砚"即为澄泥砚。古时常以地名代指名砚，故绛州黑砚实指澄泥砚。南唐张洎《贾氏谭录》云："绛县人善制澄泥砚，缝绢囊置汾水中，逾年而后取沙泥之细者已实囊矣，陶为砚水不涸焉。"[9]这是澄泥砚制作法的最早记录。在清乾隆时期的《钦定西清砚谱》中，就收录了两款唐代精品澄泥砚，分别是唐澄泥六璃石渠砚和唐八棱澄泥砚，其中唐澄泥六璃石渠砚实物现存放于台北故宫博物院，北京故宫博物院中也藏有一方唐澄泥"唐天策府制"铭三足风字砚。1983年河南洛阳隋唐东都城遗址出土有唐早期的龟形澄泥残砚，报告者称其"质地细腻坚硬，是为澄泥砚"。

唐初的澄泥砚尚处于初创阶段，还未进入四大名砚之列。当时以山东"红丝石砚"、广东"端砚"、安徽"歙砚"、甘肃"洮河砚"为四大名砚。但澄泥砚问世后，因其质地优良、经济适用而受到众多文人的喜爱。加上原料易寻，制作工艺简单，又适合批量生产而得以迅速推广。河南虢州、山西绛州，都因制作澄泥砚而名噪一时。虢州即今三门峡灵宝市，位于洛阳和西安两都之间，又是黄河漕运必经之地，所以来往文人学士及达官贵族颇多，虢州澄泥砚因此流传颇广，也深受文人的喜爱。虢州澄泥砚曾作为贡品上供朝廷。唐代杜佑在《通典·食货》中记载："弘农郡贡麝香十颗，砚瓦十具。"[10]这里的"砚瓦"即指澄泥砚。《唐六典·尚书户部》记载各地土贡时写道："虢州砚瓦，地骨白皮。"[11]宋代欧阳修《新唐书·地理志》中也记载："虢州弘农郡，雄。本虢郡，治卢氏。义宁元年，析隋弘农郡三县置。贞观八年，徙治弘农。天宝元年更郡名。土贡：绝、瓦砚、麝、地骨皮、梨。"[12]马端临《文献通考》记载唐代土贡时也提到："弘农郡（贡麝香十颗、砚瓦十具。今虢州）。"[13]弘农砚瓦被列为贡品，连唐代诗人刘禹锡也在诗中为端石鸣不平："端州石砚人间重，赠我因知正草玄。阙里庙堂空旧物，开方灶下岂天然。"弘农郡开方灶烧制的澄泥砚，虽然是贵为贡品的庙堂之物，但是怎么能比质地天然的端州石砚好呢？从中可以看出唐人对虢州澄泥砚的情有独钟。

唐代弘农贡砚多出自一个叫"开方"的地方，即今三门峡灵宝市城南五里一个叫"开方"的村落。汉《开山图》曰："衙山在函谷山西南。是水乱流，东注于绪姑之水，二水悉得通称矣。历涧东北出，谓之开方口。"上海博物馆馆藏的唐龟形澄泥砚砚底有"开方"两字。

宋代是澄泥砚的兴盛时期，"澄泥砚"之名在宋代文献中多有记载，最早提及澄泥砚及其制作方法的是苏易简的《文房四谱》和张洎的《贾氏谭录》，其中对于澄泥砚制作的工艺描述得十分详尽，可见由唐至宋澄泥砚的制作工艺已日趋成熟。宋代澄泥砚形制多样，品质上乘，在各类文献中多有赞誉，出现了许多制砚名家，澄泥砚上开始出现了标明产地、制砚者的款识。

宋辽金时期，澄泥砚的制作工艺流传更广，产地数量之多也达到了历代的最高峰，北方的绛州、虢州、泽州（今山西晋城）、相州（今河南安阳一带），山东的柘沟镇以及淮河流域的濠州（今安徽凤阳一带）等地都有生产。但虢州、绛州仍然是澄泥砚的重要产地，并且虢州澄泥砚的声名逐渐超过绛州。最早记录于欧阳修《砚谱》中的"虢州澄泥，唐人品砚以为第一"的评价应是出于此时。在宋代，虢州澄泥砚依然作为贡砚存在。《元丰九域志》记载：虢州土贡："麝三两，地骨皮一十斤，砚二十枚。"[15]陕州人马寨王玉瑞澄泥砚展示馆收藏的一方宋代抄手澄泥砚（图二），砚长23.5厘米，宽15厘米，厚4厘米，做工规整大气。背面款识"虢州奇异工夫澄泥砚供使张家造"，从中可以看出张家作为制砚的供使制作了此贡品澄泥砚，这是虢州澄泥砚宋代作为贡品存在的有力证据。

　　宋代虢州澄泥砚存世实物较多，天津艺术博物馆藏有一方宋虢州裴氏澄泥抄手砚，砚背刻有"虢州裴第三箩（罗）土澄泥造"两行阳文印款，有同样印记的澄泥砚在《文物》所辑《砚史资料》[16]中亦有收录。《砚史资料》还收录一款宋虢州法造澄泥抄手砚，砚底同样有印记，有"虢州法造润金砚子"八字。[17]1992年在洛阳白居易故居的宋代地层发掘了一方虢州澄泥砚，砚为长圆形，有残，色灰，质地细腻，砚底印有"魏家虢州，澄泥砚瓦"八字，字体雄浑苍劲。[17]陕州人马寨王玉瑞澄泥砚展示馆亦藏有一方魏家所造澄泥砚。（图三）魏家澄泥砚瓦常有发现，是宋代虢州一大制砚匠作。此外宋代虢州澄泥砚瓦款识还有三堂、金粟三堂、三堂居、虢州裴弟三罗土澄泥造（图四）、虢州法造闰金砚子

图二　宋代抄手澄泥砚正面　陕州人马寨王玉瑞澄泥砚展示馆藏

砚铭拓片

图四 "虢州裴弟三罗土澄泥造"澄泥砚　陕州人马寨王玉瑞澄泥砚展示馆藏

图三 "虢州澄泥砚瓦魏家"款澄泥砚　陕州人马寨王玉瑞澄泥砚展示馆藏

"虢州澄泥砚瓦魏家"拓片

"虢州裴弟三罗土澄泥造"澄泥砚拓片

（图五）、虢州澄泥砚记人潘习造（图六）、翠微堂（图七）、公度荆山记等（图八）。从这些现存虢州澄泥砚上的款识可见当时的虢州澄泥砚制作具有相当规模，这些不同澄泥砚制作者留下的文字记载也恰恰记录了当时虢州澄泥砚的辉煌时期。

明清之际，陕州澄泥砚崛起，成为澄泥砚新的制作中心，澄泥砚也从原来的朝廷贡品飞入了寻常百姓家。陕州，今三门峡陕州区，西靠虢州，北临黄河，有着制作澄泥砚的便利条件。在《明一统志》《河南通志》里出现有"澄

图五　"虢州法造闰金砚子"款澄泥砚　陕州人马寨王玉瑞澄泥砚展示馆藏

图五　砚铭

砚铭拓片

图六　虢州澄泥砚记人潘习造砚　陕州人马寨王玉瑞　　　图七　翠微堂砚　陕州人马寨王玉瑞澄泥砚展示馆藏
澄泥砚展示馆藏

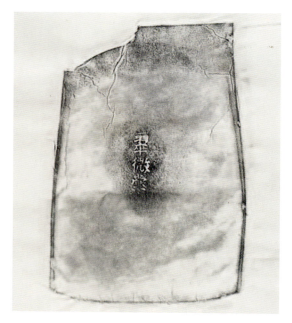

虢州澄泥砚记人潘习造砚拓片

翠微堂砚拓片

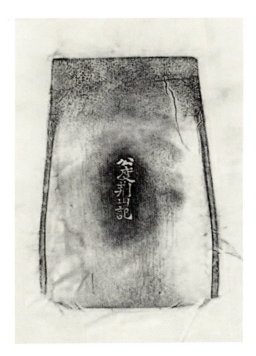

公度荆山记砚拓片

图八 "公度荆山记"款澄泥砚 陕州人马寨王玉瑞澄泥砚展示馆藏

泥砚,俱陕州出"的记载;在民国《陕县志》卷十三"物产"中,土属第一便是澄泥砚,记载"澄泥砚,唐宋皆贡。说文云:'虢州澄泥砚,唐人品之,以为第一。'又云:'砚理细如泥,色紫可爱,发墨不渗,久之砚皆损凹,硬墨磨之,则有泥香'……按:此砚今产于人马寨村,王玉瑞制造有年。取土于土门村,土质如红石,碾碎成粉,掺和为料甚佳。……土门之土,学生多用以制造手工。昔乾隆皇帝宫内宝藏数方,足证其有价值云。"[18]陕州澄泥砚主要产于西张村镇人马寨村和张湾乡上卢村。

清姚元之《竹叶亭杂记》记载:"村在陕州城南三十里。有传隐士卢景,好造瓦砚,砚成,悉瘗之崖壁间。村以是得名,然莫详时代,惟砚窑故址犹存,人于得砚处,时见开元古钱,因疑为唐时物。砚大者径尺,小者三四寸。形制如箕，如瓢，如龟鳖之甲，下有两足或四足。质似而甚薄，然坚致不可磨削。性发墨而不渗。以盛水，暑月不涸，寒月不冻。或谓其古澄泥类也。砚之在村随处皆有，乃入土辄数丈，上多居人屋庐，禁人发掘。必俟其旁崖崩裂，始争锄土出之，又往往为沙石压损，玩者百不得一，故村人甚秘惜焉。"[19]民国《陕县志》记载："卢砚，相传县人卢景日牧羊，手持泥砚，烧成陶器，藏于山岭之洞中，采薪掘土者每得之，较澄泥砚更佳。"

人马寨位于张村塬上，传承了虢州澄泥砚的制作技艺，发展迅速。明清及民国时，人马寨村的制砚作坊星罗棋布，王瑞堂、王玉堂、福瑞堂、永兴堂等多家堂号竞相烧制。其产品销往周边地区，东至洛阳，西至渭南，北上山西运城、临汾。清光绪二十八年（1902年），陕州创立了官办的手工业工厂"陕州工艺局"，王玉瑞等人马寨村澄泥砚艺人的作品被纳入工艺局所产，印上了"陕州澄泥古砚工艺局王××造"的款识，在全省物品展览会上被评为甲等，获省建设厅颁发的一等奖状。（图九）1914年参加巴拿马国际博览会的中国工艺品展出，誉满异国。民国《河南新志》记载："陕县产澄泥砚，色黑而杂银沙星点，以澄制之细泥陶成。虽非珍品而研墨易浓，故人乐用之。"[20]

图九　伏虎砚

图九　陕州人马寨王玉瑞澄泥砚展示馆馆藏"豫陕六区人马寨村特产澄泥砚，曾经全省物品展览会品评列入甲等。由省建设厅发给一等奖状。王玉瑞造"

三、澄泥砚制作工艺

澄泥砚是用仔细淘洗、过滤的细泥加坚固剂做成坯块，风干后雕琢为砚形烧制而成的，因此具有相当的耐磨性，且不易渗水。南唐张洎《贾氏谭录》云："绛县人善制澄泥砚，缝绢囊置汾水中，逾年而后取沙泥之细者已实囊矣，陶为砚水不涸焉。"北宋苏易简的《文房四谱》更是详细记载了澄泥砚的制作工艺："作澄泥砚法，以墐泥令入于水中，接之贮于瓮器内，然后别以一瓮贮清水，以夹布囊盛其泥而摆之，俟其至细，去清水，令其干。入黄丹，团和溲如面。作一模如造茶者，以物击之，令至坚，以竹刀刻作砚之状，大小随意。微荫干，然后以刺刀子刻削如法，曝过，间空埃于地，厚以稻糠并黄牛粪搅之，而烧一复时，然后入墨蜡，贮米醋而蒸之五七度，含津益墨，亦足亚于石者。"[21]宋代米芾所著的《砚史》中也介绍了相州澄泥砚的制作方法："相州土人自制陶砚，在铜雀上以熟绢二重，淘泥澄之，取极细者，燔为砚。有色绿如春波者，或以黑白填为水纹，其理细滑，着墨不费笔，但微渗。"[22]后世涉及澄泥砚制作工艺的文献大多源自以上三条，这些记载反映了澄泥砚制作的基本程序。由于制作过程中许多关键技法秘不示人，因此明确记载赣州澄泥砚制作过程的文献极为少见，但我们从上述文献记载的澄泥砚的制作流程可以推断出赣州澄泥砚制作的主要流程应该大体相同。

赣州澄泥砚的制作首先要选择合适的陶土，由于缺乏文献的记载，赣州澄泥砚的取土地点现在已无法确定。然后取回的泥料都需要进行淘洗过滤以达到制砚合适的细腻程度，即"澄泥"工艺。澄泥砚的"澄泥"之名，也就是指这样一个利用清水与夹布袋对泥料进行筛洗的过程。滤制出的澄泥需放置一年以上的时间，历经冬夏以去其燥性才能使用。接下来是在泥料中加入适当比例的黄丹作为助熔剂，从而在烧制时提高澄泥砚的致密度和硬度。然后用模具进行制坯、雕刻，之后再进行炉烧。烧成后的澄泥砚仍然还是会有一定的吸水率，因此"入墨蜡贮米醋而蒸之五七度"，利用蜡和水的不亲和性，使蜡渗入砚表气孔，再加以蒸制，使蜡在高温下熔化，均匀地分布于砚表。加醋是为了更好地使蜡熔化和渗入砚内，有的砚台不加蜡但是会加入其他的化合物，以达到同样的目的。经过如此处理的澄泥砚可以呵之即湿，触手生晕。

相比赣州澄泥砚，陕州澄泥砚的制作方法在文献中有着较详细的记载，如民国《陕县志》记载人马寨作砚法时说："以夹布囊盛墐泥。泥水中摆之，得细者澄去，清水令微干，入黄丹，团揉如面，入模中压，令至坚，以竹刀刻作砚状，微阴干，刀削成，曝干，厚以稻糠、黄牛粪和。烧之一复时，后又入墨蜡，贮米醋蒸之五七度，含津益墨，不亚于石。"而且由于陕州人马寨存在着世代以制砚为业的家庭式作坊，因此陕州澄泥砚的制作方法较为详细地保留了下来。据三门峡市陕州澄泥砚非物质文化遗产代表性传承人王跃泽先生介绍，陕州澄泥砚分为两类，一类是手工捏塑，一类是范模成型，以范模成型的居多，制砚所用的范与模均为澄泥陶制。澄泥砚所用的泥料取自土门村和当地火烧阳沟的一层红色黏土，经过拣选曝晒、碾碎箩土、澄滤配料、糅合陈放等多道工序成澄炼之泥。然后入模成型，放置窑洞内阴干，等到半干时，再用利刀进行削刻修整，压印铭记堂号，干透后放在阳光下稍做曝晒，趁热入窑焙烧三日即可。出窑后用黄蜡热涂砚池，有拒水保墨的功效。

四、澄泥砚的形制演变

虢州澄泥砚作为砚类的一个品种，其形制也随着时代的发展和其他砚形制的演变而变化。唐代的虢州澄泥砚主要以箕（或称风、凤）形和龟形为主。

龟形砚是唐代特有的一种砚形。龟在古代是通灵和长寿的象征。除此之外，由于封建等级制度森严，在古代，龟具有崇高的地位，龟与龙、凤、麒麟并称四灵。《礼记·礼运》："麟、凤、龟、龙，谓之四灵。故龙以为畜，故鱼鲔不淰；凤以为畜，故鸟不狘；麟以为畜，故兽不狘；龟以为畜，故人情不失。"[23]《三辅黄图》卷三："苍龙、白虎、朱雀、玄武，天之四灵，以正四方。"[24]将四灵配四星，龟代表了玄武，北方之神，通冥之神，古代以龟甲兽骨占卜国运吉凶祸福。在古代，龟常作为最高文臣常用的器形。

考古发掘出土的唐代龟形砚数量较少，按照砚面的形制可分为隔梁式（带墨池）和淌池式（无墨池）两种。上海博物馆藏有一方隔梁式龟形澄泥砚（图十）。砚长22.2厘米，宽17.7厘米，高5厘米。龟形，盖上阴刻龟背纹，砚身近头部有一隔梁，隔梁呈长弧状，分隔出的墨池为新月形。砚堂前低后高，为向砚首倾斜的坡状。龟扭颈侧视，粗眉，斜挖眼眶使眼珠凸起，圆鼻孔，嘴微起，双耳贴伏，四肢作龟形状。形象生动，憨态可掬。龟的腹部刻出腹甲样，还刻有"开方"两字楷书铭。

三门峡市博物馆亦藏有隔梁式澄泥龟砚（**图十一**），长21.2厘米，宽12.8厘米，高6.8厘米。砚呈爬行龟状，仰首远视，四足着地，腹部前低后高。砚身近头部有一隔梁，隔梁呈长弧状，分隔出的墨池为新月形。砚池内残留有墨痕。

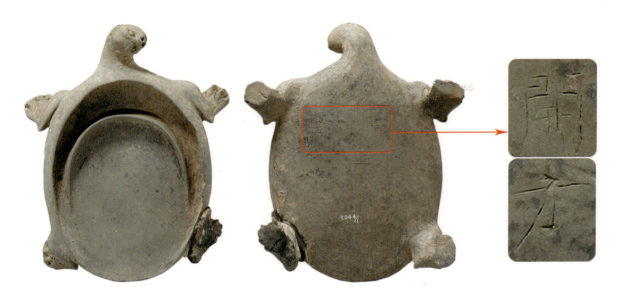

图十　隔梁式龟形澄泥砚（上海博物馆藏）

图十一　隔梁式澄泥龟砚（三门峡市博物馆藏）

图十二　唐代淌池式双首澄泥龟砚（故宫博物院藏）

图十三　唐箕形澄泥砚（三门峡市博物馆藏）

淌池式龟形砚与带墨池的龟形砚相似，只是没有分出墨池和砚堂的隔梁。前文提到的虢州澄泥龟砚即为淌池式。此外故宫博物院也藏有一方唐代淌池式双首澄泥龟砚。砚长17.5厘米，宽13.3厘米，高6.8厘米。双龟连体造型，首相交，尾相接，四足，龟背与龟腹分制，龟背为砚盖，雕龟甲纹，龟腹为砚体。（图十二）

箕形砚也是唐代虢州澄泥砚的一种常见款式。箕形砚一端圆或方而窄，一端平而宽，如同日常生活中使用的簸箕。砚底一端落地，一端以足支撑，有单足、双足、梯足以求变化。米芾《砚史》中所见的"风"字砚即是此式。唐代的箕形砚是一种非常独特的具有鲜明时代特征的造型，砚堂与墨池相连，盛墨多，能满足书画家泼墨挥毫的需要。三门峡市博物馆馆藏的虢州澄泥砚大多为此款式。（图十三）

宋代砚的款式在讲究实用的前提下日趋多样。宋代澄泥砚以抄手式为代表，是由唐代箕形砚演变而来的，砚背可直接用手抄入，便于使用者来回移动。宋代的抄手砚砚首略窄，砚尾略宽，三侧呈收敛之势，上大下小，其截面为梯形。故宫博物院藏有一方宋代的"三堂"款澄泥砚，长21.5厘米，最宽13.8厘米，厚3.3厘米。色微灰，有用墨痕迹。抄手式，上窄下宽，两侧内敛呈梯形。砚池深凹呈曲线状，砚堂宽阔，中央略凸起。背面弧形深凹，底部阴刻篆书"三堂"款识，字体清秀。三门峡市博物馆亦藏有一方宋代的澄泥抄手砚

（**图十四**）。这方砚台1981年4月出土于灵宝市豫灵镇杜家村，色如熟粟，造型规整，整方砚呈长方形，长9.1厘米，宽6.1厘米，厚1.9厘米。砚面中部开椭圆形砚堂，砚堂较平，还有一部分与砚池相连成缓坡状，直至与砚池底部相连。砚底部挖空，两边为墙足，戳印"三堂"款识。此外还有椭圆形高台砚以及长方形平台砚等。

宋代砚的题款已开始出现。相比唐代澄泥砚博大清新、富丽丰满的特色，宋代澄泥砚造型受其社会状态、哲学理念、文学思潮的直接或间接的影响，形成了一个优雅淡泊、朴素高贵的艺术格调。

从明代开始，澄泥砚的制作和工艺装饰发生了大的变化，它的功能由实用为主变为以艺术为主，出现以人物故事、动物、花卉为主题表象的多种式样，并利用窑变技术烧制鳝鱼黄、绿豆沙、朱砂红等名贵品种。这一时期在砚上镌诗、题铭的风气开始盛行。明代澄泥砚花色品种繁多，制作工艺精良，但其主要表现为艺术美，其内在质量与唐宋时期比已相去甚远。

清代陕州人马寨村的制砚在继承唐宋虢州澄泥砚风格的基础上，将民间木版年画、剪纸纹饰、钟鼎瓦当、金石文字融入澄泥砚造型之中，将圆雕、浮雕、透雕、刻花、划花、印花、镂空、贴金等多种工艺运用到制砚艺术上，创作出了

图十四　宋代澄泥抄手砚（三门峡市博物馆藏）

许多极具地方特色的澄泥砚。这些澄泥砚造型饱满、古朴,砚形品种丰富,深受达官显贵和文人墨客的喜爱。主要样式有圆形、椭圆形、长方形、四方形、八棱形、多边形,仿生形的金蟾砚、伏虎砚、双狮砚、荷叶砚、舟船砚、云蝠砚等,还有传统式样的箕形砚、宝莲砚、马蹄砚、辟雍砚等。

澄泥蟾砚,是陕州澄泥砚的传统造型之一。蟾的图案在汉画中就出现了,寓意繁衍与吉祥。三足之蟾据说被神仙刘海点化,成为送财之物,又是取得财富的象征。蟾还是月亮的代表图案,月宫又叫蟾宫,蟾宫折桂则比喻古人金榜高中之意。所以,早在唐宋就有了蟾砚的造型。陕州盒式有盖蟾砚乃是清代制砚名家王玉瑞所创,他改变唐宋以来的箕形无盖砚池为上下盒式。使蟾的造型生动立体突出,古拙传神,又达到盒式保墨的效果。三门峡市博物馆亦藏有一方清代澄泥蟾砚(**图十五**),砚通长8.2厘米,宽6.6厘米,高2厘米。全器呈蟾形,砚盖缺失。砚堂下凹为蟾身,前部中间开砚池,边框上有蟾耳、眼,疣状物,高起边线为子母口。下连四足,一足残缺,腿屈成匍匐状。砚堂、砚缘、砚底无施釉,露灰黑色胎,底有阳文楷书"陕州工艺局澄泥砚王玉瑞造"。

澄泥砚是劳动人民智慧的结晶。现如今人马寨的澄泥砚制造工艺已被列入河南省非物质文化遗产名录,并在民间广为传承。承载着浓郁历史文化的陕州澄泥砚已经成为陕州淳朴民风、民俗、民间艺术的载体。

图十五　清代澄泥蟾砚(三门峡市博物馆藏)

注释:

[1](宋)朱长文.墨池编[M].明隆庆二年薛晨校注本.

[2](宋)欧阳修.文忠集·砚谱[M].长春:吉林出版社,2005.

[3](宋)苏辙.子瞻见许骊山澄泥

砚[M].

[4] （宋）苏轼.次韵和子由欲得骊山澄泥砚[M].

[5] （清）朱栋，砚小史[M].清嘉庆五年楼外楼刻本.

[6] 方晓阳.澄泥砚工艺小考[J].文物.1991（3）.

[7] （宋）苏易简.文房四谱[M].上海：上海古籍出版社，1987.

[8] （五代）刘昫.旧唐书·柳公绰列传[M].北京：中华书局，1975.

[9] （南唐）张泊.贾氏谭录[M].明抄本.

[10] （唐）杜佑.通典[M].北京：中华书局，2016.

[11] （唐）李林甫等.唐六典·尚书户部[M].北京：中华书局，2014.

[12] （宋）欧阳修.新唐书·地理志[M].北京：中华书局，1975.

[13] （元）马端临.文献通考·土贡考一[M].北京：中华书局，2006.

[14] （宋）王存.元丰九域志·卷三[M].北京：中华书局，1984.

[15] 《砚史资料》八[J].文物，1964（8）.

[16] 《砚史资料》七[J].文物，1964（7）.

[17] 中国社会科学院考古研究所洛阳唐城队.洛阳唐东都履道坊白居易故居发掘简报[J].考古，1994（8）.

[18] 欧阳珍.陕县志·物产[M].民国25年（1936）铅印本，（台湾）成文出版社影印，1968.

[19] （清）姚元之.竹叶亭杂记[M].北京：中华书局，1982.

[20] 河南省地方史志编纂委员会.河南新志（民国十八年版）[M].郑州：中州古籍出版社，1990.

[21] （宋）苏易简.文房四谱[M].上海：上海古籍出版社，1987.

[22] 米芾.砚史[M].百川学海.明弘治十四年华程刻本.

[23] 戴胜编纂.胡平生，张萌译注.礼记[M].北京：中华书局，2017.

[24] 陈直.三辅黄图校证.弄瓦翁古籍笺证[M].北京：中华书局，2021.

崔松林

珍珠地缠枝花卉纹瓷梅瓶

北宋（960—1127年）

通高29.6厘米，口径6.2厘米，腹径19厘米，底径9.8厘米。小口，卷唇，短颈，弧肩，深腹，底内凹，通体施白釉。器身纹饰可分三组，颈、肩饰褐色珍珠地缠枝菊花纹，腹部饰褐色珍珠地缠枝牡丹纹，颈部饰一周莲瓣纹，线条均匀流畅。（图一）

三门峡市博物馆　藏

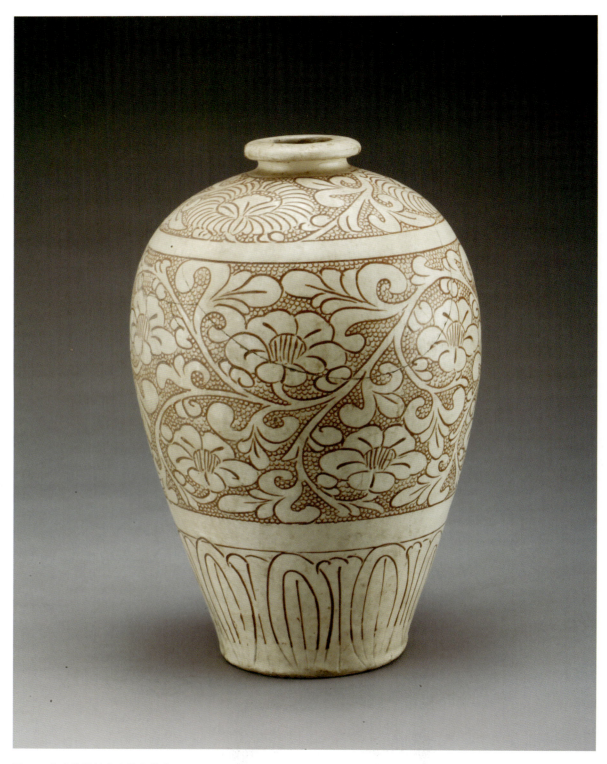

图一 珍珠地缠枝花卉纹瓷梅瓶

　　梅瓶是我国陶瓷发展史上富有民族特色的一类器物，从起源到发展经历了唐、宋、元、明、清，以至于当代，因其独有的实用功能和观赏价值以及特有的文化内涵，深受不同时期不同阶层的人士喜爱。尤其是宋代的珍珠地划花工艺梅瓶和元明清时期的青花梅瓶，更被专家学者和收藏人士视为珍品。三门峡市博物馆的这件珍珠地划花工艺瓷梅瓶器型优美，工艺精湛，具有极高的观赏和研究价值。这件瓷梅瓶是原渑池县文物保护管理委员会办公室20世纪70年代从民间征集的文物，1990年调拨到三门峡市博物馆，为馆藏二级文物。

一、梅瓶的起源

　　梅瓶作为陶瓷文化的载体，以其独特的审美价值和特征吸引了众多专家学者和收藏爱好者的目光，引发了很多对古陶瓷梅瓶各方面的研究。目前，关于梅瓶的起源在学术界有两种观点：一种是中原起源说，一种是北方起源说。

　　中原起源说认为梅瓶这类造型的器物始于隋唐时期的中原地区。这种说法的依据有：一是1957年由中国社会科学院考古研究所在隋都大业城（今西安）皇家寺院善妮寺发掘的一座特殊墓葬，这座墓葬埋葬的是皇族少女李静训，埋葬时间是隋大业四年（608年）。墓中出土的119号玻璃瓶置于棺内墓主头顶处，出土时瓶内装有液体，瓶口用软质塞子密封。（图二）瓶中的液体未经化验，推测可能是隋唐时期高层权贵才能使用的来自西亚的名贵香水。[1]这个玻璃瓶无论从形制上还是本体功能上都已经符合梅瓶的基本要求，是目前可以确定的最早的梅瓶实物遗存，其折沿凸环小口成为梅瓶第一类样式群的标志。二是1973年陕西三原县焦村发掘的贞观五年（631年）唐淮安靖王李寿墓。其墓室内有一具雕刻精美的石椁。石椁外壁雕刻了非常形象的四神图和大量文臣武将，内壁则布满了线刻画，其中以手中捧持着各种器具的侍女形象和乐舞伎乐人形象最为生动。孙机先生在研究这些侍

图二　西安市梁家庄隋代李静训墓出土的玻璃瓶

图三　上海博物馆藏唐代白瓷梅瓶

女手中捧持的器具时，指出从左到右的第三位侍女手中捧着的一个长瓶与后代所称的宋元盛酒具——梅瓶的造型相近。[2]虽然类似这种小口长腹瓶造型在唐代陶瓷器中非常罕见，并且从画面上只能看见器物的大致轮廓，无法确定它的细部特征及材质，但说明唐代已经出现了这种形制的器物，并且在时间上比辽代的建国时间（907年）还要早两百多年。三是上海博物馆和故宫博物院分别收藏的几件唐代白釉素面梅瓶。[3]（图三）从形制来看，虽然与宋代的梅瓶存在一定的差别，但已经初步具备了梅瓶的基本特征。

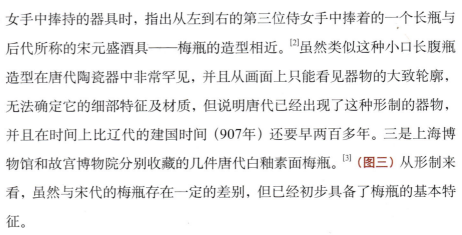

　　北方起源说认为梅瓶的出现与辽国契丹族有重要关系，其前身是契丹族的鸡腿瓶，在文化交流的过程中，中原的宋人模仿鸡腿瓶的形制，在随后的发展中形成了宋代的梅瓶。持此说的学者认为，人们最初创造各种不同造型陶瓷器具都是基于生活使用的需求。《辽史》卷三十二《营卫志》称："大漠之间，多寒多风，畜牧畋鱼以食，皮毛以衣，转徙随时，车马为家。此天时地利所以限南北也。辽国尽有大漠，浸包长城之境，因宜为治。秋冬违寒，春夏避暑，随水草就畋鱼，岁以为常，四时各有行在之所，谓之'捺钵'。"[4]为了适应这种迁徙生活，契丹人仿照革囊创烧出便于携带的陶瓷提梁壶（俗称"马镫壶""鸡冠壶"）。并且他们还烧创出一种上粗下细、状如鸡腿的长腹瓷瓶，用于运带水、酒等液体之类的东西，这种长腹瓷瓶也就是被很多赞同北方起源说的学者视为梅瓶雏形的鸡腿瓶。（图四）这种长腹瓷瓶的造型设计非常巧妙，口小、颈细、腹长，小口是为了避免盛装液体溅出和方便携带。用绳索捆绑后背运很方便，倒梯形造型使绳扣越勒越紧，很适合契丹人游牧射猎、逐水草而居的生活需要。赞同梅瓶北方起源说的蔡毅先生曾到著名的辽瓷窑址缸瓦窑所在的内蒙古自治区赤峰市的猴头沟乡进行考察，发现辽穆宗（耶律璟）应历九年（959年）辽驸马赠卫王萧婆姑（即萧室鲁）墓在缸瓦窑附近，墓中出土的瓷器大部分属于缸瓦窑的产品，由此可以推知缸瓦窑开始烧造陶瓷的年代大约为辽穆宗之前的辽太宗（927年）或辽世宗（947年）间，而北宋的建国时间为960年，因此根

图四　辽代鸡腿瓶

据时间的推算，缸瓦窑早在宋代之前已经开始创烧。[5]1985年叶喆民先生也曾在缸瓦窑址做过考察，发现窑址内有一种常见的鸡腿瓶，茶绿釉，肩部大多刻画有"徐""孙"等汉字。1977年他还曾去过山西大同窑，窑址内所挖掘的基本都是辽金时期的器物，发现大量鸡腿瓶或鸡腿瓶残片。（图五）以上几处调查发现说明了鸡腿瓶在辽代时期的烧制已经有相当规模。但这也只能说明辽代鸡腿瓶的出现要早于宋代的梅瓶，并不能充分证明鸡腿瓶就是宋代梅瓶的前身。

图五　大同青瓷窑址出土梅瓶

以上陶瓷梅瓶起源的两种观点虽然仍有待新的考古成果证实，但至少说明了具有梅瓶的这种形制特点的器物早在唐代就已经出现。至于辽代契丹族"鸡腿瓶"的出现，有可能是民族文化交流的结果。契丹族在唐代时，与中原就已经有频繁交往，对唐王朝有朝贡。梅瓶这种形制的陶瓷器物经历了长期的发展历程后，到宋代出现了成熟的梅瓶造型，并且盛行至今。

二、梅瓶的功用

梅瓶的出现与它在人们日常生活中的使用功能有着必然关系，从现有的考古资料和历史文献看，梅瓶的使用功能有贮水器、储酒器、随葬器、陈设器等。并且它的主要功用由最初的生活实用器具到陈设器供人赏玩的变化轨迹，正符合了艺术品演变的一般规律——从实用到艺术。

最早考定梅瓶作为盛酒器的是宿白先生的《白沙宋墓》一书。这是他根据白沙宋墓中的壁画与宋代和酒相关的文献综合分析得出的结论。白沙宋墓甬道西壁有一幅壁画，画里面描绘有三人一马，马后人头系一卷，卷上墨书"昼上崔大郎酒"六个字，双手捧一黑色酒瓶，形制与梅瓶相同。[6]一号墓墓室壁画"夫妻宴饮"图中桌子下放有盛酒的梅瓶。（图六）另据与宋代同时期的辽、金鸡腿瓶相关

图六　白沙宋墓"夫妻宴饮"壁画

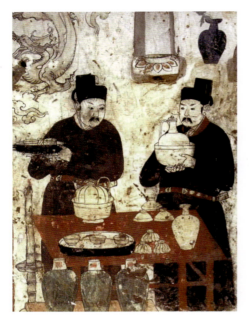

图七　辽张世卿墓壁画

资料可知，它们当时主要作为盛酒之用。其一，河北省张家口宣化县下八里张世卿墓（辽天庆六年，即1116年）中，描绘辽代生活场景的壁画。墓后室南壁的一幅备饮图，壁画中描绘有两个捧着酒壶和酒杯的男侍者，正为宴饮做准备，他们前面一个低矮的开有圆孔的木几上有三只带盖长腹瓶。**（图七）** 它们应该是盛装酒水之类的液体，并且按常理，宴饮场合的饮品主要是酒，若盛装的是其他饮品，就没有必要用盖子密封，盖子应该是为了防止容器内的酒挥发。其二，张文藻夫妇合葬墓（辽道宗大安九年，即1093年）中的壁画《童嬉图》中出现两种高度的瓶子，形制与张世卿墓中的长腹瓶一样。高的长腹瓶仍然是放置在一个支座上，而矮的长腹瓶则是放在桌子上。张文藻夫妇与张世卿是叔侄关系，他们生活的年代时间差不多，因此，这幅壁画中的长腹瓶也可能是装酒的容器。此外，上海博物馆藏一对磁州窑梅瓶上书"清沽美酒"和"醉乡酒海"[7]，也表明其用途是储酒无疑。**（图八、图九）**

　　从考古出土的实物资料来看，梅瓶在元代的主要功能仍然是储酒器。如考古发现的汪世显家族墓葬中，出土一件梅瓶，在它的肩部釉下墨书"细酒"两字。[8]许多器物都有盖，发表在《文物》上的发掘资料记载高安窖藏出土青花带盖梅瓶六件，盖内书写"礼""乐""书""数""射""御"共六字[9]，带盖的梅瓶无论如何不会用于插花，这是毫无疑问的。从梅瓶盖的规整密合来看，带盖梅瓶无疑是用作浆水酒醴的盛贮器。元代已有插花装饰的习惯，在内蒙古赤峰三眼井发现的元代墓葬壁画狩猎图中可以清晰地看出，但画中的花瓶并非梅瓶，而是盘口瓶。[10]

　　到了明代，梅瓶的用途则发生了较大变化，

图八　上海博物馆藏金代磁州窑"清沽美酒"款瓷瓶

图九　上海博物馆藏"醉乡酒海"款梅瓶

除仍以储酒为主要功能，还新增了其他一些功能，如陈设。明代梅瓶造型普遍偏矮，颈部变宽，线条饱满有力，显得敦厚稳重，这样的目的在于降低梅瓶的重心而便于陈设。宋元时期的梅瓶重心较高，如用于陈设则极不安全。陪葬用的梅瓶兼作了象征仓储的明器，用于储存钱币、粮食、药酒等，在桂林靖江王墓中就出土了较多这样的梅瓶。这与汉代流行的谷仓罐有相似作用，以此显示墓主的生活富足。

清代时梅瓶已经彻底演化为陈设用器。郎世宁曾作《午瑞图》，图中央精心描绘一丛盛开的石榴花和蒲草叶，花插在一个青灰釉梅瓶中，画中印"乾隆御览之宝"方玺。该图所绘梅瓶具有典型的雍正时期特征，由此可见至迟在雍正、乾隆朝梅瓶已经用于插花。《陶雅》卷上载："古以瓶贮酒，今以瓶插花。"这里说的是不是梅瓶我们不得而知，但确认是瓶类则无疑。

梅瓶的另一功能是作为随葬器。从考古资料看，宋代之后的墓葬都有出土梅瓶的例证。如1979年在浙江省松阳庆元元年（1195年）墓葬出土的南宋龙泉窑带盖梅瓶；1980年南京北郊宋墓出土的米黄釉酱色卷草纹梅瓶，以及桂林明代墓葬中的大量梅瓶都非常具有代表性。

三、梅瓶的文化意蕴

（一）梅瓶与酒文化

酒虽然不是人们饮食生活的必需品，但从它出现的那天起，便开始浸润着整个社会，与人们的生活结下了不解之缘。首先，酒能够刺激人们的感情，在人们神经活动过程中起着催化作用。人们无论在欢乐还是忧愁的时候，都喜欢以酒来作伴。高兴时可以借酒以抒发情怀，而愁闷的时候更需借酒以消愁。其次，酒用于各种礼仪。中国人的礼之多与礼法之讲究是众所周知的，即使是今天，各种风俗习惯已经相对简化的时代，我们仍经常要参加各种各样的酒宴，如最常见的满月酒、周岁酒、毕业酒、结婚酒、生日酒、接风酒、饯别酒等。最后，我国古代的文人骚客都"嗜好"这杯中物。他们往往酒后吟诗作画、挥毫泼墨，许多杰出的作品甚至是在醉态之下完成的。

随着社会的发展和农耕技术的进步，粮食作物的产量得以不断提高。粮食的富余，酿酒技术的发展，促进了酒的生产和消费，直接刺激了饮用器具的使用与发展。酒与酒器在人们生活中的长久发展，逐渐形成了中国独特的酒文化。酒文化包括酿酒、饮酒和酒具等。美酒离不开盛装它的酒具，酒具是美酒漂亮的衣裳，可以为美酒增色，是酒文化的载体之一。最初的酒具并非陶瓷制品，随着制瓷技术的进一步发展，以及釉的发现和利用，瓷制品具有釉色精美、盛酒不渗、贮藏不变味的实用功能。相对于漆器、青铜、玉石等材质，陶瓷具有资源广泛性、功能实用性和市场经济性的特点，因此，陶瓷便成了自宋以后酒具制品的主要材料。中国的饮食文化历史悠久，且人们历来讲究美食美器。眼观酒色，舌品酒醇，鼻闻酒香，耳听酒斟还不够，还得讲究酒桌上酒器的精美与否、适宜与否。因此，酒具在以实用功能为第一的基础上，还得提升它们的艺术性，达到一定的审美效果，符合当时的审美要求与标准。瓷梅瓶的造型是最典型的盛酒器样式，与装饰、质地等因素的结合具有功能与艺术双臻的妙处，备受人们青睐。酒文化的发展，对酒器时尚流行的审美追求，都会促使梅瓶这种盛酒器产生相应的变化。如出土于桂林市东郊明代靖江王朱经扶夫妇合葬墓的明天顺青花"携酒寻芳"（携琴访友）图梅瓶，瓶体工整端正，胎体厚重，瓷质细腻，釉色匀润白净，极其雅致夺目。（图十）其腹部主题图案绘青花山水人物图，取古人雅士"携酒寻芳"及"携琴访友"之意，非常富有情趣。

（二）梅瓶与丧葬文化

人的生老病死是一种自然规律，但是原始人的灵魂观念认为，人不但有肉体，还有游离于肉体的灵魂。人的死亡，仅仅是肉体的死亡，而灵魂则永世长存，永远不会消失。所以先民们认为人的死亡并不代表着永远的消失，而是向另一个世界的过渡。因此世人对丧葬非常重视，并逐渐形成了形式不一的丧葬礼仪和习俗。为了方便死者在另一个世界"过得"更好，人们会将死者生前所用或特别

图十　明天顺携琴访友梅瓶

制作的器物与死者一起埋葬，于是随葬品就成了丧葬礼仪中必备的东西。随葬品的种类数量等都体现了死者的社会地位、经济地位和政治地位。古代社会丧葬具有的等级性，目的就是以丧葬巩固和维系封建社会的统治秩序，表明贵贱尊卑的差别。

明代的梅瓶具有作为盛酒器的主要功用和作为陈设器的观赏作用，除了传世品，很多都是出土器物。这是梅瓶作为随葬品的功用在社会发展中变化的结果，表明它作为一种贵重的陈设品随葬，象征着墓主的特殊身份。

（三）梅瓶与宗教信仰文化

宗教是一种世界性的文化现象，世界上每一个国家的文化、艺术都曾受过宗教的影响。宗教活动离不开艺术，需要借助艺术更好地为宗教宣传，而宗教的传播也促进了艺术的发展，更重要的是从意识与精神上对艺术产生影响。中国是个多宗教的国家，主要有道教、佛教、伊斯兰教、天主教和基督教，而影响最广泛、最深刻的则是佛教和道教。佛教从两汉之际传入中国后，有一个自我调节与改造，并逐渐汉化、世俗化的过程，也是佛、道互相渗透、融合的过程。通常所说的"道"，主要指先秦时代以老子、庄子为主要代表人物的哲学思想流派，是传统艺术精神的起源。佛学在中国的地位逐步得到巩固后，禅的渗透与催促，终于使道的精神和禅的意念合二为一，形成了以"神韵"为其主要表现形式的中国传统艺术精神。把平淡自然看做艺术的最高境界，体现了中国人"天人合一"的审美观念。从绘画到园艺，从文学到戏剧，中国人的审美观念，始终在追求着与自然的融合。

图十一　明万历青花"仕女教子"图梅瓶

宋代梅瓶无论造型还是装饰上所追求的飘逸、平淡、清逸的神韵之美，实际上是崇尚自然的精神在具体形态上的物化。以神韵为根本特征，将形态、色彩、纹理均调和得恰如其分，达到了科学技术与工艺美术的高度融合。元明清时期的梅瓶逐渐变为以绘画为主要装饰手法，题材内容多为花卉、祥麟瑞兽、人物仕女、草虫小景等，更注重突出"自我"的追求与心境。如明万历青花"高士弈乐"图梅瓶，明万历青花"仕女教子"图梅瓶（**图十一**），描绘的主题图案反映了人们的生活场景，它不再是一种虚境，而是融化在生活场景中美的展示。

四、宋代梅瓶珍珠地划花工艺

（一）珍珠地划花瓷器的装饰技法和装饰形式

珍珠地划花是一种宋代流行的瓷器装饰工艺，相关的工艺技法主要为划花、刻花、剔花、印花等。其装饰形式主要是对联珠纹、地纹、开光、化妆土等的借鉴和利用，珍珠地划花瓷器实际上体现出的是一种整合化的装饰工艺和装饰形式。

装饰技法：

划花是最为常见的瓷器装饰技法，划花一词最早见于宋人笔记，划写作"劃"。[11]用竹、骨、铁质的针状或者签状工具在尚未干透的胎体上画出花纹，纹饰呈阴文线条状，新石器时代陶器上已颇为常见。浙江余姚河姆渡文化（距今约7000年）陶器上的划花，大量的植物纹和由它变化而来的各种图案，以及动物纹、鱼藻纹等已经相当成熟。越窑、定窑等瓷窑的划花，线条流利、技法娴熟，有的还在划花纹样间隙部位用篦状工具画线，此种技法常与刻花技法结合使用。

刻花是用竹、骨、铁质的平口或者斜口刀状工具在已干或者半干的胎体上刻出纹样，纹样有凹有凸，其特点是着力较大，线条较划花深而宽，纹样有层次。刻花在宋代瓷器装饰中极为普遍，耀州窑、定窑、磁州窑、景德镇窑等刻花技法应用较多，以北方耀州窑刻花器物最为著名。刻花一般常与划花技法结合使用，故亦常称作刻、划花。(图十二)

剔花也是瓷器装饰技法之一。有留花剔地和留地剔花两种，前者在胎体上敷一层化妆土，然后画出纹样，再剔去纹样以外的空间，最后施透明釉烧成，纹样凸起，具有浅浮雕的效果，以宋代磁

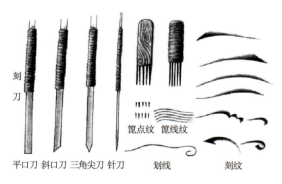

刻刀

平口刀 斜口刀 三角尖刀 针刀 　划线 　刻纹

篦点纹 篦线纹

图十二　刻、划花工具及刻、划线条

州窑系制品为代表。后者在施釉的胎体上剔出露胎的纹样，以吉州窑和磁州窑系的剔花制品为代表。

印花也是瓷器装饰常见技法。传统的印花主要有戳印和模印，后期有转印和网印等技法。主要用刻有装饰纹样的印模，在尚未干透的瓷胎上印出花纹。或者用刻有纹样的模子制坯，使胎上留下花纹。丝网印花，又分釉上丝网印花和釉下丝网印花两种，是将釉料通过花样丝网套印在制品上，层次丰富，立体感强。

装饰形式：

联珠纹，也作连珠纹或联珠圈纹。主要装饰在带状网格纹样的上下两端，或者纹样边缘。联珠纹有多种类型，如环绕状、条带状等具有一定规律性的样式。魏晋南北朝时期出现大量的联珠纹，隋唐时期联珠纹得以发展和兴盛。珍珠地纹受到联珠纹的影响，主要体现在戳印技法和圈纹样式的运用。

地纹是瓷器的装饰技艺之一，一般属于辅助纹样，在主体纹样以外部位的空间布满一种有规律的纹饰，用以衬托主体纹样。地纹有珍珠地、海水地、篦地、锦地、凤尾纹地等。

开光是装饰艺术中比较常见的装饰手法。开光就是用一定的轮廓外形，划分出装饰面，使它成为主要的装饰部位。这种艺术手法的特点是能突出主体和增加层次感。开光在瓷器上构成圆形、椭圆、长方形、菱形、扇面形、三角形、梯形、海棠形等各种形式的边框，在其内部绘制或者刻画纹饰。一般为白地开光，也有色地开光。开光的装饰手法在珍珠地划花瓷枕上应用比较广泛，部分珍珠地划花瓷器上也采用器型的轮廓开光与圆圈纹相结合的样式。

化妆土也叫陶衣，一般在胎土质量不够细洁的瓷器，胎釉之间涂刷或浸渍上一层含铁量低的白色瓷土，使胎面光滑洁白，称为化妆土。施加化妆土的作用是为了填补坯体上的气孔、凹点和其他瑕疵，以及坯体不够洁白的，上一层化妆土以遮盖胎体的不良呈色，使瓷面美化。瓷器上用化妆土在西晋婺州窑制品上已经开始，隋唐和两宋时期北方许多窑口，因坯料多为深灰或灰褐色，故常采用此种途径以改善瓷器制品的质量。

（二）珍珠地划花瓷器的制作流程

珍珠地划花瓷器的制作大体经过四道工序，分别为：在敷化妆土的胎体上画出主体纹样；用特殊的戳印工具（可能是圆管状的芦苇或者金属管等）在主体纹样外的空间（亦有在纹样内）戳印珍珠细小圆圈；在纹样凹痕内着一层色粉（或不着色粉），再用力蹭擦，然后抹去色粉，使主体纹样和圆圈的凹处蹭满色粉；最后在器表涂抹一层透明薄釉入窑烧成。

珍珠地划花瓷器的划花色彩效果问题，一是在胎体上先剔刻纹饰后上化妆土，然后施釉烧成白瓷剔花器；二是在胎体上先上化妆土，然后剔刻纹饰，最后施釉烧成带有白褐相间纹饰的瓷器。珍珠地划花瓷器所产生的划花色彩效果可能是如剔花一样由于化妆土使用的先后顺序，严格来说是装饰技法不同造成的，也与是否着色粉和是否施化妆土相关。

珍珠地纹在装饰形式上主要有三种类型，分别为器物通体戳印珍珠圈纹（主体纹样），纹样内部填充珍珠圈纹（以辅助纹样的形式填充主体纹样），以及主体纹样的间隙戳印珍珠圈纹（辅助纹样）。其中以辅助纹样的类型居多，通常所说的珍珠地划花瓷器一般属于主体纹样的间隙戳印珍珠圈纹。早期器物上珍珠圈纹的大小不尽相同，大小和排列形式上缺乏规律性。但成熟稳定期的珍珠圈纹往往是大小统一，排列规整的。

（三）珍珠地划花瓷器主要窑口和工艺

珍珠地划花瓷器是指采用珍珠地划花工艺制作的瓷器，宋代流行于河南、河北、山西等诸瓷窑，以河南登封窑制品最具特色。目前，我国发现的具有珍珠地划花工艺的窑口约有十三处。[12]其中以河南为最多，共有九处，其次为山西三处，河北一处。

河南是珍珠地划花瓷器相对集中的地区，在唐代陶瓷业进入繁荣时期。五代的后梁、后唐、后晋、后汉、后周分别建都开封和洛阳，丰富的制瓷资源和地处中原的便利，使河南瓷业进入鼎盛阶段。北宋时河南仍处于政治、经济和文化中心，加之金银器对珍珠地划花瓷器的影响，这些因素使得珍珠地划花瓷器相对集中在中原地区。

密县窑（西关窑和窑沟窑）：1961年由河南省文化局文物工作队在密县（现为新密市）普查登记文物时发现，密县窑烧瓷时间始于唐而终于金。[13]密县窑采用匣钵、碗笼装烧。采用圆饼形、三岔形、环形和乳丁形支烧工具垫烧。唐及五代以白釉瓷为主，黑釉瓷和黄釉瓷次之，青釉瓷最少。器型上有钵、碗、盘、盒、壶、高足杯、豆、盂、枕等，此窑中珍珠地划花瓷器的标本采集到6件。[14]瓷器器型主要有枕、洗、瓶三种，

图十三　密县窑西关珍珠地双凫纹瓷枕

枕主要有腰圆形枕和六角形枕两种，主体纹饰有植物纹和动物纹。划花装饰中以动物图案最具特色，而以花卉图案居多。动物纹主要有鹦鹉、鹌鹑、鱼鹰、卧鹿和卧羊等。（图十三）花卉图案中以折枝牡丹、折枝菊花为主，花朵一般较大，且刻划简练，瓷枕的枕面主要装饰划花纹样，器物的边缘和枕墙纹饰则多为划花、刻花及剔花并存，纹饰主要有卷云纹、卷枝纹、葵花纹以及倒人字纹和弦纹等。珍珠地的圈纹大多数小而密集，排列不整齐，常有出格现象，有的甚至只印半圆，晚期器物圈纹大而规整。从密县西关窑珍珠地划花工艺的总体面貌来看，釉质不太光润，颜色也往往不易被掌握，常有发黑的现象。

登封曲河窑：烧制时间始于唐而终于元，采用匣钵、碗笼装烧，采用圆形和环形支烧工具垫烧。其中，圆形碗垫上有手捏三个乳丁状的凸起，排列成等边三角形，烧制白釉、黑釉、绿釉和三彩瓷器等。器型有钵、碗、盘、盒、壶、罐、高足杯、碟、豆、盂、枕、瓶等，柳斗纹为颇具特色的瓷器装饰。此窑中曾采集到珍珠地划花瓷器的标本110件[15]，（图十四、图十五）器型有瓶、罐、洗、枕、碗五种，有植物纹、动物纹、人物纹，其中以花卉和人物居多。花卉主要是牡丹花和菊花，动物纹饰主要是虎纹，人物主要是成人和婴孩等形象。珍珠地色彩有红褐色、黑褐色和黑色。

新安城关窑：烧制时间始于宋而终于元，采用匣钵装烧，用圆形和不规则支钉等支烧工具垫烧。制瓷品种主要是汝瓷、影青瓷、黑釉瓷、钧瓷、磁州窑系瓷器等，器型有碗、盘、罐、瓶等。此窑中采集到珍珠地划花瓷器的标本6件，器型上有瓶、罐、盆、枕四种[16]，主要有植物纹和书法字体纹饰，动物纹饰

图十四 登封窑珍珠地虎纹梅瓶　　图十五 登封窑珍珠地划花牡丹纹瓷枕

图十六 新安窑珍珠地缠枝花卉纹瓷枕

图十七 北宋鲁山段店窑珍珠地划花"福寿"铭梅瓶

较少见，有的枕底面刻有制作工匠名字。珍珠地圈纹早期小而密集，排列不整齐，有出格现象，晚期器物圈纹大而规整，珍珠地色彩有赭红色、黑褐色两种。[17]（图十六）

鲁山段店窑：鲁山窑址在今河南鲁山县段店村，创烧于唐代而终于元代，1950年陈万里先生首次调查发现。该窑采用匣钵装烧和支烧技法，主要有黑釉、花釉、黄釉、白釉、白地黑花、珍珠地划花、宋三彩、刻花或印花青瓷和钧釉瓷等，有罐、瓶、盘、碗、盒等。珍珠地划花瓷器的残片很多，基本完整器型有4件，为梅瓶和枕，有植物纹、动物纹和书法字体纹饰，珍珠地的圈纹小而密集，色彩为赭红色和黑褐色。（图十七）

宝丰清凉寺窑：烧制时间始于北宋而终于元，河南省文物考古研究所从1987年到2001年进行过多次发掘（分别是1987年、1988年、1989年、1998年、1999年、2000年、2001年）。采用筒状、漏斗状和平底盂状匣钵装烧，用圆形、环形垫烧工具和三足、五足支钉架支烧，烧制白釉、黑釉和绿彩瓷器等。有钵、碗、盘、盒、盆、壶、罐、碟、盂、枕、瓶、盏托等，类似麦粒状纹饰为最具特色的装饰。采集到珍珠地划花瓷器标本2件，为盆和枕，有动物纹和书法字体纹饰，圈纹大而规整，枕墙一般饰刻花和剔花。

锦屏山宜阳窑：宋代是宜阳窑的繁荣兴盛阶段，具体起止年代有待进一步考证。采用匣钵和碗笼装烧，用圆形、环形垫烧工具和似菱角状等支垫支烧。釉色以青釉为主，白釉次之，黑釉和黄釉较少，有尊、碗、盘、盆、注子、枕、瓶、盏托等。以花卉为主，水波纹、鱼藻纹次之。制作方法以印花为主，刻花、划花次之，画花较少，刻、划兼作和划、剔地兼作的更为少见。[18]珍珠地划花瓷器标本3件，多为枕，装饰植物纹，圈纹小而密集，排列不整齐，珍珠地的色彩主要是褐色。

修武当阳峪窑：烧制时间始于晚唐五代而终于元，遗址上尚存有北宋崇宁四年（1105年）雕刻的《怀州修武县当阳村土山德应侯百灵庙记》碑刻一通，记载："世利瓷器，埏埴者百余家，资养者万余口。"[19]可见当时规模之大。该窑采用煤烧制瓷器，有白釉瓷、黑釉瓷和绞胎瓷等14类，以及碗、盘、盏、盂、盆、罐、盒等22种。装饰技法上采用划花、印花、贴花、刻花等10种技法，有几何纹、植物纹、动物纹、人物纹、诗词字画纹、山水纹等6种样式。故宫博物院在1952年和1962年对此窑的两次实地调查中获取部分珍珠地划花瓷器的残片，在其他有关当阳峪窑研究资料中也只是提到珍珠地划花瓷器，未能见到出土的实物图片。

图十八　巩县窑珍珠地胡人舞蹈纹扁壶

巩县黄冶窑：烧制时间盛于唐宋而终于元，采用匣钵装烧，用扁圆形、长方形和三角形等支烧工具垫烧。[20]有白釉瓷、黑釉瓷和三彩瓷等，有碗、盘、盏、盂、盆、注子、罐、盒等器型，其中盘胎厚重，内施白釉，外施黑釉，口缘露胎。纹饰题材比较丰富，形式多样，装饰技法上主要采用印花和划花并与色釉相结合的技法。收集到该窑珍珠地器物2件，一件是珍珠地胡人舞蹈纹扁壶，另一件为珍珠地划花黄釉鸭，珍珠圈纹较大，排列不整齐，偶有叠压，珍珠地的色彩主要是褐色。（图十八）

鹤壁集窑：烧制时间始于唐而终于元，约有30处窑址，数目之多、规模之大与当地丰厚的瓷土资源有关。采用匣钵装烧，用圆形、六角形和管状窑柱等支烧工具垫烧。主要有白釉瓷、黄釉瓷和黑釉瓷（又称天目瓷）等，为盆、盘、盂、豆、碗、注子、罐、枕等器型。题诗刻字的书法字体纹饰和植物纹饰较多，装饰技法多采用堆花、划花、刻花、印花、绘花等。

除了河南的窑口，可能烧造珍珠地刻划花瓷器的其他窑口有河北的观台磁州窑，山西的交城窑、介休窑、河津窑。这些窑口有相关文献资料记载，但未发现过实物标本，是否真正烧造过珍珠地划花瓷器尚不能确定。

宋代是我国制瓷业兴盛发达的历史时期，为了满足人们的生活需要，各地烧制出了丰富多彩的瓷器，其中流行于北宋时期的珍珠地划花瓷器，更是一枝独秀，满足了人们的物质和精神需求。宋代梅瓶的刻划花装饰，承袭了五代时期划花和雕花的技艺，融合了划花流畅生动与雕花浅浮雕的立体装饰效果，并得以发扬光大，成为最具魅力和代表性的装饰手法之一，具有承前启后的历史意义。娴熟的装饰技法搭配梅瓶这一特殊器物的型制，相得益彰，在增添艺术美感的同时，更彰显了强烈的艺术感染力。宋代梅瓶的刻、划花装饰，是人们生产生活和审美的需要，也是器物本身装饰艺术发展的需要，这一装饰特征的形成，体现了这一时期文化和艺术所达到的非凡水平。

注释：

[1] 唐金裕.西安西郊隋李静训墓发掘简报[J].考古，1959（9）．

[2] 孙机.唐李寿石椁线刻《仕女图》《乐舞图》散记[J].文物，1996（5）．

[3] [7] 杜文.浅谈梅瓶的源流与演变[J].收藏界，2003（2）．

[4] [5] 邹玉雪.中国古代梅瓶造型与装饰研究[D].湖南大学，2010．

[6] 石红.我国古代梅瓶初探[J].文物世界，2006（5）．

[8] 漳县文化馆.甘肃漳县元代汪世显家族墓简报[J].文物，1982（02）．

[9] 江西省高安县博物馆.江西省高安县发现元青花、釉里红瓷器窖藏[J].文物，1982（04）．

[10] 项春松.内蒙昭盟赤峰三眼井元代壁画墓[J].文物，1982（1）．

[11] 中国硅酸盐学会.中国陶瓷史[M].北京：文物出版社，1982：190．

[12] [17] 周军，刘彦锋.珍珠地划花工艺浅析[J].考古，1995（6）．

[13] 河南省文化局文物工作队.河南省密县、登封唐宋窑址调查简报[J].文物，1964（2）．

[14] [15] 冯先铭.河南密县、登封唐宋古窑址调查[J].文物，1964（3）．

[16] 文物编辑委员会.中国古代窑址调查发掘报告集[M].北京：文物出版社，1984：107．

[18] 文物编辑委员会.中国古代窑址调查发掘报告集[M].北京：文物出版社，1984：318．

[19] 陈万里.谈当阳峪窑[J].文物参考资料，1954（4）．

[20] 冯先铭.河南巩县古窑址调查纪要[J].文物，1959（3）．

李书谦

"长安脾地寄寄老人"款
澄泥黑陶器

元至元二十九年（1292年）

这组器物均为澄泥黑陶，共5件（套），由1件熏炉、1件香炉、2件钫、1件（套）牌位组成。有戳印楷书款"寄寄老人""长安脾地寄寄老人"，以及阴刻行楷"至元二十九年造"。熏炉仅存炉身，口长13.5厘米，宽13.1厘米，通高11.4厘米。香炉口长28.5厘米，宽12.8厘米，通高16.8厘米。两个陶钫分别为：口长13.9厘米，宽13.9厘米，通高30.9厘米；口长14厘米，宽13.5厘米，通高31.5厘米。牌位底座通长27.2厘米，通宽18.3厘米，通高41.7厘米。（图一）

1996年三门峡市渑池县七零七储备库家属楼工地13号墓出土

三门峡市博物馆　藏

图一 "长安脾地寄寄老人"款澄泥黑陶器

在三门峡市博物馆基本陈列《崤函古韵——三门峡古代文明展》第六部分"陕虢遗风"之第二单元"金元民风"展线上，陈列着一组五件（套）元代"长安脾地寄寄老人"款澄泥黑陶器，其古朴的造型，精湛的工艺，厚重的色泽，脱俗的款识，无不格外引人注目，让人驻足深思，情不自禁地对制陶艺人产生好奇感。寄寄老人何许人也？

一、一次不期而遇的考古发现

三门峡市东58千米处的渑池县，是崤函古道北崤道的重要节点，也是闻名遐迩的人类远祖起源地、举世闻名的仰韶文化发现地和命名地。它北濒黄河，与山西省的垣曲、夏县、平陆隔河相望，南连熊耳山脉，与洛宁、宜阳接壤，东与义马市和新安县为邻，西界陕州区。这里人杰地灵，物产丰富，历史人文资源丰厚，重要考古发现不断涌现。

1996年8月14日，渑池县文物部门工作人员在县城区会盟路北七零七储备库家属楼工地发现了一批墓葬，其中13号墓出土了一组五件（套）元代至元二十九年（1292年）"寄寄老人""长安脾地寄寄老人"款澄泥黑陶器。据参与考古发掘的人员讲，由于当时受到自然条件制约，该墓葬的墓道未能发掘，只清理了墓室部分。2000年8月16日，这组五件（套）澄泥黑陶器入藏三门峡市博物馆。此类陶器发现较少，有明确纪年的目前还没有见到过报道，因此，这批资料弥足珍贵，对研究寄寄老人的活动区域和制作技艺的发展历程提供了十分重要的新的补充材料。现就有关问题提出自己的一些认识和看法，与大家进行探讨和交流。

这组器物由1件熏炉、1件香炉、2件钫、1件（套）牌位组成。均为澄泥黑陶，质地坚硬，叩之有声，造型古朴，制作精美，有高古之风韵。熏炉仅存炉身，口近方形，长13.5厘米，宽13.1厘米，通高11.4厘米。平沿，深腹内收，方座，后壁近沿处有一圆孔。身地饰回纹，其上为卷云纹。底部戳印楷书阴文"长安脾地寄寄老人"。（**图二**）另一炉口为长方形，长28.5厘米，宽12.8

图二　陶熏炉　　　　　　　　　图三　陶香炉

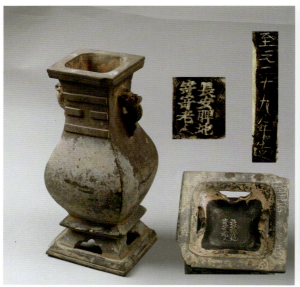

图四　陶钫　　　图五　陶钫　　　　　　　　　　图六　陶牌位

厘米，通高16.8厘米。平沿，附耳，深腹内收，长方形座。身地饰回纹，其上为兽面纹。底部戳印楷书阴文"寄寄老人"。（图三）左边陶钫为方口，平沿，束颈，颈附双龙耳，鼓腹，方座。口长13.9厘米，宽13.9厘米，通高30.9厘米。颈部正面饰"☱"（兑）卦，背面饰"☳"（震）卦。底部戳印楷书阴文"长安脾地寄寄老人"。（图四）右边陶钫近方口，平沿，束颈，颈附双龙耳，鼓腹，方座。方座的两个角残缺。口长14厘米，宽13.5厘米，通高31.5厘米。颈部正面饰"☲"（离）卦，背面饰"☵"（坎）卦。底部戳印楷书阴文"长安脾地寄寄老人"，底座一侧沿阴刻行楷书体"至元二十九年造"。（图五）牌位由半圆额牌身、赑屃趺座及抹角长方形底板组合而成，赑屃昂首俯卧于抹角长方形底板之上，牌身自赑屃背中部插于腹中，套合衔接牢固。底座通长27.2厘米，通宽18.3厘米，牌位通高41.7厘米。牌位上的朱书文字已脱落不可辨识，底座戳印楷书阴文"寄寄老人"。（图六）

器物款识内容有三种，分别为"寄寄老人""长安脾地寄寄老人"，以及纪年"至元二十九年造"。前两种为戳印楷书款，书体较为规范；后者则是阴刻手书行楷，书体较为随意，但平淡而不俗，很可能是寄寄老人所书。仅从款识反映出的信息涵盖量就非常大，脉络也十分明晰，制作人为大名鼎鼎的制陶大家"寄寄老人"。当时寄寄老人已在长安居住，这些器皿的制作时间是"至元二十九年"，即1292年，距出土时间已达704年之久。

应该说"至元"这个年号在首次由少数民族建立的大一统王朝历史上，尚处于社会刚刚趋于稳定的非常发展时期，蒙元文化和汉文化的融合还停留在初期阶段。1264年，忽必烈下诏改中统五年为至元元年，至1294年共使用长达31年，忽必烈也因此被誉为"至元大帝"。1271年，忽必烈取《易经》"大哉乾元"之意改国号为"大元"，次年改中都为大都（今北京）。1279年（至元十六年），元军在厓山海战消灭南宋王朝，结束了长期的社会动荡局面。在这样的历史背景下，根植于中国古代汉族社会各阶层的周易八卦，一般民众将其作为养生、预测祸福、经商营利和精神寄托的工具。《周易·系辞上》记载："是故《易》有太极，是生两仪。两仪生四象，四象生八卦，八卦定吉凶，吉凶生大业。是故法象莫大乎天地，变通莫大乎四时，县象著明莫大乎日月，崇高莫大乎富贵。"[1]古人以阴、阳符号为"爻"，每三爻叠成一卦，出现了"八卦"。八卦之名源于古人对自然现象的认识，即天、地、水、火、雷、风、山、泽，这些跟人类的生产生活密不可分，后来逐渐演变为"乾（☰）、坤（☷）、震（☳）、巽（☴）、坎（☵）、离（☲）、艮（☶）、兑（☱）"，并用"—"与"--"两种符合分别代表"阳"和"阴"，将这两种符号按照大自然的阴阳变化平行组合成八种不同形式，来推演世界空间时间各类事物的相互关系，甚至涉及社会领域的不同方面，具体象意可谓包罗万象。

这组五件套寄寄翁澄泥陶器显然是祭器，而祭祀是中国传统礼仪中的一种信仰活动，源于天地和谐共生的信仰理念。现代人类学、考古学的研究成果表明，人类最原始的信仰是天地信仰和祖先信仰，由此产生了各种崇拜祭祀活动。《左传·成公十三年》："国之大事，在祀与戎。"《史记·礼书》记载：

"上事天，下事地，尊先祖而隆君师，是礼之三本也。"在儒家思想中，"礼"十分重要，而"祭礼"则是重中之重的要事。古代民间祭祀对象分为"天神、地祇、人鬼"，一旦发生难以解释的天象，或者是重大节日的时候，古人就会进行大型祭祀。《礼记·曲礼下》："天子祭天地，祭四方，祭山川，祭五祀，岁遍。诸侯方祀，祭山川，祭五祀，岁遍。大夫祭五祀，岁遍。士祭其先。凡祭，有其废之莫敢举也，有其举之莫敢废也。"

两件陶钫颈部装饰的四种八卦符号，分别为兑（☱）、震（☳）和离（☲）、坎（☵）。现据《周易》[2]对其简单了解。

《兑》：亨，利贞。《彖》曰：兑，说也。刚中而柔外，说以利贞，是以顺乎天而应乎人。说以先民，民忘其劳；说以犯难，民忘其死。说之大，民劝矣哉！《象》曰：丽泽，兑。君子以朋友讲习。

意思为：《兑》卦象征着愉悦、亨通，有利于守持正道。《彖》说"兑"，就是指愉悦。就像一个人内怀阳刚之正气，待人接物则谦虚柔和，愉悦而有利于守持正道，因此也就能上顺承于天，下顺应于民众。……《象传》说：两泽相连，象征着愉悦。君子因为能够与朋友讲论道理，研习学业而感到愉快。

《震》：亨。震来虩虩，笑言哑哑。震惊百里，不丧匕鬯。《彖》曰：震，亨。"震来虩虩"，恐致福也；"笑言哑哑"，后有则也；"震惊百里"，惊远而惧迩也；"不丧匕鬯"，出可以守宗庙社稷，以为祭主也。

《象》曰：洊雷，震。君子以恐惧修省。

意思为：《震》卦象征着震动：雷声的震动可以使得万物亨通。震雷会使有些人恐惧发抖，同时也能使人因恐惧而强化修身后无畏无惧地又说又笑，雷声的威力能震惊方圆百里，不断的宗庙祭祀使社稷安稳。……《象传》说：雷声接着雷声，这就是雷声震动的样子。君子因此而恐惧天威，修身以德，反省过失。

《离》：利贞，亨。畜牝牛吉。《彖》曰：离，丽也。日月丽乎天，百谷草木丽乎土。重明以丽乎正，乃化成天下。柔丽乎中正，故"亨"，是以"畜牝牛吉"也。《象》曰：明两作，离。大人以继明照于四方。

意思为：《离》卦象征着附着于光明，有利于做大事，亨通。蓄养母牛可获得吉祥。《彖传》说，《离》象征着附着。日月附着于天空，百谷和草木附着于土地，……《象传》说：光明接连不断地升起，象征着"附着"。大人仿效光明所具有的品德，以连续不断地光辉照耀天下四方。

习坎：有孚维心，亨。行有尚。《彖》曰："习坎"，重险也。水流而不盈。行险而不失其信。"维心，亨"，乃以刚中也。"行有尚"，往有功也。

天险不可升也；地险山川丘陵也。王公设险以守其国，险之时用大矣哉！

意思为：《坎》卦象征着重重陷阱和险阻，若以诚信之德维系心灵，也能亨通。勇敢前行会得到人们的赞赏和崇尚。《象传》说："坎水相重"，意味着有重重的险阻。

《周易·说卦》第五章："帝出乎震，齐乎巽，相见乎离，致役乎坤，说言乎兑，战乎乾，劳乎坎，成言乎艮。万物出乎震，震，东方也。……离也者，明也，万物皆相见，南方之卦也，圣人南面而听天下，向明而治，盖取诸此也。……兑，正秋也，万物之所说也，故曰'说言乎兑'。战乎乾，乾，西北之卦也，言阴阳相薄也。坎者水也，正北方之卦也，劳卦也，万物之所归也，故曰劳乎坎。"[3]由此可知，从地理方位上说，震（☳）代表东方，离（☲）代表南方，兑（☱）代表西方，坎（☵）代表北方。以发展的观点，使八卦的卦象与事物发展的不同阶段相联系。同时，又从八卦所对应的方位与时节来说明事物发展的状态和原因。

"'寄寄老人'陶器书有道家卦书的现象，这与当时的社会背景分不开。宋代时，皇帝推崇道家，重视祭祀，并修建太一宫，编撰《太一经》以加强统治。至金时，全真道开始在北方地区发展起来，影响很大。金末之时，全真道士丘处机应成吉思汗的征召前往西域，受到蒙古大汗的尊崇，全真道一时大盛。在这样的社会背景下，寄寄老人的作品书写卦文符合当时的时代潮流。"[4]因此，我们也就不难理解出现把卦符作为器物装饰的现象。

二、极富传奇色彩的寄寄老人

关于寄寄老人的生平，宋新潮先生在《"寄寄老人"考》[5]一文中作了详尽考证，认为寄寄老人为陈姓，可能是杭州人，"寄寄老人"为其号，金末元初时主要生活在长安和晋南地区，是当时非常著名的一位制陶大师，尤其擅长砚瓦制作，故又有"研师"之称。其作品工艺精良，古朴厚重典雅，深得文人儒士喜爱，并与一些文人结为挚友。譬如金元时期绛州稷山（今山西稷山）文学家段克己、段成己两兄弟，元代卫州路汲县（今河南卫辉市）著名学者、诗人和政治家王恽等都与寄寄老人交往甚密，从其传世的文学作品中可以窥见一斑。而述及的三位在历史上都是鼎鼎大名之人，其作毋容置疑。现对其人并涉及寄寄老人的相关记载简述一二。

段克己（1196—1254），字复之，号遁庵，别号菊庄。绛州稷山（今山西稷山）人，与胞弟段成己并负才名，被当时的大诗人赵秉文誉为"二妙"。金哀宗时中进士，无意仕途，过着闲居恬静生活。金亡后隐居龙门山中（今山西河津一带），遨游山水之间，以交友赋诗自乐，为河汾诗派代表，作品骨力坚劲，意致苍凉。在继承文学传统方面，受苏东坡、辛弃疾的影响比较明显，著有《遁斋乐府》。其弟段成己（1199—1282），字诚之，号菊轩，也以文章擅名。金正大年间中进士，授宜阳主簿。金亡后与兄克己入龙门山中避乱。元世祖忽必烈惜其才，征召他为平阳府儒学提举，但其谢绝入仕而专心读书。后段克己仙逝，他从龙门山迁徙到晋宁的北郊居住，终日以书为伴。后人整理编写他们的合集时，称为《二妙集》。清代乾隆时期编修《钦定四库全书》时，将《二妙集》收录为集部八。其卷一有《赠研师寄寄翁》一文：

> 有客杭城客，不知何人斯，自云来西秦，著脚汾之湄。放浪三十年，野鹿不受羁（同羁），是身寄虚空，歘若驹隙驰。窜名书研间，聊寄吾寄为。游戏出三昧，我岂甄陶师。心成应之手，觚撱（椭）各异宜。万象且胚浑，一一非人私。妙凝天地中，不瓯亦不坏。探怀出苍璧，炯炯光陆离。摩挲湛秋水，随手生寒漪。虽凿混沌窍，太璞犹未漓。回首铜雀瓦，千载垢有遗。

坐令吕与张，羞受牛后嗤。便当什袭藏，奚必古见奇。待价不求售，特易诗人诗。卷余两牛腰，得之犹恐迟。归来饭甑空，一字不救饥。咀嚼诳枯肠，似高还似痴。高财与蜡屐，优劣孰等夷。不如且置之，安事屡解颐。翁闻为一笑，此事非所知。苟可适吾欲，君诗不当辞。

王恽（1227—1304），字仲谋，号秋涧。卫州路汲县（今河南卫辉市）人。元世祖中统元年（1260年），王恽得到姚枢的推荐，被擢升为中书省详定官，为元世祖时期的重要文臣。多次升迁，一生仕宦，政绩卓然。大德五年（1301年），致仕归乡。享年七十八岁，谥文定。其文学造诣极高，诗文清丽雅正，平易通达，书法遒婉，在当时文坛独树一帜，著有《秋涧先生全集》。后被《钦定四库全书》收录为集部五，名曰《秋涧集》，共计一百卷。卷七十一有《题寄寄老人陈氏诗卷》：

> 昔帝舜陶于河滨，器不苦窳，而陶之为器最近古而适用广。长安寄寄翁得适用近古之法，削为鼎研诸器，坚润精致，粹然含金玉之质，诚可方驾保张，远绍泽之吕道人矣。

从段氏《赠研师寄寄翁》和王恽《题寄寄老人陈氏诗卷》中，可以得到关于寄寄老人的大量信息。"自云来西秦，著脚汾之湄"，很可能是段氏见到寄寄老人时，他自称来自西方的秦国故地，又到汾水之滨（今山西临汾一带）落足，过着逍遥自在的日子。"游戏出三昧，我岂甄陶师"，寄寄翁至少是一位极度崇尚道教的制陶师，他能心神气定，排除一切杂念，以忘我的精神状态烧制每一件瓦器。其技艺之高超，足以让吕道人等制砚名家自愧不如。"待价不求售，特易诗人诗"，就不难理解他为什么能跟当时的文人墨客结下如此深厚情谊。"长安寄寄翁得适用近古之法，削为鼎研诸器，坚润精致"，进一步印证了寄寄翁来自秦国故地的长安，善于仿制钟鼎彝器和砚瓦等。"诚可方驾保张，远绍泽之吕道人矣"，进而赞誉其砚瓦可与当时的保州老张制砚相媲美，并袭承了前人泽州吕道人砚瓦的精华。

保州又名金台郡，即今河北保定市。《太平寰宇记》卷六十七之"易县"载："金台在县东南三十里。燕昭王所造，置金于上，以招贤士。"保州为宋金时期澄泥砚的重要产地之一，还有罕见的绞胎澄泥砚。目前发现的澄泥砚款识，有"保州老张""老张""金台老张""金台郡""金台李家造澄泥砚""遂城张家澄泥砚记"等（图七），其中以"保州老张"砚瓦最为著名。保州澄泥砚技法还影响到河北的其他地区，如天津市艺术博物馆藏"滹阳刘万功夫法"砚，资料称出自河北省邢台市巨鹿县。上海博物馆藏邢州产澄泥砚，铭"邢州平乡县王固村，王功靖自造砚子，绍圣五年三月日（花押）"。砚侧有："伏庐行箧之砚"朱砂题收藏款。

宋金石家洪适《次韵得保州老张瓦研》："毛颖传既成，陶泓名不朽。陈楮接武来，论交篇籍圃。千年铜雀台，瓦解沦坤厚……穷边得佳研，可出老吕右。瓦缶莫雷鸣，龙尾羞牛后。"洪适与欧阳修、赵明诚为宋代金石三大家，当他偶得保州老张瓦砚时，也不免流露出喜悦之态，称赞保州老张澄泥砚可以超出吕道人澄泥砚，即使闻名遐迩的龙尾砚也显得逊色，足见其地位之高。

宋代周麟之《金台砚》："金台砚，旧日老张闻宇县。金华仙伯一品题，名高万石罗文传……自言所献非荆璞，仅比澄泥与铜雀。雅称挥毫白玉堂，夜扫黄麻追灏噩。人皆谓彼勤且诚，盍探露团分宝馨。归家请办千斛墨，异时拟勒燕山铭。"此诗也对保州制砚名匠老张赞赏有加。

关于泽州吕道人制作的澄泥砚瓦则更是受历代文人雅士追捧，甚至被传为佳话。《苏轼文集》之《书吕道人砚》："泽州吕道人沉泥砚，多作投壶样。其首有吕字，非刻非画，坚致可以试金。道人已死，砚渐难得。元丰五年三月七日，偶至沙湖黄氏家，见一枚，黄氏初不知贵，乃取而有之"。[6]东坡先生详尽描述了吕道人沉泥砚（澄泥砚）的质地、式样、工艺、款识等，以及其稀缺性和机缘巧合"偶至沙湖（今湖北黄冈东南三十里）黄氏家"低价购得一方吕道人沉泥砚，一时欣喜如狂，乘兴小酌几杯，不料归途中遇到了大雨却浑然不觉，遂写出了千古名词《定风波》："三月七日，沙湖道中遇雨。雨具先去，同行皆狼狈，余独不觉，已而遂晴，故作此词。莫听穿林打叶声，何妨吟啸且徐行。竹杖芒鞋轻胜马，谁怕？一蓑烟雨任平生。料峭春风吹酒醒，微冷，山头斜照却相迎。回首向来萧瑟处，归去，也无风雨也无晴。"把得意之

图七 "保州老张"款砚

图七 "金台李家造澄泥砚"

图七 "金台郡"款砚

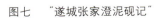

图七 "遂城张家澄泥砚记"

状描写得淋漓尽致。

米芾《砚史·吕砚》记载："泽州有吕道人陶砚，以别色泥于其首纯作吕字，内外透。后人效之，有缝不透也。其理坚重与凡石等，以历青火油之，坚响渗入三分许，磨墨不乏，其理与方城石等。"

何薳《春渚纪闻》卷九《记研》之"吕老锻砚"记载："高平吕老造墨常山，遇异人传烧金诀，煅出视之，瓦砾也。有教之为研者，研成，坚润宜墨，光溢如漆，每研首必有一白书吕字为志。吕老既死，法不授子，而汤阴人盗其名而为之甚众。持至京师，每研不满百钱之直。至吕老所遗，好奇之士有以十万钱购一研不可得者。研出于陶，而以金铁物划之不入为真。余兄子硕所获而作玉壶样者，尤为奇物。余尝为之铭曰：真仙戏幻，煅瓦成金。老吕受之，铸金作瓦。置之篱壁，以睨其璞。顾彼瓴甓，为有惭德。范而为研，以极其妙。则金瓦几于同价。"大意为：高平有一位吕姓道士，曾在常山学习制墨技艺，曾得到高人传授的秘方，烧制成了极品的澄泥砚瓦，每一方砚瓦首部都有"吕"字作为标识。后来吕道人的技艺没有传下来，存世的吕砚量少价高，后世很多地方冒用吕砚的名头谋取暴利。如"吕"砚、"吕道人"、"泽州吕砚"、"泽州吕家自造丹粉细砚"款。（图八）

从苏轼、米芾、何薳记述的吕道人，到洪适、周麟之论及的保州老张，其制砚技法各有千秋，但都受时人推崇，无疑是文人追求的案头标配之物。这也进一步印证了段氏和王恽赞誉的寄寄翁陶艺之高超，砚瓦之超凡脱俗，世人难以企及的艺术境界，可惜目前的资料还没有发现砚瓦存世品。

三、寄寄老人的惊世之作

根据目前所掌握的相关资料，能确认与寄寄老人有关的澄泥器先后在山西临汾、陕西西安、河南三门峡、内蒙古阴山等地发现，现将基本情况作概要介绍。

（一）山西临汾市博物馆"寄寄老人"款陶器。该馆基本陈列《表里山

图八 "吕"砚　　　　　　　　　图八 〝泽州吕家自造丹粉细砚〞　　　　图八 〝泽州吕砚〞

河——临汾博物馆历史陈列》第四部分《千秋平阳》展线上，特意开辟了一
个《"寄寄老人"陶器》专柜，展示出32件（套）藏品。**（图九）** 分上下三层陈
列，最上层9件，中间1件尊，左右两侧各有4件陶豆。第二层8件，左侧4件陶
彝，右侧4件为陶簋。最下边一层15件（套），有钫、炉、爵、执壶、杯、臼、瓶
等。陶尊的制作工艺精湛，器型较大；其余器型较小，制作工艺较为古拙，装
饰比较简单。据馆内工作人员介绍，该馆藏该类器物有100多件，多为配合临汾
市尧都区一带城市建设过程中考古发掘出土，目前正在进行整理中。从临汾市
第一次可移动文物普查登录藏品选编《临汾文物藏珍》（上册）[7]中，能够了解
到其中一些藏品简单的信息。

　　1.三象纹"寄寄老人"款灰陶炉。登记号：536-1。高11厘米，口径13.5厘
米，底径8厘米。重0.61千克。三级文物。临汾市博物馆藏。**（图十）**

　　2.双附耳三象足"寄寄老人"款灰陶鼎。登记号：537-2。高13.8厘米，
口径14.5厘米，宽17.3厘米。重0.74千克。三级文物。临汾市博物馆藏。**（图**

图九 "寄寄老人"陶器

十一）

3.双附耳三象足"寄寄老人"款灰陶器座。登记号：538。高8.3厘米，直径14厘米，宽20.5厘米。重0.65千克。三级文物。临汾市博物馆藏。（图十二）

4.龟形盖龙纹"寄寄老人"款灰陶盒。登记号：542。高17厘米，口径6.5厘米，宽12.5厘米，底径7.5厘米。重1.89千克。三级文物。临汾市博物馆藏。（图十三）

5.双耳三足"寄寄老人"款灰陶鼎。登记号：544。高14.8厘米，口径13.5厘米，宽16.3厘米。重0.83千克。三级文物。临汾市博物馆藏。（图十四）

6.还有一些同时期出土的器物风格与"寄寄老人"款陶器相似，但没有款识。如：（1）元双耳灰陶瓶（一对）。登记号：010169。高18.4厘米，口径5.6

厘米，腹径9.3厘米，底径7.2厘米。重1.15千克。一般文物。临汾市博物馆藏。

（2）元镂空花卉纹灰陶瓶掷筒。登记号：1384。高39厘米，口径29厘米，底径28.8厘米。重6.44千克。一般文物。临汾市博物馆藏。（3）元灰陶臼。登记号：1387。高10.5厘米，口径5厘米，底径25.5厘米。杵长16厘米。重0.39千克。一般文物。临汾市博物馆藏。（4）元四足陶方炉。登记号：A000354。高12厘米，宽13厘米。重0.6千克。一般文物。临汾市尧都区博物馆藏。**（图十五）**

（二）西安博物院"寄寄老人"款陶器。据宋新潮先生文，西安博物院收藏4件楷书"寄寄老人"款陶器，为2003年向社会征集所得。"4件陶器为灰黑色或灰褐色泥质陶，造型规整而典雅，陶质坚硬而细腻，有2件陶豆、1件陶方瓶、1件陶方合。陶豆为高圈足带盖豆（一件陶豆的盖遗失），陶文在柄部。陶方瓶

图十 三象纹"寄寄老人"款灰陶炉

图十四 双耳三足"寄寄老人"款灰陶鼎

为双耳，陶文在底部。陶方合有龟钮盖，陶文在盖内。"[8]

（三）河南三门峡市博物馆藏品。一组五件（套），至元二十九年（1292年）造，戳印楷书阴文"寄寄老人""长安脾地寄寄老人"款澄泥器。

（四）内蒙古阴山波罗板升古城发现"长安脾地寄寄老人"款陶钫。在内蒙古阴山波罗板升古城内城区，当地居民平整土地时出土了许多有价值的文物，其中"有一件造型极为精致的黑色陶壶，器底刻有'长安脾地寄寄老人'字样"[9]。书中没有对该器物作详细描述，但附有图版和底部戳印拓片。（图十六）从图片看该器物称为"陶钫"可能更合适，其为方口，束颈，鼓腹，底承

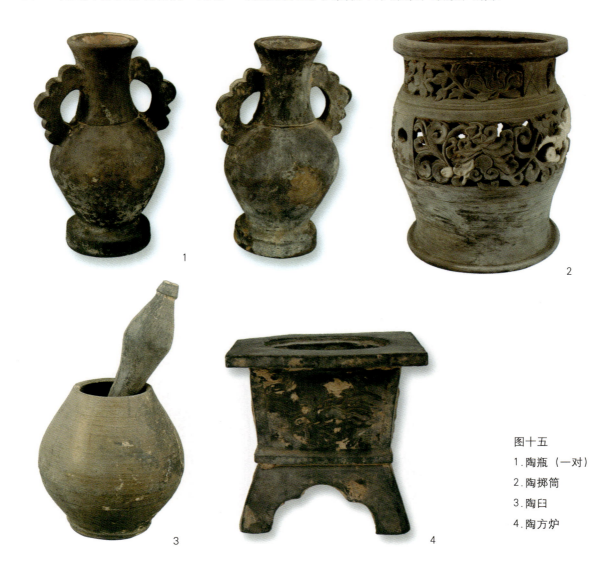

图十五

1.陶瓶（一对）

2.陶擀筒

3.陶臼

4.陶方炉

图十六　陶钫及底款拓本

方座。底部戳印楷书阴文"长安脾地寄寄老人"。保存完整，造型古朴大气，简约中尽显美感。

（五）海南省博物馆藏品。海南省博物馆藏有2件，分别为陶牛尊**（图十七）**和陶象尊**（图十八）**，系2006年6月丹麦警方在哥本哈根查获的物品，后国家文物局拨交海南省博物馆入藏。"在这批文物中编号为512的陶牛尊和编号为509的陶象尊有楷书'寄寄老人'的陶文，从制作风格和陶质等看，这2件文物的年代应为元代。'寄寄老人'是这批文物上仅有的文字，为查找具体的被盗地点提供了难得的线索。"[10]从海南省博物馆官方网站上可以查到该器物的一些信息，分别为：（1）陶牛尊。登记号：HNB03041。通高19.5厘米，长29.4厘米，底19.8厘米×13.8厘米。重2.676千克。一级，拨交。（2）陶象尊。登记号：HNB03040。通高30厘米，长29.8厘米，底20.7厘米×13.7厘米。重3.1千克。一级，拨交。

（六）山西省永乐宫壁画保护研究院藏一件元"寄寄老人"款陶枕。**（图十九）**2021年7月10日，山西博物院展出的《观妙入真——永乐宫保护与传承特展》第二部分《壁上丹青》展示了一件元"寄寄老

图十七　陶牛尊

图十八　陶象尊

人"款陶枕。[11]从图片看，该枕为黑陶质，保存完整。枕面有数个小圆孔，表层出现脱落现象。枕正立面中部镂空宝相花，左右对称浅浮雕二龙戏珠图案。设计巧妙，很可能为使用器。

（七）"寄寄老门人"款澄泥黑陶熏炉。

（图二十）由炉身和狻猊炉盖两部分组成。应为寄寄翁门生的作品。通高18.8厘米，口径6.2厘米，口沿长13厘米、宽12.5厘米。宽平沿，深腹内收，方座。身饰海浪纹等。底部戳印楷书阴文"寄寄老门人"。为民间收藏品。保存完整，质地细腻，火候高，工艺上乘。海浪纹有福如东海、寿与天齐的寓意。

根据以上资料，为了便于统计和研究，将各文中同种类器物的不同称谓暂且统一命名，如把"方瓶""壶"都称为"钫"，把"方合"称为"彝"等。如此一来，这些器物可归纳为熏炉、香炉、钫、牌位、豆、尊、彝、簋、爵、执壶、杯、臼、瓶、枕等14类，均为灰黑色或

图十九　陶枕

图二十　"寄寄老门人"款澄泥黑陶熏炉

灰褐色澄泥陶器，在仿照先秦青铜器造型的基础上，对器型和装饰等方面均有创新，虽思古而不拘泥于古，器型大小不一。制作工艺有的十分精湛，有的则略显粗糙；装饰手法上有的复杂，有的简约。"早在北宋之时，士大夫及皇帝喜欢古器物、复古追风已是一种风潮。西安蓝田吕氏家族墓中葬有吕氏家族多人，其中包括北宋时期关学、金石学的杰出代表人物，号称'吕氏四贤'的吕大忠、吕大钧、吕大防和吕大临。吕氏家族喜好收藏古物，研究古礼，吕大临著有《考古图》十卷，提倡追古仿古。……至金末元初，这种仿古的习惯保留了下来，在寄寄老人的作品中得以体现。"[12]4件器物上为"长安脾地寄寄老人"款，其中一件陶钫上还有确切纪年"至元二十九年造"，其余器物款为"寄寄老人"，仅有一件"寄寄老门人"款。除纪年文字"至元二十九年造"为手书行楷，其他都是戳印楷书，但楷书的书写方法也不尽相同。"长安脾地寄寄老人"款的书写方法至少有2种，"寄寄老人"款的书写方法至少有3种。从制作工艺上看，"长安脾地寄寄老人"款澄泥器制作十分精良，工艺水平高，器型较大。这类器物无论是简约还是繁缛，都透出一股高雅之气，制作技艺已趋于成熟阶段，达到了非常高的艺术水平，推断至少在元代至元二十九年寄寄翁的制陶技艺已臻于巅峰期。"寄寄老人"款陶器大多则略显逊色，器型一般比较小，且工艺简单，很可能是寄寄翁的早期作品。

寄寄老人制作器均为澄泥质地，而澄泥工艺技术至少在秦汉时期就被发明使用。事物的发展都有一个从偶然到必然的过程，澄泥的发现和使用也是这样。在长期的实践中，陶工们发现经过水流反复冲洗澄结的泥料颗粒最细，黏性最强，高温烧成后强度最高，制品更加经久耐用，于是，最早使用天然澄泥烧制砖瓦和其他器物，并逐步掌握了制作澄泥原料的方法。而烧制好的澄泥器质地细腻，似陶非陶，似石非石，硬如磐石，历经暑寒也不易变形和开裂，并且具有耐酸碱盐腐蚀的性能。学术界一般认为最早的澄泥制品是秦汉时期的砖瓦和其他器物，但由于澄泥砖瓦的独特属性，以至于被后人视为制作砚瓦的佳品。民国赵汝珍《古玩指南》第九章《砚》中写道："瓦权作砚也，乃系特别精心制造者。其质坚硬，其音清脆，绝无沙眼，石粒羼入其间，较之澄浆金砖尤为细腻。在唐以前千余年间作书作画全用此砚。"又说："除特制之瓦砚外，并多有秦汉砖瓦者，除瓦砚外石砚之用已由此时肇始。"由此可以推断，秦汉时期的"澄浆金砖""特制之瓦砚"都是用澄泥制作烧制而成的。

北宋苏易简《文房四谱》："魏铜雀台遗址，人多发其古瓦，琢之为砚，甚工，而贮水数日不燥。世传云，昔人制此台，其瓦俾陶人澄泥以绤绤滤过，加胡桃油，方埏埴之，故与众瓦有异焉。"这里所说的铜雀台瓦就是用澄泥法制作，后人用其雕琢的砚深受书家喜爱，故称之为澄泥砚瓦。唐时澄泥砚制作技艺臻于成熟，其质地坚硬耐磨，易于发墨，不损毫，不耗墨，堪与石砚相媲美。时人将澄泥砚、端砚、歙砚、洮河砚并称为我国四大名砚。当时虢州（今河南灵宝）、绛州（今山西绛县）、青州（今山东青州）均产澄泥砚，尤以虢州澄泥砚最为著名，成为难求的砚中上品，还是唐宋时期的贡砚。明清至今，陕州澄泥砚一枝独秀，为澄泥砚的传承、发展和弘扬发挥了重要作用。

澄泥工艺运用比较广泛，如明清时期，工匠们还将澄泥技术用于制作皇宫铺地的"金砖"。2009年搜狐新闻报道《农家发现清朝皇宫"金砖"实为"澄泥砖"》，江西省峡江县文物普查队在当地一居民家中，发现一块嘉庆年间的澄泥砖，呈褐黑色，有光泽。边长57厘米，厚8厘米，重约40千克。为"嘉庆拾柒年成造细料壹尺柒寸见方金砖""江南苏州府知府习振翎照磨熊祖源管造""大四甲王德荣造"。[13]从砖铭记载可以看到其稀有性和珍贵性。

通过以上介绍，人们对澄泥器的发展演变和使用情况有了较为详细的了解，但对"澄泥器"的"澄"读音目前还有不同的认识。"澄"为多音字。据《现代汉语词典》，"澄"读"dèng"时，意为"使液体里的杂质沉下去"，如澄（dèng）清，为动词。"澄"（澂）读"chéng"时，意为"（水）很清"，如澄（chéng）清，为形容词。[14]"澄（dèng）清"为动宾结构词组，而"澄（chéng）清"为偏正结构词组。

2019年11月1日至2日，三门峡陕州区召开"道在瓦甓——中国澄泥砚学术研讨会"，古砚瓦收藏家赵光华先生就提出了澄泥砚的读音要统一。指出"从文献记载，到出土实物，有宋以来（澄泥砚）'澄'字的主流读音一直是

'chéng' 或近似 'chen'。《东坡题跋》卷五《书吕道人砚》中云: '泽州吕道人沉泥砚, 多做投壶状。'这里写的是沉淀的'沉', 读音不严自明。古砚实物铭文刻有此字者, 所见不止一例。苏大学士久居京都汴京 (即今开封), 又是诗文大家, 书坛圣手, 其遣词读音当然不是乡间俚语, 而是当时的大宋国音。"又"(澄泥砚)'澄'字的宋代读音, 直到清代并无变化。有一明代澄泥砚拓片可资佐证。拓片铭文系清道光拔贡、晚清知名书法家李士棻所题。其文曰: '华亭市廛银甘获降州澂泥砚宜毫不枯永珍为宝。'落款为'光绪丙子阳春'。文中'澂'字, 系'澄'字的古体, 这个古体字读'cheng'。"[15]毋庸置疑, 澄泥砚的"澄"读音为"chéng", 并由此推定只要是澄泥器的"澄"都应该读"chéng"。同一个字读音不同字义也不相同, 可谓差之毫厘谬以千里, 还其正音才是正道。

四、寄寄老人所处时代的社会状况

寄寄翁生活在金末元初的朝代更替时期, 社会状态的巨大变化, 使人们的生活观念和精神面貌也随之发生了巨大改变。寄寄翁就是当时社会发展更迭进程中一个特殊群体的代表人物, 也是一个时代背景下的缩影; 他将自己的思想变化和对时世的认知寄托于山水之间, 借古喻今, 终生致力于仿古澄泥器的研制, 以抒发自己的思想情怀。

(一) 当时的社会历史背景

唐王朝灭亡以后, 中国便进入了五代纷争时期。北宋王朝的建立, 实现了黄河中下游流域及其以南的广大地区的统一。但它具有很大的相对性, 如幽燕十六州被辽国长期控制, 河套、甘肃、陕西、内蒙古等地为西夏版图, 云南地区是大理国的势力范围。之后, 又陷入了长期分裂的历史, 而元朝的建立解决了中国历史上长达数百年的分裂局面。

元朝建立以后, 重新开启了丝绸之路, 恢复了中原与西域的联系, 使各民族间的联系和交往不断增强, 促进了少数民族地区社会经济的发展和繁荣。民族迁徙随之出现，蒙古等族向内地迁移，汉族人也涌向边疆，契丹、女真等与汉族人民杂居相处，互通婚姻，并逐渐融合。元朝虽然控制中原的时间也只有六七十年，但在民族大融合的历史背景下，民族迁徙、商贸往来是当时社会发展的潮流，有力地促进了生产力的发展。

元代统治者重武轻文，用理学作为笼络文人士大夫的怀柔政策，这对有学而优则仕传统观念的读书人来说打击是非常巨大的，在社会复杂背景和经济畸形繁荣下，他们为了生存不得不从事其他行业，如行医、教书、风水、艺人、工匠等。当时社会阶层中还出现了一个新的群体"儒户"，它原是为了救济在兵燹中流离失所的儒士，使其享受免除赋役的福利，有一个相对自由的生存空间。在这样的社会背景之下，他们或以两宋剧本为基础进行杂剧剧本创作，以关汉卿、王实甫、马致远最具代表；或以绘画等为业，表现出隐逸和追求闲适的思想倾向，保持人格独立，追求精神自由，在理想与现实之间找到自己的平衡点。正是这种悠闲与闲适的人生心态，丰盈了元代文人的精神，影响了当时人们的生活价值观，寄寄翁就是其中一分子。

（二）"长安牌地寄寄老人"款识释读

从"寄寄老人"的自号、制陶风格及陶器装饰艺术文化元素等，可以肯定他应该是一位崇尚道教而又嗜古成癖的制陶大师。我们用道家思想和他所处时代背景去解读其人其作，涉及的一些问题就不言而喻了。本文收集到的"寄寄老人"陶器，仅落款而言，有"寄寄老人""长安牌地寄寄老人"两种。"寄寄老人"为其号，以证其作。有意思的是还收集到了"寄寄老门人"款澄泥黑陶熏炉，说明寄寄翁曾广收门徒传授澄泥器制作技艺，该门生较为熟练地掌握了这项手艺，并有幸得以流传至今，让我们一睹芳容。

那么"长安牌地"为何解？"长安"即今西安。其名源于公元前202年，刘邦在今西安城西北郊汉城建都，立名"长安"，寓长治久安之意。元初，长安城设京兆府。至元九年（1272年），元世祖封其三子忙哥剌为安西王镇守其地，并建造安西王府。至元十六年（1279年）改京兆府为安西路。皇庆元年（1312年），改安西路为奉元路。这里曾是寄寄老人的重要活动区域。

"脾地"乍看起来有些费解，但用道家五行学说来探究其意可迎刃而解。五行学说认为世界万物由木、火、土、金、水五种元素组成，而一切事物的发展变化都是其不断运动和相互作用的结果。五行在不同的事物上有着不同的表现。譬如五音：宫、商、角、徵、羽；五脏：心、肝、脾、肺、肾；方位上分为东西南北中，东方属木，西方属金，南方属火，北方属水，中央属土。《黄帝内经上·素问》之《金匮真言论篇第四》："夫言人之阴阳，则外为阳，内为阴。言人身之阴阳，则背为阳，腹为阴。言人身之藏腑中阴阳，则藏者为阴，腑者为阳。肝、心、脾、肺、肾五藏皆为阴，胆、胃、大肠、小肠、膀胱、三焦、六腑皆为阳。所以欲知阴中之阴、阳中之阳者，何也？为冬病在阴，夏病在阳；春病在阴，秋病在阳。皆视其所在，为施针石也。故背为阳，阳中之阳，心也；背为阳，阳中之阴，肺也；腹为阴，阴中之阴，肾也；腹为阴，阴中之阳，肝也；腹为阴，阴中之至阴，脾也。此皆阴阳、表里、内外、雌雄相输应也。故以应天之阴阳也。帝曰：五藏应四时，各有攸受乎？歧伯曰：有。东方青色，入通于肝。……南方赤色，入通于心。……中央黄色，入通于脾。……西方白色，入通于肺。……北方黑色，入通于肾。"[16]

故而脾属土，在方位上"脾"可释为"中"之意，即为"中心的地方"。例如："天有大命，人有大命。……事在四方，要在中央。圣人执要，四方来效。"[17]"禁卒居中央，牖其前以通明。"[18]因此，"长安脾地"从字义上可以解释为"长安中心之地"，从而可以得知寄寄老人居住在长安中心之地，证明其当时有一定社会地位。同时，"长安脾地"很可能也是寄寄老人的自喻用词，将居住地视为长安最中心、最尊贵的位置，以此来提高自己的身份地位。但有一点可以确定，寄寄翁曾居住在长安是不争的事实。

（三）寄寄老人的生活轨迹

寄寄翁生活在金末元初战争频仍时期，朝代更替，社会矛盾激化，原来北方地区受到科举束缚的一些文人开始关注现实社会问题。如"元代初年在黄河、汾河流域的平阳、河中两府和绛、解两州集聚了一批包括段克己、段成己等在内的诗人、作家。他们都是由金入元的遗民，故被后人称为'河汾诸老'"。[19]被称为"河汾诸老"的段氏兄弟在中国文坛有很高地位。段克己生于1196年，逝于1254年，享年58岁。其弟段成己生于1199年，逝于1282年，享年83岁。他们与寄寄翁有一些交往，其《二妙集》之《赠研师寄寄翁》文："有客杭城客，不知何人斯，自云来西秦，著脚汾之湄。"可知研师寄寄翁原为杭州人，不知什么原因从祖居地来到长安地区。他们初识时寄寄翁自称来自长安，又到汾水之滨谋生。寄寄翁又特意选择这里作为新的居住地，应该与"河汾诸老"的处世观和这里的文化氛围有密切关系。汾河流域的平阳路即今山西临汾一带，为金元时期北方地区的一个重要文化中心。"寄寄翁旷达淡泊的生活状态和超尘脱俗的志趣情怀，实际上也是段成己、段克己'遁迹月萝深处'超然拔俗的生活追求。"[20]

生于1227年的王恽是金元之际著名的诗文大家和元世祖时期的重要文臣，也是"有用"与"有为"新学风的主要倡导者，在金末元初文坛上举足轻重，其诗文影响遍及整个元代。就是这样一个位高权重和诗书名世的人也是寄寄翁的挚友，并书有《题寄寄老人陈氏诗卷》，其"诚可方驾保张，远绍泽之吕道人矣"，是对寄寄老人制陶造诣给予的高度评价。以时人保州老张和前人泽州吕道人两位砚坛圣手为例，仅用了短短两句话十四个字来表述，巧妙地烘托出寄寄老人高超的陶艺水准。

从目前收集到的关于寄寄老人的澄泥器资料综合分析，有确切出土地点的三处，即山西临汾市博物馆藏品、河南三门峡市博物馆藏品和内蒙古阴山波罗板升古城出土。其中以临汾市博物馆的藏品最丰富，多为配合临汾市尧都区建设过程中考古人员发掘出土，达100多件，种类齐全，有彝、簋、尊、豆、钫、爵、执壶、杯、臼、炉、瓶等。大多数器物形体较小，制作工艺较为古拙，装饰比较简单。但有一部分器型较大，制作工艺精湛。大多数器物有款识，均为"寄寄老人"款；不知何故，还有一少部分没有款识，但风格雷同。对该批藏品的器型、装饰、质地、色泽及神韵等方面综合研判，认为这些不是寄寄翁艺术鼎盛期的作品。山西省永乐宫壁画保护研究院藏的"寄寄老人"款澄泥黑陶枕工艺精美。而三门峡市博物馆的一组五件（套）澄泥黑陶器，质地坚硬如石，色泽黑而深邃，造型古朴精美，装饰繁缛而不俗，入眼有高古之气扑面而来，有"寄寄老人""长安脾地寄寄老人"款和确切纪年。这应该是寄寄翁艺术创作鼎盛时期的代表作。内蒙古阴山波罗板升古城出土的陶钫为"长安脾地寄寄老人"款，造型古朴大气，装饰简约而不凡，色泽黑而柔和，处处彰显出艺术审美的情调。它也应是寄寄翁陶艺鼎盛期的得意之作。西安博物院和海南省博物馆收藏的"寄寄老人"款澄泥黑陶器，分别为征集和拨交而来，出土地点不详，但制作工艺成熟，与临汾市博物馆藏品风格相同。

综合上述资料，可以看出凡"寄寄老人"款陶器大多不是寄寄翁陶艺成熟期作品，而"长安脾地寄寄老人"款澄泥器工艺水平已达到了鼎盛期。结合段氏《二妙集》记载，可以推断，"寄寄老人"自杭州最先落脚到长安，后又来到今临汾地区，以制作仿古澄泥黑陶器为生，与河汾诸老及王恽等交往甚密，并以自己制作的砚瓦相赠，获取大量文人诗稿。后来，随着寄寄老人制陶技艺的不断完善和成熟，名气日益远播。至迟在至元二十九年（1292年）又迁徙到了长安，这时元朝刚刚建立不久，社会还没有趋于稳定。其后，寄寄老人一直往返于长安和临汾一带，仍以制陶为业，广收门徒，乐此不疲，过着恬然闲适的田园生活。

三门峡市博物馆收藏的这组五件（套）寄寄老人艺术鼎盛时期创作的澄泥黑陶器，出土信息明晰、器物组合完整、生产工艺精湛、制作纪年确切，具有极高的历史价值、研究价值和艺术价值，为深入探求寄寄翁的生活状况和陶艺事业发展历程提供了新线索，拓展了新思路，并为进一步探究当时社会历史发展背景，以及中国古代澄泥工艺演变史研究提供了科学的实物例证。为继续精准挖掘澄泥器技艺内涵，秉承和弘扬非物质文化遗产，进一步坚定文化自信，谱写出新的美好乐章。

注释：

[1] 杨天才，杨善文译注.周易[M].北京：中华书局，2021：595.

[2] 杨天才，杨善文译注.周易[M].北京：中华书局，2021.

[3] 杨天才，杨善文译注.周易[M].北京：中华书局，2021：650.

[4] [12] 张建民.元"长安脾地寄寄老人"款陶器新考[J].文博，2020（5）.

[5] [8] [10] [19] [20] 宋新潮."寄寄老人"考[J].文物，2011（10）.

[6] 苏轼文集.卷七十题跋[M].北京：中华书局，1996.

[7] 临汾市文物局.临汾文物藏珍（上册），临汾市一次性内部资料性出版物，准印证 (2018) 字第013号.

[9] 盖山林著.阴山汪古[M].呼和浩特：内蒙古人民出版社，1991.

[11] 文博圈.文博圈[N].2021-7-9.

[13] 搜狐新闻，2009-1-7.

[14] 现代汉语词典[M].北京：商务印书馆，2002.

[15] 赵光华.关于澄泥砚的三个问题.

[16] 姚春鹏译注.黄帝内经上·素问[M].北京：中华书局，2021.

[17] 韩非.韩非子·扬权[M].北京：中华书局，2015.

[18] 方苞.狱中杂记[M].//方望溪先生全集.四部备要排印本.

贾 丽

钧釉荷叶盖瓷罐

元代（1206—1368年）

通高25厘米，口径10.6厘米，腹径22.6厘米，底径8.8厘米。保存完整，天青釉，肩腹部有玫瑰紫色窑变。造型古朴端庄，釉质温润，玉质感强。玫瑰紫色在天青釉的映衬下呈现出梦幻般的意境，遐思万千。黄金比例的造型，彰显了匠师高超的审美情趣。荷叶盖与器身的完美结合，更加强烈地折射出钧釉荷叶盖瓷罐的艺术魅力。（图一）

2000年三门峡市崤山西路农行工地出土

三门峡市博物馆 藏

图一　钧釉荷叶盖瓷罐（三门峡市博物馆藏）　　　　图二　钧釉荷叶盖瓷罐（三门峡市博物馆藏）

2000年，三门峡市文物工作队在崤山西路配合市农行工地考古发掘时，在堆积层中发现了本文述及的这件钧釉荷叶盖瓷罐。据现场情况分析推断，该器极有可能为某种特殊原因而埋藏于此。后入藏三门峡市博物馆。（图二）该罐通高25厘米，口径10.6厘米，腹径22.6厘米，底径8.8厘米。荷叶形内插式盖，近直口，弧肩，鼓腹，腹下内收为圈足底。（图三、图四）体施天青釉，肩腹部有玫瑰紫色窑变，釉不及底。釉层肥厚，釉色温润，窑变过渡自然，造型古朴端庄。

钧窑为宋代著名瓷窑之一，因所在地禹州市古称"钧州"而得名，最著名的有钧台及附近八卦洞遗址，影响极大，形成了钧窑系。其烧造历

图三　钧釉荷叶盖瓷罐底部（三门峡市博物馆藏）

图四　钧釉荷叶盖瓷罐顶部和荷叶形盖（三门峡市博物馆藏）

史可追溯到唐代，盛于宋金，衰于元。釉色有天蓝、月白、玫瑰紫、海棠红等多种。造型古朴端庄，釉质凝厚。单色釉纯净典雅，复色釉绚丽多彩，而以天青釉窑变铜红斑者为珍。[1]

一、钧窑瓷器发展的历史背景

钧瓷始烧于北宋初期，徽宗时期钦定宫廷御用，钧窑成为宋代五大官窑之一。宋钧官窑器物色彩斑斓，古朴典雅，风格独特，闻名遐迩。金元时期，钧瓷成为北方地区的主流陶瓷产品，窑场遍布大江南北，形成了以禹州为中心的庞大钧窑系，为我国陶瓷史上六大窑系之一。[2]明代以后，钧瓷因其独特的工艺特色和深厚的文化积淀，被南方诸窑竞相仿烧，形成宜钧、广钧、炉钧等各具地方特色的仿钧产品。在中国陶瓷史上，钧窑具有重要的地位，成为独具中国文化精神的世界文化遗产。北宋钧窑烧造的器物造型端庄，器型简洁流畅，但由于窑变的存在，使得钧窑瓷器釉色丰富，这也成了钧窑的代表特征，钧窑烧制中对釉色的控制也是其对中国陶瓷艺术的重大贡献。[3]

钧窑瓷器的产生和发展既得益于禹州优越的自然资源和便利的地理条件，又与当时的社会、政治、经济、文化、科技等诸多因素密不可分。其创烧背景可以从以下几个方面来进行分析：

第一，独特的自然条件。禹州地区位于河南省中部，地处伏牛山脉与豫东平原过渡带，自然资源丰富。山区蕴藏的石英岩、陶瓷黏土、高岭土、孔雀石等陶瓷原料储量大，品质优；古代山区森林茂密，柴源易取，煤炭储量丰富，为陶瓷业的发展提供了必要条件。境内有大小河流50余条，其中16条较大河流长年川流不息，为钧瓷生产提供了便利的水路交通。西邻洛阳，东与宋代都城汴梁（今河南开封）相邻，北靠黄河，南有淮河，便捷的陆路、水运交通条件，使钧窑瓷器先进的制作工艺能迅速地向四周传播，而周边地区瓷窑（如汝窑、官窑等）中的精良技艺也能很快地被钧瓷窑口所吸收，从而达到了互通有无、取长补短、共同发展进步的效果。丰饶的自然资源和优越的地理区位，为宋代禹州生产出精美绝伦、色彩斑斓的钧瓷提供了物质基础和前提条件。[4]

第二，深厚的历史积淀。禹州陶瓷烧制历史悠久，在境内发现有裴李岗和仰韶时期文化遗址，龙山时期瓦店遗址的制陶业十分发达。（图五）据目前的考古调查和发掘资料，在今禹州境内已发现仅宋元时期的钧窑遗址数量就多达150余处，是目前河南省古窑址数量最多的地区之一。唐代，禹州境

图五　禹州瓦店遗址出土的陶器

内的瓷窑（如赵家门窑、下白峪窑、苌庄窑等）创造出独一无二的花釉瓷，是众多瓷器品种中耀眼的一朵奇葩。而唐代花釉瓷的烧造技术为后来钧窑的产生奠定了一定的基础。

第三，典型的社会因素。宋代是中国历史上经济非常发达的时期，各类手工业都获得了空前的发展，陶瓷生产表现尤为突出，涌现出大批制作精良瓷器的著名瓷窑，形成了后世传颂的钧、汝、官、哥、定五大官窑和包括钧窑在内的影响广泛的六大窑系。钧窑在这一时期达到鼎盛，钧窑所在的禹州为河南中西部地区，地近宋王朝的东、西两京，位于全国的政治、经济和文化中心，皇室贵族和文人士大夫阶层在文化、生活上的诉求和追逐，对这一区域的手工业生产产生了巨大的影响。[5]

第四，鲜明的人文背景。宋代是我国封建社会经济文化发展的一个高峰，特定的社会政治经济和灿烂的文化对制瓷业的发展产生了积极影响。所形成的民窑、官窑两种不同的形式促进了制瓷业内部的分工交流和产品档次的区分，士大夫的清雅文化和商品经济所带来的市民文化则形成了官窑和民窑产品不同的审美风格，极大地丰富了传统陶瓷艺术。[6]宋代意识形态与生活方式的变化进一步促进了制瓷业的发展，孕育了钧瓷独特的艺术风格。（图六、图七）钧瓷特别是钧官窑器物充分体现了当时社会的这种需求，表现出浓郁的民俗文化特色，因而带有鲜明的时代特征和阶层烙印。

图六　钧瓷（台北故宫博物院藏）

图七　钧瓷（台北故宫博物院藏）

第五，特殊的制釉工艺。钧窑对釉的改进和创新，是钧窑瓷器达到宋代制瓷业顶峰最有力的技术支撑。北宋后期，禹州工匠在继承吸收唐代花釉瓷器施釉工艺的基础上，经过不断实践，把当地盛产的孔雀石研成粉末加入釉中以高温还原气氛烧成的铜红釉，开创了自然窑变铜红釉的新局面。[7]这种以铜的氧化物为着色剂在还原气氛下高温烧成的铜红釉，美艳如蓝天上缀满火红的流霞**（图八）**，使红色这一在生活中有极大需求并最具装饰性的颜色进入了瓷器装饰领域，将中国制瓷业带入色彩斑斓的新时代。**（图九）**宋代钧窑铜红釉尤以钧官窑瓷器为突出代表，如典型的玫瑰紫或海棠红釉色，非常珍贵。**（图十、图十一）**钧釉是最具个性特征的二液分相釉和乳浊釉。[8]它在烧制过程中形成液相分离，所形成两相大小正好符合瑞（Rayleigh）方程的要求，从而使钧釉呈蓝色乳光，其窑变红彩则是由氧化亚铜着色的液滴所形成的。[9]钧窑以雅致的乳浊状天蓝色分相釉和多彩的窑变釉彩备受人们的喜爱。**（图十二、图十三）**

第六，成熟的窑炉技术。钧窑窑炉和烧成技术在北方窑炉结构中独树一帜。窑炉形制的改进与烧成温度的提高是密切相关的。钧窑的窑炉主要属于

图八　钧瓷铜红釉（来源：《钧窑瓷——鉴定与鉴赏》）

图九　钧瓷铜红釉（来源：《钧窑瓷——鉴定与鉴赏》）

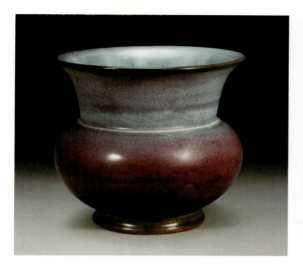

图十　玫瑰紫钧瓷（来源《钧瓷雅集：故宫博物院珍藏及出土钧窑瓷器荟萃》）

图十一　海棠红钧瓷（来源：《钧瓷雅集：故宫博物院珍藏及出土钧窑瓷器荟萃》）

北方地区的馒头窑体系，但在此基础上又有重大的突破和革新。1974年在禹州城北关钧官窑址和2001年在禹州神垕河北地窑址，均发现了窑炉新的形式——钧官窑的双火膛窑炉和神垕河北地的土洞式长形分室式窑炉，它们形制特殊，兼具北方馒头窑和南方龙窑的优点，为北方地区窑炉发展史的研究提供了新的资料。钧窑独特的窑炉工艺为钧瓷的不断发展和进步创造了必要的条件。[10]

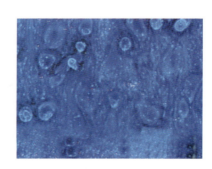

图十二　乳浊状天蓝色分相釉（河南博物院藏）

第七，精良的制作工艺。精工制作也是宋代钧窑的最大特色。北宋后期流行的满釉支烧工艺（也称裹足支烧工艺）和裹足刮釉工艺被用于贡御的汝窑、钧窑、定窑等官作窑场，使瓷器的质量出现了质的飞跃。这一时期也恰好是钧窑生产质量最高的时期，尤其是钧台窑在制作工艺上的精益求精和不断完善使得钧窑在北宋晚期达到了鼎盛，被皇家垄断为"官窑"。钧官窑器物不仅在胎质上做到了细腻坚致，而且与汝窑、定窑一样，为了使器表尽可能完整地挂釉，在烧成时采用了裹足支烧或裹足刮釉方法，并在少量器物的露胎

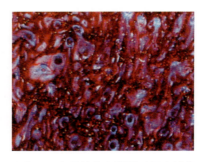

图十三　多彩的窑变釉彩（河南博物院藏）

图十四　钧窑的工艺（故宫博物院藏）

部位施用护胎釉。[11]满釉支烧工艺、裹足刮釉工艺和护胎釉的使用，是钧窑生产精致产品的重要技术保证。**（图十四）**

二、宋代和元代钧窑的影响力

（一）宋代钧窑

宋代钧窑在创烧和发展过程中，不断汲取先进文化元素，创新烧制技艺，异军突起，打破了单色釉瓷器的格局，创造性地形成了独有的艺术魅力。它分别经历了创烧阶段、宋钧官窑、官窑阶段三个历史时期。

1.钧窑创烧阶段

北宋初年为钧窑的创烧时期，主要生产钧釉和青釉瓷器等日常生活用瓷，造型规整，制作精良，釉色匀净，乳光内含。钧釉器物的胎色较浅淡，即通常所说的"香灰胎"。胎质较细腻坚致，器物釉层较薄，釉流动性不强，釉色淡雅匀净，部分器物布满小块的开片，十分雅致。青釉器物的做工精细，釉色以青绿色为主，纯净，透明性很高，玻璃质感强，通体布满大小不等的开片，较橄榄绿而浅，似翠绿而深。[12]

2.宋钧官窑

北宋中期，钧窑得到较快发展，但仍以生产日用瓷为主，器型繁多，造型考究，釉色以天青、天蓝为主，色泽莹润匀净。北宋晚期，钧窑瓷器形成独特的风格，其产品发生了根本性的变化，器物中除碗、盘等日常生活用瓷，开始烧造宫廷御用器物即官钧瓷器。此时期无论是民窑器物还是官窑器物，造型均丰富多样，内外施满釉，釉色窑变自然、色彩丰富。钧官窑器物造型端庄，古朴典雅，胎质坚实，细腻致密，胎色呈赭红、赭黄、灰白等色，在釉层封闭的胎体内形成灰黑色或灰褐色，胎质断面呈"羊肝色"或"香灰胎"。[13]官钧器物具有里青外红的特征，釉质乳浊莹润，釉层纹理深沉多变，釉色莹润典雅、绚丽多彩，有"蚯蚓走泥纹"之称。紫口铁足、芝麻酱底则是其另一特征。

3.官窑时期

钧台窑作为当时京畿附近的三座官办窑场之一，所烧造的适应皇家使用的高档瓷器，代表了宋代制瓷业的最高水平，所生产的各式花盆、盆奁、出戟尊、鼓钉洗等室内陈设用瓷，在造型和釉色上有别于民窑性质，具有浓厚的宫廷色彩。[14]而随着北宋覆灭，宋室南迁，金人占据中原后，钧官窑停烧。由于钧窑的卓越不凡，其影响遍及北方诸窑，如豫北的安阳、鹤壁、焦作，豫西的新安、临汝，豫西南的鲁山、郏县、宝丰、内乡等在金代都生产制作钧瓷产品，烧制区域是以禹州为中心向西南、西、西北和北扩展，基本上在黄河以南的豫西地区。[15]钧瓷也从供应宫廷的高档瓷器，逐渐演变成美观实用的日常生活用品。

（二）元代钧窑

元代是钧窑瓷器蓬勃发展的时期，钧窑继北宋末期生产淡雅精美钧釉瓷的高峰后，再一次进入繁荣时期。目前已发现生产钧瓷的窑场达数百个，如焦作窑、淇县窑、林县窑、安阳窑、磁州窑、定窑、隆化窑、长治窑、临汾窑、介休窑、浑源窑和清水河窑等在元代都烧制钧釉瓷器，烧造区域扩展到黄河以北的广大地区，包括河南省北部和河北省、山西省、内蒙古的部分地区。[16]此期以产品种类丰富、产量巨大、影响广泛，在北方地区成为主流产品而著称，并形成了以禹州为中心的庞大的钧窑系。这一时期，钧窑瓷器成为民间百姓最主要的生活用具，"量大质粗"是其最重要的特征。[17]与宋、金时期的钧瓷相比，元代钧瓷多大件器物，胎质粗松，胎色发黄发白。积釉肥厚，浑浊失透，多气泡和棕眼儿，光泽较差。[18]施釉不到底，多半截釉，圈足宽厚外撇，内外无釉，足内胎面常留有尖状痕迹。釉色以天蓝、月白居多，器体上的紫红窑变斑块，形成彤云密布之景象，或聚成物形，显得呆板，不及宋钧窑变美妙自如。[19]在器物的造型装饰方面，多采用堆雕、镂空等装饰技法。

三、荷叶盖罐的发展演变

荷叶盖罐始见于金代和南宋时期，盛行于元代，而衰于明；因盖作覆荷叶状而得名，盖钮多作莲秆状或宝珠、圆柱形，盖内置子口。罐体为广口，溜肩，鼓腹，腹下渐收。器型有大小之分，小者可盛放茶叶，大者用来盛酒或储水、存物。从山西省吕梁市兴县康宁镇红峪元至大二年（1309年）壁画墓的"备酒图"，以及成书于元天历三年（1330年）的《饮膳正要·诸般汤煎》的插图中能看出其上述用途。瓷荷叶盖罐始见于金代耀州窑，之后南方和北方的窑厂都有生产，涵盖耀州、龙泉、吉州、景德镇、海康诸窑；装饰手法有单色釉、青花、釉下褐彩彩绘等。[20]

不同历史时期的陶瓷器物都具有各自的风格，而风格的演变最为明显的标记则是造型的迥异。荷叶盖罐早在北宋时期受龙泉窑文化的影响，腹略鼓较为修长清秀，溜肩，底部较厚，器型较为矮、拙，如"北宋青瓷荷叶盖罐"[21]。南宋时腹部较为鼓圆，或扁圆，颈变粗，底部较薄，隽秀清雅，优美流畅，花卉是主要装饰。直至元代，由于受到蒙古游牧民族的质朴民风和文化的影响，器物多具有形大、胎厚、体重的特征，腹部更鼓，且整个罐体有下压趋势，肩部较丰满，颈变长直，颈与腹部间的距离缩短。[22]造型整体气势雄浑，敦厚肃穆。它的形体基本可分为两类：一类是口径大于或等于足径，整个造型显得肥矮。直口、溜肩，肩以下渐广，到腹部最大处内收，盖顶盖钮较低且造型精小，盖沿的荷叶边曲线起伏平缓，底平无釉露胎，在北方民间瓷窑中以白底黑彩最为多见。另一类是足径大于口径，整个器形浑圆、高大。唇口、短颈、丰肩、隆腹，底平内凹无釉露胎。盖面隆起，盖沿的荷叶边曲线起伏较大并向外拓展，极像此时期蒙古族军官的头盔帽檐，盖钮偏高，造型多样。[23]（图十五、图十六、图十七）

元代荷叶盖罐在继承了传统的装饰技法、纹样及釉色品种的同时也有所创新，形成了元代特有的装饰风格，推动了我国传统文化的发展，使更多的人能够对中国传统文化有更深层次的了解。

（一）装饰技法及纹样的继承与创新

元代荷叶罐的装饰技法不仅继承了宋代的刻、画、堆、加彩等技法，同时又创新了印、贴、镂、绘等几种技法。其中较为盛行的是印花、贴花、加彩等工艺。[24]印花分为戳记印花和模子印花两种。戳记印花一般都施于罐盖、罐身处，花纹线条有阳纹与阴纹之分，以简练的折枝花、动物、杂宝纹为多见。模子印花较为精美细致，花纹亦较为繁复，也有阴纹和阳纹两种。花纹往往布满全器，以八宝纹、八仙纹、神仙纹、蜂蝶纹、凤鸟纹和缠枝四季花卉纹等图案多见，如"青花缠枝牡丹荷叶盖罐"。其中，阴纹印花是瓷罐的主要装饰技法之一。贴花分为露胎贴花和施釉贴花两种。其中，露胎贴花是元代独创的表现技法，能根据不同器型贴各种不同类型的装饰图案，其纹样十分丰富，有龙纹、云纹、云雁纹、朵梅纹、金兔纹、莲花纹、折枝梅纹等。[25]图案立体感强，特别追求象形效果，给人以生动逼真的感觉。加彩最早出现在西晋越窑瓷器，元代在继续使用褐彩斑点装饰的同时，还研究出铜红加彩点缀器物，由于铜红色烧成难度大，故此器物比较少见。元代还特别流行将几种装饰技法结合在一起的工艺。如，贴花和刻花的结合，印花、贴花和刻花的结合，加彩、印花和刻花的组合，堆塑和刻花的组合等。这些相互组合的技法极大地丰富了瓷器的装饰风格。除此以外，荷叶盖罐的装饰纹样也具有鲜明的时代特征。除传统纹饰，也有反映道教、佛教思想内容的图案，如八仙、八吉祥、花卉凤纹、麒麟、昆虫水禽、童子戏竹马、福禄、如意、古钱、竹叶、"福如东海，寿比南山"等吉祥图文。题材丰富多样，多系民间所喜闻乐见。[26]

荷叶盖的造型在中国传统文化元素中寓意深

图十五　耀州窑青釉荷叶盖罐（国家博物馆藏）

图十六　元代龙泉窑荷叶盖罐（《中国陶瓷史》）

图十七　青釉贴塑云龙纹荷叶盖罐（上海博物馆藏）

邃，与国人的传统理念一脉相承，对荷花的强烈人文情怀根植于人们的心中。荷花是我国传统名花之一，就像国人对梅兰竹菊的热爱，中国人与荷花的情结同样源远流长，因极高的观赏价值为世人喜爱，还以其实用性而广泛进入了人们的日常生活。同时，又凭借着优雅的姿容、出众的风采及"出淤泥而不染"的特殊习性而深入人们的精神世界，在中华民族的传统道德观念中，象征着一种独特的精神品格和道德风范，成了中华民族传统美德的一个重要组成部分。

（二）釉下彩绘及单色釉的继承与创新

元代的釉下彩绘发展到了一个崭新的阶段，结束了元代以前瓷器釉色主要仿玉类银的局面。青白釉是宋元时期我国南方地区生产的一种瓷器的釉色品种，此釉色白中闪青、青中泛白，介于青白之间，故得名。又因典型胎质细洁，釉色莹润显青，能光照见影，故又有"影青"之称。[27]元代青白釉在继承宋代生产的基础上，形成了自己独特的风格，釉色较宋代更显清澈透亮。元代青白釉的成功烧制为青花、釉里红的烧制提供了优质的胎土和釉料，为元代釉下彩绘的发展打下了坚实基础。青花釉是一种在成型的胎体上用钴料描绘纹样，然后施透明釉，于高温中一次烧制而成的白底蓝花纹的彩绘釉。[28]青花釉是唐宋釉下彩绘进一步发展的产物，也是元代荷叶盖罐中的常见釉色。其色调典雅、青白相映、明净可爱，色彩鲜明醒目，笔墨淋漓而富于浓淡变化，具有同水墨画相同的艺术效果。由于用书画代替了刻刀，山水、花鸟、人物、走兽等，去掉了宋人的飘逸风雅而代之以浑厚质朴、饱满充实的艺术效果，使中国制瓷工艺与绘画技巧的结合更趋成熟。釉里红是元代继青花之后，运用铜金属在釉下进行彩绘的又一新工艺成就。它与青花只是予以彩绘的原料不同，烧制后呈白底红纹，因此两者可谓釉下彩绘的姐妹品种。由于在元代中期釉里红烧制难度大，又处于初创阶段，故呈纯正红色的瓷器极少，在元代末期烧造工艺才逐渐趋向成熟。如"元景德镇窑釉里红花鸟纹荷叶盖罐"。此盖罐通体釉色白中闪赭红，釉里红呈色饱满沉稳，绘画手法细腻流畅，堪称元代釉里红瓷器中的经典代表作。[29]此后，相继出现的卵白釉瓷、钴蓝釉瓷等各种单色釉瓷器，与青白瓷、青花瓷、釉里红瓷共同形成了元代瓷器所特有的艺术风格。

四、钧瓷在中国陶瓷史上的领军地位

（一）钧瓷的价值体现

1.历史价值

钧瓷在古代曾是官窑瓷器的一种。目前大多考古研究者和历史学家认为，钧瓷最早出现于唐代初期，并在宋代进入了最高阶段，取得了空前的成就，有着划时代的意义，体现了优秀的民族风格和典型的时代精神。但在历史的更迭和战乱纷起的环境中，钧瓷的制作工艺记载资料大量流失，导致今人无法对于钧瓷的统一性有更多的了解。在较长时间范围内，人们总是以一种奇幻的目光看待中国的钧瓷，就连专家学者也对钧瓷的起源、特征和发展等问题存在较大争议。随着考古技术和专业性的提升，对黄河流域的保护性考古挖掘，伴随出土了大量的古代钧瓷。人们对钧瓷的关注度也日益加深，钧瓷烧制技艺那令人迷醉、丰腴的脸庞逐渐得到了大众的青睐。钧瓷这一传承悠久的美学产物还承载了重要的历史价值，学者可以透过钧瓷来了解特定历史时期的发展状况。它成了中国历史兴衰交替的见证者，也记载了繁荣景象。就某一层面来讲，钧瓷可以专属于某一地域，可以专属于中华民族，也可以是全世界共同拥有的财富。[30]

2.技艺传承价值

钧瓷烧制技艺在漫漫的历史长河中，逐渐达到了工艺流程有序、器皿种类齐全、造型精美绝伦、构思巧夺天工的艺术境界。钧瓷烧制技艺在千年的传承之中，形成了自己独有的文化内涵，所以需要传承的不仅仅是钧瓷烧制技艺的烧制流程，对烧制过程中体现出的工匠精神的传承更为重要。钧瓷烧制技艺传承人是承载钧瓷文化产业希望的载体，在一定程度上决定了钧瓷产业的兴衰。[31]在有序传承古人制作技艺的同时，当今科技对制瓷工艺也有很大的影响。目前，钧瓷从业人员在传承钧瓷文化的同时，也成了钧瓷产业蓬勃发展的掌舵人，为当代钧瓷烧制技艺的弘扬和创新开辟了新航线。

3.人文精神

钧瓷文化承载了太多的人文精神，不仅仅作为一种情怀而孕育着钧瓷的成长，它还不经意地影响了黄河流域人民的生产和生活。很多与钧瓷有关的传说体现了钧瓷文化这1000年的人文精神。人文精神是钧瓷文化流传至今仍拥有顽强生命力的重要原因。钧瓷烧制技艺在现今仍焕发着鲜活的魅力，在全球经济市场化的浪潮之下，这项存续至今的民间传统技艺，虽历经风雨飘摇，却依然传承有序，这是钧瓷人文精神顽强生命力的体现，也是保护钧瓷烧制技艺这项非物质文化遗产应具有的态度。我们应该掌握它本身的内在规律，激发它所有的潜能，焕发其在新时代的生命力。

（二）钧瓷的美学内涵

钧瓷对中国陶瓷工艺以及陶瓷美学的重大贡献是其将窑变艺术成熟化，这种成熟的窑变艺术使得钧瓷拥有了"入窑一色，出窑万彩"的特征，在陶瓷美学史上大放异彩。

1.清淡含蓄的铁系青蓝釉

早期钧瓷主要是日用瓷器，以天蓝色和豆青色居多，天蓝色是主要色调，豆青色往往被称为麦叶绿，是温度不到所致。早期钧瓷产品有盘、碗、碟、杯等，主要用于日常生活。此时期的钧窑被认为属于北方青瓷系列，但是青色又不同于一般的青瓷，虽然色泽深浅不一，但多近于蓝色，是一种蓝色乳光釉，是青瓷工艺的一个创造和突破。[32]钧瓷的大多基本釉色是各种浓淡不一的蓝色乳光釉，蓝色较淡的称为天蓝，比天青更淡的称为月白。这几种釉都具有荧光一般幽雅的蓝色光泽，其色调之美，非一般言词所能表达。"雨过天晴"是早期钧瓷致力追求的釉色色彩，带有一种自然主义的意象美学意味。这种追求"天"之青蓝色的自然主义意象美学，贯穿于整个钧瓷史。[33]

2.巧夺天工的钧瓷窑变

在世界陶瓷文明史上，钧瓷以"入窑一色，出窑万彩"的窑变艺术蜚声中外，一直受世人的青睐。随着钧瓷窑工对铜红釉工艺的成熟性运用，钧瓷美学"窑变"概念逐渐出现。从陶瓷工艺学的角度而言，所谓"窑变"，即指钧瓷器物施釉入窑、高温烧成过程中，器表会呈现出迥异的诸类色彩、纹路、釉画。其实，窑变瓷器不仅钧瓷独属，早在唐代以前的青瓷瓷器上即偶有出现窑变。古代不能对窑变进行科学解释，窑工或社会对于窑变有一种不祥的抵触，常常将此类瓷器视为"妖孽"而毁之。[34]进入现代之后，随着科学的逐步发展，人们认识到了所谓窑变，是指瓷器在窑内烧成时，由于釉中含有多种呈色元素，经氧化还原作用，出窑后釉面色彩斑斓，呈现出意想不到的效果。此种意外釉色本出于偶然，由于呈色特别，又不知其原理，只知经窑中焙烧变化而得，自古称之为"窑变"，俗语说"窑变无双"。学术界一般认为宋代河南禹州烧造的钧窑铜红釉是窑变工艺最杰出的代表，钧瓷铜红釉色，鬼斧神工，变化莫测。尽管后来不少陶瓷窑口也以"窑变"称之，但以河南禹州钧瓷最具代表性，甚至可以说"窑变"是钧瓷美学的代名词。[35]

陶瓷科技学界从物理化学变化上解读"窑变"，认为窑变钧釉是液液分相釉，钧瓷釉色的美丽和窑变现象是靠严格地控制胎、釉的化学组成以及烧成的工艺控制，使釉产生液液分相现象和分相液滴在宏观分布上的不同流纹结构而获得的。钧瓷的乳光状态和窑变现象是构成钧瓷艺术美的两个外观特征。乳光状态是指钧瓷釉那种像青玛瑙或蛋白石一般美丽的天青色半乳化的状态，使钧釉产生一系列由浅到深的蓝色，还赋予一种含蓄的光泽和优雅的质感，减少因釉面玻化带来的妖艳浮光。在钧瓷界看来，所谓窑变就是钧釉在高温还原气氛下熔融流动，乳浊和着色色彩发生的复杂的交错变化，从而使釉色变得绚丽多彩，紫、红、蓝、白交相掩映，给人一种大自然瞬息万变的美的享受，以至于有美学学者根据钧瓷呈色机理的科学研究如此定义"钧瓷"：所谓钧瓷，即是将变价贵金属氧化物的复杂釉料厚涂在素烧坯上，并按一定操作程序烧制，使其在高温熔融和氧化还原条件下发生物理化学变化，并呈现美学价值的瓷器。[36]

3.钧瓷深奥的美学意境

窑变就会产生神奇莫测的色彩，千姿百态的釉画图像、图案，千奇百怪的纹路和开片，于是在窑变美学认知的基础上，钧瓷美学"意境说"便出现了。

其中标志性事件就是1983年的"寒鸦归林"事件。钧瓷挂盘《寒鸦归林》是20世纪70年代禹县钧瓷二厂烧出的一件极其难得的艺术珍品,这件钧瓷珍品高度诠释了钧瓷烧制的艰辛和文学艺术对钧瓷审美的深刻影响。1973年年初,禹县钧瓷二厂开窑,一件钧瓷挂盘正面显现出一幅天然图画,有鸟雀纷飞,有树木藤条,有夕阳霞光,有湖水,栩栩如生,惟妙惟肖。大家给瓷盘起名《百鸟归林》,而后著名作家姚雪垠为其改名为《寒鸦归林》,并题诗一首:"出窑一幅元人画,落叶寒林返暮鸦。晚霭微茫潭影静,残阳一抹淡流霞。"钧瓷挂盘《寒鸦归林》荣获中国工艺美术百花奖金奖。从此,姚雪垠为钧瓷挂盘《寒鸦归林》题诗将钧瓷窑变美学的"意境说"引向一种新高度,成为后来很长时期钧瓷审美的一种风尚。[37]尤其是随着新中国成立后钧瓷恢复研制和复兴,神垕瓷厂新制钧瓷不仅在北京、台湾、香港、广州、哈尔滨、郑州、开封等地多次展出,而且远涉重洋,多次出国到欧美、日本等国家和地区展出,受到极大追捧。在各路名家推波助澜之下,"意境说"渐成钧瓷审美主流。所谓钧瓷器物的意境,意指钧瓷作品中呈现的那种情景交融、虚实相生的形象系统及其所诱发和开拓的审美想象空间。当代钧瓷鉴赏还以"意境"表达钧瓷外观呈现了动物、植物、人物或风景釉画。鉴赏者所云的"钧不成对、窑变无双",即在于钧瓷烧成常常为烧制者甚或观者带来出乎意料的意象美感。钧瓷的"意境"美学具有源远流长的东西方意象美学意涵,钧瓷审美"意境说"的兴起,开启了钧瓷意象美学新气象。实际上,钧瓷意象或意境的形成不仅受这里突出强调的釉色要素的影响,还与钧瓷色彩、器型、光泽、纹路、肌理、釉画等多重要素综合作用的结果有关。

钧瓷自唐代初创,到北宋时期达到鼎盛,与汝、官、哥、定窑并驾齐驱,成为全国的五大名窑之一。此后又历经金、元各个不同历史时期。元末之后,北方工匠的南迁,带来了北方制瓷的精湛技艺,并与当地陶瓷工艺结合,创造出了更好更新的产品,也使得南北方的技艺、风俗、审美和文化互相取长补短,更好地进行交流与融合。古人曾用"绿如春水初升日,红似朝霞欲上时""夕阳紫翠忽成岚"等诗句形容钧瓷窑变之美妙、釉色之艳丽。对其鬼斧神工、变幻莫测的窑变釉，连古人也不得不慨叹："窑变之器有二，一为天工，一为人巧。其由天工者，火性幻化，天然而成……"钧瓷以其特有的铜红窑变釉，给人以耳目一新的感觉，它不仅是高温颜色釉变的一个重大突破，而且对中国陶瓷装饰艺术的发展产生了极为深远的影响。[38]三门峡市博物馆收藏的元代钧釉荷叶盖瓷罐就是最好的见证物。

注释：

[1] 晋佩章.中国钧瓷艺术[M].郑州：中州古籍出版社，2003：7-10.

[2] 李争鸣.追根求源话钧瓷[M].郑州：河南人民出版社，2009.

[3] 王运玺.中国钧瓷文化[M].北京：中国文联出版公司，2006：23-24.

[4] 杨国政，杨永超.中国钧瓷工艺[M].郑州：黄河水利出版社，2006.

[5] 顾万发，田培杰.中国钧瓷收藏与鉴赏[M].郑州：大象出版社，2015：71.

[6] 张迎甫，李宪生.中原文化在钧瓷创作中的运用研究[J].美与时代（上），2015（11）.

[7] 李清临，徐承泰.基于EDXRF线扫描分析的金元时期钧瓷工艺研究[J].武汉大学学报（理学版），2012（1）.

[8] 施泳峰.夕阳紫翠忽成岚——宋代钧窑瓷器工艺分析[J].文物鉴定与鉴赏，2015.

[9] 隋立民.从御用"玫瑰紫釉尊"探寻宋代钧窑陶瓷工艺[J].兰台世界（下旬），2014（11）.

[10] 常畅.对钧瓷窑变中不确定性因素的研究——钧瓷炉火与窑炉对窑变的影响[J].考试周刊，2010（44）.

[11] 阎飞，王双华.传统钧瓷窑炉结构及装烧工艺[J].中国陶瓷，2009（12）.

[12] 王洪伟.传统文化隐喻：神垕钧瓷历史变迁的社会学考察[J].许昌学院学报，2010（4）.

[13] 周晓亚."烟光凌空星满天，夕阳紫翠忽成岚"——试析钧瓷的历史造化与现实境遇[J].陶瓷科学与艺术，2010（1）.

[14] 王祷旒.均陶与钧瓷的历史渊源[J].江苏陶瓷，2019（4）.

[15] 苏朝阳，孔大强.论钧瓷历史演进中的路径依赖和路径创造[J].许昌学院学报，2015（3）.

[16] 胡玮.品味钧瓷的"形色"之美[J].时代文学（上半月），2009（6）.

[17] 刘建军，刘钫钫.钧瓷的艺术魅力[J].时代报告，2021（12）.

[18] 胡玮.品味钧瓷的"形色"之美[J].时代文学（上半月），2009（6）.

[19] 王兴明，刘凤伟，刘瀑，等.中国钧瓷产业发展的历史、现状与问题[M].北京：社会科学文献出版社，2020.

[20] 刘金成.元青花瓷器制作中的差异现象研究——由高安馆藏元青花荷叶盖罐谈起[J].

东南文化, 2012 (2) .

[21] 贾丽.略谈元代荷叶盖罐[J].文物鉴定与鉴赏, 2018 (5) .

[22] 裴亚静.洪武青花折枝花卉纹荷叶盖罐研究[J].博物院, 2017 (3) .

[23] 李钰.宋元瓷器中的荷叶盖罐[J].东方博物, 2015 (3) .

[24] 熊振东.浅析瓷制荷叶盖罐的发展史[J].东方收藏, 2015 (6) .

[25] 王小丹.浅析元代荷叶盖罐的陶瓷风韵[J].当代艺术, 2011 (4) .

[26] 朱光来.元代龙泉青瓷荷叶盖罐[J].收藏界, 2004 (1) .

[27] 刘明杉.浅议元代釉下彩瓷器的时代风格[J].艺术与投资, 2007 (7) .

[28] 李科友, 邹仰东, 刘小燕.元代瓷器的生产与技术[J].南方文物, 2004 (4) .

[29] 焦乐晖.景德镇元青花釉下彩绘技术起源探讨[J].陶瓷研究, 2021 (5) .

[30] 张鹏辉.文化创意产业背景下钧瓷造型设计的创新研究[D].华东理工大学, 2013.

[31] 王盼盼.禹州钧瓷产品设计管理研究[D].河南师范大学, 2013.

[32] 高金朋.宋代钧瓷造型艺术研究[D].景德镇陶瓷学院, 2011.

[33] 王洪伟.美在意象: 钧瓷美学理论体系的历史性考察 (二) [J].陶瓷科学与艺术, 2019 (9) .

[34] 周见.现代审美视野下的钧瓷造型设计分析[J].大舞台, 2012 (8) .

[35] 李鸿."妙造自然"——"窑变"艺术对现代钧瓷设计影响的美学探究[J].文艺生活·文艺理论, 2019.

[36] 席凯.钧瓷——中国古代文化[J].华章, 2012 (24) .

[37] 王洪伟.钧瓷窑变山水釉: 当代中国陶瓷意象美学新高度[J].陶瓷科学与艺术, 2019 (5) .

[38]赵青云, 赵文斌.钧窑瓷——鉴定与鉴赏[M].南昌: 江西美术出版社, 2000.

贾　鹏

铜　俑

明代（1368—1644年）

　　许氏家族是明代中期当地的望族。据光绪版《灵宝县志》记载，许氏家族中先后有四人荣登进士，官居要职，这从铜俑背后刻着"内阁""吏部"的铜牌可以得到印证。这组铜俑可分为仪仗俑、侍奉俑和女乐俑。制作精细，姿态各异，生动传神，再现了明代官宦人家出行时的隆重场景，为研究当时的习俗、服饰、礼仪制度等，提供了珍贵的实物资料。（**图一**）

1986年三门峡市灵宝许氏家族墓地出土
三门峡市博物馆　藏

图一 铜俑

1986年3月，公安部门发现位于灵宝大王乡南营村的明代许氏家族墓地中的三座墓葬被盗，待案件破获后，缴获了58件明代铜俑。之后，三门峡市博物馆收藏28件，河南博物院入藏30件。

一、铜俑的基本情况

三门峡市博物馆藏的28尊铜俑，高度均在24—38厘米之间，包括8件侍奉俑、5件女乐俑、15件仪仗俑，姿态各异，栩栩如生。

女乐俑吹奏弹唱，姿态曼妙，轻盈飘逸。持琵琶女乐俑，通高26厘米。（**图二**）头挽高髻，上着右衽窄袖绣花长衣，下着及地长裙，足蹬尖头履，站立于几形平座之上。双目平视，口唇涂朱，面露笑意，姿态充满动感，怀抱琵琶，左手扬起扶着琵琶柄端，右手抚弦作弹奏状。

图二　持琵琶女乐俑

图三　品箫女乐俑

图四　捧碗女侍俑

品箫女乐俑，通高24.8厘米。（**图三**）头发绾成双髻，耳戴耳环，上着右衽齐膝带花衣，下着长裙，裙纹自然下垂，足蹬尖头履，站于方形平座上。口涂朱红，面带微笑，双手持箫作吹奏状。

捧碗女侍俑，通高28厘米。（**图四**）头绾圆髻，插簪，外穿广袖圆领长衫，内着曳地长裙，肩披花边卷云纹云肩，腰间丝绦系成蝴蝶结状。双手置于胸前，捧碗于帛巾之上，亭亭玉立地站在几形座上，显得姿容娴雅，神闲气定。

托洗女侍俑，通高33.6厘米。（**图五**）束发扎巾，面部圆润，两目斜视，身穿圆领窄袖长服，腰束带，足蹬筒靴，双手拢于胸前，托举一圆洗，身体微微前倾，站立于四足方形平座之上。

捧帛男侍俑，通高36厘米。（**图六**）头戴瓜皮卷沿帽，后绾长形发髻，髻上扎一饰带，飘于左右，身着窄袖交领长衣，腰间束带，下穿长裤，足蹬筒靴，双目圆睁正视前方，双手捧帛置于右胸前，上身前倾，立于四足方形平座之上。

图五　托洗女侍俑

图六　捧帛男侍俑

图七　捧书男侍俑

　　捧书男侍俑，通高37厘米。**（图七）**头戴幞头，身穿宽袖圆领长服，腰间束带，左手托书卷，右手托卷尾，上身微微前倾，面部圆润，神态谦卑恭谨，足穿履，站立于四足平座之上。

　　捧盒女侍俑，通高24.8厘米。**（图八）**双目平视，眉清目秀，面部丰满，口唇涂朱，头戴六合一统帽，后束一长型发髻，上穿交领广袖曳地襦衫，长裙高束胸部，裙带下垂膝前，足蹬尖头履，两手捧宝盒于胸前，盒下垫一帛色被，站于桥形平座之上。

　　托盒男侍俑，通高37.7厘米。**（图九）**头戴乌纱帽，身穿广袖交领长袍，腰间束带，足着圆头履，面部圆润，神态恭谨，双手捧圆盒，上身微微前倾，立于四足平座之上。

　　仪仗俑则是另一番模样，他们端庄肃穆，虔诚恭谨。武士俑，通高32.7厘米。**（图十）**方脸大耳，金刚怒目，作呐喊状，头戴兜鍪，身穿铠甲，外披战

图八　捧盒女侍俑

图九　托盒男侍俑

图十　武士俑

袍，足登战靴，左手作持物状，右手叉腰，姿态威猛，站于四足长方形平座之上。这是研究明代仪仗制度和甲胄制度的实物例证。

执钺男仪仗俑，通高26厘米。（**图十一**）头戴毡帽，身着交领窄袖长衣，衣过双膝，腰束带，足蹬深筒云靴。右手叉腰，左手执钺而置左肩部，站立于四足平座之上。

内阁男仪仗俑，通高26厘米。（**图十二**）头戴毡帽，双目平视，口唇涂朱，胡须垂于颈下，身着交领窄袖长衣，衣长过膝，腰束宽带，胸前斜佩有"内阁"二字的长牌，左手叉腰，右臂前伸握拳似持物状，足蹬筒靴，站于桥足平座之上。

内阁男仪仗俑，通高26厘米。（**图十三**）头戴毡帽，双目平视，口唇涂朱，身着交领窄袖长衣，衣过双膝，腰束宽带，胸前斜佩一绶带，带上有"内阁"二字，右手叉腰，左臂前伸握拳似持物状，足蹬深筒云靴，站于桥足平座之上。

图十一　执钺男仪仗俑　　　　图十二　内阁男仪仗俑　　　　图十三　内阁男仪仗俑

这两件仪仗俑胸前佩戴着"内阁"字样的铜牌，充分印证了许氏家族官居要职的历史记载。

男仪仗俑，通高32.7厘米。**（图十四）**头戴卷沿毡帽，身着交领窄袖长袍，脚蹬高筒靴，腰束长带，腹前打结，带呈飘扬状，左臂屈肘于胸前，握拳似持物状，右臂下垂，袍袖掩手，双目平视，二足立于四足方座之上。

男仪仗俑，通高30.6厘米。**（图十五）**头戴毡帽，身着交领扎袖长袍，腰间束带，足蹬筒靴，左手握空拳，右臂下垂于胯部，衣袖盖手，二目平视，立于四足拱形平座之上。

图十四　男仪仗俑　　　　　　　图十五　男仪仗俑

二、全国明代俑类文物出土情况

俑，也称偶人，是中国古代丧葬中使用极为普遍的一种随葬明器，自商代后期开始出现，汉唐时为发展高峰期，宋元以后日趋衰落，到清代初年消亡绝迹，延续数千年。

明朝时期，一般墓葬不再随葬俑像，只有少数王公高官的墓葬中才随葬仪仗俑。如山东曲

图十六　木雕俑（明鲁荒王朱檀墓出土）

阜的明鲁荒王朱檀墓和四川成都明蜀王世子朱悦爝墓，都随葬有庞大的出行仪仗俑群。前者有400余件木雕俑，大都持有各种质地的仪仗用具，雕刻精致，种类齐全。**（图十六）** 后者为500余件釉陶俑，排列有序，出土位置清楚。[1]江西南城明益王朱祐槟墓出土陶俑110件，分六行排列于棺床前面的地上，按其身份大致可分为骑马乐俑、仪仗俑、吏俑、男女乐队俑、轿夫俑、男女侍俑等六种。[2]陕西西安明秦简王朱诚泳墓出土彩绘陶仪仗俑300余件，俑手中随葬时持有木制道具，出土时已朽；踏板下墨书俑名70余种，有清道旗、金鼓旗、白泽旗、告止幡、信幡、戈、戟、弓箭、笙、笛、箫、板、琵琶、抬轿、跟驾、梅花灯、各样伞、扇等，阵容庞大，浩浩荡荡。**（图十七）** 上海博物馆馆藏一套明代彩色釉仪仗俑队陶器，共计66件，列队排开，蔚为壮观，武士骑马开道，众多乐俑、文俑紧随其后，还有8名轿夫抬大轿，及各色人等，气势恢宏，栩栩如生。**（图十八）** 河北阜城发现的明吏部尚书廖纪墓，葬于嘉靖十三年（1534年），是由皇帝敕命工部营造的。在石棺的前方另砌有放冥器的随葬坑，其前部放仪仗俑，后部放厅堂模型、家具模型及侍女俑。仪仗俑以隔墙分为左右两部分，各排一组仪仗，共60余个，左边的俑中有背"吏部"牌记的，右边的有背"兵部"牌记的，说明一组反映着吏部仪仗，另一组反映兵部仪仗的实况。[3]

以上这些墓葬出土的多为釉陶俑或木俑，铜俑则十分少见。目前已公开的资料，有原荆门县文化馆在本县永圣公社（现改为永圣村）征集到的一组明代

图十七　彩绘陶仪仗俑（陕西西安明代秦简王朱诚泳墓出土）

图十八　明代彩色釉陶仪仗俑（上海博物馆藏）

铜俑，共10件，其中男俑8件，女俑2件，系"文革"前兴修水利时在水渠通过的一座墓中挖出。[4]

陕西省扶风县博物馆收藏有一组明代青铜伎乐俑，原出土地不详，共10件，俑手执箫、笙、笛、鼓、琴等乐器，形态各异，生动自然。[5]（**图十九**）

灵宝许氏家族墓地出土的这批铜俑种类数量之多，类别之完备，形象之生动，工艺之精湛，堪称明代铜俑的上乘之作，这在同时期考古发现中极为罕见，由此可以反映出许氏家族曾经的辉煌和荣耀。

三、灵宝许氏家族概况

灵宝市地处豫陕晋三省交界处的河南省西部，秦岭最东端，北部濒临黄河。扼守着关中和中原的咽喉，独特的地理位置使灵宝成为东西文化交流的必

图十九　明代青铜伎乐俑（陕西省扶风县博物馆藏）

经通道，历史上著名的秦函谷关就位于其境内。唐开元二十九年（741年），唐玄宗因在函谷关掘得"灵符"，遂易年号为"天宝"，赐桃林县为灵宝县，寓"人杰地灵，物华天宝"之意。这里历史悠久，人杰地灵，汉唐时曾分别是弘农郡和虢州的治所，产生过许多著名的人物和显赫的家族。明代许氏家族就是其中的代表。

灵宝许氏源于元代许威。据明版《灵宝许氏父子四尚书图像家谱序》载："许氏本姜姓，炎帝裔孙，伯夷之后。武王封文叔于许，以续太岳嗣，春秋所称许男是也。传十六世之远，公结为楚所灭。迁于容城（今湖北监利县东北），子孙分散，以国为氏。楚有许伯，秦有许瑕，晋有许偃，皆其后也。自容城迁高阳（今河北高阳县），世传至汉，有名德者为（汉）汝南太守。因居平舆（今

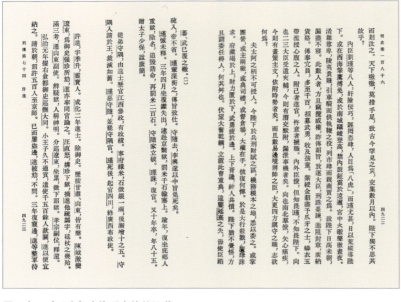

图二十　《明史》中许氏家族的记载

河南省汝南县东南部），由德而下廷。至君明，为楚州刺史，始家同州（陕西省大荔县）。再历及金（1115—1234年），自同州迁长安，长安之始祖名东，东生祥，祥生佐（金进士）。佐生炳，管军千户。炳生威，元金吾卫上将军，河北等路汉兵马都元帅，佩金虎符，因西征过灵宝之梁村（函谷关镇东1公里），爱其风土，遂家焉。梁村之有许氏自威始，故今断自元帅府君为第一世。"

灵宝地区许氏后裔都声称自己是许天官的后代。《周礼》："六官，称冢宰为天官，为百官之长。"武则天时改吏部为天官，明代沿袭这一称呼，称任吏部尚书为天官尚书。灵宝许天官便指明代官至吏部尚书的许进。

2017年，三门峡市文物考古研究所对三淅高速灵宝段取土场工地进行了考古发掘。该工地位于灵宝市大王镇老城村四组南部约1.5千米处的台坡（俗名牛角山）上，西边紧临三淅高速主干线，北距黄河约2.5千米，东距东岭村约1千米，南面不远处为郑西高速铁路。共发掘墓葬43座，其中明代墓葬6座，均为坐南朝北的砖室墓，由墓道、门楼、甬道、墓门和墓室等部分组成。墓道较宽，皆为长方形斜坡式，墓室为拱形顶，直壁，平底，在室后壁上中部均设有长方形的壁龛。因遭严重盗掘，墓内几乎未见随葬器物。经研究判断，这6座墓葬均为灵宝明代许氏家族墓。其中M1、M2和M3基本连在一起，从出土墓志铭文可知，为明代南京户部尚书许诰及其妻妾之墓。M4和M6相距甚近，但因被盗严重，墓主身份不详。M44相距较远，从出土的墓志铭文看，应为明代中后期许诰之孙媳墓葬。

（一）许进（1437—1510），字季升，号东崖，河南灵宝梁村里沙坡村（今灵宝大王镇沙坡村）人。**（图二十）** 天顺六年（1462年）中举，成化二年（1466年）进士，授监察御史，后任大同巡抚、陕西按察使、巡按甘肃指挥等职，其间用兵吐鲁番、哈密等地，曾对军士慷慨喊道："男儿报国，死沙场幸耳，何泣为！"将士皆为之振奋。明正德元年（1506年）升为兵部尚书，后改任吏部尚书，政绩卓然。当时宦官刘瑾弄权，因许进"以才见用，能任人，性通敏"，终不为瑾所容。正德三年（1508年），刘瑾制造口实，免去了许进的职务，并抄没其家。两年后许进去世，享年74岁。嘉靖五年（1526年），世宗皇帝为许进平反，并赐谥号"襄毅"。[6]**（图二十一）**

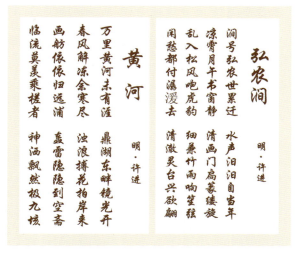

图二十一　许进诗词

许进诸子情况简表

名	字	传	谥
孟子诏		成化十九年（1483年）经魁	
伯子诰	廷纶	历任兵部尚书、吏部右侍郎、南京户部尚书	庄敏公
仲子赞	廷美	历任刑部尚书、户部尚书、吏部尚书兼文渊阁大学士	文简公
叔子记		张者	
季子诗	廷陈	嘉靖七年（1528年）举人，任工部主事，赠承德郎	
六子词	廷章	官至四川保宁府知府任长芦运使	
七子		任青城知县	
少子论	廷议	官至兵部右侍郎、兵部尚书，加太子太保，著《九边图论》	恭襄公

（二）许诰（1471—1534），字廷纶，弘治八年（1495年）与弟赞同举于乡。十二年中进士，任户科给事中，进刑科右给事中。武宗正德元年（1506年），因父进兵部尚书，按惯例，大臣子不得居言职，改为翰林检讨。刘瑾忌

之，谪全州（在今广西境）判官。五年居父丧归家。瑾败，起为尚宝承，又因病归里，家居授徒讲学。嘉靖初年，召为南京通政参议，改侍讲学士，升太常卿掌国子监祭酒。十一年（1532年）任吏部右侍郎，年底升南京户部尚书。当此，其弟赞亦任户部尚书，兄弟并职两京，乡里以为荣耀。卒于任所，赠太子太保，谥号庄敏公。著述有《通鉴前编》《图书管见》《道统源流》《诗考》《易参易余》《春秋意见》《中庸本意》《太极图论》《性学篇》等，学者称为"函谷先生"。

（三）许赞（1473—1548），字廷美。孝宗弘治九年（1496年）进士，任大名（在今河北省境内）推官。十五年任陕西道监察御史。正德元年（1506年）改任翰林院。因其父被宦官刘瑾所诬，赞受株连，贬为山东临淄知县。瑾败亡，赞升浙江佥事，又任副使，巡视海道。后任浙江左布政使。嘉靖六年（1527年）召为光禄卿，历任刑部左、右侍郎，八年为刑部尚书，十年改为户部尚书，不久又被任为吏部尚书，并兼文渊阁大学士。赞虽居相位，但因奸相严嵩擅权，且年事已高，老不得志，就一再上疏乞休，被免职归里闲住三年病故。三十一年帝知其死，下诏复其官，赠少师，谥号"文简公"。

（四）许论与《九边图》 许论（1495—1566），字廷议。正德十四年（1519年）举乡试，嘉靖五年（1526年）中进士，出任顺德（在今河北省邢台境）推官，升兵部主事，复转礼部。幼年曾从父遍历边境，尽知关塞攻守，因著《九边图论》。明世宗颁付边臣议行，论以兵家知名。十九年由尚书郎进南京光禄少卿，升南京大理寺丞。进都察院右佥都御史，抚蓟州（今天津市蓟县境）。进右副都御史，出抚山西。以功进兵部右侍郎，升兵部尚书，加太子太保。因严嵩父子弄权，被夺官闲住。嘉靖四十五年冬十月，自理丧具端坐而终，年72岁。隆庆初年复官，谥号"恭襄公"。

许论擅长兵事，据《明史》载："许论，好谈兵，因著《九边图论》上之，帝喜……"[7]许论督理边防军务30余年，经历战事不计其数，修筑边墙4000多里、墩堡3000余座。其所著《九边图说》为世界上第一幅长城地图，具有极高的史料价值。

　　《九边图说》现收藏于三门峡市博物馆，长420厘米，宽40厘米，黄麻纸彩绘绢裱（**图二十二**）。1943年，在许论故居河南灵宝老城，李长亮从异姓结拜兄弟手中获赠一幅《九边图说》残卷，卷首有"九边图说"四字。1982年，李长亮之子李隋义将《九边图说》上交灵宝县文管会。2000年，调拨三门峡市博物馆收藏。《九边图说》残卷东起镇北关，西至偏头关西，描绘了辽东镇、蓟州镇、宣府镇、大同镇、山西镇五镇包括镇城、卫所、营堡、墩台、驿站在内的多层次、立体式长城防御体系。

　　"九边"是指辽东镇、宣府镇、大同镇、延绥镇、宁夏镇、甘肃镇、蓟州镇、山西镇、固原镇九个明代北部边塞的军事要镇。明朝为防御蒙古南下，从明太祖朱元璋开始，逐步在北部边疆设置了九个军事重镇，这就是九边防御体制。九边各镇设有镇守总兵、副总兵、参将、游击将军、守备、千总、把总等官，无固定品级、无定员。九边各镇驻有重兵。常驻兵称主兵，额设60万左右；此外还有临时调集的军队，数量相当可观。九边屯戍连绵，城堡遍布，是明朝抵御蒙古入侵的屏障，但在和平时期，又是明蒙之间进行政治、经济交往的地带。嘉靖十三年四月六日，一向关心兵事的许论结合公文图册、父兄经历以及自身闻见，完成了对九边的文字性论述《边论》与地图《九边图说》，总称《九边图论》，于嘉靖十六年（1537年）上呈明世宗。世宗除将原图留在宫中时不时审阅观览，又颁发给九边镇摹绘本。

　　《九边图说》原件虽留存于宫廷不在社会上流传，但是明朝官员在上疏之

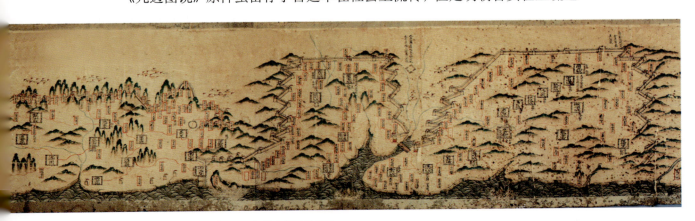

图二十二 《九边图说》局部（三门峡市博物馆藏）

前，例有保留副本之习。尤其《九边图说》这样耗费大量心血绘制的地图，许论更应在呈交朝廷之前，绘有副本。据赵现海先生研究考证，现藏于三门峡市博物馆的《九边图说》残卷，通过与其他版本《九边图》以及许论笔迹相对照，可以确定该残卷为许论亲绘。而考虑到该图发现于许论故居的灵宝老城，此图亦可推断即为许论所绘《九边图说》副本。[8]

现存《九边图》除三门峡市博物馆收藏的这件外，中国国家博物馆、辽宁省博物馆、台北故宫博物院等机构，都收藏有不同版本的《九边图》改绘本。

现存《九边图》各版本情况

序号	名称	时代	收藏机构	基本情况
1	《九边图》	明	三门峡市博物馆	许论作《九边图》之副本，留于家乡祠堂
2	《九边图》屏	明	中国国家博物馆	青绿重彩山水画法，十二幅，基本完整，摹许论《九边图论》，且与成书年代较近
3	《九边图》	明	辽宁省博物馆	青绿山水画法，十二幅，第四幅"宣府镇"残缺大半，摹绘年代为嘉靖三十七年以后
4	《彩绘申用懋九边图残卷》	明万历	中国国家博物馆	缺失辽东、蓟州、宣府三镇，为万历朝申用懋所绘，画法较许论图略显粗糙
5	《九边图》	明万历	台北故宫博物院	木刻墨印，残缺
6	《九边图》	明万历	中国第一历史档案馆	木刻墨印，与台北故宫博物院所藏基本一致，且完整
7	《九边图》	明崇祯后期	首都图书馆	彩绘本，凡十轴，第二轴佚，现存九轴
8	《北方边口图》	明代末年	台北故宫博物院	彩绘本，但有许多错字、异体字，以及未填写内容的白框

《九边图说》残卷采用中国古代地图绘制中的形象绘法，对当时流传的目前研究评价甚高的"计里画方"与图例绘法并未采用，而是以直观、实用为目

的，反映出明代仍然继承了中国古代地图绘制中的人文传统。作为世界上第一幅长城地图，《九边图说》残卷直观地揭示了明代长城防御体系中边墙横遮边镇、营堡控扼要道、墩台传递消息、驿站负责传递的多层次、立体式的军事防御体系，有助于纠正人们长城只是单纯的消极防御的错误观念，有利于促进长城史研究的深入开展和当前长城的测量保护工作，具有重要的学术研究价值。

从公元15世纪至16世纪的一百多年间，许进父子先后有二人出任兵部尚书，一人出任吏部尚书，还有出任御史大夫、文渊阁大学士、翰林院编修、皇帝侍讲学士、太子太傅等要职，素有"许半朝""一门四尚书""一族七进士""八子六登科"之称，不仅是三门峡地区许氏族人的骄傲，而且也是明清时期中州大地的名门望族。

俑作为一种随葬品，是古人丧葬观念的产物，直接反映着当时的丧葬制度和丧葬礼仪，因此，通过对古代俑的研究，有助于深入了解在中国古代礼制中，占有重要地位的丧礼（凶礼）及丧葬风尚，同时也可考见古人的生活习俗、衣着服饰。俑又是古代工艺匠师创作的雕塑工艺品，其中不乏精美的优秀之作，体现着各时代雕塑艺术的水平和成就，我们今天来鉴赏，仍然可以从中获得美的艺术享受。

这组明代许氏家族墓地随葬的铜俑组成了一支正在行进中的浩浩荡荡的仪仗队伍，再现了明代高官出行时的隆重场景，使我们依稀可以窥见许氏家族的昔日辉煌。而这辉煌和荣耀则是许氏族人通过建言边事、建功边疆的爱国行动所创造的，体现了其一脉相承的家国情怀。

注释：

[1] 中国社会科学院考古研究所，四川省博物馆，成都明墓发掘队.成都凤凰山明墓[J].考古，1978（5）.

[2] 江西省博物馆.江西南城明益王朱祐槟墓发掘报告[J].文物，1973（3）.

[3] 天津市文化局考古发掘队.河北阜城明代廖纪墓清理简报[J].考古，1965（2）.

[4] 周礼.荆门明代铜俑初探[J].江汉考古，1990（4）.

[5] 侯亚会.一组形神俱佳的明代青铜伎乐俑[J].收藏界，2016（4）.

[6] [7] （清）张廷玉等.明史·卷186[M].北京：中华书局，1974.

[8] 赵现海.第一幅长城地图《九边图说》残卷——兼论《九边图论》的图版改绘与版本源流[J].史学史研究，2010（3）.